O PROPÓSITO DO SÉCULO XXI

James Martin

O PROPÓSITO DO SÉCULO XXI

Um Plano Vital para Assegurar Nosso Futuro

Tradução
CARLOS AUGUSTO LEUBA SALUM
ANA LUCIA DA ROCHA FRANCO

Editora
Cultrix
SÃO PAULO

Título original: *The Meaning of the 21st Century.*

Texto de acordo com as novas regras ortográficas da língua portuguesa.

2ª edição 2012.

Coordenação editorial: Denise de C. Rocha Delela e Roseli de S. Ferraz

Preparação de originais: Roseli de S. Ferraz

Revisão: Liliane S. M. Cajado

Diagramação: Fama Editora

Dados Internacionais de Catalogação na Publicação (CIP)
(Câmara Brasileira do Livro, SP, Brasil)

Martin, James
O propósito do Século XXI : um plano vital para assegurar nosso futuro James Martin ; tradução Carlos Augusto Leuba Salum, Ana Lucia da Rocha Franco. — São Paulo : Cultrix, 2011.

Título original: The meaning of the 21st century.
ISBN 978-85-316-1127-8

1. Civilização moderna — Século 21 2. Inovações tecnológicas — Aspectos sociais 3. Tecnologia -Aspectos sociais 4. Tecnologia e civilização — I. Título.

11-04727 CDD-303.483

Índices para catálogo sistemático:

1. Ciência e tecnologia : Desenvolvimento : Aspectos sociais 303.483
2. Tecnologia e ciência : Desenvolvimento : Aspectos sociais 303.483

Direitos de tradução para o Brasil
adquiridos com exclusividade pela
EDITORA PENSAMENTO-CULTRIX LTDA.
Rua Dr. Mário Vicente, 368 — 04270-000 — São Paulo, SP
Fone: (11) 2066-9000 — Fax: (11) 2066-9008
E-mail: atendimento@editoracultrix.com.br
http://www.editoracultrix.com.br
que se reserva a propriedade literária desta tradução.
Foi feito o depósito legal.

Para Lillian Martin,
que organizou a pesquisa e alimentou o autor

SUMÁRIO

PARTE QUATRO

O PORTAL PARA O FUTURO

PREFÁCIO

O século XXI é uma época extraordinária — um século de extremos. Podemos criar civilizações muito mais formidáveis ou podemos provocar uma nova Idade das Trevas. Há inúmeras maneiras de direcionar os acontecimentos futuros de modo a evitar as catástrofes que espreitam em nosso caminho e a criar oportunidades para um mundo melhor. Uma transição revolucionária está à nossa frente e nossos filhos têm nela um papel vital: por isso, temos muito a lhes ensinar sobre o seu futuro.

Atualmente, a maior parte do público e seus líderes têm um conhecimento notadamente pequeno sobre o futuro. Quando colhia imagens filmadas para este livro, parei na Times Square, cercado pelo brilho extraordinário de informações eletrônicas, e refleti que toda aquela informação dizia respeito ao tempo presente. Um senador norte-americano me garantiu que o voto do público se baseia no presente e não tem interesse no futuro. Estamos dirigindo numa velocidade implacavelmente crescente em direção a um futuro extraordinário, mas temos os olhos vendados.

Este livro trata das grandes questões que farão a diferença — tendências em grande escala que têm o *momentum* de um trem de carga e que afetarão a vida dos nossos filhos — e de tipos de alavancagem que nos permitirão fazer mudanças significativas. É um livro sobre as principais correntes oceânicas e não sobre as ondas na superfície. Não é um livro sobre política convencional, que é em geral imprevisível. Sempre haverá argumentos apaixonados sobre política, tributação e redistribuição da riqueza, mas não é disso que trato aqui. Podemos identificar tendências de grande *momentum* independentemente da política, e há necessidade de mudanças urgentes, sejam quais forem os partidos políticos no poder. Algumas soluções para os problemas encontrarão resistência por razões políticas regionais, muitas vezes porque há fortes grupos de interesse. Pôr em prática os incentivos certos é vital para lidar com os nossos maiores problemas.

Explorar o futuro demanda o uso da lógica e a compreensão da história, da tecnologia e do comportamento de organizações complexas para entrelaçar muitas tendências de longo prazo. Muito pode ser previsto a respeito da tecnologia do futuro por causa da grande defasagem de tempo entre pesquisa e desenvolvimento e entre a criação de produtos e sua aplicação. Já sabemos no que os pesquisadores estão trabalhando. Por exemplo, quando escrevi *The Wired Society*, em meados da década de 1970, não havia computadores pessoais nem telefones celulares, e nada deixava prever a Internet. Depois de 25 anos, o livro foi aclamado como uma antevisão incrivelmente precisa de um mundo que usa essas tecnologias. Incentivado por isso, desenvolvi arquivos sobre os problemas futuros do mundo e o que os especialistas tinham a dizer sobre eles. Ficou claro para mim que o mundo estava indo de encontro a problemas muito profundos.

Depois da faculdade, trabalhei algum tempo como cientista de foguetes (não estou brincando). Depois, fui para a IBM e aprendi a desenvolver sistemas de computador que ajudam a encontrar soluções para problemas complexos. Migrei para o Systems Research Institute da IBM — uma universidade interna com um grupo eclético e briguento de professores, localizado em frente ao prédio da ONU em Nova York. Na época de Nixon, íamos às festas da ONU e era como ir para outro planeta. Os delegados da ONU não tinham a menor ideia do que estava acontecendo em termos de tecnologia e nós, gurus da informática, não enxergávamos um palmo além do nosso mundo.

Em 1970, foi realizada uma série de reuniões secretas entre os 12 principais cientistas americanos e os 12 principais cientistas soviéticos da área da informática para descobrir se e como poderiam trabalhar juntos na pesquisa. Eu fazia parte do grupo americano. O Departamento de Estado norte-americano nos ensinou a nos comportar — por exemplo, a lidar com toda a vodca que nos era oferecida durante os intermináveis brindes nos banquetes em Moscou (esvaziem o copo nos vasos de flores) e o que fazer se, ao voltar para o hotel, nos deparássemos com uma bela mulher nua na nossa cama (fiquei desapontado). Para minha surpresa, achei os cientistas russos calorosos e simpáticos, mas com uma visão totalmente equivocada dos Estados Unidos. A maioria concluiu que havia um grande potencial para a cooperação, mas o jogo se transformou na KGB vigiando a CIA vigiando a KGB e nada de útil aconteceu.

Depois da IBM, comecei um negócio para lidar com problemas complexos e passei 25 anos viajando pelo mundo com os "Seminários Mundiais" de cinco dias, que começaram a atrair um público poderoso. Isso me deu muitas oportunidades de trabalhar com homens de Estado e líderes empresariais. Procurei escolher os convites de modo a aprender o máximo possível. Por exemplo: J. P. Morgan tinha um extraordinário conselho consultivo, com George Schultz, Condoleezza Rice, Lee Kuan Yew de Cingapura, o ministro das finanças da Arábia Saudita, Lorde Howe da Grã-Bretanha e CEOs de muitas corporações globais.

Ao longo das décadas, enquanto rodava o mundo dando palestras e prestando consultoria sobre técnicas práticas para construir sistemas complexos, desenvolvi um forte interesse pelos principais problemas do mundo. Eles estavam piorando. Mas meu treinamento como solucionador de problemas me levou a crer que havia soluções para todos os problemas profundos que descrevo neste livro. Era preciso alertar o público para os desafios em grande escala do século XXI e ensinar suas soluções potenciais.

Percebendo quanta pesquisa e formação esse assunto exigia, fundei uma escola — a James Martin 21st Century School — na Universidade de Oxford, cuja missão é identificar e encontrar soluções para os maiores desafios que se apresentam para a humanidade no século XXI e encontrar as maiores oportunidades. A escola tem agora vários institutos formados por pesquisadores e professores brilhantes: ela precisa de um alto nível de conhecimento integrado. Sua meta é treinar futuros líderes que possam lidar com os árduos problemas que estão diante da humanidade. Seus membros fazem pesquisas detalhadas sobre soluções, incluindo as que são descritas neste livro, e sintetizam o conhecimento de modo a compreender nossas opções para o futuro.

É vital ensinar o tema deste livro para a geração que está despontando e que precisará enfrentar essa situação. De certo modo, não há um tema mais importante, já que a sobrevivência da civilização depende dele.

PARTE UM

A NECESSIDADE DE TRANSIÇÃO

1

A GERAÇÃO DA TRANSIÇÃO

No início do século XXI, a humanidade se encontra num curso não sustentável — um curso que, a menos que seja mudado, levará a catástrofes com consequências apavorantes. Ao mesmo tempo, estamos descobrindo novas e formidáveis capacidades que podem levar a uma vida muito mais excitante e a civilizações gloriosas. Esse pode ser o último século da humanidade, ou pode ser o século em que a civilização parte para um futuro muito mais espetacular. As decisões que levarão a essas conclusões drasticamente diferentes têm que ser tomadas logo. Elas dependem da nossa capacidade de compreender as opções do século XXI, de pensar de modo lógico sobre nosso futuro e de partir coletivamente para ações racionais.

Vivemos num planeta pequeno, lindo e totalmente isolado, mas sua população está ficando grande demais e com um desejo cada vez maior de consumir produtos que exigem recursos além do que a Terra pode prover. A tecnologia está se tornando poderosa a ponto de destruir o planeta. Estamos viajando a uma velocidade perigosa para uma era de extremos — extremos de riqueza e pobreza, extremos em tecnologia e experimentos que os cientistas querem realizar, forças extremas de globalismo, armas de destruição em massa e terroristas agindo em nome da religião. Para sobreviver decentemente, temos que aprender a administrar essa situação.

A mensagem deste livro é vitalmente importante. Chegamos a uma situação em que é preciso tomar decisões em grande escala. Coletivamente, a humanidade tem que aprender sobre o futuro para que possa entender essas decisões. Regras de trânsito têm que ser postas em prática. Como vou explicar, o século XXI é um século decisivo. É um século ou vai ou racha.

Estamos diante de problemas que podem se tornar terríveis, mas este é um livro sobre soluções — muitas soluções. Com elas, vamos efetuar uma mudança de curso — uma grande transição para o século XXI. Se acertarmos, teremos um futuro extraordinário. Se errarmos, enfrentaremos uma disrupção que atrasará a humanidade em muitos séculos. Na primeira metade do século XXI, é necessária uma mudança drástica que prepare o cenário para os acontecimentos extraordinários do resto do século. Os problemas que estão no futuro de todas as crianças de hoje não são difíceis de entender. Nem as soluções que estão a nossa disposição. Em parte, os problemas descritos neste livro existem porque a maioria de nossas instituições não tem uma visão de longo alcance, necessária para evitar os problemas que podem destruir nosso futuro. As atuais visões do futuro, se é que existem, são visões essencialmente de curto prazo. Dada a natureza do século XXI, nossos jovens precisam ser apresentados a visões de longo prazo.

OS RECURSOS DA TERRA

A humanidade conseguiu prosperar por milhares de anos porque a natureza lhe forneceu recursos como solo arável, água subterrânea, peixes nos oceanos, minerais, petróleo e terras úmidas — mas esses recursos são finitos, como biscoitos numa lata. Estamos usando os biscoitos e alguns não têm substitutos. A natureza também nos fornece uma camada de ozônio e uma atmosfera delicadamente regulada, com florestas que removem o dióxido de carbono da atmosfera — no entanto, a cada ano destruímos 44 milhões de acres de florestas. O dióxido de carbono está sendo lançado na atmosfera num ritmo muito maior do que as florestas da Terra conseguem absorvê-lo. A cada ano, perdemos 100 milhões de acres de terra arável e 24 bilhões de toneladas de solo arável, e criamos 15 milhões de acres de novos desertos no mundo. Dois centímetros de um bom solo arável leva cerca de mil anos para se formar, mas quando a derrubada de árvores destroi a proteção contra o vento, esse solo pode ser levado pela água ou pelo vento em questão de meses. A água é vital para nossa sobrevivência e para a produção de alimentos. Cerca de mil toneladas de água são necessárias para produzir uma tonelada de grãos que, usados para alimentar o gado, produz pouco mais de 8 quilos de carne. Hoje, a humanidade consome anualmente cerca de 160 bilhões de toneladas a mais do que é reposto pelas chuvas. Se essa água fosse transportada por caminhões-tanque, seria necessário diariamente um comboio de 480 mil quilômetros de comprimento — 37 vezes o diâmetro da Terra. Essa é a quantidade de água que estamos usando, e não a repomos.

Durante o tempo de vida dos adolescentes de hoje, haverá escassez de água doce em várias partes do mundo, dificultando a produção de alimentos. Várias espécies de peixes estarão reduzidas demais para sobreviver. O aquecimento global trará furacões muito mais graves do que o Katrina e deturpará os mecanismos naturais de controle climático. O aumento das temperaturas reduzirá a produção da lavoura nos países mais pobres do mundo, como os da África Central. As imensas tensões provocadas por tal situação ocorrerão numa época de extremismo, beligerância religiosa e terrorismo suicida, que coincidirá com a disponibilidade de armas terríveis a preços reduzidos.

Essa série interligada de problemas tem uma série interligada de soluções. Se nós, seres humanos, implementarmos essas soluções, poderemos atingir aos poucos uma série sustentável e altamente afluente de civilizações. Trabalhar em direção à sustentabilidade exige muitos tipos diferentes de ações em diferentes áreas de interesse. No entanto, a sustentabilidade sozinha não basta: precisamos nos preocupar com a capacidade de sobreviver. Alguns padrões de acontecimentos podem destruir a civilização. Temos que conseguir controlar as diversas forças da tecnologia extrema que fazem parte do nosso futuro.

Os jovens de hoje serão a geração que efetuará uma transição como nunca houve na história. É a Geração da Transição. É vital que eles — todos eles — entendam o roteiro do século XXI e o papel vital que desempenharão. Para muitos, compreender o propósito do século XXI trará significado para a própria vida.

Essa enorme mudança em curso é inevitável neste século. É melhor que aconteça logo e não mais tarde. Quanto mais protelarmos, mais traumática ela será. A transição é a soma de muitas mudanças, cada uma delas fácil de entender. Essas mudanças têm que ser ensinadas aos jovens — a geração que aguentará o tranco de fazê-las acontecer. Precisarão de boa pesquisa, de excelente formação e liderança em grande escala — todas as coisas em que somos bons hoje em dia, em nossas melhores iniciativas.

Mas hoje há grandes obstáculos impedindo as ações necessárias. Há enormes grupos de interesse com sólidas razões financeiras para não mudar o curso. Há a burocracia, que constitui uma forma de paralisia. Coletivamente, os governos parecem ser quase incapazes de seguir na direção necessária. Há corrupção em larga escala e há subsídios financeiros de grande porte para as coisas erradas. Acima de tudo, há uma ampla ignorância dos problemas que descrevemos. As pessoas mais poderosas de hoje têm pouco conhecimento das soluções e pouco incentivo para aplicá-las. Nos países democráticos, os políticos estão obcecados pelos votos. A eleição seguinte domina seus pensamentos. Executivos poderosos são ávidos por lucros a curto prazo. Sua tarefa é agradar aos acionistas, que os julgarão pelo resultado do trimestre. Para as pessoas poderosas que controlam os acontecimentos, o desejo de benefícios de curto prazo sobrepuja o desejo de resolver problemas de longo prazo. Se esses obstáculos não forem removidos, pegaremos invariavelmente caminhos que levam a catástrofes: fome, violência, guerras pelo controle da água, poluição, pandemias globais, mudanças climáticas descontroladas e, o que é especialmente perigoso, terrorismo com novos tipos de armas de destruição em massa.

A Geração da Transição não vai assistir sentada à destruição desnecessária do seu mundo. Seus desejos frustrados de refazer o mundo e de solucionar os problemas que herdaram do século XX não precisam resultar em inquietação social. Esse é o modelo de protesto do século XX. Os jovens de hoje estão mais bem informados e educados. Compreendem a complexidade dos problemas do século XXI e não buscam respostas simplistas. Na verdade, o desafio desses problemas os motiva e anima. Estão formando redes internacionais de jovens para tratar do aquecimento global e da AIDS. Estão entrando no mundo dos negócios, assumindo novas perspectivas e desafiando o pensamento de curto prazo com imagens de desenvolvimento sustentável de longo prazo.

O CÂNION

Pense no século XXI como o profundo cânion de um rio com um gargalo estreito no centro. Pense na humanidade como um grupo de canoístas descendo o rio. À medida que nos aproximarmos do cânion, teremos que enfrentar um ritmo de mudanças cada vez mais intenso — uma viagem de canoa em águas agitadas, com as correntes se tornando mais rápidas e mais abruptas — num momento em que a tecnologia vai se acelerar em ritmo fenomenal. À medida que cresce a população do mundo, as tensões globais e a poluição aumentam, assim como o perigo da fome disseminada. A população do mundo continuará a crescer, provavelmente até chegar a 8,9 bilhões (um número tirado de recentes modelos computacionais). A capacidade para alimentar essa população diminuirá constantemente, enquanto cai o nível dos lençois freáticos, desaparecem as fazendas nos países pobres e as imensas classes de novos consumidores, de pelo menos 20 países, mudam seus hábitos alimentares e passam a consumir mais carne (o que exige muito mais grãos e portanto muito mais água, já escassa). Os demógrafos, que mapeiam o curso de crescimento da população mundial, esperam que ele decline devagar depois de atingir o pico na metade do século. Esse crescimento tem caído nos países da Primeira Guerra Mundial: o índice de fertilidade nesses países caiu abaixo do índice de reposição, que é de mais ou menos 2,1 filhos por mulher. O crescimento populacional do planeta está ocorrendo principalmente nos países pobres. Na parte estreita do cânion, a população mundial estará no ponto mais alto e os recursos mundiais no ponto de maior estresse. Como a passagem pelo cânion vai ficar mais difícil, há grandes incertezas a respeito de qual será o número máximo de seres humanos.

Durante as décadas da passagem pelo gargalo do cânion, descobriremos extraordinárias novas tecnologias — nanotecnologia, biotecnologia, redes de banda ultralarga, medicina regeneradora, fábricas robóticas e formas intensas de inteligência computadorizada. Embora muito dano possa ser causado ao clima na metade do século, os combustíveis que causam aquecimento global serão parcialmente substituídos por várias formas de energia limpa. No fim, haverá um suprimento infinito de energia com poucos danos ambientais. Em vez de chaminés e combustíveis à base de carvão, teremos uma indústria limpa e uma economia do hidrogênio. Os produtos químicos insidiosos que afetam nossa saúde serão banidos em sua maioria. Os oceanos ficarão mais protegidos, mas não antes de um dano imenso ter sido causado. O ambiente global será bem instrumentado e mais compreendido, de modo que conseguiremos administrá-lo bem.

O trabalho da Geração da Transição é fazer a humanidade passar pelo cânion com o mínimo possível de dano e chegar a águas que, esperamos, sejam mais tranquilas. Existem soluções para a maioria dos problemas sérios. A má notícia é que, já tão próximos do cânion, nossos líderes não estão tomando providências para facilitar nossa passagem. Podemos ver um mundo além-cânion com águas mais tranquilas, mas uma série de acontecimentos nos levará para um outro tipo de turbulência. As tecnologias do século XXI nos darão capacidade para mudar a vida, para transformar os seres humanos e até para interferir no santuário que nos torna humanos. A inteligência computacional vai disparar muito à frente da inteligência humana. A nova ciência nos levará a um mundo que muda muito depressa, levantando questões sobre como nos manter no controle.

VOCÊ GOSTARIA DE ESTAR VIVO QUANDO?

Hoje em dia, é comum encontrar pessoas deprimidas com o futuro, que chegam a abandonar a esperança de que alguma ação possa nos salvar. Mas, quando se mapeia os possíveis cursos deste século, acho que esta é a época mais excitante para se estar vivo.

Às vezes, jovens me fazem uma pergunta: "Se você pudesse escolher qualquer época da história para estar vivo, qual você escolheria?" Houve momentos na história em que existia uma excitação no ar e pessoas competindo umas com as outras para criar ideias melhores — Londres nos anos de Shakespeare, ou Paris da Belle Époque. Será que eu gostaria de viver na Atenas de Péricles ou na Florença de Michelangelo?

Quando reflito sobre épocas assim, parece que nenhuma pode ser comparada à dos jovens de hoje. Não temos a civilização de alta-cultura de Atenas ou Florença, mas esta é uma época muito mais extraordinária. Os debates sobre o próposito do século XXI e a evolução global das questões humanas serão imensamente ricos em conteúdo. A tecnologia atingirá uma reação em cadeia de autoevolução para a qual a história não oferece indicadores.

Refletindo sobre o tema deste livro, respondo à pergunta deles: "Se pudesse escolher qualquer época para viver, eu gostaria de ser um adolescente agora (num país em que tivesse acesso a uma ótima educação)." Há excitação no ar — talvez mais do que em qualquer outra época. Muita gente reage a isso dizendo: "Você deve estar louco. Estamos indo em direção ao cânion. Estamos destruindo o planeta e haverá tensões extremas causadas por superpopulação, excesso de consumo, escassez de água e de outros recursos. Haverá corporações maiores do que nações, nanotecnologia desenfreada e fome devastadora. Temos terrorismo, armas de destruição em massa e a possibilidade de uma guerra biotecnológica. Pior ainda, podemos ter a catástrofe de um planeta torrado. Por que não escolher uma época segura e benigna como a década de 1950?" Mas éramos então aterrorizados pela bomba de hidrogênio. Os russos explodiram uma bomba de 50 megatons e falavam em uma "máquina do juízo final". "Por que não escolher cem anos atrás?" Porque os adolescentes estavam indo para as trincheiras da Primeira Guerra Mundial. A principal razão de escolher os dias de hoje é que, mais do que em qualquer outra época, os jovens farão uma diferença espetacular. A mudança revolucionária é essencial e os jovens farão com que ela aconteça. É necessária uma determinação feroz para produzir as mudanças que descrevemos. Os jovens de hoje determinarão coletivamente o desenrolar deste século decisivo. Se entenderem o que é possível, a Geração da Transição poderá abrir uma estrada para uma era que será de longe a mais criativa da história.

TENDÊNCIAS DE GRANDE *MOMENTUM*

Não tenho uma bola de cristal na minha mesa. Bolas de cristal não funcionam. Então, qual o sentido de escrever um livro sobre o futuro?

Há tendências que são previsíveis por causa de seu *momentum* inexorável, como o de um trem de carga, mas numa escala formidável. Muitas dessas tendências terão profundas consequências e parecem inevitáveis ou muito difíceis de mudar. Por exemplo, o crescimento da população da Terra pode ser estimado e, a partir dessas estimativas, podemos avaliar a oferta e a demanda de alimentos, água e outros itens básicos. Há cerca de cem tendências "trem-de-carga" que podem nos ajudar a compreender aspectos do futuro. Algumas são óbvias, como o declínio de pesqueiros oceânicos. Outras são claras para especialistas da área. Algumas são de longo prazo, como a emissão de gases de efeito estufa na atmosfera. Outras são mudanças relativamente de curto prazo para uma nova forma de comportamento, como a Internet mudando a maneira pela qual as corporações compram mercadorias. Algumas tendências de grande escala são inevitáveis devido à tecnologia. Sabemos que a largura de banda em telecomunicações está fadada a crescer inexoravelmente devido à largura de banda inerente às fibras óticas. A previsão mais famosa de longo prazo é a Lei de Moore. Em 1965, Gordon Moore, fundador da companhia de chips Intel, afirmou que o número de transistores num chip de silício dobraria a cada ano e meio — e assim tem sido há décadas. Diversas formas de tecnologia crescem continuamente, seguindo sua própria forma da Lei de Moore. Como veremos, as tendências da Lei de Moore são fundamentalmente diferentes das tendências trem-de-carga.

Juntas, essas tendências de longo prazo formam um esqueleto do futuro. Há várias maneiras de cobrir esse esqueleto com carne. Não podemos prever o futuro em detalhes, mas podemos estudar as direções alternativas que ele pode tomar e como influenciá-lo.

Quando examinamos as tendências de longo prazo em conjunto, fica claro que estamos com problemas sérios. A cada seis semanas, a população do planeta tem um aumento líquido igual à população de Nova York. As diferenças extremas entre as nações ricas e as pobres aumentam ainda mais dramaticamente, com o estilo de vida dos mais ricos sendo alardeado diante dos mais pobres através da televisão e das forças do globalismo. A era do terrorismo reflete novos tipos de tensões. Grande parte da água essencial para cultivar os alimentos vem de grandes aquíferos subterrâneos que existem há várias eras do gelo. Quando esse recurso antigo estiver esgotado, teremos que viver basicamente de água da chuva. Haverá guerras pela água. Quando a escassez ambiental se tornar severa nos países pobres, pode eclodir a violência civil. Em 1994, durante uma seca, os dois países mais densamente habitados da África — Ruanda e Burundi — sofreram uma explosão de genocídio e atrocidades que mataram quase um milhão de pessoas.

SURPRESAS

Mapear o mundo em termos de tendências com *momentum* inexorável sugere um nível substancial de previsibilidade. Mas mesmo entre tendências previsíveis, grandes surpresas ocorrem de repente. Para reduzir o *momentum* de um trem de carga, a surpresa tem que ser muito grande. Embora os Estados Unidos tenham sido terrivelmente abalados pelos ataques de 11 de Setembro, as tendências inexoráveis da época continuaram e só algumas poucas mostraram um leve estremecimento em sua curva. No início do século XX, ao contrário, a altamente civilizada era da Belle Époque, com Paris na liderança, foi devastada pelo inesperado pesadelo da Primeira Guerra Mundial. Em 1990, uma grande surpresa econômica/política alterou o mapa da história: a União Soviética entrou em colapso e a vida das pessoas ficou em frangalhos numa das nações mais bem-educadas do mundo. Os Estados Unidos têm um *momentum* econômico tão impressionante que navega por águas turbulentas como um navio imponente. Mas pode haver surpresas muito grandes, a ponto de perturbar os Estados Unidos. Estamos cada vez mais dependentes das economias do Terceiro Mundo que assumiram a manufatura e os serviços antes exclusivos da economia norte-americana. Uma proporção em rápido crescimento do que os norte-americanos compram é fabricada na China. Os Estados Unidos eram o lar dos melhores programadores e designers de sistemas do mundo. Hoje, grande parte desse trabalho é feito na Índia. As economias têm um padrão de crescimento e recessão, às vezes com colapsos econômicos. A crise asiática de 1997 deixou grande parte do Terceiro Mundo à beira do colapso financeiro. As economias estão ficando cada vez mais interconectadas, de modo que uma bolha econômica na parte vigorosa do Terceiro Mundo, seguida do que os economistas chamam de "pouso forçado", devastaria os Estados Unidos. Algumas surpresas podem ser muito desagradáveis. Se uma organização terrorista lançar bombas atômicas, como a de Hiroshima, em cidades norte-americanas, o resultado seria devastador e geraria uma extrema paranoia política.

Uma das piores surpresas pode ser algo que de início parece menos dramático — uma epidemia de gripe. A gripe de 1918 matou duas vezes mais do que a Primeira Guerra Mundial. Uma nova cepa de gripe, a gripe aviária H5N1, tem um conjunto de características que a tornam muito perigosa caso passe para as pessoas. Ainda não há vacina para ela e não podemos fazer uma vacina até conhecer a cepa específica de gripe. Com uma gripe dessas se espalhando, é provável que alguns governos deixem as pessoas de quarentena e proíbam o tráfego aéreo. Como as economias dos países ricos dependem cada vez mais dos negócios internacionais e das cadeias de abastecimento, a disrupção imposta aos negócios multinacionais seria devastadora. Um cenário ainda pior seria uma pandemia que surpreenda a natureza devido a um patógeno artificialmente modificado, criado pelos seres humanos.

Peter Schwartz, profissional experiente na criação de cenários para o futuro, afirma que surpresas grandes o bastante para modificar o esqueleto de tendências inexoráveis do futuro parecem ser inevitáveis quando se examina os padrões subjacentes de comportamento. Um grande ataque terrorista contra a terra natal dos norte-americanos por extremistas muçulmanos foi previsto bem antes de 11 de Setembro — de modo que a destruição do World Trade Center poderia, em princípio, ter sido evitada. Uma bolha numa economia no Terceiro Mundo ou uma epidemia letal de gripe traz consigo uma aura de inevitabilidade, e é sensato tomar algumas precauções. Em geral, as surpresas ocorrem porque os políticos não dão ouvidos aos cientistas. Antes do furacão Katrina devastar a cidade de Nova Orleans, a situação tinha sido modelada com detalhes. Os modelos indicavam que um furacão de Categoria 3 poderia resultar no rompimento dos diques e numa perigosa inundação da cidade. O Katrina chegou a atingir a Categoria 5, mas a cidade não foi evacuada. O presidente Bush disse que "ninguém esperava" que os diques rompessem. Há uma mensagem que aparece repetidas vezes neste livro: é melhor escutar os cientistas.

UMA CASCA DE OVO

A Terra é uma pequena esfera num negro vazio. Tem uma fina e complexa camada superficial em que as coisas crescem. Um modelo da terra com trezentos metros de diâmetro teria uma camada superficial com a espessura de uma casca de ovo. Na fina camada de solo da Terra, crescem grandes florestas e todos os tipos de plantas, que produzem oxigênio e absorvem o dióxido de carbono expirado pelas criaturas. As plantas e a luz do Sol criam padrões climáticos, formando rios e oceanos, e uma ecologia que é capaz de se regular. Os mecanismos de regulação são muito intrincados. Fornecem uma atmosfera respirável e um clima a que os seres humanos se adaptaram. A ecologia da Terra é uma coisa viva — verde e bela, com insetos, polinização e um clima complexo. Essa casca da superfície é estável no geral mas, se sofrer muita interferência, pode mudar para um estado diferente. Há periódicas eras do gelo. Por exemplo: há 20.000 anos, a Grã-Bretanha estava sob uma camada de gelo com quase três quilômetros de profundidade. Incrivelmente, a temperatura média perto do final dessa era do gelo era de apenas 5°C abaixo da atual. Enquanto a média era 5°C mais baixa, em algumas partes era 20°C mais baixa. Se causarmos uma leve interferência nessa casca de ovo, ela se ajustará e retornará à estabilidade. Mas se houver uma interferência grande demais, ele mudará para um estado diferente. Isso pode ser caótico para os seres humanos, especialmente porque sua população é muito maior do que seria se tivesse evoluído naturalmente. O comportamento da Terra é estudado na ciência do sistema Terra, que trata a geosfera e a biosfera da Terra como uma entidade integrada. James Lovelock, pai da ciência do sistema Terra, chama o sistema de controle da Terra de "Gaia". A exemplo de outros sistemas complexos, como o trânsito de uma cidade ou o mundo das finanças, Gaia tem um comportamento próprio. Podemos alterar o comportamento do trânsito da cidade ou do mundo das finanças, mas alterando o comportamento de Gaia podemos provocar uma lenta mas maciça mudança climática. As consequências disso seriam devastadoras mais para o fim do século. Uma preocupação hoje é que estamos agredindo inadvertidamente a casca delicadamente ajustada da Terra. Estamos mexendo com forças de uma escala formidável.

Neste momento, este planeta azul totalmente isolado está num período de aquecimento natural. É uma falta de sorte que a civilização humana tenha começado a causar aquecimento artificial justamente agora. Estamos lançando gases de efeito estufa na atmosfera em grandes quantidades, numa época em que Gaia já estava sentindo o calor. Para piorar ainda mais a situação, estamos interferindo nos elaborados mecanismos de controle que dão estabilidade à casca. Estamos derrubando florestas em ritmo acelerado, alterando a superfície da Terra com indústrias, construindo um grande número de cidades e desviando água para elas. Grande parte da superfície do planeta está se transformando em cerrado ou deserto. Estamos interferindo nos mecanismos de controle que mantêm o planeta saudável há milhões de anos.

Temos agora no mundo inteiro centros de informática que estudam isso em detalhes. Os cientistas criaram modelos altamente detalhados do ecossistema do planeta, que rodam em alguns dos maiores supercomputadores do mundo. Alguns cientistas do sistema Terra consideram a Terra doente, com a temperatura alta demais. Se continuarmos a lançar gases de efeito estufa na atmosfera com uma atitude "é de rotina", criaremos mecanismos de *feedback* que provocam mudanças descontroladas. Toda coisa viva pode ter a saúde boa ou ruim. Lovelock diz que a Terra está com febre. Gaia já esteve nessa situação antes, diz ele, e se recuperou, mas levou muitos séculos. Lovelock, cientista altamente reconhecido e respeitado, pinta um cenário sombrio: grande parte da Terra vai ficar quente demais para o cultivo de alimentos. Não sabemos exatamente até que ponto o aquecimento é irreversível. Se Gaia está doente, temos que tentar curar a doença. Isso exigirá um enorme esforço para reduzir a quantidade de carbono na atmosfera e para garantir que as florestas tropicais e outros meios de eliminação de carbono sejam suficientes.

ECOAFLUÊNCIA

Cedo ou tarde, vamos perceber que precisamos viver dentro dos recursos do planeta. Não podemos usar mais água do que a Terra é capaz de prover. Uma civilização globalmente sustentável não significa uma civilização pobre ou sem alegria. Pelo contrário, podemos ter civilizações espetacularmente afluentes que não usam mais recursos do que o ambiente pode prover. Chamo isso de ecoafluência. Pode haver novos estilos de vida da mais alta qualidade que restaurem em vez de prejudicar o ecossistema global. Uma qualidade de vida que não prejudique o meio ambiente não significa uma "volta à natureza". Você não precisa viver como Thoreau (a menos que queira). Pode significar viver numa cidade soberbamente sofisticada, próximo à família, com o estímulo de um trabalho criativo, diversidade cultural, parques elegantes e entretenimento superlativo. As cidades podem ser ao mesmo tempo bonitas e ecologicamente corretas. Um bom estilo de vida pode significar desenvolver uma ligação com a religião, a beleza e a comunidade. As civilizações futuras serão tudo, menos simples, e terão uma ampla variedade de estilos de vida. Há várias maneiras de ser afluente sem danificar o ambiente. Algumas envolvem o amor pela natureza, outras envolvem alta tecnologia e algumas envolvem ópera, futebol, teatro ou jazz. A Terra terá grandes áreas protegidas de biodiversidade antiga e imensa e algumas pessoas se dedicarão com entusiasmo à compreensão dessa biodiversidade. Alguns serão loucos por corrida oceânica, parapente,* observação de pássaros, cultivo de orquídeas, hidroponia, críquete, acampar ou caminhar em locais bonitos. A tecnologia digital fornecerá jogos globais de computador com realidade virtual de grande riqueza. Com fones de ouvido de alta fidelidade e óculos de alta definição, poderemos ter entretenimento de ponta em qualquer lugar.

No mundo todo, uma nova classe de consumidores quer consumir como os norte-americanos. Encontramos *shopping centers* no estilo norte-americano em toda parte. Logo essa nova classe de consumidores chegará a 4 bilhões de pessoas. Com esse crescimento, tem que haver o mais cedo possível uma transição que limite a quantidade de dióxido de carbono lançado na atmosfera. Tem que haver fontes de energia limpa, novos tipos de carros e uso eficiente da água. Para evitar a devastação do planeta, é preciso que a ecoafluência fique altamente na moda no mundo todo.

O futuro será caracterizado por um rápido crescimento em termos de conhecimento e de novas técnicas para pôr esse conhecimento para funcionar. O trabalho de rotina continuará a ser feito por máquinas, permitindo que os seres humanos se concentrem cada vez mais em trabalhos que exijam criatividade e sentimento humano. O século XXI trará níveis extraordinários de criatividade ecoafluente. Haverá um número quase infinito de ocupações e *hobbies* ecoafluentes.

RIQUEZA E CIVILIZAÇÃO

Uma importante tendência trem de carga é o atual crescimento na produtividade humana causado pelo desenvolvimento tecnológico e melhor administração. De 1995 a 2005, a produtividade nos Estados Unidos cresceu pouco mais de 3% ao ano — devido à maior automação e a mecanismos empresariais mais engenhosos. A longo prazo, alguns economistas estimam um crescimento de produtividade de 2,5% ao ano. Se isso continuar por 100 anos, a sociedade será 12 vezes mais rica em termos reais. É provável que a China (partindo de uma base mais baixa) fique 20 vezes mais rica em termos reais. É possível (provável,

---

* O **parapente** (*paraglider* em inglês) é um aeroplano (aeronave mais pesada do que o ar), em cuja asa (inflável e semelhante a um paraquedas, que não apresenta estrutura rígida) são suspensos por linhas o piloto e possíveis passageiros.

acredito) que a era da nanotecnologia e da robótica nos leve a taxas de crescimento mais altas do que as previstas pelos economistas de hoje. Mas esse crescimento em afluência só será possível se for ecoafluente. É vital que essa nova riqueza seja gasta de maneira a curar o planeta em vez de prejudicá-lo.

Uma afirmação importante é que o aumento de riqueza no mundo será muito maior do que o aumento populacional. Essa conjunção de tendências trem de carga dá a esperança de que o mundo será um lugar mais decente para a maior parte da humanidade. Mas o aumento na riqueza será distribuído de forma muito desigual. A nova riqueza será baseada em grande parte no intelecto e, assim, quase toda ela irá para países que já são mais ricos e têm as melhores universidades, enquanto muitos países mais pobres mergulharão numa pobreza mais profunda, a menos que seja feito um esforço bem planejado para evitá-lo.

As forças do futuro próximo são tão grandes que mudarão inevitavelmente a civilização. Parte da transição do século XXI é uma mudança nas civilizações — diferentes civilizações com diferentes culturas. Qual o sentido de uma tecnologia ainda mais extraordinária se ela não construir melhores civilizações? A sobrevivência humana e a criação de novos conceitos de civilização estão inextricavelmente ligadas. Precisamos fazer perguntas fundamentais sobre civilização. Em que tipo de mundo você gostaria que seus filhos vivessem? Quais devem ser os princípios de uma civilização em que a biotecnologia pode mudar a natureza humana? No mundo de Thomas Jefferson, houve debates construtivos sobre a civilização do futuro. Precisamos de algo semelhante. Quais são os princípios certos para o século XXI, quando tanta coisa vai mudar? A sociedade precisa de visões de um futuro melhor. Precisamos de uma visão mais ampla das diversas possibilidades do futuro porque a civilização será com certeza mais multifacetada e complexa do que é agora. Como em grandes lendas épicas, como o *Senhor dos Anéis*, a progressão para essa visão pode ser bloqueada por catástrofes, batalhas e burocratas, e por distrações irresistíveis de tão sedutoras. Se bem-entendida, a transição do século XXI desviará o planeta de um curso que leva à destruição e pode preparar o cenário para uma extraordinária evolução de civilizações muito diferentes das que conhecemos hoje.

VICIADOS EM PETRÓLEO

O Primeiro Mundo, e especialmente os Estados Unidos, tem que livrar sua economia do vício do petróleo. Mas há um problema. As reservas mundiais de petróleo (sem considerar as não descobertas) são da ordem de um trilhão de barris. Ao preço de hoje, isso vale uns 60 trilhões de dólares. Se a humanidade partisse vigorosamente para impedir futuras catástrofes climáticas adotando outras formas de energia, grande parte desse dinheiro seria abandonada.

A Arábia Saudita não quer abandonar sua única fortuna. Nem a Rússia e outros países ricos em petróleo. Nem as companhias petrolíferas. Muitos grupos de interesse são ligados a fortunas do petróleo. Governos têm sido persuadidos a conceder subsídios ultrajantes para indústrias relacionadas ao petróleo. A indústria automobilística está ligada à indústria petrolífera, como o complexo industrial-militar que preocupava Eisenhower.

As forças enormes que governam o clima da Terra estão se modificando. Nossos detalhados modelos computadorizados mostram que estamos entrando num estado em que os mecanismos de mudança climática serão irreversíveis, mas agindo rapidamente podemos evitar que a mudança climática se torne uma catástrofe em escala sem precedentes. Temos que agir agora, não daqui a uma década, porque a janela está se fechando. O momento de agir com menos custo e mais benefício é agora. Uma companhia de petróleo gigante publicou anúncios de página inteira nos principais jornais dizendo exatamente o contrário: que há um dever tácito de queimar petróleo mais depressa do que nunca para aproveitar a janela de oportunidade da companhia de petróleo, que ficará aberta até que o aquecimento global a feche de vez.

FATORES DE ALAVANCAGEM

Ao longo deste livro, uso o termo *fator de alavancagem* para me referir a ações pequenas e politicamente viáveis que podem ter resultados eficazes. Arquimedes disse: "Dê-me um ponto de apoio e uma alavanca e eu moverei o mundo". Há muitos exemplos de fatores de alavancagem, onde uma ação relativamente pequena ou uma ligeira mudança nas regras pode causar mudanças enormes como resultado. Por exemplo, um minúsculo catalisador pode causar uma grande reação química. As leis antitruste têm um efeito importante sobre a evolução da tendência capitalista em criar monopólios. Injetar uma pequena quantidade de vacina na corrente sanguínea leva o sistema imunológico a produzir anticorpos suficientes para nos tornar imunes a uma doença. A maioria das tendências nocivas têm fatores de alavancagem que poderiam nos ajudar a evitar grande parte dos danos. Um exemplo notável é o seguinte: quando as mulheres de países pobres aprendem a ler, tendem a ter menos filhos. É relativamente fácil e barato ensiná-las a ler. O meio mais eficiente de diminuir a fertilidade é proporcionar meios de controlar a natalidade e ensinar as mulheres a ler. Isso as ajuda a melhorar de vida e é uma solução relativamente barata que traz resultados notáveis.

O Império Romano não usava feno para alimentar os animais. O feno não era necessário no clima mediterrâneo porque a grama crescia bem no inverno, não havendo necessidade de cortar a grama no outono para estocá-la. O feno começou a ser usado durante a Idade das Trevas. A simples ideia de usar feno foi um acontecimento de alta alavancagem porque permitiu que as populações do Norte da Europa fizessem um amplo uso de cavalos e bois. O feno acabou permitindo que cidades como Londres crescessem e se tornassem grandes centros de atividade. A varíola foi uma das doenças mais terríveis da humanidade. No século XX, 300 milhões de pessoas morreram de varíola (um modo terrível de morrer). Em 1966, um líder totalmente determinado — Donald A. Henderson — erradicou a varíola do planeta. Quando havia um surto de varíola, todas as pessoas num anel em torno do surto eram vacinadas. Lentamente, num país depois do outro, por meio de um programa chamado Erradicação, a varíola foi eliminada. O último caso natural de varíola foi o de um cozinheiro da Somália em 27 de outubro de 1977. Desde então, nenhum ser humano teve varíola por causas naturais.

Pode haver fatores de alavancagem bons e maus. Depois de 1977, os únicos vírus de varíola existiam num laboratório de segurança máxima do Center for Disease Control (CDC) em Atlanta, e num laboratório semelhante em Moscou. Diferentes cepas da doença foram guardadas em pequenos frascos plásticos, num *freezer* de nitrogênio líquido. Toda a coleção de varíola do laboratório caberia numa bolsa de mulher e pesava menos de meio quilo. A URSS concluiu que a Erradicação proporcionava uma oportunidade militar única. Em completo sigilo, montou uma instalação capaz de fabricar anualmente cerca de 100 toneladas de cepas de varíola utilizáveis como arma biológica. Os mísseis balísticos intercontinentais foram modificados de modo a poder transportar grandes quantidades do vírus da varíola e liberá-los em alvos específicos.

Para abordar os muitos problemas deste livro, temos que identificar fatores de alavancagem efetivos. Alguns fatores de alavancagem são inesperados, como o caso da introdução do software *World Wide Web*, que tornou a Internet fácil de usar. Custou relativamente pouco, mas introduziu uma ampla aceitabilidade do uso da Internet e do comércio eletrônico. Esse software simples foi uma alavanca extraordinária. Temos que separar em nossa mente as tendências de grande *momentum* e os fatores de alavancagem do ruído avassalador de questões menores. Identificá-los é um modo poderoso de pensar sobre como fazer o futuro melhor. Há muito que pode ser feito para transformar a jornada que temos pela frente.

Os principais países vão se acotovelar para ter uma posição competitiva na nova indústria automobilística e na indústria de geração de energia. A corrida por produtos de energia limpa será tão intensa quanto foi a competição na indústria do computador. O maior fator de alavancagem que posso imaginar é o todo-poderoso governo central da China decidir que pode ajudar a impedir que o mundo destrua o clima da Terra. Hoje, o mundo se preocupa com a China queimando enormes quantidades de carvão. O governo chinês poderia estabelecer uma diretiva para a China identificar todos os tipos de produtos que podem diminuir o dano global ao clima, fazer as pesquisas necessárias e fabricar tais produtos com o custo mais baixo do mundo. Uma missão como essa deixaria a China menos dependente da importação de petróleo.

Tudo indica que a mudança climática vai se tornar um problema muito caro, mas que o Primeiro Mundo vai protelar a criação de soluções de grande escala. O Primeiro Mundo está preso na armadilha dos grupos de interesse: com o crescente alarme sobre os problemas climáticos, o tamanho desse mercado chinês de exportação pode se tornar enorme e extremamente lucrativo.

A China poderia produzir e exportar carros ecologicamente benignos em grande quantidade. Como vamos descrever, esses carros seriam radicalmente diferentes dos carros que dirigimos hoje. A China poderia comercializar em massa meios de produzir energia sem gases do efeito estufa, inclusive grandes painéis de energia solar, geradores eólicos de muitos megawatts, células de combustível para carros e casas, combustível para células de combustível, produtos básicos para a construção de prédios verdes e para a tecnologia "pebble-bed", que têm enorme potencial (explicado depois). O custo de tudo isso cairá substancialmente à medida que as vendas aumentarem. Faz sentido abraçar todas as soluções não carbônicas — prédios verdes, eficiência energética, ecoafluência e fontes alternativas de energia.

A China poderia ter uma produção de baixo custo e uma excelente pesquisa, além de ganhar rapidamente o mercado porque, ao contrário do Primeiro Mundo, não está enroscada em subsídios caros, burocracia, distorções de preços e velhas metodologias — nem nos pesados interesses financeiros da antiga indústria de energia, da indústria automobilística, da indústria nuclear e da indústria da construção. As vendas globais anuais desses produtos e serviços (incluindo veículos) acabarão sendo muito maiores do que a receita global dos produtos derivados do petróleo — trilhões de dólares por ano. Os principais países vão se acotovelar para ter uma posição competitiva nas novas indústrias automobilística e de geração de energia. A corrida por produtos de energia limpa será tão intensa quanto foi a competição na indústria do computador. O governo chinês decretou que, a partir de 2010, 10% da energia daquela vasta nação virá de fontes renováveis. A China não fará objeções estéreis à estética dos geradores eólicos e nem criará políticas que bloqueiem o desenvolvimento de células de combustível. Não terá uma burocracia incapacitante que atrasa a construção de estações de energia nuclear. Isso e o custo de produção fenomenalmente baixo lhe dá uma enorme vantagem competitiva. Seria uma oportunidade de enorme magnitude para a China crescer salvando o planeta.

Uma tragédia dos dias de hoje é que, no Primeiro Mundo e especialmente nos Estados Unidos, o governo está comprometido com um *lobby* agressivo pelas soluções erradas. Há subsídios maciços para a tecnologia destruidora do planeta. A indústria automobilística norte-americana é sustentada pelo Estado. *Sir* Crispin Tickell, um importante consultor ambiental inglês, comenta: "Vejo que a cúpula do governo chinês entende as implicações das questões ambientais melhor do que qualquer outro governo do mundo."[1] Quando o temor público provocado pela mudança climática beirar a histeria, a China poderá estar preparada com produtos que ajudem a reduzir os danos, incluindo tecnologia para que suas estações de energia de carvão evitem lançar carbono na atmosfera.

O mundo vai passar inevitavelmente por uma grande transformação. Isso faz parte do propósito do século XXI. A China, o gigante do futuro, pode piorar o problema mundial com emissões maciças de dióxido de carbono, mas pode também decidir que vai liderar a Revolução do Século XXI.

DICOTOMIA

O século XXI apresenta uma dicotomia extrema. Nos países mais fortes, será uma época de um grande aumento de riqueza e daquilo que os seres humanos podem realizar. Nos países mais fracos, haverá um ciclo cada vez pior de pobreza, doenças, violência e caos social. Muitas nações são destituídas ou falidas, e não nações em desenvolvimento. Os países em desenvolvimento estão numa escada para o progresso: degrau a degrau, podem melhorar sua sorte. As nações destituídas são tão pobres que não conseguem alcançar o primeiro degrau da escada. Não há como educar os filhos; não há como melhorar o plantio; não há como entrar no mundo do comércio. Abaixo de certo nível, a pobreza é tão esmagadora que não há saída sem uma ajuda externa bem-planejada: a fome e a doença só pioram. É totalmente possível para as nações ricas deter esse círculo vicioso nas nações mais pobres. Quase um terço da população mundial vive em lugares onde se ganha menos de US$2 por dia. Meio bilhão vive com menos de US$1 por dia. Entre hoje e a metade do século, o aumento de 2 a 3 bilhões na população se dará principalmente nos países mais pobres. Essa carência leva ao desespero. Grupos islâmicos extremistas, que oferecem comida e defendem o terrorismo e o *jihad,* estão se espalhando em alguns desses países. Podemos olhar para o futuro de duas maneiras. Podemos perguntar: "Qual é a coisa certa a fazer?" Ou podemos perguntar: "O que é mais provável que aconteça?"

É difícil compreender o horror que existe nas nações mais pobres do mundo ou nas favelas destituídas de nações não-tão-pobres, a menos que você tenha estado lá. Quando se pergunta qual é a coisa certa a fazer, as respostas são claras e fundamentais: acabar com a pobreza. Eliminar a doença e a esqualidez. Educar as crianças. Ensinar as mulheres a ler. Em suma, arrumar a bagunça. Tomar uma série de medidas que ergam a sociedade destituída ao primeiro degrau da escada do desenvolvimento, a partir do qual há uma chance de progredir. Para chegar ao primeiro degrau, a ajuda externa é necessária. Sem essa ajuda, a carência só vai piorar. Essa não é uma ideia impraticável. Jeffrey Sachs, autor de *The End of Poverty*, e seus colegas expuseram em detalhe como fazê-lo. Não é preciso um vultoso auxílio financeiro: é preciso *know-how* básico para efetuar a mudança e dinheiro suficiente para garantir que a mudança ocorra. Para as nações ricas, o custo seria praticamente imperceptível mas, sem *know-how* e administração, o dinheiro pouco faz.

Quando perguntamos o que é mais provável que aconteça, observamos que as Nações Unidas definem metas, mas não há muita ação. Os políticos das nações ricas fazem discursos e se sentem bem com suas palavras, mas a maior parte do eleitorado que vê televisão não se importa com essa pobreza distante. É insuficiente o dinheiro gasto pelos países ricos para ajudar os países pobres. Governos poderosos (como o chinês) fazem mudanças poderosas em seu país, mas as nações destituídas não têm um governo assim. Precisam desesperadamente de ajuda, que não estão conseguindo. Então, para essas nações, quando perguntamos o que é mais provável que aconteça, a resposta é uma descida espiral inexorável para condições piores. Responder "mais do mesmo" não é uma resposta correta porque, abaixo de um certo nível de pobreza, a situação lentamente se deteriora.

Michael Porter, o superastro de Harvard entre os gurus de negócios, disse o seguinte: "Temos todos esses países que estão falindo, todas essas pessoas desses países que não têm oportunidades, nenhum senso do próprio valor. Isso está criando forças divisoras... Estamos presos num dilema. Queremos respeitar as escolhas dos cidadãos desses países. Acreditamos profundamente na democracia. Queremos que as pessoas conduzam o próprio destino. Mas e se continuar não funcionando? E as consequências planetárias de longo prazo? O que vamos fazer a esse respeito? Essa é uma discussão que o mundo, neste momento, não está preparado para ter."[2] As partes mais ricas da humanidade gastarão enormes quantidades de dinheiro para melhorar sua vida, enquanto as partes mais pobres da humanidade vivem uma existência quase subumana. As crianças ricas jogarão videogames cheios de violência virtual enquanto as crianças pobres vivem em favelas cheias de violência real. Nas sociedades ricas, as pessoas farão de tudo para ter uma vida mais longa e mais vigorosa, enquanto os mais pobres do mundo têm uma vida mais curta e brutal, arruinada pela AIDS, guerras esporádicas, anarquia política e a crescente ameaça da fome. Lá no fundo, quase todos nós sabemos qual é a coisa certa a fazer: basta pensar profundamente. Não é preciso evocar o conceito de consciência para isso. Saber qual é a coisa certa a fazer é em grande parte uma questão de profundo bom senso. Em aspectos totalmente diferentes da história que temos a contar, há uma diferença total entre a coisa certa a fazer e a coisa mais provável de acontecer.

AVALANCHE DE TECNOLOGIA

Na época em que os Pais Fundadores dos Estados Unidos debatiam sobre como deveria ser sua futura sociedade, na Inglaterra, um grupo de homens igualmente conscienciosos se reuniam na casa de um deles (quando havia luar para enxergar o caminho). Eram homens práticos, nem aristocratas nem acadêmicos, mas manufaturadores que se juntaram porque estavam empolgados com ideias novas. Construíram novos tipos de máquinas, como o tear e o motor a vapor. Juntos, desencadearam uma avalanche de tecnologia que se tornou a Revolução Industrial. Como todas as avalanches, essa foi lenta no início, mas cada nova onda de tecnologia trazia consigo novas ideias para melhorar as coisas, e as ondas tomaram embalo e se seguiram com rapidez cada vez maior.

Dois séculos e meio depois, a avalanche desce pela encosta da montanha com força impressionante. Como consequência da tecnologia, o século XX viu a população e o consumo se multiplicarem furiosamente, atingindo níveis que a Terra não podia sustentar. A avalanche vai continuar a acelerar. Pesquisas teóricas em ciência indicam que o poder da tecnologia vai continuar aumentando por séculos a fio. Detê-la exigiria uma forma extrema de catástrofe. Quase toda tecnologia pode ser usada para o bem ou para o mal. À medida que a tecnologia fica mais poderosa, o bem potencial e o mal potencial ficam maiores. O espectro que vai do bem ao mal se expande e se tornará extremamente amplo à medida que a avalanche continua. Quanto maior essa amplitude, maior a necessidade de acelerar as melhores tecnologias e suprimir as piores. Precisamos de sabedoria para reconhecer que algumas tecnologias são um presente divino e que outras podem destruir a civilização. Novas tecnologias energéticas que reduzam os danos ao clima são vitais; as tecnologias que facilitam a disseminação de armas de destruição em massa devem ser detidas se possível.

Lorde Martin Rees é o atual presidente da British Royal Society, uma instituição mergulhada em história científica desde 1660. Ele dificilmente poderia ser mais civilizado, vivendo e trabalhando em meio à magnificência antiga do Trinity College, Cambridge, contemplando os jardins que descem para as margens do rio Cam. Apesar da calmaria, Lorde Rees tem profundas razões para acreditar que a civilização pode experimentar "um revés irreversível". Cientista consciencioso e de conhecimento amplo, diz que temos tantos perigos pela frente que a chance do *Homo sapiens* sobreviver ao século XXI "não é maior do que 50%". Ele expõe seu raciocínio em detalhes no livro *Our Final Century*.[3] Preocupa-se com a possibilidade de alguma pesquisa científica de alto orçamento se tornar perigosa demais e de uma pesquisa independente de baixo orçamento desencadear alguma coisa incontrolável. Tecnologias atuais já levantam questões sobre a nossa capacidade de controlar a tecnologia, e tecnologias muito mais bravias ainda não aparecem na tela do nosso radar.

Se você acha que a alegação de Lorde Rees parece meio forçada, imagine a avalanche tecnológica continuando a acelerar por mais mil anos. Vai acabar ficando perigosa demais. Em algum ponto do futuro, a humanidade não sobreviverá, a menos que medidas muito bem pensadas garantam nossa sobrevivência. Esse momento ocorrerá provavelmente no século XXI. Esse é primeiro século em que o *Homo sapiens* pode ser exterminado. Mesmo que o *Homo sapiens* sobreviva, a civilização pode não sobreviver.

O MAIOR DESAFIO DA HUMANIDADE

A tarefa vital para o século XXI é aprender a dar conta da avalanche que iniciamos e de suas consequências. À medida que a tecnologia fica mais poderosa, seremos como um adolescente aprendendo a dirigir um Lamborghini. Devemos imaginar que o século XXI nos leva para um *test drive* e então estabelecer um código de trânsito para que tenhamos alguma segurança em meio às forças da tecnologia e do globalismo que estamos desatrelando. Esse é o século em que vamos aprender a controlar o que fazemos. Se dermos conta do Lamborghini, vamos provavelmente dar conta de séculos futuros.

Os jovens de hoje viverão numa época de oportunidades extraordinárias e de problemas imensos. Como ajudar as nações mais pobres do mundo a se transformar? Como o mundo vai lidar com o globalismo, as armas de destruição em massa e o terrorismo declarado? Como tirar vantagem da acelerada avalanche tecnológica e ao mesmo tempo impedir que ela destrua o mundo? Se sobrevivermos a esse século formidável, teremos adquirido sabedoria para sobreviver no longo prazo. O principal tema deste livro deveria ser ensinado e discutido em toda parte: o século XXI é único na história da humanidade na medida em que produz uma grande transição que capacita a humanidade a sobreviver. Essa transição é explicada em detalhes no Capítulo 13. Alguns aspectos da transição ocorrerão com rapidez revolucionária. Podem ser desencadeados por uma catástrofe ou por um governo que perceba a necessidade de ação desesperada. O que começou com a Revolução Industrial precisa agora de outra revolução corretiva — a Revolução do Século XXI. Esse ponto de vista foi tirado da primeira edição deste livro pelo governo da União Europeia em sua resposta à crise do aquecimento global. Mas a Revolução do Século XXI não diz respeito apenas ao aquecimento global. Diz respeito a toda uma série de problemas que enfrentamos e que precisam ser tratados de forma integrada. Se acertarmos, isso tornará o planeta sustentável e administrável. Se errarmos, estaremos profundamente encrencados. Assim, a Revolução Industrial e a Revolução do Século XXI se equilibram. A Revolução Industrial iniciou os extraordinários acontecimentos dos últimos 250 anos, enquanto a Revolução do Século XXI ganhará o controle desses acontecimentos para que eles não nos destruam. Se definirmos um bom código de trânsito para o futuro, o século XXI e os séculos além dele serão mais magníficos do que podemos imaginar, já que a tecnologia aumentará a cultura e a criatividade humana de maneiras que estarão muito além do que percebemos hoje.

A geração que está agora na escola é a geração escalada para efetuar essa transição momentosa — tanto a parte da revolução quanto a parte mais branda do processo. Coletivamente, a tarefa da Geração da Transição é incrível. É preciso ensinar a todos os jovens o propósito do século XXI.

MEGAPROBLEMAS

O problema mais discutido no momento é o aquecimento global e seu efeito sobre o clima da Terra. É importante entender que há outros problemas, alguns mais graves do que a mudança climática — por exemplo, a possibilidade de uma guerra mundial com armas nucleares e biológicas destruir toda a civilização. O Quadro 1 lista 16 problemas de grande escala que enfrentamos.

QUADRO 1

Esses são os problemas de grande escala do século XXI:

1. Aquecimento Global
O aquecimento global levará a uma grave mudança climática. A menos que seja detido, perturbará os mecanismos básicos de controle do planeta Terra.

2. Excessivo Crescimento Populacional
A população mundial deve atingir os 8,9 bilhões de pessoas, com uma demanda crescente por bens de consumo e energia à base de carbono, muito além do que o planeta pode fornecer.

3. Escassez de Água
Rios e aquíferos estão secando. Muitos agricultores não terão a água essencial para o cultivo de alimentos. Haverá guerras pela água.

4. Destruição da Vida nos Oceanos
Apenas 10% dos peixes comestíveis restam nos oceanos, e essa porcentagem está caindo rapidamente.

5. Fome Coletiva em Países Mal Organizados
A produtividade agrícola está diminuindo. Subirá o custo dos grãos. Isso prejudicará os países mais pobres.

6. Expansão dos Desertos
O solo está sendo erodido. Os desertos estão se espalhando em áreas que tinham solo bom e campinas.

7. Pandemias
A AIDS continua a se espalhar. As pandemias infecciosas podem se espalhar num ritmo incontrolável como no passado, mas agora com a capacidade para matar uma enorme quantidade de pessoas.

8. Pobreza Extrema
Há entre 2 a 3 bilhões de pessoas vivendo em condições de extrema pobreza, sem saneamento. A diferença entre ricos e pobres está ficando cada vez mais extrema.

9. Crescimento de Favelas
Favelas com violência e pobreza extremas estão crescendo em várias partes do mundo. Nelas, os jovens não têm esperança.

10. Migrações Globais Incontroláveis
Uma grande quantidade de pessoas está saindo dos países mais pobres e das favelas, querendo viver em países com oportunidades. As migrações ficarão mais extremas se tivermos uma severa mudança climática.

11. Agentes Não Estatais com Armas Extremas
Está ficando mais fácil (para organizações terroristas, indivíduos ou grupos políticos que não agem em nome de um Estado) construir armas nucleares e biológicas.

12. Violento Extremismo Religioso
O extremismo religioso e os jihads podem ser amplamente disseminados, gerando muitos terroristas suicidas e guerras religiosas entre muçulmanos e cristãos.

13. Inteligência Virtual Descontrolada
Os computadores vão adquirir capacidade para aumentar a própria inteligência, e acabará acontecendo uma reação em cadeia de máquinas se tornando mais inteligentes a uma velocidade eletrônica.

14. Guerra Que Pode Acabar com a Civilização
Uma guerra global como a Primeira ou a Segunda Guerra Mundiais, conduzida com as armas nucleares e as novas armas biológicas de hoje, pode acabar com a civilização.

15. Riscos para a Existência do Homo Sapiens

Estamos caminhando em direção a experimentos científicos (descritos por Lorde Martin Rees) que têm uma baixa probabilidade de eliminar o Homo sapiens. A combinação de riscos resulta numa probabilidade relativamente alta de não sobrevivermos a este século.

16. Uma Nova Idade das Trevas

Um coquetel global de pobreza intolerável e riqueza ostensiva, fome, terrorismo em massa com armas nucleares e biológicas, guerra mundial, pandemias deliberadas e insanidade religiosa pode mergulhar a humanidade num padrão mundial de ódio e violência intermináveis — uma nova Idade das Trevas.

Todos esses megaproblemas são multinacionais. Nenhum deles pode ser resolvido por um único país. Todos os países causam, em diferentes graus, a maioria dos problemas, de modo que devem participar das soluções. Talvez o pior problema seja o menos provável, o número 15: a possibilidade de alguma atividade científica eliminar acidentalmente a humanidade. Os 16 megaproblemas estão interligados e, por causa disso, as soluções estão interligadas. Com a exceção de duas, elas não são tecnicamente muito difíceis, mas não há nenhuma bala de prata.

A maioria dos problemas é consequência de má administração e falta de visão. Vários fatores têm que ser acionados para lidar com o problema, como é o caso em administração de empresas. Como os problemas resultam de má administração, sua solução tem que ser a aplicação de administração excelente. Esta é a era da mais brilhante administração nas empresas. Todo ano há uma safra de empresas maravilhosamente bem-administradas, mas essa administração brilhante está sendo aplicada onde há grandes lucros — e não aos gigantescos problemas listados no Quadro 1. Essa é uma das mudanças necessárias.

A Parte Um deste livro explora a situação difícil em que estamos entrando e indica que há soluções — muitas soluções importantes. Mas enfatiza que se continuarmos a adiar as ações necessárias, as consequências serão catástrofes de grande escala no longo prazo. A Parte Dois descreve as tecnologias que nos darão novas capacidades extraordinárias mas que (cada vez mais) podem nos meter em dois tipos de dificuldades. A partir desse cenário, a Parte Três abre com um capítulo que expõe o propósito desse século decisivo. Com o treinamento adequado, somos impressionantemente capazes e, quando o cânion estiver à vista, descobriremos como lidar com ele. Haverá sérios danos e parte dessa capacidade será aproveitar ao máximo um planeta danificado.

A Parte Quatro descreve um novo mundo para o qual estamos nos dirigindo. Será que criaremos novos estilos de vida que levem a humanidade a níveis mais altos de civilização? Será que saberemos lidar com tecnologias imensamente disruptivas? Será que escaparemos das ideias obsoletas do século XX? Poderá o pensamento viçoso de uma nova potência como a China criar ideias para o século XXI? Poderá ela agir no século XXI mais depressa do que outros países, enroscados nas complexidades que criaram? Poderemos evitar que o lado mau de nossa natureza ponha a casa abaixo ou obstrua o caminho para o que pode ser um avanço inimaginável da humanidade? Será a Revolução do Século XXI relativamente branda, como a Revolução Industrial, ou as mudanças inevitáveis ocorrerão em meio a terremotos revolucionários?

Se errarmos, poderemos mergulhar num novo tipo de Idade das Trevas. Mas não se conhece o final deste livro. No século XXI, temos muito a nosso favor: grande aumento de riqueza, tecnologia extraordinária, a mais brilhante administração de empresas de todos os tempos, grandes universidades que podem pesquisar as soluções, mídia com banda ultralarga que pode ensinar as soluções para todos. Temos a capacidade de criar novas civilizações de incrível criatividade.

Então quero convencê-lo de que, se conseguirmos entender este século e aprender a jogar seu jogo muito complexo, nosso futuro será mais magnífico do que qualquer coisa já concebida na história da humanidade. Estamos numa viagem para uma coisa muito além do que podemos compreender agora.

2

COMO VIEMOS PARAR NESTA SITUAÇÃO?

TRAGÉDIAS GREGAS

O dano causado à Terra não foi causado porque indivíduos ou organizações tiveram má intenção. Aconteceu porque caímos numa tragédia grega. Nas tragédias do teatro clássico grego, o herói não sabe que suas ações terão consequências desastrosas. Foi o erro de cálculo a respeito da realidade que causou a tragédia.

O propósito do teatro grego era fazer perguntas sobre a natureza humana, sua posição no esquema das coisas e sua relação com as forças que governam a vida. O público sabe que há no mundo forças que podem derrubar o mais admirável dos homens. Vê o espetáculo da grandeza humana — de homens que ousam ir além dos limites razoáveis na busca de um ideal glorioso. O pecado do herói grego é a arrogância — excessivo orgulho e autoconfiança que o levam a ignorar os avisos dos deuses e, assim, atrair a catástrofe. O século XXI apresenta esses temas na maior das escalas.

Alguns capítulos deste livro discutem tragédias que podiam ter sido evitadas e que prejudicaram a Terra, causaram câncer, trouxeram um desastroso crescimento populacional e minaram nossa capacidade de sobreviver num planeta pequeno. Outros capítulos discutem tragédias que ainda não ocorreram. Estamos no meio de uma peça de teatro e devemos perguntar como alterar seu final.

COMPLEXIDADE INIMAGINÁVEL

Até recentemente, a humanidade tinha uma visão simplista do mundo. Não tinha ciência para entender a complexidade da natureza. Nas últimas décadas, diversas áreas da ciência mostraram que a natureza é incomparavelmente mais sutil e intrincada do que supúnhamos. Nosso corpo e mente, nosso sistema imunológico, os ecossistemas da natureza, a evolução dos vírus e as interações da ecologia do planeta são de uma complexidade diabólica, como são as estruturas subatômicas e a física de escala cósmica.

A tecnologia de que os seres humanos têm tanto orgulho é tosca e primitiva comparada com a natureza, mas pode ser brutalmente poderosa. Quando um buldôzer encontra a floresta tropical, a natureza é destruída. Quando o DDT é borrifado sobre os campos, várias espécies morrem. A radiação nuclear pode romper os frágeis mecanismos vivos. Essas são confrontações diretas, mas há outras mais delicadas, como substâncias químicas sintéticas invisíveis que enviam mensagens falsas para nosso sistema endócrino — o múltiplo sistema de comunicação interna do corpo — por meio de mensagens químicas. Essas substâncias sintéticas podem se acumular no corpo, acabando por causar câncer, defeitos congênitos e outros problemas.

Como a evolução passou por bilhões de anos de tentativa e erro, a natureza aprendeu a se proteger da natureza, mas não aprendeu a se proteger das obras artificiais do homem. A natureza em si é incrivelmente robusta. Mas, quando confrontados com a tecnologia humana, alguns aspectos da natureza são notavelmente vulneráveis.

ABSOLUTAMENTE SÓS

Toda sociedade tem suas ilusões. Uma ilusão da nossa época é a viagem espacial. Em filmes e séries televisivas, as pessoas da Terra estão sempre encontrando civilizações de outros locais do universo — um sem-número delas — cheias de personagens interessantes. Infelizmente, não há vida em outro ponto do nosso sistema solar, com a possível exceção de criaturas muito primitivas, ou num raio de 1.600.000.000.000.000 quilômetros do nosso sistema solar. A dura realidade é que não vamos viajar até outras civilizações e elas não nos visitarão, pelo menos no século XXI. Um aspecto incrível do nosso mundo é que estamos totalmente isolados.

Nossa mitologia odeia desesperadamente a ideia de que estamos sós. As crianças recebem uma torrente sem fim de histórias sobre pessoas do espaço. Na realidade, esse lindo planeta com sua vida abundante está, para todos os efeito práticos, absolutamente só. É bom sentir essa solidão para perceber as consequências de nossa destruição planetária.

Nosso planeta está virando uma panela de pressão, no início de um período de intensa mudança, excessivamente populoso, compartilhando uma mídia que terá bandas cada vez mais largas, mas cada vez mais tenso por causa dos extremos entre ricos e pobres. A capacidade de destruição da humanidade atingiu proporções perigosas. Estamos encolhendo muitos dos recursos que a humanidade precisa para sobreviver. Os resultados podem causar fome, anarquia violenta e guerras de brutalidade incomparável — tudo em grande escala. A mudança climática catastrófica não tem fronteiras nacionais, tampouco o inverno nuclear ou as novas cepas de gripe ou pragas. Os desertos construídos pelo homem estão aumentando: são visíveis da Lua. Numerosas espécies estão desaparecendo: elas nunca voltarão. Podemos eliminar metade das espécies da Terra, dando fim ao seu papel na evolução no próximo milhão de anos.

Em 1998, Patriarch Bartholomew, prelado ortodoxo oriental, fez história na igreja ao proclamar uma nova classe de pecados: os pecados contra o meio ambiente. Ele escreveu: "Para os seres humanos, fazer com que espécies se tornem extintas e destruir a diversidade biológica da criação de Deus, degradar a integridade da Terra causando mudanças no clima, despindo a Terra das florestas naturais ou destruindo as terras úmidas, para os seres humanos contaminarem as águas da Terra, seu solo, seu ar e sua vida, com substâncias venenosas — esses são pecados." Deveriam ser pecado em outras religiões também.

O desafio do século XXI é que este planeta lindo e absolutamente isolado se torne bem-administrado.

CONCEPÇÕES EQUIVOCADAS

Por ter subestimado a fragilidade e a complexidade da natureza, a humanidade avaliou mal também a própria supremacia:

Acreditávamos que os recursos naturais eram ilimitados.

Parecia, até o século XX, que podíamos saquear o meio ambiente à vontade. Quando aportavam num novo lugar, os colonizadores matavam os animais que ali viviam para comer, até que alguns se tornaram extintos. Quando exauriam os recursos de uma área, mudavam-se para outra. Ao final do século XX, ficou claro não apenas que a Terra era limitada, mas também que tinha sido seriamente danificada e exaurida pelos maus tratos dos seres humanos. Nós e nossa tecnologia adquirimos força suficiente para destruir o planeta.

Achávamos que a natureza podia absorver poluição sem limite.

Parecia não haver limite para a poluição que podia ser lançada nos rios, nos oceanos e no ar do mundo. Agora, em certos casos (como o outrora belo Mar de Aral na Rússia), o dano causado é chocante. Temos buracos na camada de ozônio e as calotas polares estão derretendo. Pesticidas, herbicidas, lixo, fertilizantes e produtos químicos exóticos feitos pelo homem poluíram a atmosfera, os cursos d'água, o solo e os oceanos.

Não esperávamos destruir espécies da natureza.

No último meio século, a humanidade não apenas exterminou inadvertidamente um grande número de espécies, mas transformou ecossistemas ricamente diversos, estáveis depois de milhões de anos de evolução, em ecossistemas menos diversos, dominados por espécies não ativas agressivas que resistem à ação de nossos herbicidas e pesticidas.

Achávamos que nosso corpo era imune aos produtos que fabricávamos.

Os índices de defeitos congênitos estão aumentando rapidamente, assim como os de câncer e outros problemas. A contagem de espermatozoides declinou severamente nos últimos 25 anos, e muito esperma está danificado. Esses e outros problemas estão associados aos produtos químicos feitos pelo homem, que agora estão no corpo de muitas criaturas. Esses produtos químicos afetam o sistema endócrino, especialmente nas primeiras semanas de desenvolvimento do feto.

Achávamos que a tecnologia substituiria o que a natureza faz.

Não conseguimos entender a extraordinária complexidade do solo arável e exaurimos muito de sua capacidade com poderosos herbicidas, fungicidas, fertilizantes e lixo químico. Agora, com a modificação genética, buscamos não a sobrevivência do mais apto, mas a sobrevivência do mais lucrativo. A nova tecnologia genética é essencial para o nosso futuro, mas devemos usá-la com todo o respeito à profunda complexidade da natureza. Não devemos tentar substituir a sabedoria de bilhões de anos de evolução com a nossa inteligência, mas construir parcerias conscienciosas com a natureza.

Achávamos que podíamos administrar a sociedade de maneira simplista.

No curso da civilização humana, governos totalitários de diferentes tipos impuseram regras toscas para administrar suas sociedades. Os resultados foram catastróficos. Grande parte da história da humanidade é a história de ditadores, burocratas e reis que não tinham a menor ideia de como administrar seus domínios. Hoje entendemos melhor quais as formas de governança que têm mais probabilidade de funcionar bem.

O que causou profundas dificuldades para a humanidade nos séculos XIX e XX foi o pressuposto de que a natureza podia ser pilhada livremente para sempre. O que causará dificuldades para a humanidade no século XXI é uma atitude semelhante com relação à tecnologia — que existe uma infinidade de boas ideias a serem descobertas em laboratório e que elas são para o nosso uso. Assim, as corporações correm para lucrar com cada descoberta ou invenção tecnológica.

O problema dessa atitude é que nossa capacidade de destruir a natureza é cada vez maior. Podemos disseminar formas de vida geneticamente modificadas sem saber das consequências. Podemos espalhar substâncias químicas que afetam sutilmente os mecanismos do nosso corpo. Aprendemos a não destruir a natureza diretamente, mas continuamos a prejudicá-la de maneiras invisíveis.

Não faz sentido optar por uma visão geral antitecnológica. Uma melhor tecnologia é essencial e as gerações futuras vão se arrepiar com a imaturidade daquilo com que trabalhamos hoje. As aplicações da tecnologia vão se tornar cada vez mais avançadas e teremos que ser muito mais cuidadosos para evitar os riscos resultantes.

O colonizador do século XIX teria ficado furioso com a sugestão de regulamentos para desacelerar suas inovações, especialmente as mais lucrativas. O cientista ou o líder corporativo não são diferentes, já que a corrida pelo lucro causa falta de cautela. Em muitas situações, o desejo de benefícios de curto prazo sobrepuja o desejo de solucionar problemas de longo prazo.

TRAGÉDIAS DOS COMUNS

Na Inglaterra, o "village green", a área verde do vilarejo, era compartilhada por todos. Era para lá que as pessoas levavam suas ovelhas para pastar. A terra assim compartilhada era chamada "the commons", terra comunitária. Lá, o pasto era suficiente só para as ovelhas do local. Alguém, com um espírito de iniciativa que em outro lugar seria admirável, poderia achar que se beneficiaria pondo mais ovelhas ali. Se muitas pessoas fizessem isso, o pasto comum se esgotaria e todos sairiam perdendo. Num vilarejo, ficaria óbvio o que estava acontecendo e a situação seria fácil de controlar. Uma reunião dos habitantes do vilarejo definiria o número máximo de ovelhas que cada um podia alimentar ali.

A tragédia dos comuns é um termo usado por economistas para indicar um recurso compartilhado que é superexplorado. Como o recurso é gratuito, as pessoas o usam demais, até que seu uso fique inviável para todos. Muitos recursos do ambiente global são "comuns": os oceanos, os rios, os peixes, a atmosfera e partes não visíveis da nossa ecologia, como os lençóis freáticos e a camada de ozônio. O mundo moderno criou outros recursos "comuns", como as rodovias, o espectro de rádio, a Internet e a órbita de satélites geossincronizados (em que os satélites parecem estacionários).

O uso desses recursos deveria ser regulamentado, como era o uso das terras "comuns" dos antigos vilarejos. A regulamentação pode assumir diferentes formas: você compra uma licença de pesca para pescar trutas. Um caçador pode atirar num único urso por estação. Uma empresa de telefonia pode comprar o direito de usar uma parte limitada e definida do espectro de rádio numa determinada área geográfica.

Até recentemente, os "comuns" da Terra nos pareciam vastos e inexauríveis — a atmosfera que respiramos, as selvas, as florestas tropicais e os oceanos — mas agora a nova tecnologia nos dá a capacidade de devastar esses recursos. À medida que a população cresce, assim como a afluência e o desejo de lucrar, mais dano pode ser causado. A "tragédia dos comuns" dizia respeito à terra comunitária dos vilarejos: agora diz respeito ao planeta todo.

Muitos "comuns" de que dependemos são agora problemas globais. Um dos maiores "comuns" são os oceanos da Terra.

Vista do espaço, a Terra parece um planeta oceânico, dominado por mares azuis e envolto em nuvens de vapor d'água. Os oceanos cobrem 71% da superfície da Terra. Sua maior profundidade é maior do que a altura do Everest. A quantidade de terra acima do nível do mar é uma fração do volume de água abaixo do nível do mar. Quando alguém navega pelos oceanos, eles são tão vastos que parece inconcebível que tenhamos destruído 90% dos peixes comestíveis — mas é verdade, e os peixes que restaram são muito menores do que seus ancestrais. Como esse dano causado ao oceano não é diretamente visível ao público, ele recebe menos atenção do que receberia se fosse alguma coisa que pudéssemos ver claramente.

MORTE EM GRAND BANKS

No início do século XVII, havia na região de Grand Banks em Newfoundland, Canadá, uma quantidade inacreditável de peixes. Os capitães de pesqueiros ingleses falavam de cardumes de bacalhau "tão densos que era praticamente impossível remar no meio deles". O bacalhau era o mais numeroso dos muitos peixes que viviam em profusão em Grand Banks, mas havia também variedades de halibute, hadoque e linguado. Esturjões de quase quatro metros entupiam os rios da Nova Inglaterra e as crianças usavam rastelos para juntar montes de lagostas de 4 a 8 quilos, usadas para alimentar os porcos.

Naquela época, o bacalhau era um peixe muito robusto que chegava a ter quase dois metros de comprimento, além de ser incrivelmente fecundo. Hoje, um bacalhau tem uns 45 centímetros de comprimento. Uma fêmea produzia 9 milhões de ovos numa única desova e desovava de 10 a 15 vezes durante a vida. A espécie existe há milhões de anos, atravessando eras glaciais e períodos de aquecimento global que alteraram os níveis oceânicos em quase 100 metros. Adaptou-se a todas as mudanças da *natureza*, mas não à moderna tecnologia de pesca.

Em 1951, um estranho navio com a bandeira britânica chegou a Grand Banks. Tinha altas chaminés e era do tamanho de um transatlântico, mas tinha na popa uma enorme rampa, como a dos baleeiros. Era o primeiro navio-fábrica do mundo. Tinha sido construído por uma empresa baleeira que, percebendo que o estoque de baleias seria comercialmente extinto, adaptou sua tecnologia para outros peixes. Sozinho, esse navio podia pegar mais bacalhau do que todos os outros barcos que pescavam no Atlântico Norte juntos.

Em pouco tempo havia centenas desses navios. Usavam radares, sonares, localizadores de peixe e ecogramas para localizar e capturar cardumes inteiros e arrastavam suas redes gigantescas mesmo em meio a tempestades de inverno. Podiam ser retripulados e mantidos por navios-tênder: podiam pescar quase indefinidamente, 24 horas por dia, sete dias por semana, sem aportar. Esses navios começaram a devastar o mar como se derrubassem uma floresta.

Na década de 1970, os estoques de peixe em Grand Banks estavam quase esgotados. Navios-fábrica da Rússia, Europa e Japão devastaram essa área tão prolífera em uma década. Era evidente que a indústria pesqueira de Newfoundland seria destruída a menos que alguma coisa fosse feita.

Em 1977, o Canadá ampliou seu limite territorial para 200 milhas, ou 320 quilômetros, como tinha feito a Islândia, de acordo com a Lei do Mar das

Nações Unidas. Grande parte dos peixes de Grand Banks estava dentro desse limite e o Canadá agiu de forma agressiva para manter os navios pesqueiros estrangeiros fora do limite. Os pescadores de Newfoundland aplaudiram e o governo do Canadá lhes garantiu que teriam um grande futuro. O governo canadense estava em posição de salvar a vida de Grand Banks. Não foi uma "tragédia dos comuns" porque a região (exceto por uma pequena área) estava sob o controle de um departamento do governo que tinha excelentes cientistas marinhos.

Mas o declínio da economia de Newfoundland drenou dezenas de milhões de dólares por ano do tesouro do Canadá. A solução do governo foi incentivar os pescadores de Newfoundland a pescar mais. O Canadá construiu sua própria frota para pesca de arrasto em águas profundas e concedeu subsídios generosos para a pesca, que atraíram milhares de pessoas para a atividade pesqueira no exato momento em que os estoques de peixe entravam em colapso. O número de pescadores costeiros cresceu de 13.736 em 1975 para 33.640 em 1980. A indústria de processamento de pescado do Canadá Atlântico cresceu duas vezes e meia no final da década de 1970. Esse crescimento significava que era preciso pescar mais para manter a indústria de processamento em atividade. Por isso, foram criadas parcerias entre pescadores e os navios-fábrica estrangeiros, os primeiros responsáveis pela devastação, liberando-os para pescar dentro do limite das 200 milhas se entregassem parte do produto da pesca às fábricas de processamento de Newfoundland. Os pescadores mais experientes e os cientistas sabiam que isso era um grave erro.

Em meados dos anos 1980, a pesca em Grand Banks estava declinando rapidamente e os peixes eram agora visivelmente menores. Em 1988, os modelos dos cientistas marinhos mostravam que os estoques de peixe na região de Grand Banks estavam à beira do colapso, sendo o bacalhau o mais afetado. Recomendaram que as cotas de pesca fossem reduzidas pela metade, mas políticos ansiosos cederam às pressões e reduziram a cota em apenas 10%.

Por ocasião da chegada dos barcos-fábrica em 1951, a biomassa da população reprodutora de bacalhau era de 1,6 milhão de toneladas. Em 1991, era de apenas 130 mil toneladas. Recusando-se a encarar a realidade, o governo canadense estabeleceu uma cota de 120 mil toneladas *por ano* para pesca. Em pouco tempo, a biomassa da população reprodutora caiu para apenas 22 mil toneladas. Uma grande quantidade de bacalhaus jovens demais para desovar estava sendo capturada.

Em julho de 1992, o governo canadense fez o que devia ter feito anos antes: proibiu a pesca de bacalhau em Grand Banks para que o estoque de bacalhau e de outros peixes pudesse se recuperar, mas era tarde demais. O bacalhau só atinge a maturidade sexual aos 6 ou 7 anos de idade. Diversas pesquisas científicas realizadas em Grand Banks constataram que nem uma única geração de jovens bacalhaus tinha chegado aos 3 anos de idade, quanto mais à idade de procriar. Os cardumes de bacalhau não voltariam nunca mais.

Os custos sociais e econômicos de proibir a pesca de bacalhau foram enormes. Centenas de pequenas comunidades foram dizimadas. O governo canadense teve que gastar bilhões de dólares para ampará-las e 32 mil pescadores ficaram sem trabalho.

A PARÁBOLA DO MAR NEGRO

A história do Mar Negro é uma parábola do nosso tempo com lições muito sérias.

Segundo uma história popular da República da Geórgia, quando Deus dividiu a Terra, os georgianos chegaram atrasados porque ficaram festejando a noite inteira. Não havia sobrado terra nenhuma, mas Deus lhes deu o pedaço de terra que tinha reservado para si mesmo na costa do belo Mar Negro, com suas praias de águas mornas, arredores verdejantes e montanhas coroadas de neve.

O Mar Negro é fundo, mais de 210 metros em alguns pontos. Por milhares de anos, foi uma importante área de pesca que sustentou, ao longo dos séculos, a antiga Grécia, o império Bizantino, o império Otomano e a Rússia Imperial.

O rio Danúbio corre da Floresta Negra para o Mar Negro, mas está longe de ser o Danúbio *azul* de Johann Strauss. Atravessa diversos países do Leste Europeu, que despejam nele esgoto não processado, óleo, pesticidas e resíduos industriais tóxicos.

O Danúbio tem um delta de 2 milhões de acres que filtra sua água antes que chegue ao Mar Negro. O delta não deixava passar as algas e as toxinas do rio. Infelizmente, Nicolae Ceauşescu, ditador assassino da Romênia, ordenou que o delta fosse drenado e aterrado, por considerá-lo um desperdício do patrimônio imobiliário da Romênia. Numa época em que muitos países aumentavam a quantidade de poluentes lançados no Danúbio, Ceauşescu destruiu o filtro que protegia a vida no Mar Negro.

O Danúbio e alguns rios menores carregavam o excesso de fertilizantes de muitas fazendas para o Mar Negro. Com isso, houve uma espetacular proliferação das algas e um crescimento explosivo do zooplâncton que se alimenta de algas. Essas criaturas começaram a consumir a maior parte do oxigênio do mar, o que levou a um processo chamado "eutrofização".

Os campos submersos de algas verdes e as enormes florestas de laminárias do Mar Negro eram uma importante fonte de oxigênio, além de abrigar e alimentar 170 espécies animais: esponjas, anêmonas, caranguejos e outras criaturas que eram partes essenciais da cadeia alimentar. A poluição matou as algas verdes e as florestas de laminárias, junto com as criaturas que ali viviam. A eutrofização e os poluentes industriais eliminaram quase todos os peixes, e o mar ficou verde e malcheiroso como um tanque de água parada. O fedor de peixe morto invadiu as ruas antes elegantes de Odessa e Yalta.

Quando um ecossistema é enfraquecido, um predador agressivo pode tomar conta do lugar. Em 1982, cientistas soviéticos perceberam uma criatura no Mar Negro que nunca tinham visto antes e que levou algum tempo para ser identificada. Era uma água-viva em forma de sino, *Mnemiopsis leidyi*, nativa dos estuários de água salobra da Costa Leste dos Estados Unidos. Ela deve ter atravessado o oceano na água de lastro de algum navio. Essa água-viva tem hábitos alimentares vorazes e encontrou no Mar Negro uma profusão de comida que lhe agradou. A criatura abria as mandíbulas gelatinosas e aspirava uma densa concentração de micro-organismos. Aspirava larvas de peixes, filhotes de camarão, caranguejo e molusco, até deixar o mar quase vazio de vida animal.

Com esse alimento aparentemente infindável e nenhum predador, as águas-vivas se multiplicaram com fecundidade quase inacreditável. Em 1990, havia mais de um bilhão de toneladas delas — mais do que o peso de todas as criaturas que todos os pescadores do mundo tiram do mar em um ano. Os resorts do Mar Negro ficaram sem praias usáveis. As cidades pesqueiras ficaram sem peixe. Em poucos anos, o Mar Negro perdeu a saúde e entrou num estado de colapso. As *datchas* dos oficiais de alto nível da Rússia comunista foram abandonadas por causa das abomináveis águas-vivas norte-americanas.

Uma parte importante dessa e de outras histórias semelhantes do nosso tempo é que os modelos computadorizados de que os cientistas marinhos dispunham mostravam que o Mar Negro estava sendo destruído. Eles sabiam como deter a destruição (embora discutissem sobre os detalhes), mas os governos nem se deram conta das descobertas dos cientistas. O que aconteceu com o Mar Negro foi uma catástrofe totalmente evitável, mas que se desenrolou até sua conclusão devastadora.

Com a economia das cidades do Mar Negro arruinada, os políticos enfrentavam pressões para encontrar um jeito de corrigir o problema. Só então começaram a cooperar. Em 31 de outubro de 1996, seis países do Mar Negro — Bulgária, Geórgia, Romênia, Rússia, Turquia e Ucrânia — assinaram o Plano de Ação Estratégica no Mar Negro. É um plano para restaurar e proteger o Mar Negro. Inclui a mais abrangente série de medidas já tomadas para restaurar um mar. Medidas específicas foram definidas para reduzir e monitorar a poluição, administrar os recursos que ainda vivem no mar e controlar o desenvolvimento humano. Além disso, pede que os países da bacia do Danúbio reduzam a carga de poluentes e nutrientes vindos de fontes agrícolas, industriais e domésticas.

O Mar Negro é uma lição de choque sobre a necessidade de deter os danos em outros "comuns" antes que levem a tragédias semelhantes ou muito piores. Pode haver colapsos semelhantes de ecossistemas marinhos maiores.

Os cientistas sabem como limitar danos futuros, mas os governos sabem que as mudanças necessárias podem causar desemprego e queda na arrecadação de impostos. Embora uma democracia precise de sólido conhecimento público para informar as ações políticas, o público é espetacularmente ignorante sobre muitas questões científicas de grande escala.

O chefe de ciência na Agência Ambiental Britânica me disse que a maior ameaça ao nosso bem-estar é nossa capacidade limitada de usar tudo o que sabemos para definir políticas que resultem em benefícios práticos sustentáveis.

TECNOLOGIA OCEÂNICA LETAL

A última tecnologia desenvolvida pelas empresas pesqueiras é devastadora. Supertraineiras arrastam redes de nylon com milhares de metros de comprimento, capturando tudo em seu caminho — 400 toneladas de peixe num único arrasto. Recentemente, foi introduzida uma rede cuja boca é do tamanho de 50 campos de futebol. Algumas redes raspam o fundo do oceano arrastando tudo o que é vivo, como máquinas gigantes devastando uma floresta. Nem um terço do que pegam é suficientemente rentável para uso: o resto é retalhado e jogado de volta no oceano. Esse resto é chamado de "bycatch", ou fauna acompanhante. Essas supertraineiras ficam no mar por meses a fio, processando e congelando o pescado no caminho. Essa eficiência lhes dá uma enorme vantagem sobre os barcos de pesca tradicionais.

As supertraineiras podem pescar numa profundidade de uma milha, pegando espécies que não seriam consideradas comestíveis há uma década. Pegam lula, arraia, granadeiro, espada-negra, caranguejo vermelho, quimera, enguia retifera e cação-bagre. Criaturas nunca capturadas antes são processadas e transformadas em bastonetes com sabor de caranguejo para saladas e sushi.

As novas traineiras que pescam em águas profundas podem pegar peixes que procriam tarde na vida. Nos anos 1990, as pessoas ligadas à moda nos Estados Unidos e na Europa ficaram sabendo, por meio de revistas inteligentes, que a nova onda era comer o caríssimo *orange roughy*. Esse peixe é capturado nos mares gelados da Nova Zelândia a uma milha de profundidade. Vive muito tempo e só começa a se reproduzir depois dos trinta anos. As traineiras-fábrica pegavam o *orange roughy* muito antes dessa idade e o pobre peixe nunca vivia o suficiente para desovar. Os principais estoques acabaram.

Como o custo operacional das traineiras-fábrica é alto, seus proprietários precisam mantê-las ocupadas. O investimento é alto. Os barcos continuam pescando até o último peixe adulto e então pegam peixes jovens que ainda não desovaram. Quando estes acabam, a tecnologia é usada para capturar peixes em níveis mais baixos da cadeira alimentar. À medida que diminuem os níveis mais baixos da cadeia alimentar, as chances de renovação no topo da cadeia são destruídas.

O PADRÃO PRIMEIRO-A-CATÁSTROFE

Quando há algum aviso de perigo ambiental, em geral os seres humanos não lhe dão atenção. Às vezes, é só depois que acontece uma catástrofe que são tomadas as precauções necessárias. Esse padrão primeiro-a-catástrofe é observado em muitas áreas diferentes. Vou me referir a ele repetidamente neste livro. Descreve o padrão em que tendemos a lidar com problemas sérios só depois que uma catástrofe indescritível nos força a levá-los a sério.

Em 1962, a tragédia da talidomida chamou a atenção pública. Oito mil crianças nasceram com deformidades horríveis porque as mães tinham tomado essa droga quando estava grávidas (para tratar enjoo matinal). Bebês nasceram sem braços ou pernas. Em alguns bebês, as mãos saíam diretamente dos ombros. As fotografias publicadas chocaram o mundo, forçando a U.S. Food and Drug Administration a tomar uma atitude. Depois disso, todas as drogas passaram a ser rigorosamente testadas quanto aos efeitos sobre a gravidez.

O padrão primeiro-a-catástrofe não é uma boa maneira de administrar o planeta, mas vai se tornar cada vez mais prevalente no decorrer do século XXI porque as catástrofes possíveis se tornarão maiores. Não podemos nos dar ao luxo de um padrão primeiro-a-catástrofe. A ciência e a modelagem computadorizada são partes essenciais da Transição do Século XXI, já que nos permitem antecipar a catástrofe e evitar que ela aconteça. É preciso fazer com que as autoridades não ignorem a ciência, como no caso do Furacão Katrina em Nova Orleans.

Para evitar um padrão primeiro-a-catástrofe, os políticos e o público têm que ouvir os cientistas. Algumas catástrofes futuras são altamente prováveis, mas o público está indiferente, e essa indiferença se transforma em medo quando a catástrofe começa ou se torna inevitável. Só que então é tarde demais para implementar medidas preventivas ou procedimentos de controle. Isso vale para a mudança climática acentuada ou para uma pandemia altamente letal.

A evidência de pesca excessiva é indiscutível. Estamos pescando muito mais peixes do que os oceanos podem repor. É como uma pessoa que foi rica e continua gastando mais dinheiro do que tem — e acaba pedindo falência. Se uma destruição semelhante ocorresse em terra firme, haveria um enorme protesto. Mas como não vemos a destruição nos oceanos, não falamos nada.

RECUPERAÇÃO DOS OCEANOS

Os oceanos não precisam ser destruídos. Muito lentamente, eles podem ser recuperados, permitindo a pesca bem administrada, sustentável e lucrativa. Uma chave para a recuperação dos oceanos é a definição de zonas onde a pesca não é permitida, chamadas áreas de proteção marinha. Isso foi feito em muitos países e cientistas do mundo todo têm medido os resultados. Em geral, as populações aumentam e atingem o equilíbrio em mais ou menos três anos. No entanto, quando os peixes são capturados antes de atingir a maturidade sexual, leva muito mais tempo para que a população retorne ao equilíbrio. Algumas espécies de peixes migram e as rotas de migração entre as áreas de proteção marinha também precisam ser protegidas.

Cientistas estimam que, para ter populações sustentáveis de peixes, pelo menos 20% dos oceanos precisam ser áreas de proteção marinha. Atualmente, o número é menor do que 0,01%. Como no caso de quase todos os problemas descritos neste livro, sabemos que medidas tomar, mas elas estão sendo aplicadas numa escala desesperadamente inadequada.

Sob a Lei dos Mares das Nações Unidas, todas as nações costeiras têm jurisdição quase total sobre os mares até 200 milhas da costa. Noventa por cento dos estoques de peixe e a maior parte dos locais de procriação do mundo estão dentro desse limite de 200 milhas. Se todos os países fizessem vigorar esses limites e controlassem a pesca dentro deles, boa parte dos peixes oceânicos poderia aos poucos voltar.

Em 2005, a Grã-Bretanha elaborou um plano altamente detalhado e científico para administrar seus locais de pesca. Isso exige uma rede bem planejada de áreas de proteção marinha. A indústria pesqueira britânica começou a aceitar as áreas de proteção marinha para salvar a indústria. É preciso também banir a pesca de arrasto de fundo e alguns outros tipos de pesca. Para que a indústria pesqueira da Grã-Bretanha se torne autossustentável, a capacidade de sua frota pesqueira tem que ser limitada. Tais medidas permitiriam a lenta recuperação da vida oceânica e transformariam a pesca britânica numa indústria viável e lucrativa (ainda que reduzida).

A Grã-Bretanha incentivará o resto da Europa a seguir as mesmas regras. Em princípio, tais regras podem ser postas em prática em qualquer lugar. Os países costeiros do mundo deveriam fazer um tratado sobre a pesca global. Todo barco pesqueiro com mais de 8 metros de comprimento deveria ser registrado e obrigado a transmitir sua posição — segundo o GPS (Sistema de Posicionamento Global) — para um computador de gerenciamento internacional da pesca. Os infratores seriam multados.

Como é vitalmente importante proteger as cadeias alimentares marinhas, muitas áreas protegidas têm que incluir a costa: terras úmidas, mangues e os deltas dos rios. Onde é viável, é importante recuperar terras úmidas danificadas. Os rios que levam poluição para os oceanos têm que ser limpos. As margens devem ser arborizadas para impedir que os poluentes agrícolas fluam livremente para os rios. Onde as fontes de poluição foram anuladas, o rio se renovou com água fresca em um ano.

Os governos locais e nacionais devem banir qualquer tecnologia pesqueira que seja excessivamente predatória. Foi projetado um equipamento de arrasto que passa a uma certa distância do fundo do mar para não raspar o fundo e um equipamento de pesca que permite que os peixes pequenos escapem, evitando matar tantos golfinhos e tartarugas.

Quando os mares são mal administrados e superexplorados pela pesca, como ocorre hoje, a pesca não é lucrativa. Para compensar, os governos têm dado subsídios exorbitantes para a indústria da pesca. Em 1995, segundo o Worldwatch Institute, US$124 bilhões estavam sendo gastos anualmente para pegar US$70 bilhões em peixe. Esses números parecem insanos — nenhum negócio normal pode funcionar desse modo. A diferença de US$54 bilhões é de subsídios governamentais, que fomentam em grande parte a pesca excessiva.[1] O mundo tem o dobro de barcos pesqueiros necessários para a pesca sustentável no mundo todo, mas os governos estão gastando bilhões dos contribuintes para construir mais supertraineiras. Navios-fábrica, que retiram toda a vida do solo oceânico e jogam de volta a fauna acompanhante morta, são subsidiados pelos principais políticos. É ultrajante que os políticos, em troca de contribuições e outros favores, distribuam maciços fundos públicos para ajudar a destruir o ambiente.

Na década de 1990, o mundo conseguiu com dificuldade fechar um acordo para deter a matança de baleias. As baleias francas do sul foram quase eliminadas: restou apenas 1,5% de sua população. Quando a matança parou, sua população ganhou força e muitas dessas gigantes gentis são vistas agora brincando felizes perto da costa da África do Sul na primavera. Seus números estão crescendo em 20 a 30% ao ano. Daqui duas ou três décadas, haverá tantas baleias quanto havia antes do homem começar a matá-las.

Se forem implementados controles razoáveis, no final do século XXI os oceanos serão saudáveis, vigorosos e administráveis. Se continuar como está, os oceanos estarão totalmente destruídos. Temos outras histórias para contar com opções semelhantes de final.

Na humanidade, há um núcleo de profunda inteligência em meio à ganância e ao mercantilismo exacerbado. Temos hoje uma excelente ciência da pesca oceânica, que melhora à medida que os oceanos e seus peixes são melhor pesquisados e instrumentados. Alguns cientistas que alcançam altos cargos administrativos são maravilhosamente bem articulados para explicar sua ciência. Um desses cientistas é Robert Gagosian, diretor do notável Woods Hole Oceanographic Institution de Massachusetts. Quando eu o entrevistei, ele comentou que o único meio de resolver o problema dos oceanos "comuns" é fazer com que os países do mundo se reúnam. Ele acha que isso só acontecerá quando muitos países não tiverem mais quase nenhuma atividade pesqueira. Eles cairão em si e dirão: "Certo, temos mesmo que sentar e resolver esse assunto". Gagosian acrescenta: "As pessoas têm que levar umas cinco cacetadas na cabeça antes de perceberem o que está acontecendo".

Estabelecer os mecanismos para proteger nossos recursos "comuns" é parte do propósito do século XXI e, como vamos ver, novos e extraordinários recursos comuns serão criados.

3

CRIANÇAS RICAS E SEUS FUNDOS FIDUCIÁRIOS

Os descendentes de uma pessoa rica têm às vezes um fundo fiduciário — um capital que é administrado de modo a lhes garantir uma renda. Quando é bem administrado, o capital permanece intacto, de modo que a renda possa ser usada ano após ano. Já uma pessoa que gasta excessivamente pode diminuir o capital. Pode reduzi-lo tanto que restará pouco ou nada para a geração seguinte.

Nós, seres humanos, temos um fundo fiduciário espetacular proporcionado pela natureza. Temos peixes nos oceanos, campos onde criar o gado, solo rico em nutrientes, um abundante suprimento de água para cultivar alimento, grandes florestas que nos ajudam a manter limpa a atmosfera absorvendo dióxido de carbono e produzindo oxigênio, e um planeta cuja intrincada ecologia nos proporciona um belo lugar para viver.

Em termos financeiros, o valor desse fundo fiduciário é enorme mas, como a criança gastadora, estamos minando nosso capital. Estamos pescando em excesso, exaurindo o solo, reduzindo o nível dos lençóis freáticos, poluindo o ambiente e exaurindo os pastos de modo a reduzi-los a desertos. A cada ano, a humanidade queima uma quantidade de combustível fóssil que levou 10 mil anos para se formar. Um terço das áreas florestais do mundo desapareceu a partir de 1950, e a destruição está se acelerando.

Não podemos continuar fazendo isso por muito mais tempo porque dilapidar esse fundo fiduciário significa desastre em grande escala. Gastar muita água significa fome em muitos países. Assim como exaurir os pastos, destruir a qualidade do solo e a vida nos mares.

Viver além dos recursos do nosso fundo fiduciário não seria aconselhável mesmo se a população da Terra permanecesse constante, mas o número de pessoas que será acrescentado nos próximos 20 anos será maior do que a população total da Terra no começo do século XX. Durante o tempo de vida da maioria dos leitores deste livro, a população crescerá em torno de 3 bilhões de pessoas, sendo que quase todo esse aumento será nos países menos capazes de conservar recursos para o cultivo de alimentos. A população da Terra terá crescido de 2 para 9 bilhões nos cem anos compreendidos entre 1940 e 2040. Para alimentar de forma razoável a população mundial, a produção de alimentos terá que dobrar nos próximos 30 anos.

De 1980 a 2000, o Índice Dow Jones, dos Estados Unidos, saltou de 839 para 11 mil pontos mas, nesse mesmo período, todos os indicadores do fundo fiduciário da Terra tiveram uma profunda queda. A antes grandiosa União Soviética tinha uma economia que escondia a verdade, e esse engano levou a um colapso maciço. As economias capitalistas estão escondendo a verdade de outro jeito e, a menos que mudemos, isso também levará a um colapso maciço.

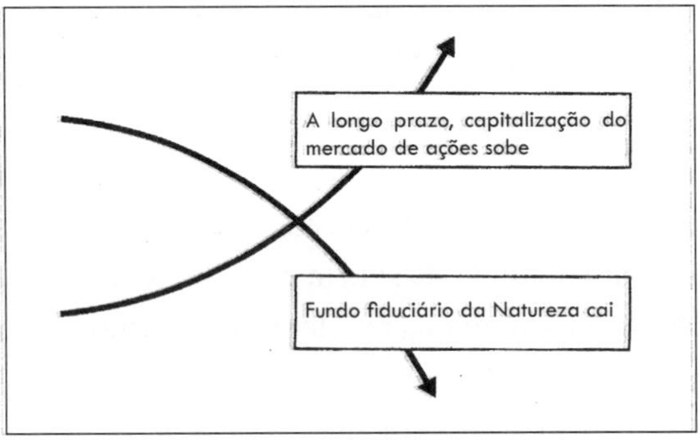

É difícil calcular o valor exato do fundo fiduciário. Nos anos 1990, um grupo de economistas estimou que o valor médio de 17 dos serviços que recebemos da natureza é de US$ 36 trilhões por ano, num máximo de US$58 trilhões (em dólares de 1998).[1] A economia global era então estimada em US$ 35 trilhões. Embora possa haver divergências a respeito desse cálculo, estima-se que o fundo fiduciário seja maior do que a economia global.

ATACANDO O POTE DE BISCOITOS

Houve um tempo em que os recursos da Terra pareciam ilimitados. O solo superficial se renovaria, a chuva manteria os aquíferos cheios e os peixes procriariam em profusão. Agora sabemos que eles não são ilimitados. Hoje, muitas das nossas formas de desenvolvimento não são sustentáveis. A Terra tem recursos finitos, como um pote de biscoitos, e nós a estamos atacando.

Todo mundo acha que é moralmente correto deixar para os nossos filhos os recursos planetários que tivemos. Ao exaurir o suprimento de água, danificar o solo arável e causar o aquecimento global, estamos na verdade tirando os recursos vitais das gerações futuras. Preservar os recursos da natureza para as gerações futuras é uma parte desejável do desenvolvimento *sustentável*. Mas estamos bem longe da sustentabilidade. Estamos deixando para as futuras gerações um planeta cada vez mais esgotado. Estamos roubando seus biscoitos.

Estamos deixando também tecnologias com capacidade espetacular. Nosso legado para a próxima geração é a modificação genética, a nanotecnologia, uma Internet de alta velocidade, as células de combustível, uma nova tecnologia de energia nuclear e uma medicina melhor. Cada geração vive num mundo com menos recursos naturais mas com tecnologia mais avançada. Cada geração cai mais no fundo da armadilha da tecnologia: não consegue sobreviver sem tecnologia e sua tecnologia está ficando cada vez mais avançada. Estamos mudando o tipo de capital de que precisamos.

Prejudicaremos ainda mais os nossos filhos se deixarmos o planeta *inadministrável*. Degradar recursos naturais e causar aquecimento global deixa a próxima geração com sérios problemas. Permitir que armas de destruição em massa caiam nas mãos de terroristas é atrair problemas. Mas talvez a pior coisa seja deixar que a população da Terra cresça desnecessariamente.

CAPITAL NATURAL

O termo *capital* se refere a riqueza acumulada. O capital gerado pelos homens é em forma de investimentos, fábricas, carros, casas, equipamentos, softwares, e assim por diante. O capital natural se refere aos recursos da natureza: água, ar, petróleo, minerais, gás natural, carvão e sistemas vivos como florestas, campos, terras úmidas, estuários e oceanos. Alguns deles são muito importantes para nós. O capital gerado pelos homens é produzido pela atividade humana; o capital natural não. Boa parte do capital natural é não renovável e nós o estamos esgotando.

O capital natural é tão natural que muitas vezes nem pensamos nele, assim como um peixe não pensa na água em que nada. Não indagamos o que torna o ar respirável, por que precisamos dos insetos e dos micróbios, o que as terras úmidas fazem por nós ou como a água com detergente da nossa pia prejudica as terras úmidas.

No século XXI, o obstáculo à prosperidade não é a falta de *capital gerado pelos homens*, mas a falta de *capital natural*.[2] Nossa economia é totalmente dependente de um suprimento cada vez menor de capital natural. Estima-se que, no último meio século, a Terra perdeu um quarto do solo arável e um terço da cobertura florestal. Estamos perdendo água potável a uma taxa de 6% ao ano. Um terço dos recursos naturais do mundo foi consumido nas últimas três décadas.[3] A maior parte foi consumida pelo bilhão de pessoas dos países ricos. Isso é alarmante quando refletimos que os países de consumo pesado logo incluirão a China, a Índia e outros. Três bilhões de pessoas se juntarão ao clube de consumo pesado.

Os peixes, o solo arável, as árvores, a água, a terra fértil e os recursos naturais em geral têm imenso valor para a humanidade — e a cada mês cerca de 2 mil espécies desaparecem do planeta, mas nos livros das corporações isso não tem valor. À medida que esgotamos o solo arável e reduzimos o nível dos lençóis freáticos, a terra cultivável é convertida em cidades e fábricas. A aceleração é alarmante. Quando a Inglaterra teve sua Revolução Industrial, levou um século para dobrar sua receita. Depois que os Estados Unidos começaram a industrialização, levou 50 anos. A China levou menos de 10 anos.

Há dois tipos de capital natural: *commodities* e serviços.

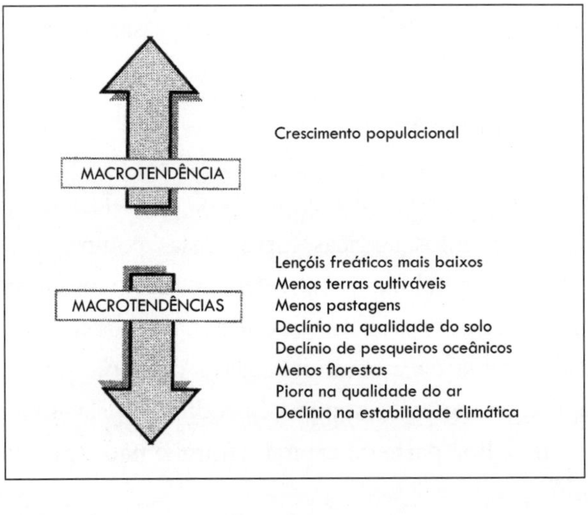

As *commodities* são bens providos pela natureza: ar, água, madeira, petróleo, carvão, minerais, peixes, e assim por diante. Os serviços incluem coisas como a manutenção de uma atmosfera respirável e a manutenção de um ambiente em que pode crescer uma vegetação abundante: a chuva, o sol e os ventos; numerosas criaturas microscópicas que ajudam a tornar o solo fértil; insetos para polinização; sementes que viajam sopradas pelos ventos e carregadas pelos insetos.[4]

Podemos aos poucos encontrar substitutos para muitas das *commodities* do capital natural. Quando o petróleo acabar, encontraremos outras formas de energia. Se o minério de ferro acabar, faremos carros de fibra de carbono. Mas não há substituto para a luz do Sol, a água ou o ar que respiramos.

Podemos descobrir substitutos para algumas *commodities* da natureza, mas é muito difícil ou muito caro encontrar substitutos para seus *serviços*. Os serviços de polinização que as abelhas selvagens oferecem aos produtores de framboesas, por exemplo, são 60 a 100 vezes mais valiosos do que o mel que as abelhas produzem. Os produtores de framboesas descrevem as abelhas selvagens como "notas voadoras de US$50". Em algumas áreas, a população de abelhas está em sério declínio. Há muitos outros serviços nos ecossistemas. O delta de um rio filtra as substâncias químicas tóxicas antes da água chegar ao mar. A camada de ozônio nos protege da perigosa radiação ultravioleta-B. A natureza decompõe nossos restos orgânicos e regula nosso clima. Precisamos de ar puro para respirar, de água pura para beber e dos serviços das planícies aluviais e das terras úmidas.

CONTABILIDADE FALSA

O número mais comum utilizado para classificar a economia de um país é o PIB (Produto Interno Bruto) — a receita anual gerada pela economia doméstica. Esse número é dividido pela população do país para calcular o muito citado PIB *per capita*. Usando a renda média gerada por pessoa anualmente, os países podem ser comparados em termos de quanto as pessoas ganham. Por exemplo, em 2004, o PIB *per capita* dos Estados Unidos foi de US$ 41.530; o do Egito foi de US$1.030.

Embora esses sejam os números aceitos para definir o tamanho das economias, temos uma anomalia contábil de enormes proporções. O cálculo do PIB ignora o capital natural. Muitos países anunciam com orgulho que seu PIB *per capita* está crescendo mas, se fosse considerada a exaustão de recursos naturais, o PIB de quase todas as nações estaria caindo.

Em geral, as corporações não pagam pelo capital natural que usam e nem o incluem em sua contabilidade. As empresas pesqueiras pagam o custo de *capturar* o peixe, mas não pagam pela exaustão dos estoques de peixe. Os fazendeiros não pagam pela água que tiram do suprimento de água subterrânea. As empresas petrolíferas pagam pela perfuração e refino, mas não pagam pelo líquido negro que tiram da Terra. Quando devastamos uma floresta, contabilizamos o valor da madeira como um aumento de riqueza, mas não contabilizamos o dano causado à capacidade da natureza de absorver dióxido de carbono. Nos balanços das empresas, os recursos da Terra têm valor zero.

O sistema de mercado atual é muito eficaz em permitir que as pessoas escolham os bens e serviços que desejam e fazer com que as empresas atendam a essas necessidades, mas os preços não refletem o fundo fiduciário da natureza. Assim, as organizações desperdiçam recursos preciosos, derrubam florestas e dragam o mar com redes que destroem a vida. As corporações capitalistas são intensamente motivadas a aumentar os ganhos. Se os recursos são gratuitos, a administração tira vantagens deles. "Tire o máximo possível de água do aquífero: é grátis!"

Não incluir o capital natural na contabilidade das empresas ou do governo nos dá uma falsa visão do nosso atual balancete. O capitalismo de hoje deixa de atribuir valor aos maiores estoques de capital que emprega — o capital natural. Liquida o capital natural e o chama de receita. CEOs de empresas têm sido condenados à prisão por fazer isso com qualquer outro capital, mas não com o capital natural. De alguma forma, temos que contabilizar o custo do capital natural. É difícil avaliar exatamente quais são esses valores, mas estimativas aproximadas têm sido feitas por muitas organizações. Qualquer valor realista seria melhor do que atribuir valor zero ao capital natural.

Se propuséssemos o uso de uma contabilidade que refletisse o capital natural, haveria protestos clamorosos de executivos do mundo todo, mas deve haver maneiras mais aceitáveis de conseguir resultados semelhantes — licenças de pesca por exemplo, um imposto sobre a emissão de carbono ou um preço para tirar água dos aquíferos. Em muitos lugares, as leis relativas ao uso dos aquíferos são caóticas ou inexistentes. Se um dia houver formas de pagamento adequadas para o uso do capital natural, os empresários descobrirão como lucrar dentro das novas normas e de se beneficiar com a Transição do Século XXI. No longo prazo, os novos lucros serão gerados por produtos e serviços dirigidos ao bem-estar planetário.

Atribuir valor zero ao capital da natureza nos incentiva a aviltar o planeta em vez de tentar cuidar dele. Como uma sociedade primitiva que come as sementes do milho, nós destruímos recursos naturais essenciais para o futuro.

É preciso corrigir isso e reconhecer a magnitude e as consequências da exaustão do capital natural porque senão enfrentaremos sérios problemas. Enfim, é essencial empregar políticas que protejam o capital natural.

Além de não pagar pelo capital natural que usam, as empresas muitas vezes não pagam pelo dano que causam ao meio ambiente. As empresas não pagam pelo dano que causaram ao criar um buraco na camada de ozônio. Os produtores não pagam quando poluem os rios. As frotas pesqueiras que dragam o fundo do mar estão destruindo a rede de vida dos oceanos, mas ninguém paga por isso. O dano causado pelo aquecimento global será imenso. Os sistemas de ar-condicionado são grandes responsáveis pelo aquecimento global, mas as pessoas não pagam por esse custo. Como não pagam, nunca pensam nisso.

A tecnologia usada pelas companhias mineradoras ficou tão poderosa que as máquinas podem triturar montanhas de minério. Minérios de qualidade inferior também têm uso, o que parece tornar os metais mais abundantes. Mas não é contabilizado o custo das florestas devastadas, das montanhas de refugo, da destruição das vilas em volta e dos produtos químicos despejados nos rios. Nada disso é incluído nos custos de produção. Uma limpeza nos locais de mineração *abandonados* dos Estados Unidos está custando aos contribuintes entre US$33 a US$72 bilhões.[5]

SUBSÍDIOS MALIGNOS

Para tornar a contabilidade falsa ainda pior, os governos distribuem enormes subsídios que, em geral, não têm qualquer relação com o desejo dos contribuintes. Atualmente, quantos contribuintes norte-americanos votariam a favor de dar US$800 milhões por ano aos produtores de tabaco?

Certos subsídios são importantes para o bom funcionamento de uma sociedade complexa. É preciso dinheiro para educar as pessoas que não podem pagar pela própria educação. Às vezes, os subsídios são um bom investimento, como é o caso da DARPA (Defense Advanced Research Projects Agency), uma agência de pesquisa norte-americana que desenvolveu redes de comutação de pacotes que acabaram se transformando na Internet. Às vezes esses investimentos produzem resultados impressionantes, mas esse não é o caso da maioria. No entanto, às vezes há uma forte razão para o governo financiar pesquisas que a iniciativa privada não financiaria porque têm retorno muito a longo prazo.

O total de subsídios públicos para a agricultura nos oito países mais ricos do mundo é muito maior do que os subsídios nos 160 países mais pobres. Chegam a US$ 350 bilhões por ano. Na Europa, subsídios e cotas são usados para suprimir a produção excedente de alimentos e impedir a venda de "lagos" de leite e manteiga, numa época em que partes do mundo sofrem com a fome. Às vezes, vemos campos férteis cobertos apenas de ervas daninhas. Os subsídios para os agricultores nos países ricos tornam os trabalhadores dos países pobres ainda mais pobres. Deixam o ambiente e a economia em situação pior.

Os subsídios deveriam ajudar pessoas, indústrias ou regiões em desvantagem, mas muitos subsídios deixam o ambiente e a economia em situação pior do que estariam sem subsídio algum. O cientista ambiental Norman Myers se refere a eles como subsídios *perversos* e fez um cálculo aproximado desses subsídios no mundo todo.[6] Foi difícil porque muitos governos se recusaram a revelar informações sobre pagamentos muitas vezes sigilosos. Os subsídios não são oficialmente controlados nos Estados Unidos, assim como na maioria dos outros países.

A lista de Myers de subsídios perversos é enorme. Totalizam US$2 trilhões ao ano — maior do que todas as economias do mundo, com exceção de três. Enquanto era filmado sob uma chuva torrencial, Myers disse: "É insano. Se os governos se livrassem de metade dos subsídios perversos, poderiam acabar com seus déficits orçamentários numa só tacada, poderiam aumentar os gastos com saúde e educação com 50% desse dinheiro e, com o resto, poderiam dar uma festa de uma semana para o país inteiro."

A família média norte-americana paga US$2 mil por ano em subsídios, mas não sabe disso. Como muitos desses subsídios prejudicam o país, o contribuinte deveria conhecer os fatos e poder expressar sua indignação.

Alguns subsídios são considerados necessários para ajudar os pobres, mas muitos ajudam os ricos à custa dos pobres. Os ricos sabem como manipular o sistema político, os pobres não. O total de auxílio externo dado às nações em desenvolvimento ou menos desenvolvidas representa de 2 a 3% do dinheiro desperdiçado com subsídios perversos.

É difícil imaginar um trabalho pior do que a mineração de carvão: cortar carvão com uma picareta embaixo da terra, em túneis apertados com uma atmosfera que causa doenças pulmonares. A Alemanha pagava US$ 6,7 milhões (US$73 mil anuais por trabalhador) para subsidiar as improfícuas minas de carvão do Vale do Ruhr.[7] Não seria muito mais econômico fechar todas as minas de carvão e mandar os trabalhadores para casa recebendo salário integral?

Imagine todo o treinamento para um trabalho útil e agradável que esses US$ 73 mil proporcionariam a um homem. Alguns subsídios perversos estão sendo reduzidos, e este é um exemplo.

O preço da gasolina nos postos dos Estados Unidos é um terço do preço na maior parte do mundo. Os subsídios norte-americanos para as indústrias de combustível fóssil que ajudam a causar o aquecimento global passam de US$20 bilhões por ano. Os subsídios para combustíveis que ajudarão a evitar o aquecimento global totalizam menos de US$1 bilhão por ano.[8]

Seria uma enorme alavancagem interromper em toda parte os subsídios nocivos. Todos os subsídios atuais deveriam ser classificados em termos de "correção planetária". O público poderia ter acesso a uma lista com essa avaliação, com os subsídios mais nocivos no topo.

As empresas multinacionais de energia sentem necessidade de contar ao público o quanto elas se preocupam com o meio ambiente. Uma delas me convidou para fazer uma visita à sua sede corporativa no Hemisfério Sul, que foi anunciada como um prédio *verde*. Esse prédio usava alguns poucos painéis solares (o arquiteto me explicou que era mais barato comprar eletricidade da companhia elétrica) e quase não capturava água de chuva. Naquela região, a eletricidade e a água eram artificialmente baratas, graças aos subsídios do governo. A decisão lucrativa da empresa não era ser ecologicamente correta, mas fazer um trabalho de relações públicas para convencer o público de que *era* ecologicamente correta. Isso é conhecido como "green wash".

DESTRUINDO NOSSO LAR

Nos tempos romanos, era possível caminhar entre as árvores por toda a extensão da costa norte da África. Essa rica paisagem foi transformada em deserto pelo uso excessivo das pastagens, pelo desflorestamento e pela salinação causada pela irrigação.[9] Na época de nossos pais, a água, o solo e os pastos pareciam ser ilimitados, e era natural supor que essa abundância fosse gratuita. A natureza era vasta o suficiente para absorver nossa poluição e as florestas pareciam ter pouca utilidade além de nos fornecer madeira para construir e para queimar. Agora sabemos que as florestas absorvem o dióxido de carbono que expiramos e o substituem por oxigênio. Se não houvesse plantas suficientes para fazer isso, a atmosfera da Terra se tornaria tóxica. Não paramos para pensar nesse serviço porque ele é invisível e gratuito, mas estamos perto de exceder a capacidade da natureza de reciclar todo o dióxido de carbono que produzimos.

Sete por cento da população da Terra usa 80% da energia disponível. Muitos outros querem atingir esse consumo mas, se todo mundo usar tanta energia quanto esses 7%, a pressão sobre o planeta seria intolerável. Os padrões de consumo incentivados pela mídia estão se enraizando na Ásia e na Índia, sobrepujando os recursos que a Terra pode prover.

Há 20 anos, tirei fotografias de uma área agradável da Indonésia, que parecia um modelo de felicidade campestre. As vilas nas encostas das montanhas tinham arrozais que estavam ali há séculos, árvores frutíferas, bandos de patos e mata luxuriante com flores coloridas. Recentemente, os residentes foram persuadidos a vender o colorido *batik* que produziam e começaram a cortar lenha para aquecer os tonéis onde o *batik* secava. Sonhando com os lucros, cortaram madeira demais. Então, as encostas foram lavadas pela chuva. Levou apenas três anos para que aquele pedacinho de paraíso fosse destruído.

PEGADAS ECOLÓGICAS

O termo *pegada ecológica* é usado para dar uma ideia às pessoas de quanto consomem de recursos naturais.[10] Por exemplo: uma pessoa com uma pegada de 10 acres (1 acre = 4.840 m^2) utiliza o equivalente a 10 acres de recursos da Terra.

Em média, há 5,3 acres de terra para cada pessoa no mundo. Em 2000, uma pessoa usava em média 6,9 acres em recursos e ecosserviços. O norte-americano médio usa o equivalente a 24 acres. Um norte-americano típico tem um consumo de energia, água e outros recursos equivalentes ao consumo de 140 pessoas no Afeganistão ou na Etiópia. O inglês médio usa 11 acres, o chinês médio usa 4 acres, mas esse número tende a crescer rapidamente.

Daqui a quatro décadas, o número médio de acres por pessoa será de 3,5. Portanto, nosso déficit ecológico está aumentando rapidamente. Três fatores principais contribuem para isso: redução dos recursos, aumento da população e estilos de vida com maior consumo de recursos. Desses, o último é de longe o que mais contribui. É vital desenvolver uma ampla compreensão da viabilidade de estilos de vida com melhor qualidade e menos impacto sobre os recursos naturais.

Considera-se que um país tem um *déficit ecológico* quando o número de acres necessários para sustentar seu estilo de vida é maior do que o número de acres existentes no país. Os Estados Unidos têm um déficit ecológico de 11 acres por pessoa. No Japão, o déficit é de 10 acres por pessoa, e nos principais países europeus o déficit vai de 5 a 9 acres por pessoa (10 na Holanda). A China tem um déficit de 1,2 acre por pessoa, mas isso aumentará rapidamente. Países pobres como Paquistão, Bangladesh e Nigéria têm um déficit inferior a 1 acre por pessoa. Alguns países com baixa densidade populacional têm *superávit*: a Nova Zelândia, por exemplo, tem um superávit de 23 acres por pessoa; a Austrália, 17; o Brasil, 14; e a Indonésia, 1,7.[11]

O déficit ecológico da Terra não pode durar. Estamos usando mais água do que a chuva renova, pegando mais peixes do que os que nascem, cortando mais madeira do que a que volta a crescer, lançando mais dióxido de carbono na atmosfera do que pode ser absorvido e exaurindo o solo arável que levou dezenas de milhares de anos para se acumular. Mesmo que pessoas com boa capacidade de administração parem de fazer isso, pode ser que bilhões de pessoas não parem. Podemos combater a devastação descrita por Malthus se tivermos uma boa administração, mas o grande crescimento da população mundial será nos países menos capazes de administrar sua água, sua agricultura, seus pesqueiros e suas florestas. E administrar esses recursos de forma sustentável é uma condição não negociável para a vida.

O PADRÃO LENTILHA D'ÁGUA

O crescimento geométrico é o fenômeno matemático que faz com que vários aspectos do nosso mundo se transformem em catástrofes com rapidez incrível. Temos que entender como funciona o crescimento geométrico — e como funciona na natureza — porque senão podemos nos convencer de que não há motivo de alarme.

Por exemplo: a lagoa de uma fazenda tem um tamanho fixo e, um dia, o fazendeiro fica surpreso com a rapidez com que ela ficou entulhada de plantas aquáticas. Ele olha para a lagoa um dia e observa a água limpa na maior parte da superfície. De repente, ela fica entulhada. A lentilha d'água se espalhando numa lagoa pode dobrar em um dia a superfície que cobre. Suponha que ela leve exatamente mil dias para cobrir a lagoa inteira. Esta é a cobertura dos últimos dez dias:

DIA	COBERTURA (%)
990	0,0976
991	0,1953
992	0,3910
993	0,7810
994	1,5630
995	3,1250
996	6,2500
997	12,5000
998	25,0000
999	50,0000
1.000	**100%**

Suponha que caiba a você a tarefa de manter a lagoa livre da lentilha d'água. No dia 990, você observa a lentilha d'água e diz: "Estou observando essa planta há mais de dois anos e meio e ela cobriu menos de um milésimo da superfície da lagoa. Não preciso me preocupar, posso tirar dez dias de férias". Ao voltar, você veria a lagoa destruída e os peixes mortos por falta de oxigênio.

Um mar tem um tamanho fixo e é outro exemplo desse tipo de perigo. A poluição crescendo geometricamente no mar pode não ser óbvia para a maioria das pessoas até que, de repente, é impossível controlá-la. Seu crescimento geométrico engana porque atinge os limites fixos inesperadamente. O Mar Negro enfraqueceu devagar no começo e então entrou em colapso com uma rapidez chocante. Da noite para o dia, um dos locais mais belos da Terra ficou tão sujo e malcheiroso que seus *resorts* luxuosos tiveram que fechar. Uma lagoa fétida pode ser drenada, mas um mar fétido não.

Se continuarmos numa trajetória deficitária, a natureza resolverá o problema, como sempre fez. O déficit terminará durante a vida de muitos leitores deste livro. Terminará porque administramos bem a situação ou porque a natureza acabou com ele por meio da fome, da mudança climática catastrófica e de condições chocantes para grande parte da humanidade.

A organização Earth Day compara isso a "Aquecer nossa casa queimando os móveis. Depois as paredes. Depois o telhado. Depois o chão".[12] Chegar aos limites ecológicos não é como um súbito acidente de trem; os limites não são óbvios para a maioria das pessoas e é fácil excedê-los. Pode não haver uma grave escassez de alimento ou matéria-prima nos países afluentes. Nações ricas e bem administradas conseguirão até mesmo manter um estilo de vida afluente.

Os limites serão mascarados pelos avanços em tecnologia. O preço dos grãos ficará muito alto, mas isso beneficiará os Estados Unidos. Os países mais ricos tentarão deter uma inundação de imigrantes dos países vitimados e podem aos poucos adotar uma mentalidade de fortaleza.

"THE WAGES OF SPIN": O PREÇO DO JABÁ

Carl Sagan comentou que a coisa mais assustadora de todas é viver numa sociedade que depende da ciência e da tecnologia, onde quase ninguém sabe coisa alguma de ciência e tecnologia. Mas talvez uma coisa seja ainda mais assustadora: viver numa sociedade que depende da ciência e da tecnologia onde as empresas de Relações Públicas (RP) desenvolveram uma incrível habilidade de fazer com que o público acredite em mentiras sobre ciência e tecnologia. Visando lucros, as corporações as contratam para isso. Um dos primeiros exemplos disso foi o da indústria do tabaco tentando criar uma falsa ciência — falsos experimentos "provavam" que a nicotina era inofensiva e não causava dependência, com especialistas muito bem pagos para afirmar falsidades sob juramento.

A ciência respeitável usa o processo de revisão por pares. Para ser publicado numa revista científica responsável, qualquer artigo tem que ser antes revisado por cientistas que não tenham ligação com o autor. O público não sabe disso quando uma propaganda habilmente persuasiva lhe apresenta uma ciência falsa.

Os políticos se tornaram incrivelmente hábeis em mostrar eventos para o público com uma bem-planejada manipulação de opinião (ou "spin"). Washington criou os "spin doctors", que se tornaram mestres do engodo. Algumas das soluções que precisam urgentemente ser implementadas prejudicariam lucros corporativos — então, as corporações também têm *spin doctors*. Dispendiosas campanhas de RP convencem o público de que as ações que prejudicam os lucros são desnecessárias. A pesca e a mineração de carvão são dois exemplos excelentes: é de um profundo cinismo usar frotas de supertraineiras-fábrica para devastar os oceanos, sabendo que estão destruindo a vida oceânica, e então usar uma propaganda esperta para persuadir o público de que essa é a melhor solução para a fome no mundo — ou persuadir o público de que o carvão é a chave para a futura energia limpa, sabendo que ele é o principal responsável pela mudança climática e por doenças pulmonares.

Uma democracia baseada em alta tecnologia e avançadas técnicas de mídia precisa de mecanismos para impedir uma falsificação inteligente da ciência. É possível tornar ilegal a falsificação da ciência? Precisamos da luz brilhante da ciência e de clareza tutorial para penetrar nas cavernas impalpáveis dos grupos de interesse, dos subsídios perversos, da falsa RP, da ignorância, da má governança e da corrupção espalhados pelo mundo.

4
GENTE DEMAIS

As ações humanas são quase sempre cheias de profundas ironias. De 1950 a 2000, a medicina descobriu maneiras de erradicar algumas doenças terríveis e de evitar a morte, especialmente no Terceiro Mundo. Essa foi uma das grandes conquistas desse período. Mas suas consequências foram catastróficas para o planeta porque, enquanto a taxa de mortalidade caía, a de natalidade não caía. A população mundial saltou de 2,5 bilhões em 1950 para 6,5 bilhões em 2005 e parece que vai chegar a 8,9 bilhões daqui a algumas décadas. Crescimento populacional excessivo gera pobreza, fome, doença, miséria, desemprego, poluição, violência social e guerra. Muitos países pobres se tornaram tão destituídos e violentos que a miséria social parece irreversível. Numa entrevista, o ex-congressista Peter Kostmayer comentou: "Não se pode separar superpopulação de meio ambiente, economia ou sistema político. Não se pode separá-la da instabilidade ou da injustiça política. Enquanto não começarmos a lidar com o problema populacional e a estabilizar a população mundial, não conseguiremos resolver nenhum desses outros problemas."

Em alguns poucos países, a boa governança e a política econômica sólida superam os efeitos do crescimento populacional, mas então assoma um novo problema. Se a população chegar a 8,9 bilhões de pessoas e a maioria quiser viver como a nova classe de consumidores na China, a poluição, o aquecimento global e a pressão sobre o planeta seriam extremos. É simplesmente gente demais para o planeta se todo mundo quiser viver no luxo.

Engenheiros experientes citam a Lei das Consequências Não Planejadas: "Um projeto complexo terá sempre consequências não planejadas". A explosão populacional causada por uma medicina melhor ilustra isso em grande escala.

Uma tarefa-chave do século XXI é corrigir a situação. Para isso, é preciso conseguir duas coisas: primeiro, reduzir a taxa média de natalidade; segundo, atingir uma ecoafluência em que estilos de vida maravilhosos possam ser alcançados com uso sustentável de recursos.

MORTES EVITÁVEIS DE CRIANÇAS

Num país pobre, em que morre uma alta proporção de crianças, as pessoas em geral escolhem ter mais filhos, esperando que alguns sobrevivam. Quando há um bom sistema de saúde, elas em geral escolhem ter menos filhos. Um bom sistema de saúde é um dos diversos fatores sociais associados à queda na taxa de fertilidade.

Todo ano, cerca de 3 milhões de crianças morrem nos países pobres por causa de doenças que poderiam ter sido evitadas pela vacinação e por um sistema básico de saúde. Cerca de 30% das crianças do mundo, que deveriam ser vacinadas, não são — um total de 50 milhões de vacinações por ano. O custo de um pacote básico de vacinas para uma criança é de US$30. Sua morte, que é uma tragédia de despedaçar o coração para os pais, pode ser evitada pelo preço de uma ida ao cinema no Ocidente.

Bill Gates descobriu esses números no Relatório de Desenvolvimento Mundial de 1993, feito pelo Banco Mundial. Primeiro ele não acreditou. Calculou que essas mortes são equivalentes a cerca de 80 acidentes aéreos *diários*, matando cada um 100 crianças — obviamente, ele pensou, isso não pode ser verdade. Pediu que verificassem os números e constatou que estavam corretos. Percebeu que um gasto equivalente a uma pequena fração de sua fortuna evitaria a maior parte dessas mortes. A percepção de que essa alavancagem era possível foi um dos fatores na criação da Bill & Melinda Gates Foundation, que começou a estabelecer medidas para melhorar a saúde em países pobres. A fundação está expondo medidas que podem ser tomadas pelos governos. Ao não tomar essas medidas, afirma Gates, os governos estão tratando a vida humana como algo que vale alguns poucos dólares.

UMA POPULAÇÃO SUSTENTÁVEL

Em meados da década de 1970, a população mundial estava crescendo a uma taxa quase exponencial. Na época, os modelos demográficos previam que ela chegaria aos 15 a 20 bilhões antes de se estabilizar.

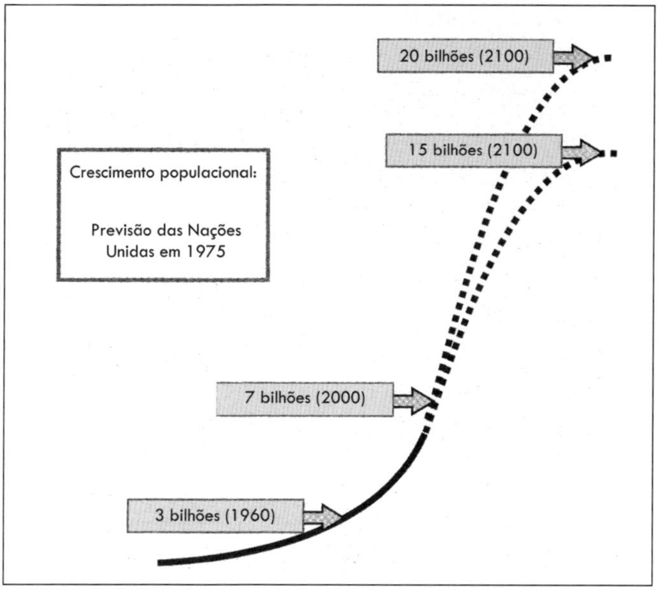

Um observador inteligente do espaço sideral teria olhado para a Terra em 1975 e dito: "Seus idiotas. Descubram um jeito de pisar no freio. Uma população mundial de 15 a 20 bilhões seria indescritivelmente nociva. Se tentarem, vocês podem encontrar um jeito de fazer com que as pessoas tenham menos bebês".

Houve um sucesso substancial na redução da taxa de crescimento populacional:

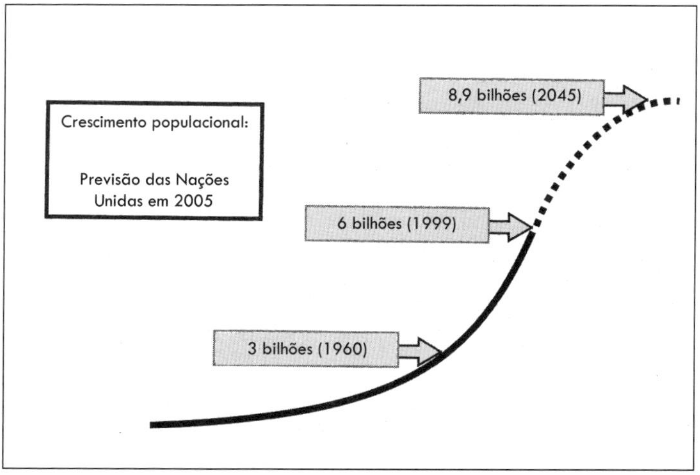

Assim como os juros compostos, o crescimento geométrico acaba produzindo números muito grandes. Se as mulheres continuarem a ter mais filhos do que a taxa de reposição, a população crescerá implacavelmente. Hoje, a taxa de natalidade (muito inferior à de duas décadas atrás) produz um aumento populacional de 1,33% ao ano. Se esse aumento continuasse, daqui a quatro séculos (tão longe no futuro quanto Shakespeare está no passado) a Terra teria mais de um trilhão de habitantes. Claramente, isso não vai acontecer. Temos que reduzir nossa taxa de natalidade, ou a natureza dizimará a humanidade de maneira brutal, como faz quando os peixes se reproduzem em excesso numa lagoa. Vamos acabar tendo que viver dentro dos recursos do planeta.

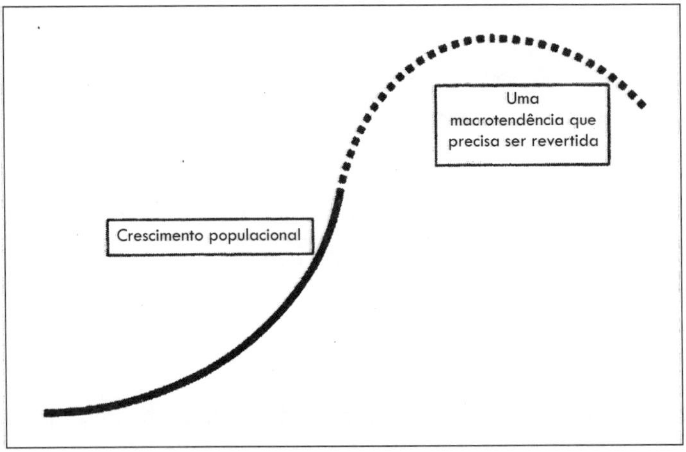

A POLÍTICA CHINESA DE UM FILHO POR CASAL

Até os anos 1970, o Partido Comunista da China incentivou vigorosamente o crescimento populacional. Depois, incentivou vigorosamente o contrário.

O crescimento populacional tinha se transformado num entrave aos esforços do governo para ajudar seu povo. Depois do "Grande Salto Adiante", houve uma grande escassez e pobreza disseminada. Em 1979, quando tinha um quarto da população mundial, a China adotou a política *de um filho por casal*. Embora não tenha sido formalmente traduzida em lei, essa política foi implementada pelos comitês de planejamento familiar em nível regional e nacional — todos pressionados para atingir resultados. A política defendia os seguintes pontos:

- casamento tardio e concepção tardia de bebês
- nascimentos em menor número e mais saudáveis
- só um filho por casal

Em 20 anos, a China reduziu seu *crescimento* populacional em cerca de 300 milhões de pessoas. Em 1999, a China reclamou o crédito por ter atrasado em quatro anos o nascimento da 6ª bilionésima pessoa — nascida em 12 de outubro de 1999.

Durante o "Grande Salto Adiante" e a "Revolução Cultural", a China foi brutal no modo de implementar políticas sociais. Essa brutalidade continuou com a política de um filho por casal. Mulheres grávidas pela segunda vez eram forçadas a fazer aborto e a serem esterilizadas. Há relatos vindos da China de mulheres grávidas sendo algemadas, jogadas em jaulas para porcos e levadas para mesas de cirurgia em clínicas rurais.

O governo chinês alegou que a política de um filho por casal era "voluntária", mas era uma definição Orwelliana de "voluntária". Autoridades locais podiam multar uma mulher grávida, prendê-la, submetê-la a sessões de privação de sono e de lavagem cerebral de manhã à noite, demiti-la do emprego, demitir o marido e os parentes. Desde que a mulher grávida desse sozinha os últimos passos para a clínica médica local, o aborto era considerado "voluntário". Em alguns casos, o aborto forçado era tão tardio que o feto chegava a chorar. Hoje em dia, a China é um país muito diferente, sem essa brutalidade.

Não era de se estranhar que mulheres grávidas pela segunda vez evitassem as autoridades. Deixavam a cidade, iam para a casa de parentes ou amigos e tinham o segundo filho secretamente. Essa criança não era registrada: assim, dificilmente iria pra a escola, mas podia sustentar a família.

O *índice de fertilidade* é definido como o número médio de filhos nascidos por mulher. O índice de fertilidade em que a população permanece constante é de 2,1. Em 1970, o índice de fertilidade na China era de 5,9. Caiu para 2,9 em 1979, antes da política de um filho por casal ser introduzida, graças à política "mais tarde, com mais intervalo e em menor número", ou seja: tenha o primeiro filho mais tarde, deixe um intervalo maior entre um filho e outro e tenha menos filhos. Com a política de um filho por casal, o índice de fertilidade não caiu para 1. Acabou se estabilizando numa média de 1,7. É mais baixo nas cidades e mais alto nas áreas rurais, mas muitos chineses estão mudando para as cidades.

Depois que a política de um filho por casal foi introduzida, muitos chineses decidiram ter um menino e não uma menina. A ultrassonografia tornou possível identificar o sexo do feto e abortar caso fosse do sexo feminino. Isso se tornou ilegal, mas os bebês indesejados continuaram a ser descartados. Em 1997, a Organização Mundial de Saúde (OMS) publicou um relatório dizendo que "estavam *faltando* na China cerca de 50 milhões de mulheres". Cinquenta milhões de homens chineses não conseguiriam casar e a prostituição é ilegal em grande parte da China. Em alguns países, essa diferença é ainda maior do que na China. No Qatar, há 179,6 homens para cada 100 mulheres e, nos Emirados Árabes Unidos, 189,7.[1]

Na China, muitas crianças da segunda geração da política não terão irmãs, irmãos, primas, primos, tias ou tios. Em 2020, um a cada quatro chineses terá mais de 60 anos. Hoje, nas ruas da China, vemos muitas menininhas bem-vestidas e felizes — *filhas únicas*, mimadas e amadas pelos pais.

POPULAÇÃO E POBREZA

É nos países pobres que ocorre quase todo o crescimento populacional do mundo. Os ricos ficam mais ricos e os pobres têm mais filhos. Muitos países afluentes registram um declínio na população, como o Japão e muitos países europeus, incluindo a Ucrânia e a Rússia. O crescimento populacional nos Estados Unidos, Canadá e Israel corresponde principalmente a novos imigrantes.

Populações famintas, por mais estranho que pareça, crescem mais depressa do que populações bem alimentadas. Uma planta moribunda produz mais flores. Pessoas pobres, com medo que os filhos morram, fazem mais filhos. Mais filhos equivale a mais trabalhadores para cuidar dos pais na velhice. A população mundial deve crescer em 2,5 bilhões até a metade do século — cerca de duas vezes a população da China será acrescentada ao planeta. Tragicamente, quase todo esse aumento será em áreas como as favelas, com menos capacidade de alimentar, cuidar e encontrar trabalho para esse aumento. As péssimas condições das favelas ficarão ainda piores.

Antes de 1990, muitas mulheres da África subsaariana tinham oito filhos. Os números do HIV são terríveis mas, apesar da AIDS, a população continua a crescer na maior parte da África. A assistência médica declinou preocupantemente em grande parte da região. Um país com muitas mortes por AIDS e um sistema de saúde precário é o inferno na Terra.

Tive um amigo na Índia que foi Ministro do Planejamento Populacional. Eu me hospedei em sua casa uma vez, quando ele já tinha cabelos brancos, 80 anos e estava aposentado há muito tempo. Como muitos indianos, ele tinha a maravilhosa capacidade de contar histórias. Quase não bebia, mas tinha um estoque secreto de *scotch* que aparecia depois da meia-noite, quando a conversa estava interessante. Com um menear de cabeça e um sotaque musical, ele disse muito sério: "Saiba você que fui o executivo mais malsucedido de todos os tempos".

Ele me contou que, de 1960 a 1995, a Índia aumentou a quantidade média de comida por pessoa em 17% e deixou de ser um grande importador de alimentos para ser autossuficiente — um feito gigantesco. Mas, durante esse período, a população da Índia aumentou em meio bilhão. Atender às necessidades dessa população gerou uma enorme pressão sobre a economia. No meio-tempo, o nível dos lençóis freáticos começou a cair e vai continuar caindo, de modo que os indianos enfrentarão grandes crises causadas pela escassez de água. Se a Índia tivesse conseguido controlar seu crescimento populacional, teria agora uma situação incomparavelmente melhor.

Nos últimos cem anos, a população da Índia cresceu de 300 milhões para mais de 1,1 bilhão, sendo que grande parte desse crescimento ocorreu depois de 1950. Quando os países em desenvolvimento têm acesso à tecnologia médica ocidental, menos pessoas morrem. A Índia tem uma classe média florescente, mas centenas de milhões de pobres ganham menos de um dólar por dia. O PIB *per capita* (produto interno bruto anual dividido pelo número de pessoas) da Índia é US$384. Uma pequena parte da Índia é muito *high-tech* hoje em dia, com criadores de software e empreendedores altamente qualificados. O governo quer expandir tais atividades geradoras de riqueza para a maior parte possível do país. Segundo estimativas das Nações Unidas, na metade do século a população da Índia será de 1,6 bilhão. A Índia, como a China, já tem muita poluição. Hoje, menos de um a cada cem indianos tem carro. Imagine um futuro em que todos os indianos queiram um carro e uma casa com ar-condicionado.

O pior cenário de todos talvez seja o imaginado por James Lovelock — um planeta com mecanismos de controle danificados e *feedback* positivo que faz sua temperatura continuar subindo, a ponto da Terra se tornar em grande parte inabitável e incultivável. Um planeta assim só pode sustentar uma fração da população atual.

FATOR DE ALAVANCAGEM

Um dos mais importantes fatores de alavancagem é o efeito do analfabetismo sobre o crescimento populacional do mundo. Há uma alta correlação entre o analfabetismo feminino e o índice de fertilidade. Em todo o planeta, os índices de fertilidade mais altos são encontrados em países nos quais a maioria das mulheres não sabe ler. Quando as mulheres aprendem a ler e têm à sua disposição métodos de controle de natalidade, o índice de fertilidade cai dramaticamente. Nos anos 1980, em muitos dos países mais pobres do mundo, apenas 3% das mulheres sabiam ler e o número médio de filhos por mulher era de sete, às vezes oito. Nos Estados Unidos, uma família média tinha sete filhos por volta de 1800.

À medida que a alfabetização feminina se espalha, o índice de fertilidade cai. Por exemplo: na Tailândia, 87% das mulheres sabem ler e o índice de fertilidade é de 2,6. Quando quase todas as mulheres sabem ler, o número médio de filhos por mulher é em geral inferior a 2. Então, a população mundial começará a declinar.

Há bancos de dados abrangentes que contêm números relativos ao crescimento da população e ao analfabetismo. Esses números mostram uma correlação notavelmente constante em todo o mundo entre aumento de alfabetização e queda no índice de fertilidade. Um gráfico que compare o índice de alfabetização e o índice de fertilidade nos países do mundo não tem curvas matemáticas suaves: sua mensagem é clara. Ensinar as mulheres a ler nos países pobres não é caro e desacelera o crescimento populacional.

O processo aqui descrito é apenas parcialmente completo. Os percentuais de alfabetização feminina podem melhorar até passar de 90% e, quando isso acontecer, os índices de fertilidade cairão talvez ao nível dos países desenvolvidos. O objetivo é *nenhum país* ter um índice de fertilidade superior ao índice de reposição da população: 2,1 nascimentos por mulher. Cinquenta e uma nações têm hoje um índice de fertilidade abaixo desse nível. Várias delas são nações em desenvolvimento, entre elas Brasil, Bulgária, China, Croácia, Cuba, Geórgia, Líbano, Cazaquistão, Coreia do Norte, Romênia, Eslovênia, Sri Lanka, Tailândia, Tunísia e Turquia.

O impacto de ensinar as mulheres a ler surpreendeu muita gente. À medida que os índices de fertilidade começaram a cair, a Organização das Nações Unidades ajustou suas previsões de crescimento populacional. No final dos anos 1980, previu um pico mundial de cerca de 12 bilhões de pessoas. Em

1990, previu um pico de cerca de 10 bilhões. Agora, os modelos demográficos indicam um platô de 8,9 bilhões entre 2040 e 2050, e então a população começa a declinar, muito lentamente no começo.

Em 1989, o estado de Kerala, no extremo sul da Índia, iniciou uma campanha para alfabetizar toda a população.[2] Kerala era uma das partes mais pobres do mundo: cada pessoa ganhava em média 89 centavos de dólar por dia. A campanha usou a ideia do educador brasileiro Paulo Freire, baseando o material de ensino nos problemas imediatos da vida das pessoas.[3] As leituras em Kerala focalizavam fome, pobreza, segurança, água potável, moradia e emprego. As lições sobre saúde foram coordenadas com uma campanha de imunização para proteger contra doenças comuns. O objetivo era fazer com que todos se sentissem envolvidos.[4]

Milhares de ativistas da alfabetização viajavam pelo estado, parando para apresentar canções e teatro de rua, promovendo discussões públicas e chamando as pessoas analfabetas para aprender a ler. O lema era "*Sakshara Keralam, Sundara Keralam*" — um Kerala alfabetizado é um Kerala bonito. Aulas eram dadas nos campos, quintais e estábulos. Para os pescadores, eram dadas nos portos. Os voluntários coletaram 50 mil pares de óculos para as pessoas que enxergavam mal. Ensinaram pacientes de lepra a prender o lápis no coto das mãos com elásticos. Ninguém foi deixado de fora.

Numa década, Kerala atingiu um grau de alfabetização entre jovens e idosos quase tão alto quanto no mundo desenvolvido. O índice de natalidade caiu para 18 nascimentos por mil pessoas ao ano, enquanto a média é de 40 nascimentos por mil pessoas nos 54 países mais pobres do mundo.[5] Em grande parte da África, é superior a 60.

Kerala demonstrou que pessoas de comunidades muito pobres podem ter uma vida mais longa e saudável, podem ter menos filhos e participar de debates democráticos.

Até agora, Kerala continua pobre. É interessante refletir no que aconteceria se o empenho pela alfabetização ao modo de Kerala fosse associado a um empenho das pessoas para abrir o próprio negócio. O material de leitura usado para a alfabetização poderia ensinar às pessoas os benefícios do empreendedorismo e de ter a própria empresa. A combinação da alfabetização no estilo Kerala com microempréstimos, empreendedorismo e tecnologia adequada, pode pôr as nações pobres numa escada para um mundo melhor.

MULHERES INDEPENDENTES

Há quatro estágios na evolução do papel das mulheres com relação ao índice de fertilidade. Primeiro: quando as mulheres aprendem a ler e passam a usar métodos de controle de natalidade, o índice de fertilidade cai. Segundo: quando as mulheres têm emprego, o índice cai mais ainda. Terceiro: quando elas se tornam "independentes", ele fica ainda mais baixo. Quarto: quando as mulheres se tornam ambiciosas e aspiram aos empregos mais importantes numa sociedade, o índice de fertilidade cai bem abaixo do índice de reposição.

À medida que as mulheres se educam, elas buscam empregos interessantes e contribuem para a economia, e mulheres com carreiras interessantes tendem a casar mais tarde e a ter menos filhos. Estatísticas feitas no mundo em desenvolvimento mostram que mulheres sem educação formal tendem a ter duas vezes mais filhos do que mulheres com sete anos de educação. É fácil oferecer educação básica às mulheres de uma sociedade, mas muitas das áreas mais pobres do mundo ainda não fazem isso.

Depois que as mulheres se tornam independentes, como são em geral no mundo desenvolvido, elas podem ter a aspiração de ser executivas, médicas, pesquisadoras e profissionais em geral. As melhores escolas de direito recebem mais mulheres do que homens. As mulheres independentes podem aproveitar o sexo, como os homens, sem ter filhos — e como a educação dos filhos é muito mais cara do que antigamente, muitos casais são motivados a ter famílias pequenas.

O Japão é uma sociedade com profundas tradições que eram consideradas imutáveis, mas agora um número cada vez maior de mulheres japonesas relutam em casar: querem carreiras, independência financeira e liberdade individual. Os universitários japoneses, homens e mulheres, começaram a ter múltiplos parceiros sexuais. As mulheres mais jovens estão menos dispostas a ficar em casa e ser uma esposa tradicional. Questionam o que o casamento japonês no velho estilo tem a lhes oferecer. O índice de fertilidade no Japão, hoje em 1,32, deve cair ainda mais nos próximos anos. Hoje, os demógrafos japoneses estão muito preocupados com o grande número de idosos que a nação terá.

Na Espanha em 1975, poucos estudantes universitários eram mulheres e o índice médio de fertilidade era de 2,9 filhos por mulher. Em 2000, 60% dos estudantes universitários eram mulheres e o índice de fertilidade caíra para 1,12 filho por mulher. Na Rússia, é de 1,14; em Cingapura, é de 1,04.

Curiosamente, embora a China tenha imposto de modo brutal a política de um filho por casal, muitos países sem política de controle da população atingiram um índice de natalidade substancialmente inferior ao da China. Na Itália, a Igreja Católica decretou que não deve haver controle de natalidade e os homens italianos se consideram ícones do sexo: mesmo assim, o número de nascimentos por mulher na Itália é hoje de 1,2, enquanto o da China é de 1,8. Na Suíça, é de 1,46, na Grécia é de 1,38, na Rússia é de 1,35 e na Alemanha é de 1,35.[6]

Esses números indicam que a liberdade de escolha entre mulheres independentes diminui o índice total de fertilidade mais do que a imposição de métodos brutais. Um dos exemplos mais extraordinários é o de Hong Kong (que é hoje parte da China). Mesmo sem nenhuma tentativa de reduzir o índice de fertilidade, as mulheres de Hong Kong tinham muito menos filhos do que as da China continental. Taiwan tinha um índice de fertilidade acima de 8, que hoje caiu para 0,7 — o mais baixo do mundo. Os índices de fertilidade são mais baixos nas cidades do que na zona rural. À medida que um grande número de pessoas migra para as cidades, o índice de fertilidade cai. No caso de cidades que ficaram tão atraentes quanto Hong Kong, eles cairão bem abaixo do índice em que a população declina.

No Terceiro Mundo, as novelas de rádio e televisão podem ser idealizadas para ajudar a reduzir o índice de fertilidade. Miguel Sabido, ex-vice-presidente da Televisa, rede nacional de televisão mexicana, foi pioneiro nessa abordagem. Sabido criou uma novela sobre analfabetismo. No dia seguinte ao capítulo em que um personagem do programa foi a um posto de alfabetização querendo aprender a ler e a escrever, um quarto de um milhão de pessoas procuraram os postos de alfabetização, só na Cidade do México. No fim, 840 mil mexicanos que viam a novela se matricularam em cursos de alfabetização.[7] Sabido descobriu que as novelas podem mudar a atitude das pessoas com relação a várias questões sociais. Abordou a questão da contracepção numa novela chamada *Acompáñeme*, que se traduz como "Venha comigo". Essa novela durou mais de dois anos. Era sensual e caiu no gosto popular. Contava a história de uma família jovem e pobre, com que o público se identificava. A mãe queria parar no terceiro filho, mas não sabia como. O marido machista se ressentia com o método da tabelinha, que a mulher procurava usar. À medida que se desenrolava, a novela mudou a visão das pessoas sobre o tamanho da família e o papel da mulher. O índice de fertilidade no México caiu 34% em 10 anos. David Poindexter, que fazia parte do The Population Institute e agora é membro honorário do Population Media Center, promoveu o modelo de Sabido na China, na Índia, no Brasil, no Paquistão, na Nigéria e em outros lugares.[8]

No Quênia, as novelas de rádio mostraram ser um veículo ideal para mudar a visão das pessoas sobre uma variedade de tópicos relacionados ao crescimento populacional. As novelas de rádio e televisão podem ser baratas e notavelmente eficazes para mudar atitudes e comportamentos.

É um fato auspicioso poder baixar o índice de fertilidade aumentando a qualidade de vida das mulheres. Dê às mulheres uma vida interessante e elas terão menos filhos. É provável que a população mundial decline na segunda metade do século, mas não a tempo de evitar as terríveis condições, a fome e a violência civil causadas pela superpopulação.

5

O GIGANTE NA COZINHA

Políticos e funcionários do governo dizem em geral que "Comida não é problema. Podemos alimentar o mundo." Citam um importante estudo de Amartya Sen, Prêmio Nobel em economia, que demonstra que a fome pode quase sempre ser atribuída à pobreza, não à escassez de alimentos,[1] e que é mais provável que as fomes modernas resultem de conflitos armados (como no Sudão, Etiópia e Somália) do que da falta de alimentos. Esse estudo, entretanto, foi publicado em 1981, quando a população mundial estava abaixo de 5 bilhões. No futuro, não apenas haverá bilhões de pessoas a mais, mas a classe consumidora da China quer comer carne, o que exige uma grande quantidade de grãos, mais do que a China consegue cultivar. Muitas partes do mundo terão o suprimento de água declinando catastroficamente. A Revolução Verde, um esforço extraordinário iniciado em 1965 para aumentar a produção de alimentos, está se arrastando. O aquecimento global reduzirá lentamente a produção dos agricultores em muitas áreas; em certos países, onde o cultivo já é difícil, a mudança do clima acabará com a produção de alimentos. A reconfortante sabedoria popular da vencedora do Prêmio Nobel deu aos governos uma falsa sensação de que nenhuma medida é necessária.

Grande parte da produção de alimentos não estará nas mesmas áreas do consumo de alimentos. Então, aspectos importantes da questão são: "Como mandar o alimento para onde ele é necessário? O que acontecerá se 2 bilhões ou mais de pessoas não puderem pagar pelo alimento de que precisam?"

Bem mais de um bilhão de pessoas na Terra estão gastando cerca de 70% de seus ganhos em alimentos. Infelizmente, é provável que os preços mundiais dos grãos ainda subam tanto que os países pobres não poderão comprá-los. A situação é exacerbada na medida em que metade da população mundial vive em países onde o solo arável está sendo exaurido, a água está acabando e os bons agricultores estão indo embora.

Preços mais altos levarão a aumentos substanciais na produção de grãos em lugares como Brasil, Argentina e Ucrânia. No Brasil, grandes áreas de terras pouco econômicas para o cultivo passarão a ser usadas na produção e a Argentina produzirá mais gado, mas isso não ajudará países onde as pessoas são pobres demais para comprar alimentos com preços inflados.

GUERRA POR ÁGUA?

Talvez o recurso mais crítico de todos seja uma coisa tão simples que nem lhe damos atenção — água doce. Quando eu era jovem, a água de boa qualidade parecia existir em quantidade infinita. Em algumas visitas que fiz ao Meio-Oeste norte-americano, meus anfitriões diziam: "Temos sorte aqui: a água da torneira é a melhor que há". Hoje, as mesmas pessoas servem água engarrafada — porque a água de torneira foi envenenada com inseticidas, fungicidas e herbicidas que se infiltram nos lençóis de água e nos poços, em geral lançados por aviões pulverizadores. Quando entrevistei o senador John McCain, ele disse: "Acho que a água será a principal questão do século XXI".

Bebemos por dia de 4 a 5 litros de água em forma de chá, sucos, cervejas e outras bebidas, mas a produção do alimento que consumimos num dia exige mais de 2.000 litros de água. Se houver escassez de água, ela se traduzirá em escassez de alimentos. Noventa por cento de toda a água que usamos no mundo é usada para produzir alimentos. Ela vem de duas fontes: água de chuva e água do subsolo, os aquíferos, que podem existir há milhões de anos. Em muitas partes do mundo, os aquíferos estão ficando secos. O esgotamento de aquíferos em todo o mundo chega a pelo menos 160 bilhões de toneladas de água por ano. Isso equivale a um comboio de caminhões-tanque de quase 500 mil quilômetros de comprimento por dia.

Quando um aquífero seca, a comunidade que o usava terá que viver principalmente da água que recebe da chuva. Haverá uma época em que a maior parte da humanidade terá que viver da água da chuva. Temos que usá-la com mais eficiência. (Podemos produzir água doce a partir da água do mar, mas isso é muito caro e o processo exige combustível, o que contribui para o aquecimento global.)

Como é preciso cerca de mil toneladas de água para produzir uma tonelada de grãos, a água usada a cada ano, que não é substituída, poderia produzir 160 milhões de toneladas de grãos — o suficiente para alimentar meio bilhão de pessoas na média atual do consumo mundial de grãos.

Várias tendências também explicam a piora da situação. Por exemplo:

- A migração para as cidades está aumentando. Em 2030, 80% da população da África viverá em cidades. À medida que as áreas urbanas crescem, sua demanda de água aumenta. Assim, a água dos rios está sendo desviada cada vez mais das áreas de cultivo.
- O uso de poderosas bombas elétricas e a óleo diesel, que drenam os aquíferos mais depressa, está se generalizando.[2]
- Grande parte das áreas de cultivo onde a chuva cai está sendo destruída por salinação ou erosão do solo.
- Cerca de 40% do alimento mundial vêm de áreas de cultivo irrigadas e essa porcentagem vai aumentar. Mas como a população aumenta e o suprimento de água diminui em muitos países em desenvolvimento, eles não conseguirão manter seu nível de agricultura irrigada.

O Punjab é considerado a maior história de sucesso agrícola da Índia, mas a água do subsolo está sendo bombeada nessa região num ritmo duas vezes maior do que o da reposição pela chuva. Na Índia, o nível dos lençóis freáticos está diminuindo em média de 1 a 3 metros por ano. O International Water Management Institute estima que a colheita de grãos na Índia pode diminuir em 25% nos próximos anos por causa do esgotamento dos aquíferos, mas o consumo de grãos por pessoa está crescendo na Índia, assim como a população.

Um aquífero esgotado não é visível para o público, mas quando um grande rio seca, todo mundo vê. Seria difícil para os norte-americanos imaginar um Mississippi que não chega até o mar. O grande rio do norte da China, o Rio Amarelo, é quase tão grande quanto o Mississippi e por milhares de anos desaguou no Mar Amarelo. A província de Shandong é como o Kansas da China: produz um quinto do milho da China e um sétimo do trigo. Metade da água da província vinha do Rio Amarelo. Um dia, em 1972, o rio não conseguiu alcançar o mar. Agora ele está seco na maior parte do tempo. A China está construindo canais para levar a água do Rio Amarelo para as cidades cada vez maiores. É possível que a água do rio não chegue mais a Shandong, que está perto do oceano. Essa província compensa a perda bombeando mais água de um antigo aquífero subterrâneo, mas o nível de água no aquífero vem caindo constantemente, e logo seu conteúdo acabará.

Como o solo do noroeste da China secou, grandes tempestades de poeira estão aumentando em tamanho e frequência. Fotografias de satélites da região mostram dunas de poeira cobrindo aldeias e estradas e enormes colunas de poeira chegando às cidades do nordeste da China. Áreas antes férteis do noroeste da China estão se transformando em deserto, e o Deserto de Gobi está aumentando e chegando desconfortavelmente perto de Pequim. Os topos das altas torres que faziam parte da rede de eletricidade agora despontam no meio das dunas de areia. Para impedir que o deserto chegue a Pequim, o governo está plantando o equivalente a um bilhão de dólares de árvores perenes.

A China tem lembranças terríveis da fome provocada pelo Grande Salto Adiante e pela Revolução Cultural do presidente Mao Tsé-tung, quando pelo menos 30 milhões de pessoas morreram de fome em quatro anos. (Um livro recente fala em 70 milhões.) Haverá medidas firmes para impedir uma outra fome.

Os Estados Unidos são o mais importante fornecedor de grãos do mundo, e a China construiu uma enorme reserva em dólares. Esse é o seu seguro contra a própria escassez de grãos. Haverá um trânsito constante de navios cruzando o Pacífico, dos Estados Unidos para a China. Quando entrevistei o ambientalista global Lester Brown, ele disse que será como um cordão umbilical ligando as duas sociedades.

Um ministro da alimentação na Índia costuma dizer que "as reservas de alimento da Índia estão nos silos do Kansas", o que fazia sentido em 1980. Nas fomes futuras, a produção de grãos dos Estados Unidos será pequena demais para fornecer reservas para o mundo. A Índia e grande parte do resto da Ásia terão populações crescentes, comendo cada vez mais grãos.

A produção de grãos na China aumentou de 90 milhões de toneladas em 1950 para 392 milhões de toneladas em 1988 — uma das conquistas econômicas de destaque do último meio século. Atingiu o pico em 1988, mas desde então caiu para 70 milhões de toneladas. Só essa queda excede toda a safra de grãos do Canadá. Para cobrir seu déficit, a China vem recorrendo aos seus vastos estoques de grãos, que agora já estão se esgotando. A China está comprando grãos dos mercados mundiais numa época em que esses mercados não têm muito grão para exportar. A China, o gigante na despensa, competirá com cerca de cem países que já importam grãos. Quando a demanda mundial de grãos exceder o suprimento, os preços subirão e a demanda dos novos consumidores na China e na Índia acabará provocando um aumento ainda maior nos preços.

A PRODUTIVIDADE DA ÁGUA

À medida que o mundo vai ficando com menos água, é essencial que ela seja usada com mais eficiência. Uma enorme quantidade de chuva atinge a Terra todos os dias, mas a humanidade desperdiça a maior parte (assim como desperdiçamos a maior parte da energia do Sol). O suprimento de água pode ser reforçado se pusermos em prática meios baratos de capturar a água da chuva antes que ela corra para as ruas, entre nas galerias ou seja absorvida por terra improdutiva. Precisamos coletar a água e canalizá-la para onde ela é necessária.

Sinto-me especialmente próximo desse assunto porque vivo durante uma parte do ano numa ilha perto das Bermudas, que não tem poços nem fontes. A rocha da ilha é porosa e infiltrada pela água do mar: assim, vivemos apenas da água da chuva. Quando comprei a ilha, sua vegetação era de arbustos esparsos; agora é densa e exótica, com muitas flores. A água que corria pelas rochas até o mar agora é canalizada em áreas de armazenamento e tanques para irrigação controlada por computador. A água de beber é coletada nos telhados e mantida em tanques escuros.

Embora seja um país pequenino sem poços nem aquíferos, as Bermudas têm belos jardins e, embora sua densidade populacional seja 45 vezes maior do que a dos Estados Unidos, vive da água da chuva. Quando os bermudenses viajam, ficam admirados com o desperdício de água que veem em toda parte — telhados de casas que não coletam água e propriedades que deixam que toda a água da chuva se vá. Grande parte da água das chuvas encharca inutilmente o chão ou corre pelas calhas até a rua. Por lei, as casas nas Bermudas têm telhados limpos, projetados para coletar água, e cisternas subterrâneas para armazená-la. Os hotéis têm grandes áreas de coleta de água da chuva.

Com a irrigação, o rendimento das colheitas pode ser quatro vezes maior. Na China, 70% dos alimentos são produzidos em terras irrigadas, mas em Gana, Malawi e Moçambique, o total é menos de 2%. Na África subsaariana, só 4% das terras aráveis é irrigada e muitas fazendas usam menos do que 2% da água disponível.

Cerca de 70% da água no mundo é usada para irrigação. A resposta a essa situação crítica é mudar para culturas que exijam menos água e usar a água com mais eficiência. O arroz que rende 4 toneladas por acre usa só um pouco mais de água do que o arroz que rende 2 toneladas por acre. O trigo produz tipicamente 50% mais calorias por unidade de água do que o arroz. Embora seja uma possibilidade mais controversa, a maior parte das plantas ricas em proteína podem ser geneticamente modificadas de modo a ter um alto rendimento com menos água.

Irrigadores rotativos desperdiçam muita água. A melhor produtividade da água vem de sistemas de irrigação por gotejamento, que usam mangueiras finas com buracos para levar a água diretamente às plantas que a necessitam. Um sistema eletrônico procura levar a quantidade certa de água à planta certa, na hora certa. Como a água vai diretamente para a planta, tais sistemas podem reduzir o uso de água em 70% e ao mesmo tempo dobrar o rendimento das plantações. Muitas das áreas do mundo com estresse hídrico não instalaram sistemas de irrigação eficientes. Como em toda a história que tenho para contar, grandes aumentos em eficiência são possíveis. Estes vêm em geral de sistemas controlados por computador. Exigem engenharia inteligente e administração disciplinada. O gargalo é uma séria escassez de capacitação e disciplina. A capacitação pode vir através de bom treinamento mas, em muitos lugares, a disciplina é a questão cultural mais difícil. Ao contrário da maior parte do mundo, algumas partes da África têm grandes reservas intocadas de água no subsolo. À medida que a África aprende a usar melhor seus recursos de água, seu povo precisa aprender a partir das más práticas de outras áreas. Precisa aprender a evitar a salinação, onde a água evapora na superfície da terra irrigada e deixa um acúmulo de sal, e também a impedir a criação de terras encharcadas. Uma parte importante da solução é levar a quantidade certa de água ao lugar certo, na hora certa.

A REVOLUÇÃO VERDE ESTÁ FICANDO GRISALHA

A Revolução Verde é uma das memoráveis realizações da humanidade. De meados dos anos 1950 até meados dos anos 1980, ela levou a um significativo aumento da capacidade de cultivar alimentos no mundo todo. A população mundial cresceu em 2,5 bilhões durante esse período, mas o aumento em alimentos acompanhou o aumento em pessoas — o rendimento por acre quase triplicou em muitas áreas. Por volta de 1985, a taxa de melhora desacelerou. Nos anos 1990, a produtividade das plantações caiu em alguns países à medida que a água ficou mais escassa. Será mais difícil obter novas melhorias na produtividade das plantações.

Com a Revolução Verde, o cultivo de muitas espécies deu lugar ao cultivo das variedades mais eficientes. Foi da biodiversidade às monoculturas. Um problema das monoculturas é que são muito mais suscetíveis a danos de diferentes tipos, incluindo a evolução de predadores. Por isso, em alguns lugares, as plantações estão revertendo para uma maior biodiversidade.

Quando a Revolução Verde começou a falhar, a população mundial era de 5 bilhões. Como a Revolução Verde depende de irrigação intensiva, mais água foi tirada dos aquíferos subterrâneos do que a natureza conseguiu repor. Quando a água começa a esgotar, o rendimento das plantações cai. Um bom exemplo é a Arábia Saudita: de 1980 a 1994, a Arábia Saudita aumentou 20 vezes sua produção de trigo. Então, de repente, o aquífero do qual ela dependia ficou quase vazio. Em dois anos, a produção de trigo caiu mais da metade.

DESTRUIÇÃO DE SOLO ARÁVEL

O bom solo arável é espantosamente complexo. Uma colher de chá de um bom solo de pasto pode conter 5 bilhões de bactérias, 20 milhões de fungos e um milhão de protoctistas. Num só metro quadrado desse solo há milhares de aranhas, formigas e tatuzinhos, besouros e larvas de moscas, 2.000 minhocas, 20.000 enquitreias, 2.000 embuás e lacraias, 8.000 lesmas, 40.000 colêmbolos, 120.000 ácaros e 12 milhões de nematoides.[3] As formas de vida sob o solo pesam mais do que as que vivem acima do solo — o equivalente a doze cavalos por acre.[4] Em cada grama de solo pode haver 4.000 genomas diferentes e eles diferem grandemente de um local para o outro. Essa rica vida orgânica tem sido destruída em áreas agrícolas pelo uso de herbicidas, pesticidas e fertilizantes.[5] Nos Estados Unidos, a agricultura tem sido uma grande história de sucesso, mas um terço do solo arável se foi e grande parte do que resta está degradado. Depois de um século de agricultura em Iowa, o lugar do mundo com maior concentração de terra arável de primeira qualidade, metade do solo acabou e o resto está semimorto.[6] A produtividade do solo nas Grandes Planícies caiu por volta de 71% durante os primeiros anos de seu cultivo.[7] Em grande parte do resto do mundo, a perda de solo por tonelada de alimento produzido é pior do que nos Estados Unidos.

Embora grandes esforços tenham sido feitos nos Estados Unidos para restaurar o solo e criar um novo solo, 90% das terras agrícolas norte-americanas está perdendo solo arável num ritmo 17 vezes maior do que o da formação de um novo solo arável.[8]

Em climas secos, a salinação provoca uma queda na produtividade do solo e, quando isso acontece por muito tempo, a terra se torna inaproveitável para a agricultura. Na Índia, que precisa desesperadamente alimentar o seu povo, cerca de um terço da terra irrigada está prejudicada pela salinação e mais de 12% foi abandonada. Voando sobre essa terra, vemos grandes extensões de sal branco e brilhante. No mundo, um décimo das terras irrigadas sofrem com a salinação.

MELHORANDO A PRODUTIVIDADE

A quantidade de terra disponível para a agricultura está declinando por causa da expansão das cidades, autoestradas e edifícios industriais. Muitas novas cidades estão surgindo e muita gente sem carro gostaria de ter o seu — na China, por exemplo. Ao mesmo tempo, muita terra agrícola está sendo lentamente degradada. Mais terra pode se tornar disponível para a agricultura, mas é de qualidade mais pobre e mais cara para cultivar. Para alimentar 8,9 bilhões de pessoas, o mundo precisa melhorar muito a produtividade agrícola.

Três tipos de melhoria na produtividade são importantes: melhorar o rendimento das plantas, melhorar a produtividade das terras de cultivo e melhorar a produtividade da água.

No último meio século, houve um aumento dramático na quantidade de calorias que as colheitas de grãos podem produzir, mas há um limite. Muitas das culturas básicas — como arroz, milho e trigo — estão perto desse limite porque há um máximo para os produtos de fotossíntese que podem incrementar o rendimento da colheita. Mas há muita margem para escolher outras plantas com conteúdo vitamínico grandemente melhorado.

Há muitas maneiras de melhorar a produtividade da terra. Em países desenvolvidos, grande parte das terras agrícolas quase que triplicou a produtividade desde 1950, e alguns países quadruplicaram a produtividade do trigo ou do milho. Muito pouca melhoria adicional é possível. Em grande parte do mundo menos desenvolvido, entretanto, há uma grande margem para melhorias. Muitas áreas pobres nem sequer usam fertilizantes.

Hoje, cerca de dois quintos da colheita do mundo se perde nos campos. Dessas colheitas, 13% são prejudicadas ou destruídas por doenças, 15% por insetos e 12% por ervas daninhas.[9] O uso cuidadoso de *sprays* químicos, fungicidas, herbicidas e inseticidas pode reduzir essas perdas, mas esses produtos químicos podem degradar o solo, acumular-se em aquíferos, dissolver-se em rios e causar poluição nociva. O uso de plantas geneticamente modificadas (GM), embora controvertido, está tendo muito sucesso em ajudar os agricultores na batalha contra insetos e ervas daninhas.

No final do século XX, o mundo usava 10 vezes mais fertilizante do que no meio do século. O lado negativo é que o excesso de fertilizante degrada o solo e se dilui nos rios. Em algumas áreas, destruiu terras úmidas.

Em muitas áreas agrícolas é possível aumentar a produção de alimento por meio do "multiplantio" — passando de uma safra por ano a duas ou até três. Pode ser produzida uma safra de trigo de inverno, assim como uma safra de verão de milho ou soja. Na Índia, o trigo de inverno e o arroz de verão são cultivados na mesma terra. Nos Estados Unidos, subsídios governamentais desestimulam o multiplantio, que é muito mais comum na China e em outros países.

Durante a colheita, costuma haver muito desperdício — por exemplo, quando um milharal é derrubado, há resíduos que podem ser guardados e usados como forração para consumo animal. A Índia usou resíduos agrícolas para expandir sua produção de leite de 20 milhões de toneladas para 79 milhões de toneladas.

Comer carne bovina consome muito mais recursos preciosos do que comer frango, e comer frango consome mais do que comer peixe. Podemos gostar de um bife, mas um campo com vacas produz menos do que um décimo dos nutrientes de um campo de vegetais. Em sistemas agrícolas modernos, são usados 75 litros de água para produzir cerca de meio quilo de trigo, mas são necessários mais de 15 mil litros de água para produzir meio quilo de carne bovina. Ainda assim, o consumo mundial de carne subiu de 44 milhões de toneladas em 1950 para 217 milhões de toneladas em 1999 e está subindo ainda mais.

Os norte-americanos consomem ao ano 800 quilos de grãos por pessoa; na Itália, 400 quilos; no Japão, menos de 200 quilos. Entretanto, a expectativa de vida no Japão é substancialmente mais alta do que nos Estados Unidos. Em Tóquio, os homens fumam como chaminés, têm empregos altamente estressantes e vivem em ambientes apertados, mas sobrevivem em média oito anos mais do que os norte-americanos. Os Estados Unidos gastam muito mais por pessoa em assistência à saúde do que outros países. O que explica sua menor expectativa de vida? O principal fator parece ser a dieta. Os norte-americanos comem muita carne vermelha. Os italianos têm uma dieta rica em amido, frutas frescas e vegetais, mas com menos produtos de origem animal. Os japoneses comem peixe cru e algas ricas em nutrientes.

A REVOLUÇÃO AZUL

Uma forma de produção de alimentos que cresce rapidamente é a criação de peixes em viveiros de água doce: é a "aquicultura". A produção mundial de proteína através da aquicultura está crescendo cerca de 11% ao ano. O rendimento da aquicultura cresceu de 13 milhões de toneladas em 1990 para 31 milhões de toneladas em 1998, e já foi estimado que excederá a produção de carne vermelha por volta de 2010.[10]

A China produz dois terços do total mundial de peixes criados em viveiros. Nos anos 1990, ela quase dobrou o rendimento por acre de seus viveiros. Conhecer os melhores tipos de peixes para criar é essencial e a China aprendeu a incrementar a produtividade criando múltiplos tipos de peixes no mesmo viveiro. Com milhões de acres de plantações de arroz, ela cria peixes nos arrozais. O resto do mundo poderia praticar a aquicultura, como a China.

A julgar pela experiência chinesa, a aquicultura tem um potencial global tão sólido que seu futuro tem sido chamado de a "Revolução Azul" e comparado à Revolução Verde do passado. Daqui a duas décadas, pode vir mais peixe da aquicultura do que da pesca oceânica. Para as pessoas dos países pobres, esse pode ser um modo eficaz de obter os nutrientes de que tanto necessitam.

Daniel Pauly, um dos principais biólogos especializado em viveiros de peixes, enfatiza que há formas ruins de aquicultura. Salmões e badejos criados em viveiros precisam ser alimentados com peixes capturados no oceano e calcula-se que vários quilos de peixes do mar são necessários para alimentar um quilo de salmão e badejo, de modo que esse tipo de criação faz mais mal do que bem. As fazendas de camarões têm um efeito surpreendentemente nocivo sobre a ecologia oceânica. Como os camarões se desenvolvem melhor em estuários costeiros, muitos criadores de camarões escavam áreas de manguezais para criar fazendas de camarão. O Worldwatch Institute afirma que as fazendas de camarão produzem 120.000 toneladas de camarões por ano, mas causam uma perda anual de 800.000 toneladas de peixes aproveitáveis.[11] O uso abusivo de antibióticos também é um problema. Além disso, peixes de linhagens especialmente criadas escapam das fazendas de peixe e cruzam com peixes do oceano, contaminando o polo genético dos peixes nativos. Em alguns fiordes noruegueses, 90% dos peixes das fazendas marinhas fugiram.

Por outro lado, as fazendas de peixe que usam viveiros de água doce não prejudicam os oceanos. A tilápia é um peixe de água doce que come plantas e se multiplica em profusão: pode se tornar o "frango" das fazendas de peixe. Como pode comer resíduos de operações agrícolas, as fazendas de peixe podem ser integradas às fazendas convencionais e os fazendeiros podem usar resíduos agrícolas para fertilizar viveiros de peixe. Pesquisadores estão criando peixes com alto índice de desenvolvimento, maior fertilidade e mais resistência às doenças.

Os fazendeiros da aquicultura precisam saber maximizar o rendimento líquido do peixe. Os governos locais têm os meios para monitorar e controlar a aquicultura porque ela ocorre principalmente em seus domínios. Não é o caso de uma tragédia dos comuns fora de controle, como acontece com a pesca oceânica.

HIDROPONIA

Eu estava viajando numa área pobre e com estresse hídrico da África, onde a paisagem era marrom e os pastores vigiavam bodes muito magros. Refletia sobre o pouco uso que se fazia da terra quando vi um conjunto de estufas toscas feitas de plástico. Dentro havia uma incrível exuberância de culturas: pés de tomate com 3 metros de altura, cada um com seis ou sete treliças de tomates grandes e suculentos. Era uma fazenda hidropônica feita por um só homem.

A hidroponia é uma tecnologia bastante desenvolvida para cultivar plantas com as raízes em líquido. O fazendeiro mede o conteúdo desse líquido e mantém um mix ótimo de minerais para as plantas. Os nutrientes do líquido são reciclados, com sensores que ajudam a manter o melhor mix de nutriente. Uma fazenda hidropônica pode ter diferentes tipos de plantas em diferentes tipos de calhas com nutrientes. O fazendeiro aprende a detectar, pela aparência das folhas, brotos e raízes, os ajustes que deve fazer no mix de nutriente.

Num mundo cada vez com menos água, um aspecto extraordinário da hidroponia é a pouca água que usa. Tanto a solução nutriente que vai para as raízes quanto a água borrifada nas plantas como chuva artificial são recicladas. Tais fazendas podem usar de um quinto a um décimo da água usada em fazendas convencionais, dependendo do tipo de cultura. Como a quantidade de água e terra arável por pessoa continua em forte declínio, a hidroponia será cada vez mais útil.

As pessoas perguntam: "Será que os alimentos cultivados em produtos químicos não têm um sabor horrível?" Eu comi morangos maravilhosamente doces de fazendas hidropônicas, com sabor melhor do que os morangos cultivados de qualquer outra maneira. Alguns dos restaurantes mais bem cotados no Guia Michelin servem morangos cultivados hidroponicamente.

A hidroponia tem a vantagem de que o mix de nutrientes que vai para as raízes das plantas pode ser medido e otimizado pelo computador. Vegetais altamente nutritivos podem ser cultivados com hidroponia e o rendimento por acre pode ser muito mais elevado do que no cultivo tradicional. Algumas fazendas hidropônicas que cultivam tomates produzem 18 vezes o rendimento por acre de uma fazenda convencional bem administrada.

A agricultura hidropônica bem-sucedida não se limita a produtos químicos e água. Quando filmei uma bela fazenda hidropônica na África, com alfaces magníficas, achava que essa poderia ser uma solução para o cultivo de alimento em áreas com estresse hídrico, mas o agricultor discordou. Disse que o processo exige *know-how* capacitado e atenção incessante aos detalhes. Se a água deixar de correr nas calhas das raízes durante uma hora, a colheita está arruinada. Ele disse que o problema na África não é a escassez de água: é a escassez de disciplina. As fomes, disse ele, acontecerão por causa dessa falta de gerenciamento.

Uma vez cultivei orquídeas hidroponicamente à luz do sol num escritório em Manhattan. Elas gostaram da temperatura controlada do escritório e se saíram melhor do que muitas orquídeas de jardim. As cidades do futuro podem ter diversas fazendas hidropônicas nos lados ensolarados dos arranha-céus de vidro ou sob telhados de vidro inclinados — perto dos restaurantes que abastecem.

As fazendas hidropônicas não servem para produzir as quantidades maciças de arroz, milho e trigo necessárias para alimentar grandes números de pessoas. A produção em massa de calorias continuará a ser tarefa da agricultura no estilo da Revolução Verde. O papel da hidroponia pode ser produzir frutas e vegetais com alto índice de vitaminas e nutrientes essenciais em vez de calorias. Com isso, pode ter um enorme impacto sobre a saúde em países pobres. Lugares como as Ilhas Canárias exportam grandes quantidades de tomate, pepino e alface hidroponicamente cultivados. Os produtores porto-riquenhos e mexicanos exportam grandes quantidades de frutas hidropônicas. Vasilhas hidropônicas simples podem ser desenhadas para lares pobres e o público pode ser ensinado a suplementar suas dietas pobres em nutrientes.

O agricultor hidropônico é quase o oposto do agricultor tradicional que mistura esterco de vaca na terra. O agricultor tradicional explora a imensa riqueza da natureza, usando um solo com milhões de anos de idade e rezando por tempo bom. O agricultor hidropônico é mais como um técnico de laboratório, procurando manter sob controle todas as variáveis. Embora a natureza do solo arável seja complexa demais para ser explicada num manual, os banhos nutrientes de uma fazenda hidropônica são simples. Cultivar plantas com a hidroponia é científico e mensurável.

AGRICULTURA ORGÂNICA

Há um forte movimento de volta à arte sutil da agricultura orgânica e às lojas que vendem alimentos organicamente cultivados. Sempre que possível, a agricultura orgânica procura trazer de volta, com compostagem eficiente e fertilizantes animais, a qualidade do solo que foi degradada.

Tome por exemplo a monocultura. A Revolução Verde repousa numa base genética extraordinariamente estreita. Concentra-se nas poucas variedades mais produtivas — as que têm um alto volume de produção. A Índia tinha 30.000 variedades nativas de arroz, que estão em vias de serem substituídas por uma supervariedade. Séculos de conhecimento agrícola, de criação e seleção de novas variedades de plantas, se perdem quando uma tal mudança acontece. Perder algumas poucas variedades de arroz é uma destruição de DNA em massa — e de um conhecimento que poderia ser valioso no futuro. O mundo tem 200.000 espécies de plantas silvestres, mas três quartos do nosso alimento vem de apenas sete espécies (trigo, arroz, milho, cevada, batata, mandioca e sorgo). As monoculturas criadas pelo homem estão substituindo a diversidade genética da natureza.

As plantas estão constantemente sob ataque de doenças e insetos, e a natureza aprendeu a se proteger evitando as monoculturas. Numa monocultura, uma doença ou inseto pode provocar um dano extenso. Janine Benyus, escritora na área de ciência, comenta que as monoculturas são como se todas as casas da vizinhança tivessem a mesma chave — e o ladrão pudesse entrar em todas.[12] Uma espécie de monocultura pode ser prejudicada pela degradação do solo ou eliminada pela mudança climática. A natureza é robusta porque evoluiu por intermédio da biodiversidade e da experimentação ao longo de centenas de milhões de anos. Eliminar desnecessariamente essa diversidade é loucura. A agricultura orgânica busca restaurar a complexidade da natureza.

Infelizmente, não podemos alimentar 8,9 bilhões de pessoas com agricultura orgânica.

À medida que a população mundial cresce e uma proporção maior de pessoas vive em cidades, existiremos num mundo cada vez mais artificial, com cultivo artificial de alimentos. Esse alimento pode ser mais barato do que o alimento orgânico, mas seria tolice permitir que toda a agricultura se baseie em monoculturas e produtos químicos. Nossa insolência pode nos persuadir de que nossos produtos químicos e comprimidos são melhores do que a natureza, mas nossa sobrevivência como espécie depende do respeito pela natureza, com seus ecossistemas vivos, autossuficientes e de complexidade extraordinária.

ALIMENTOS FRANKENSTEIN

O assunto das culturas de alimentos GM (geneticamente modificados) gerou na Europa uma reação extremada, quase histérica. Em 1999, a União Europeia suspendeu a importação de produtos agrícolas geneticamente modificados. Em contraste, grande parte dos norte-americanos vem comendo uma grande quantidade de produtos de milho e outros alimentos GM, e muitos nem sabem que o cereal do café da manhã é geneticamente modificado. Eles parecem desconhecer qualquer dano que venha disso e querem continuar assim. Alguns zombam da resistência europeia aos alimentos GM.

O pior jeito da sociedade tomar decisões científicas importantes é com multidões histéricas gritando palavras de ordem na rua e corporações tentando combater tal fato por meio de empresas de relações públicas especializadas em manipular informações. É essa a situação na Europa com os alimentos GM — "alimentos frankenstein" ou "frankenfoods", como são chamados por lá. A Europa tem fortes razões financeiras para proteger seus agricultores do baixo custo dos produtos agrícolas norte-americanos, mas isso seria ilegal segundo as regras normais da Organização Mundial do Comércio. Ao ver multidões exigindo que os produtos agrícolas norte-americanos sejam banidos, os supersubsidiados agricultores europeus começam a rir à toa.

Para abordar a controvérsia, precisamos de pesquisa científica de qualidade sobre o grau de segurança dos alimentos GM. Temos que ser cautelosos até ter evidências suficientes. Temos que saber quais plantas GM podem se espalhar por polinização e quais seriam os possíveis efeitos colaterais disso.

Parece que algumas culturas GM já têm um papel muito importante. Além de produzir plantas modificadas para proporcionar um alto rendimento em condições de escassez de água, as culturas GM exigem muito menos herbicidas e inseticidas venenosos. É quase certo que se provará que os alimentos GM podem reduzir a escala de fomes futuras.

O público não tem motivo para comprar alimentos GM quando seu preço é igual ou maior do que o dos alimentos não GM, como acontece atualmente. Isso vai mudar. Os alimentos GM vão ficar mais baratos nas prateleiras dos supermercados. Alguns poucos tipos de culturas GM estão economizando muito dinheiro para os agricultores e podem economizar dinheiro para os consumidores. Mas muitos "alimentos frankenstein" são de valor questionável. No caso de algumas culturas, os benefícios são pequenos e poderiam ser obtidos pela seleção de espécies da maneira convencional, muito menos controversa, embora muito mais lenta. Em tais casos, é tolice correr para o mercado sem uma avaliação mais completa. No futuro, se a agricultura GM se transformar num baluarte contra a fome, esses cuidados poderão passar justificadamente para o segundo plano.

O pior risco que alguns agricultores enfrentam é que um predador destrua a plantação. A modificação genética produziu plantas que os livram dessa ameaça. Produziu trigo que prospera em condições de estiagem e bananas que não apodrecem a caminho do mercado. Pode facilitar o trabalho em condições precárias, no caso de agricultores com menos dinheiro. Outros alimentos GM são desenvolvidos para aumentar o rendimento das plantações. As sementes GM existentes podem dobrar o rendimento da cultura de batata-doce na África, por exemplo.

Como as sementes GM tornam mais rentáveis muitas culturas, as plantas GM estão invadindo a agricultura. Em 2004, culturas geneticamente modificadas no valor de US$44 bilhões foram plantadas nos Estados Unidos, na China, no Canadá e no Brasil, e esperava-se que seu uso crescesse rapidamente na Ásia e na América do Sul. Metade da soja do mundo era GM, 30% do algodão e 15% do milho e da canola. O uso de culturas GM está aumentando rapidamente.

Ainda assim, há razões vitalmente importantes para se ter cautela. O pólen das plantas GM pode se espalhar com o vento e fertilizar plantas não GM, incluindo plantas silvestres. Os agricultores usam plantas GM resistentes a herbicidas. Se o seu pólen se espalhar para as ervas daninhas, pode criar ervas daninhas também resistentes a herbicidas. Só algumas plantas têm pólen que se espalha: é preciso saber quais são.

Uma preocupação de longo prazo a respeito das culturas GM é que os organismos modificados podem se desenvolver numa direção não pretendida. O México baniu o plantio de sementes GM, mas elas reapareceram seis anos depois. O milho GM do oeste norte-americano foi encontrado em remotas regiões montanhosas do México. Descobriu-se que o governo mexicano tinha importado dos Estados Unidos, como alimento, um milho GM barato e altamente subsidiado, que acabou sendo usado como semente por alguns agricultores.

Do lado positivo, está ficando mais barato sequenciar o DNA em plantações e, com pesquisa, é mais fácil descobrir quando o DNA foi transferido ou danificado.

Quando eu era jovem, costumava gravar o magnífico canto matinal dos pássaros ingleses. Agora esses pássaros não cantam. Não se ouve mais a mágica canção da cotovia no crepúsculo. Isso se deve ao uso simplista do DDT no passado. Ainda hoje, os agricultores pulverizam inúmeros pesticidas letais que matam insetos benéficos, liquidam os micróbios que tornam o solo altamente fértil e dizimam populações de pássaros. Em algumas áreas, a agricultura convencional pode ser mais nociva do que a agricultura GM.

As plantas GM foram desenvolvidas para produzir toxinas de modo que suas folhas matem insetos *específicos*. Foi desenvolvido, por exemplo, um milho resistente à broca europeia. Os agricultores orgânicos usam um inseticida natural eficiente, o *Bacillus thuringiensis*, que consideram seguro. Algumas plantas têm sido geneticamente modificadas de modo a ter essa mesma substância nas folhas para matar os insetos predadores. Toma-se muito cuidado para que a toxina das folhas não chegue às pessoas que comerem os grãos. Há quem argumente que certas culturas GM inseto-resistentes matam belas borboletas monarca, mas a pesquisa de campo mostra que as borboletas sofrem mais com as pulverizações em massa de pesticidas convencionais. Alega-se que, se as plantas GM matam um predador específico, este pode evoluir até ficar resistente ao pesticida, mas isso também acontece quando se pulveriza os pesticidas convencionais.

A imagem do avião pulverizando plantações pode se tornar um ícone cinematográfico do passado, como os trens a vapor soltando fumaça enquanto correm sobre os trilhos. Os venenos pulverizados por aviões nas plantações quase que certamente causam mais danos do que as plantas GM.

Estamos num estágio inicial da curva de aprendizado de como usar as modificações genéticas na agricultura. O que já foi feito até agora sugere que as técnicas GM podem tornar as plantações menos vulneráveis a insetos, ervas daninhas, estiagens, salinação e solos de baixa qualidade. As sementes GM parecem ter um efeito importante na melhoria nutricional. Esses esforços precisam ser integrados com outras mudanças fundamentais — como o uso generalizado de irrigação por gotejamento, o plantio de vegetais com alto índice de vitaminas, canteiros orgânicos domésticos e estufas hidropônicas. As melhorias genéticas serão uma das muitas armas na guerra contra a fome e a desnutrição.

Para alimentar bem as pessoas, precisamos lhes dar não apenas proteínas, gorduras e carboidratos, mas também vitaminas. Quase um bilhão de pessoas estão seriamente subnutridas, apesar de ingerir proteínas suficientes. Muitas pessoas são tão pobres que comem por dia uma ou duas tigelas de arroz e mais nada, e o arroz é bem desprovido de vitaminas. As vitaminas vêm de diferentes tipos de plantas — por exemplo, vegetais com folhas verdes espessas. Algumas plantas ricas em vitamina A desapareceram com o uso em massa de herbicidas da Revolução Verde. A Revolução Verde reduziu a biodiversidade em muitos lugares ao converter sistemas de culturas mistas em monoculturas intensivas de trigo e arroz.

Os cientistas tentaram lidar com esse problema através da criação de um tipo geneticamente modificado de arroz, que se tornou conhecido como "arroz dourado". Contém betacaroteno, um nutriente que funciona como precursor da vitamina A. Esse arroz contém fragmentos de DNA de narcisos silvestres e bactérias. Pode ser cruzado com cepas de arroz plantado localmente e adaptado ao clima e às condições de cultivo de uma região específica. Os criadores do arroz dourado querem que ele substitua o arroz tradicional para acrescentar vitamina A à dieta das multidões subnutridas de hoje. O arroz dourado se transformou no assunto de uma intensa campanha de RP que usou filmes publicitários de alto custo para promover a ideia.

A maneira mais simples de fornecer vitamina A às pessoas de países pobres é ensiná-las a cultivar os vegetais certos. As plantas ricas em vitamina A são: cenoura, abóbora, amaranto, manga, jaca, caril — e especialmente o coentro, que cresce como mato. O amaranto e o coentro são fontes de betacaroteno e vitamina A incomparavelmente mais ricas do que o arroz dourado. Outras fontes de vitamina A, como verduras, frutas ou óleo de fígado de bacalhau, podem se tornar facilmente disponíveis. Temos que avaliar se o simples cultivo de vitamina A natural não é melhor e mais fácil do que culturas GM altamente artificiais. A quantidade de vitamina A no arroz dourado é muito menor do que a necessária para o desenvolvimento humano saudável.

As aldeias dos países pobres variam muito na capacidade de cultivar alimentos nutritivos. Em algumas, vemos crianças esqueléticas, mal nutridas; em outras, crianças de aparência saudável e cheias de vitalidade. Poderia haver aulas nas aldeias do mundo todo para ensinar a população a preparar o solo, captar água da chuva, coletar dejetos animais, criar quebra-ventos e cultivar plantas que tenham mais vitaminas, como o coentro.

SEGURO ALIMENTAR

As terríveis fomes do passado parecerão pequenas comparadas às prováveis fomes do futuro. As reservas tradicionais de grãos não durarão muito com a China comprando grãos agressivamente para alimentar sua população. Enquanto as tempestades de poeira pioram na China, o nível dos lençóis freáticos continuará a cair. A nova classe de consumidores comerá mais carne e a China comprará grandes quantidades de grãos dos mercados mundiais. Se os países ricos em petróleo do Oriente Médio não conseguirem controlar o crescimento populacional e esgotarem a água de seus antigos aquíferos, também eles comprarão quantidades cada vez maiores de grãos. Essas tendências forçarão significantemente a alta dos preços mundiais dos grãos. Hoje, mais de cem países importam grãos porque sua agricultura não consegue fornecer o suficiente à população. Com a elevação dos preços dos grãos, muitos terão dificuldade para pagar.

O mundo precisa de segurança alimentar — a formação de reservas de alimentos para sustentar as populações durante períodos de seca. No estado atual das coisas, pode não haver comida suficiente para alimentar o mundo se houver dois ou três anos de más colheitas. Se isso acontecer, haverá uma competição intensa por suprimentos limitados de grãos, o que aumentará ainda mais os preços globais. A solução é formar reservas suficientes de alimentos e economizar terra arável. Hoje, parece haver pouca disposição para abordar tais modelos ou para formar as reservas necessárias para impedir uma catástrofe em grande escala.

Um elemento essencial da segurança alimentar é o controle populacional. Sejam quais forem as medidas tomadas para melhorar a produção agrícola e o suprimento de alimentos, a situação acabará resultando numa catástrofe ainda pior, a menos que o crescimento da população seja drasticamente reduzido. Se produzir mais alimentos faz com que a população mundial cresça e continue despreparada para a fome, então a fome será numa escala maior quando a correção da natureza inevitavelmente acontecer. É essencial fazer com que todos entendam as consequências dos altos índices de natalidade. Por intermédio da mídia moderna, podemos mostrar às pessoas do mundo todo o horror indizível da fome de dezenas de milhões (como aconteceu na China) e compará-lo com a crescente qualidade de vida gerada por alfabetização, boa educação, empregos interessantes e baixos índices de natalidade.

Temos que perguntar: "Podemos impedir que as grandes companhias tomem medidas altamente lucrativas a curto prazo, mas com consequências desastrosas a longo prazo?" Para algumas delas, a certeza de lucro a curto prazo pesa muito mais do que a incerteza de desastre a longo prazo. Além disso, temos que avaliar cientificamente os riscos da modificação genética. Precisamos perguntar a respeito da Revolução Verde: "Será que as monoculturas vão acabar degradando a agricultura? A água vai acabar?" À medida que o século avança, precisamos ter as respostas certas para tais perguntas. Todas elas contribuem para criar segurança alimentar.

6
NAÇÕES DESTITUÍDAS

Na maior parte das sociedades há certas opiniões que não são politicamente corretas. Num convento de freiras, não se pode expressar certos pontos de vista. A União Soviética dos anos 1980 tinha uma economia à beira do desastre, mas expor essa realidade era tão perigoso quanto expressar opiniões inaceitáveis durante a Inquisição Espanhola. Às vezes, a necessidade de ser politicamente correto impede a discussão e a compreensão dos fatos. No Ocidente, é hoje politicamente correto se referir às partes pobres do mundo como "nações em desenvolvimento". Mas a realidade é que há algumas nações que não estão em desenvolvimento. O PIB *per capita* está caindo sem parar. Estão num ciclo de pobreza, doença, violência e caos social cada vez piores. São as nações destituídas.

OS PAÍSES MENOS DESENVOLVIDOS

A Organização das Nações Unidas reconhece uma categoria de nação que chama de País Menos Desenvolvido, PMD. Os critérios para classificar um país como PMD são: baixo PIB *per capita*, baixo Índice de Diversificação Econômica (medido pela participação da força de trabalho na indústria, pela proporção do PIB em manufatura e pelo nível das exportações) e Fraqueza em Recursos Humanos (critério baseado em expectativa de vida no nascimento, consumo de calorias *per capita*, matrículas escolares e alfabetização da população adulta).

A ONU tem atualmente uma lista de 49 Países Menos Desenvolvidos — pouco menos de um quarto dos países do mundo. Eles têm 10,7% da população mundial mas apenas 0,3% do comércio mundial — metade do que tinham há duas décadas. Na minha observação, viajando por países pobres, não há uma boa correspondência entre os Países Menos Desenvolvidos da ONU e as nações destituídas. Alguns PMDs são razoavelmente estáveis e têm esperanças para o futuro; algumas nações fora da lista dos PMDs estão numa espiral descendente de carência.

A Organização das Nações Unidas promove um PMD à categoria de "nação em desenvolvimento" quando tem um PIB *per capita* de US$1.035 ao ano, na média de três anos. Mas 15 países com PIB *per capita* inferior a US$2 ao dia, e alguns com menos de 50 centavos *per capita* ao dia, não estão categorizados como PMDs, embora a maioria seja de nações destituídas espiralando para um caos cada vez pior. Algumas nações destituídas não estão na categoria de PMD porque foram colônias de uma nação mais rica ou fizeram parte da União Soviética, tendo assim um Índice de Diversificação Econômica suficiente. Mas quaisquer remanescentes de seu passado mais bem administrado agora se foram.

Poderia haver uma categorização precisa de nação destituída em termos de declínio do PIB. Por exemplo, uma nação destituída poderia ser definida como aquela cujo PIB *per capita* diminuiu, em média, um ponto porcentual ou mais ao ano nos últimos cinco anos e é agora inferior a US$2 por dia.

A seguir, uma lista de países cujo PIB per capita declinou em média mais do que 1% ao ano, de 1980 a 1988.

Nação	Média Anual de Declínio (%)
Angola	9,5
Congo	4,5
Nigéria	4,2
Zâmbia	3,6
Serra Leoa	3,1
Bielorrússia	2,7
Argélia	2,3
Costa do Marfim	2,2
Madagáscar	2,2
Nicarágua	2,2
Níger	2,2
República Eslovaca	2,1
Camarões	2,0
Jordânia	1,5
Namíbia	1,4
Mali	1,0
Moçambique	1,0
Ruanda	1,0

Há um mundo de diferenças entre nações em desenvolvimento como Chile, Brasil, Malásia e Tailândia, onde há uma indústria vigorosa, boas universidades e jovens com esperança para o futuro, e nações destituídas como Angola, Haiti ou Costa do Marfim, onde, como regra geral, os jovens não têm qualquer esperança. A razão provavelmente mais importante para diferenciar as nações destituídas das nações em desenvolvimento é que, se a humanidade continuar com os atuais padrões de comportamento à medida que nos aproximarmos da parte mais estreita do cânion — na metade do século — a maior parte do mundo destituído pode não sobreviver.

O certo a fazer, sem a menor sombra de dúvida, é impedir que isso aconteça. Mas, como já foi discutido no primeiro capítulo, podemos olhar para o futuro de duas maneiras: Qual é a coisa certa a fazer? e O que tem mais probabilidade de acontecer? Se os esforços para transformar as nações destituídas continuarem débeis, então as forças maciças do cânion que se aproxima sobrepujarão a capacidade de fazer com que operações de salvamento sejam bem-sucedidas.

A população mundial avança para 8,9 bilhões e grande parte desse aumento estará em nações destituídas, a menos que se tome medidas drásticas.

A LENTA DESCIDA PARA A CARÊNCIA

Visitei o Quênia pela primeira vez em 1960. O país tinha belas fazendas e plantações de café altamente organizadas, e era mais próspero do que Cingapura, que naquele tempo era um país pobre e desorganizado, cheio de mosquitos e favelas. Por volta de 1970, muitos dos administradores rurais tinham saído do Quênia e, por volta de 1980, um número significativo de fazendas tinha sido tomado de volta pela floresta. O Quênia ainda era um lugar maravilhoso para explorar com um utilitário com tração nas quatro rodas, mas estava mergulhando inevitavelmente na pobreza. Seu PIB estava declinando e sua população estava crescendo. Por volta de 1990, não consegui alugar um utilitário porque não era seguro: os turistas ficavam em acampamentos bem protegidos. Por volta de 2000, a AIDS grassava desenfreadamente. Poucas crianças aprendiam a ler. Tratores apodreciam em valas. O Quênia tinha problemas médicos terríveis e poucos recursos de saúde, e me disseram para não ir a lugar algum, a menos que fosse em excursões altamente seguras. O Quênia tem um PIB *per capita* de menos de um dólar diário, mas não está classificado pela ONU como uma Nação Menos Desenvolvida. Muitos países da África estão em pior forma do que o Quênia.

Enquanto a maioria das nações com tecnologia avançada estão se tornando mais ricas, as nações destituídas estão resvalando para uma situação em que a recuperação será cada vez mais difícil. Quando um lugar é muito pobre, tende a se tornar ainda mais pobre consumindo o pouco que é preciso para sobreviver.

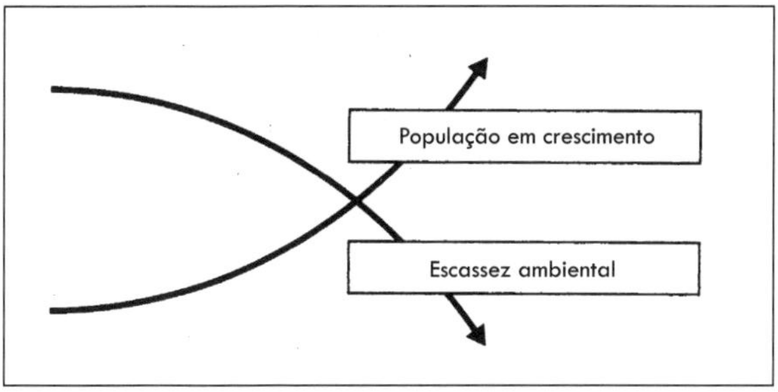

Em algumas partes da África, mulheres descalças caminham durante horas procurando lenha para cozinhar. Cortam as árvores, desflorestando a terra, permitindo que as intempéries varram o que sobrou do solo arável, criando tempestades de poeira e desertos. Quando uma área é assim destruída, dificilmente se recupera.

Thomas Homer-Dixon, diretor do Centro Trudeau para Estudos da Paz e dos Conflitos, da Universidade de Toronto, fez muita pesquisa sobre as partes mais pobres do mundo, mostrando que há uma forte correlação entre a escassez crescente de água, terra cultivável, florestas e peixe, e a expansão de violência civil e governo disfuncional.[1]

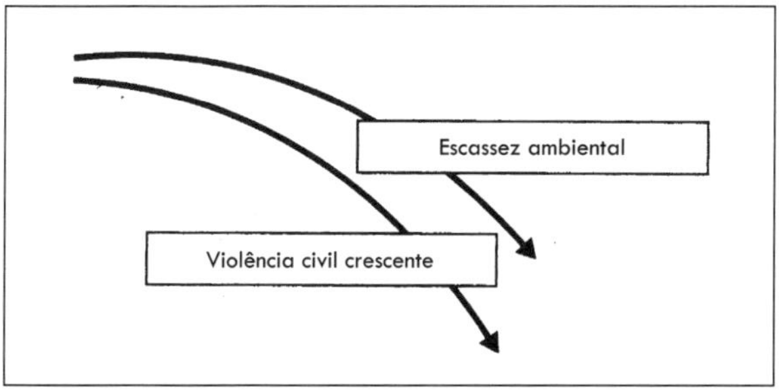

O inverso também é verdadeiro: a violência civil pode empobrecer um país. Durante anos, o Camboja foi um país próspero, com cultura de influência francesa, mas a violência e a sublevação política o destruíram no final da década de 1970 e o deixaram empobrecido por décadas. Países grandes como a Índia e a China usam o governo para administrar as partes mais pobres da economia, introduzindo a educação e mudando as indústrias para áreas necessitadas. Mas países pobres, como o Haiti, não têm essa capacidade de governo: são pobres demais para manter instrumentos de Estado adequados.

Quando Serra Leoa ficou independente em 1961, 60% do país era basicamente floresta tropical: hoje, só 6% ainda é. Em toda a África as árvores foram cortadas e poucas foram plantadas para substituí-las. Isso levou a inundações crescentes e trouxe os mosquitos. Grande parte da África tem que lidar com alguma forma de malária. Em muitas áreas onde a malária mata, as pessoas dormem sem a proteção de uma tela contra mosquitos. Muitos desses países caíram em várias formas de violência social, anarquia e guerra — um ciclo do qual é difícil escapar.

Nações destituídas têm problemas sérios que se agravarão mutuamente à medida que avançam para o cânion da metade do século. Muitos terão insuficiência de água e outros recursos para a produção de alimentos, crescimento excessivo da população, desastres climáticos, pobreza extrema, falta de médicos e agricultores, malária desenfreada, doenças causadas por más condições de saneamento, AIDS pandêmica e violência civil. Milhões de pessoas ficaram pobres demais para continuar a viver.

A situação nos países mais pobres poderia ser dramaticamente melhorada. No livro *The End of Poverty*, Jeffrey Sachs argumenta que temos capacidade para banir a pobreza ainda em nossa geração. Ele apresenta cálculos detalhados para mostrar como isso pode ser feito. Não há um modelo único e nem bala mágica: só um grande conjunto de dificuldades que exigem um esforço sustentado em todas as frentes, incluindo comércio, ajuda humanitária, educação e governança.

CIDADES-FAVELA

Uma das maiores tendências em países relativamente pobres são as hordas de pessoas saindo do campo para as cidades. A maior migração da história humana é a do povo chinês mudando das áreas rurais para as cidades. Por volta de 2030, 80% da população da África viverá em cidades. Em 1950 havia apenas duas cidades no mundo com mais de 8 milhões de habitantes: Londres e Nova York. Agora há 30. A migração para as cidades é impulsionada pelo desemprego nas áreas rurais e pela percepção (normalmente incorreta) de que há mais oportunidades nas cidades.

Muitos governos não se prepararam para essa migração e seu saneamento, eletricidade, sistema de saúde, escolas, e assim por diante, são inadequados. As favelas cresceram em torno das cidades e vão se tornando cada vez mais miseráveis. Desesperadamente apinhadas, as pessoas vivem em barracos de metal corrugado, contêineres enferrujados e carcaças de automóveis. A maior parte das favelas não tem eletricidade. As ruas se transformam em lamaçais quando chove, cheias de ratos mortos, mosquitos e lixo. As pessoas contraem doenças associadas à água contaminada e à falta de saneamento — e muitas morrem dessas doenças. Há crianças desnutridas e de barriga inchada por toda parte. Muitos moradores de favelas se recusam a pagar impostos e suspeitam de pessoas de fora.

As favelas são encontradas em todo o Terceiro Mundo. Os jovens que nelas vivem acabam ficando presos a elas. Não conseguem emprego. Em geral não têm qualquer tipo de educação. São pressionados a consumir drogas e a se juntar a gangues. O HIV se alastra. As meninas são estupradas. Os jovens estão presos a uma cultura de violência. Em algumas favelas, 40% das crianças nascem HIV-positivas, mas o assassinato é a maior causa de morte de crianças na faixa dos 10 anos. Muitas vezes, a polícia local não se atreve a entrar em tais áreas, e grande parte dos crimes, estupros e assassinatos não são investigados. A comunidade desenvolve os próprios códigos de comportamento, como a Máfia. O Estado de Direito é praticamente inexistente.

EPIDEMIA DE FAVELAS

É como se o planeta estivesse com uma doença terrível — uma espécie de varíola. Uma epidemia. Uma pessoa com varíola tem pústulas terríveis na pele. A Terra tem pústulas — as favelas — com pessoas vivendo em condições terríveis e sem esperança. Mais de um bilhão de pessoas vivem dessa maneira.

O problema das favelas piorou nos últimos 40 anos por causa do rápido crescimento da população e da pobreza rural. Na verdade, essas áreas deveriam ser chamadas de cidades-favela. É difícil ter uma noção de sua magnitude vendo-as apenas pela beirada. Essa noção me atingiu pela primeira vez quando voei sobre uma favela de helicóptero para filmá-la. Voando baixo, dava para ver a miséria de uma sociedade completamente arruinada; voando alto, dava para ver seu tamanho — cidades-favela se estendendo por quilômetros e quilômetros em todas as direções. Eu olhava para baixo e me perguntava como ficariam esses lugares se não houvesse comida suficiente.

O termo *feral city* passou a ser usado para descrever cidades destituídas de lei e ordem. Mogadishu é uma delas. Mas a maior parte das favelas não são a cidade inteira. Em geral, os países têm grandes áreas de extrema pobreza com as próprias fronteiras, excluídas do policiamento e dos serviços. Estão quase isoladas da cidade-mãe, mas não são consideradas como cidades separadas. Administrativamente, quase desaparecem.

ECONOMIA A E ECONOMIA B

Muitos países pobres têm, com efeito, duas economias lado a lado que mal se comunicam entre si. A Economia A é como o Ocidente, mas com funcionamento menos suave. A Economia B é a economia da favela em desesperada pobreza, muitas vezes com violência social próxima da anarquia. A Economia A tem serviços médicos razoáveis e forma médicos e enfermeiros. A Economia B tem AIDS se espalhando e muitas doenças causadas por falta de condições sanitárias. A polícia da Economia A não põe os pés na Economia B.

Em alguns lugares, conseguimos pôr uma equipe de filmagem dentro de uma favela de Economia B. Éramos vigiados de perto por caras durões, os "seguranças", que tinham um lugar de destaque na estrutura de poder local. Não tínhamos liberdade para filmar o que quiséssemos. Um aposento onde entrei tinha cerca de cem bebês e crianças muito novas, deitadas de bruços, sem atendimento, efetivamente abandonadas. Como muitas crianças de favela, eram loucas para abraçar um adulto, como se nunca tivessem sido abraçadas.

Quando estávamos filmando, um motorista nos levou a uma favela no Peru. Na saída, ele disse uma prece de agradecimento. Perguntamos por que e ele nos contou que "às vezes eles pegam canos de chumbo e transformam um carro como este em aço corrugado".

Na Economia A, do outro lado de altas cercas de arame farpado, havia supermercados não muito diferentes dos supermercados do Ocidente, abastecidos por empresas agrícolas locais. O alimento oferecido era cuidadosamente embalado e perfeito na aparência. Cadeias de supermercados exigem perfeição. Uma fazenda de alfaces, por exemplo, fornecia uma variedade de alfaces em embalagens plásticas para um supermercado de nome internacionalmente conhecido. Mais de um terço das alfaces no galpão de empacotamento não eram perfeitas: as folhas tinham as extremidades escurecidas ou pequenas manchas. Estas iam para uma caçamba de lixo. Outros alimentos também eram jogados fora e, no entanto, a três quilômetros dali, havia uma favela com pessoas famintas. Perto dali, ficava o escritório central de uma rica corporação global que, querendo demonstrar correção ecológica, usava carpetes recicláveis. Incrivelmente, a reciclagem dos carpetes era feita a meio mundo dali, nos Estados Unidos. Poderia ser feita do outro lado da cerca de arame farpado, onde as pessoas tanto precisavam de emprego e salário. A Economia A não fala com a Economia B.

Ouvimos dizer às vezes que comunidades rurais que estão afundando na pobreza poderiam recorrer à agricultura de subsistência, com que viveram por tantos anos. Por que não deixar que a África seja o que era antes de ser perturbada por forças externas, mas agora com melhores remédios e sementes? À medida que as comunidades rurais mudam para as cidades, no entanto, suas habilidades rurais se perdem. As pessoas esperam obter alimentos nas lojas. Essa geração não aprende os métodos agrícolas que eram transmitidos de uma geração para a outra. Ao perder as habilidades rurais, a comunidade rompe com seu passado.

SANEAMENTO

Os anos 1980 foram declarados a Década Internacional do Abastecimento de Água Potável e Saneamento, e os governos e agências internacionais aplicaram US$134 bilhões para enfrentar os problemas de água potável e saneamento. Mesmo assim, no final dessa década, mais de 1 bilhão de pessoas ainda não tinham água potável segura e 1,8 bilhão não tinham saneamento adequado. Os ganhos em suprimento de água limpa e saneamento obtidos nos anos 1980 foram devorados pelo crescimento populacional dos anos 1990. Por volta do ano 2000, 3 bilhões de pessoas estavam sem saneamento e água potável segura.

Seis doenças principais estão associadas à falta de saneamento e de boa água potável — disenteria, esquistossomose, tracoma e infestação de ácaros, filária ou ancilostomose. Em qualquer momento, mais de metade da humanidade está sofrendo de uma delas. De acordo com a Organização Mundial de Saúde, elas causam cerca de 5 milhões de mortes a cada ano. Um número cada vez maior de cidades, especialmente na Ásia Oriental, sofre com níveis sufocantes de poluição do ar.

Especialistas em doença dizem que nós, seres humanos, somos muito mais suscetíveis a novas doenças agora do que em qualquer outra época porque as cidades em toda a faixa tropical e subtropical estão intensamente superpovoadas, a nutrição é insuficiente e o saneamento é inadequado. As favelas seriam alvos naturais para pandemias como a gripe aviária. Na faixa tropical e subtropical há pessoas densamente apinhadas, com má nutrição, pouco saneamento e sem médicos, de modo que um organismo mutante que surge tem condições férteis que o ajudam a se multiplicar rapidamente. As favelas são incubadoras de doenças. Uma nova e letal cepa de vírus da gripe que surja numa favela densamente habitada pode se espalhar para o mundo todo antes que uma vacina preventiva seja manufaturada.

Os jovens, mesmo nas favelas mais terríveis, mostram uma surpreendente engenhosidade para tirar o máximo proveito da situação, mas isso não gera riqueza. Numa cultura empreendedora, a mesma engenhosidade inata geraria muita riqueza.

Às vezes, uma empresa japonesa ou alemã abre uma fábrica numa cidade do Terceiro Mundo. Depois de alguns anos, as pessoas estão fazendo câmeras de vídeo e fornos de micro-ondas. No Ocidente, alguns protestam, alegando que os proprietários da fábrica estão tirando vantagem do trabalho barato, mas a fábrica transforma a cidade. Aparecem hotéis, lojas, comida melhor, escolas, talvez algumas bolsas de estudos. Há esperança onde antes não havia nenhuma. Mas não é provável que isso aconteça nas favelas mais destituídas.

Um dos maiores problemas em algumas das nações mais pobres é o indizível nível de corrupção governamental. Quando há uma grande fome e as nações ricas enviam alimentos, boa parte não chega às pessoas que precisam por causa de uma administração inepta ou desonesta. Angola era um país de 33 milhões de pessoas, onde a renda média era de apenas 73 centavos de dólar por dia, mas US$4,3 bilhões em dinheiro do governo foram gastos sem explicação nos cinco anos entre 1997 e 2001.[2] Em 2001, o mundo tinha supostamente controlado a lavagem de dinheiro, mas US$900 milhões desapareceram dos cofres angolanos.

CAPITAL MORTO

O economista peruano Hernando de Soto pergunta: "Por que o capitalismo só prospera no Ocidente?" Muitas nações do Terceiro Mundo adotaram as invenções das principais nações capitalistas, do cartão de visita ao computador, mas não conseguem fazer o capitalismo funcionar como funciona no Ocidente. Concluiu que isso não acontece por ser o Terceiro Mundo formado por pessoas inerentemente inferiores, mas porque há falhas fundamentais nos sistemas do Terceiro Mundo. Corrigi-las viabiliza fatores de alavancagem de imenso poder.[3] De Soto diz que o capital dos países pobres, incluindo o dele, é administrado de maneira imperfeita, o que provoca danos imensos.

No século XIX, um norte-americano podia ter um saco de dinheiro escondido no colchão. De Soto chama isso de "capital morto", já que não podia ser usado como garantia nem ser posto em uso pelo sistema bancário, como hoje aconteceria no Ocidente. Esse dinheiro só podia ser usado uma vez. Na sociedade de hoje, o mesmo capital pode ser posto em uso múltiplas vezes. No Primeiro Mundo, as pessoas têm hipotecas que permitem a elas ter uma casa. Os bancos emprestam dinheiro garantido por hipotecas, de maneira que o mesmo dinheiro é gasto, na verdade, múltiplas vezes. O total dos empréstimos excede de longe o capital em que se apoia. A casa pode ser usada como garantia num negócio. Os negócios dependem de empréstimos, e negócios bem-sucedidos têm muitos acionistas. Quem monta um negócio pode correr riscos por causa de leis sobre responsabilidade limitada e proteção contra falências. Há métodos sofisticados de financiamento envolvendo mercados de futuros ou derivativos. Esses são mecanismos de importância vital, pois permitem que o dinheiro faça mais do que o seu valor nominal poderia sugerir.

Para os ocidentais, os títulos de propriedade são uma coisa tão natural que pouco se pensa neles. No Terceiro Mundo e no mundo ex-comunista, a maior parte das casas não tem título de propriedade e, em geral, é quase impossível obter um título. Muitas casas estão fora do sistema legal. Quando uma casa não tem escritura nem título, o proprietário não consegue hipotecá-la e ela não pode ser usada como garantia num negócio. Uma posse que não é registrada não pode ser transformada em capital com outros usos. Da mesma maneira, muitos negócios estão fora do sistema legal. Não têm responsabilidade limitada e não podem obter financiamento de bancos ou organizações financeiras. São excluídos do que constitui a força vital de uma sociedade moderna.

A incapacidade de levantar capital mantém pobres os países pobres. As pessoas são impedidas de iniciar um negócio que poderia se tornar valioso. A magnitude desse problema é enorme. Os pesquisadores de Hernando de Soto descobriram que 80% de todos os imóveis da América Latina estão fora da lei. No Egito, 92% dos habitantes das cidades e 83% das pessoas do campo vivem em casas de capital morto. O valor total do capital morto dos imóveis egípcios é cerca de 30 vezes o valor de todas as ações da Bolsa de Valores do Cairo.

Ao contrário do que se acredita no Ocidente, os pobres dos países pobres têm muitas vezes poupanças substanciais. A equipe de De Soto fez uma estimativa detalhada dessas economias e as conclusões são espantosas. Ele calcula que essas economias equivalem a 40 vezes toda a ajuda externa recebida em todo o mundo desde 1945. No Egito, por exemplo, os pobres acumularam economias no valor de 55 vezes a soma de todo o investimento estrangeiro direto registrado no país até hoje, incluindo os investimentos na Represa de Assuã e no Canal de Suez. De Soto calcula que, se os Estados Unidos aumentassem a sua ajuda externa ao nível recomendado pelas Nações Unidas, levaria 150 anos para transferir para as pessoas pobres do mundo recursos iguais aos que eles já têm. Essas poupanças substanciais são capital morto. É o dinheiro guardado no colchão. É a casa sem escritura ou a terra sem título de propriedade. A casa pode ter sido construída devagar, tijolo por tijolo, até se tornar uma casa substancial, muitas vezes com anexos agrícolas, mas está fora do sistema legal. Um capital assim não tem o papel multiplicador que o capital tem no Ocidente. Como resultado, a economia de tais países está seriamente subcapitalizada.

Em princípio, essa situação pode ser corrigida. O governo local deveria registrar a propriedade de todos os imóveis e emitir escrituras e títulos, como no Ocidente. Quando isso é feito, as casas se tornam muito mais valiosas. Os negócios ilegais poderiam ser localizados e legalizados, de modo que as pessoas possam investir neles. Um negócio legal tem mais probabilidade de fazer dinheiro do que um negócio ilegal. É necessário reorganizar o sistema de propriedade de modo que as pessoas possam legalizar suas casas, fazer hipotecas e usar suas propriedades como garantia, se quiserem. As pessoas precisam ser educadas sobre os usos múltiplos do capital.

É viável fazer essa mudança no Terceiro Mundo? Com certeza. De Soto tem uma organização efetuando essa mudança em mais de 30 países. Uma transformação semelhante ocorreu há muito tempo nos países do Primeiro Mundo, mas levou cem anos ou mais, e o Terceiro Mundo precisa corrigir o problema rapidamente. De certo modo, é muito mais fácil agora do que era há um século. Conhecemos os procedimentos. Há programas de computador adequados e técnicas exatas de levantamento, e os documentos legais necessários são hoje corriqueiros. Por outro lado, é mais difícil. Em cada nação, há enormes comunidades informais com regras inventadas por elas mesmas. Coletivamente, são uma força com a qual é preciso lidar com cuidado.

Parece que os políticos das nações pobres e ex-comunistas não sabem como mudar a situação, mas De Soto diz que a resposta está nos livros de história, especialmente a jornada da América do Norte, dos pistoleiros aos especuladores capitalistas. O Terceiro Mundo precisa de padrões de incorporação fáceis de implementar para todos os negócios, de escrituras para todas as propriedades e do fim das atividades informais. A dificuldade está em fazer isso sem prejudicar um grande número de pessoas. A propriedade informal dessas pessoas precisa ser incorporada em propriedade registrada, de modo que o sistema financeiro possa fazer o capital trabalhar. Então poderá haver hipotecas, seguros, garantias, propriedade de participação aberta, opções de ações, uso de mercados de futuros e todos os outros meios modernos de extrair mais valor do capital existente. Com a ajuda dos bancos, as pessoas podem ter lojas, pomares, oficinas, corporações com responsabilidade limitada e empreendedorismo engenhoso. Os benefícios financeiros dessa conquista seriam imensos mas, para que um país chegue a ter esse capital ativo, é provável que enfrente grandes problemas políticos.

Infelizmente, na maioria dos países do Terceiro Mundo, obter um título de uma casa ou terra é tão aterrorizador que em geral as pessoas nem tentam. Os pesquisadores de De Soto fizeram a escritura de pequenas casas que foram comprando em vários países e registraram o que aconteceu.

Em Lima, Peru, obter uma autorização legal para construir uma casa numa terra do Estado levou seis anos e 11 meses e o título de propriedade demorou ainda mais.[4] No Egito, comprar e registrar legalmente um pequeno lote em terras estatais levou de 5 a 15 anos, e obter permissão para construir uma casa em terras que antes eram agrícolas levou de 6 a 11 anos. Assim, a maior parte dos egípcios constroem suas casas ilegalmente. Hoje, um proprietário que tente legalizar sua casa corre o risco de vê-la ser demolida e ainda passar dez anos preso. No Haiti, para se estabelecer legalmente numa terra do governo, o cidadão pode arrendá-la por cinco anos e depois comprá-la. Obter o arrendamento leva dois anos, convertê-lo em compra leva 12 — um total de 19 anos. A situação é a mesma em qualquer parte do Terceiro Mundo.

A oportunidade de ter ou ocupar legalmente uma casa foi definida como um aspecto fundamental dos direitos humanos na Declaração Universal dos Direitos Humanos de 1948. Muitas formas de violação dos direitos humanos são visíveis, mas os procedimentos administrativos que inviabilizam a propriedade de uma casa são quase invisíveis e malcompreendidos no Ocidente.

Os pesquisadores de De Soto fizeram gráficos mostrando os passos que uma pessoa precisa dar para obter direitos legais sobre uma casa ou um pequeno negócio. No Peru, conseguir autorização legal para construir uma casa em terras do governo exigiu 207 passos em 52 departamentos governamentais e depois outros 728 passos burocráticos exigidos pela Municipalidade de Lima.[5] Isso é totalmente insano, por qualquer padrão. Poderia ser criado um sistema com bancos de dados adequados para que o processo levasse dez minutos na Internet. Criar o sistema e preencher o banco de dados com as informações necessárias levaria alguns anos, mas o investimento valeria a pena.

Se administradores de empresas ocidentais especializados em reformulação de negócios se vissem diante de uma organização que operasse com a burocracia do Terceiro Mundo, saberiam como transformá-la. Poderiam estabelecer como meta que o tempo necessário para obter um título e uma escritura de uma propriedade nunca ultrapassasse duas semanas. Mas transformar a burocracia de uma nação teria repercussões políticas importantes. Os defensores dos velhos métodos teriam que ser afastados. A mudança só ocorreria se fosse conduzida por um chefe de Estado determinado e pela vontade popular. A tragédia é que nos países mais pobres não há lideranças assim. Em 1992, foi relatado que o líder líbio Muamar Kadafi tinha incinerado todos os títulos de propriedade da Líbia.[6]

COMO INVIABILIZAR NEGÓCIOS

Hoje em dia, quem pretende abrir uma pequena loja de doces no Cairo e legalizá-la, leva uns 500 dias para reunir todos os papéis exigidos pelo governo. Por isso, a maior parte dos donos dessas lojas montam seu negócio fora da lei.

De acordo com a Organização Internacional do Trabalho, 85% dos novos empregos na América Latina e Caribe, desde 1990, foram criados no setor informal. Na Zâmbia, 90% da força de trabalho está empregada ilegalmente. Para a maior parte dos pobres do mundo, só os esquemas não legais são viáveis para quem quer construir uma casa, abrir uma loja ou confeccionar roupas para vender. Os procedimentos governamentais que impedem as pessoas de participar dos processos do capital ativo provocam um dano imenso. E constituem uma forma totalmente inaceitável de *apartheid*.

As cloacas administrativas do mundo pobre impedem que as pessoas comuns tenham uma oportunidade decente. Elas precisam de uma limpeza. Algumas nações, como Cingapura e Taiwan, conseguiram. Hoje, o PIB *per capita* de Cingapura é de US$21 mil. Se o país tivesse mantido um sistema legal e administrativo como os do Quênia ou da Nigéria, ele estaria perto de US$1 mil.

Os benefícios a longo prazo de converter capital morto em capital ativo são imensos. Num típico país do Terceiro Mundo, criaria muito mais riqueza do que a ajuda externa proporcionada pelos países ricos. Não só as pessoas teriam casas melhores graças à oportunidade de fazer uma hipoteca, mas a sociedade em geral cresceria com mais abundância. Ajudar tais países a fazer uma reengenharia de seus sistemas seria de longe muito mais benéfico do que dar ajuda financeira às cloacas atuais.

FUGA DA PRIVAÇÃO DE RECURSOS

Para ter esperança para o futuro, uma nação muito pobre tem que subir uma longa escada. Algumas nações demonstraram que isso pode ser feito. Em 1960, funcionários do governo norte-americano predisseram que essa pobreza abjeta continuaria na Coreia do Sul. Seu PIB *per capita* era de US$ 400 (em valores de hoje) mas, no intervalo de uma geração, ela se tornou uma potência industrial com exportações maciças. Em 1960, a Coreia do Sul e Gana tinham perfis econômicos quase idênticos em termos de PIB *per capita*, da importância relativa dos setores de manufatura primária e serviços, da natureza de suas exportações e da quantidade de ajuda externa que recebiam. Em duas décadas, a Coreia do Sul se tornou um gigante industrial graças ao trabalho duro, à disciplina e à educação. Desde então, Gana decaiu lentamente e agora seu povo ganha 84 centavos por dia em média.

Assim como o Ocidente estimula a democracia e abre mercados, como tem feito com sucesso desde o colapso da URSS, deveria também estimular com vigor o empreendedorismo e agir no sentido de ajudar os jovens a obter o capital necessário para iniciar empreendimentos, de uma *coffee shop* a uma empresa de *software*. Os Tigres Asiáticos — Cingapura, Hong Kong, Taiwan e Coreia do Sul — se concentraram em exportações, *joint ventures*, estímulo ao investimento externo e um alto índice de poupança. Deram oportunidades para jovens cursarem universidades norte-americanas e europeias e depois voltar para casa. Incentivaram esses jovens a se tornarem engenheiros e empresários, em vez de advogados ou soldados. Esses tigres têm população relativamente pequena. Agora algumas grandes nações querem ser tigres. Querem espalhar o sucesso entre sua enorme população.

Para subir a escada são necessários vários fatores. Primeiro, é preciso haver um foco sério em educação. Um alto índice de alfabetização é essencial. A porcentagem de pessoas que têm acesso ao ensino superior tem que aumentar sem parar. Quanto mais trabalhadores capacitados tem uma nação, mais condições ela tem de evoluir do trabalho quase escravo (incluindo funções de colarinho-branco) para o trabalho que traz salários mais altos.

Algumas nações em desenvolvimento estão subindo a escada, mas outras estão tropeçando — como grande parte da América do Sul. Muitas nações destituídas não estão conseguindo alcançar nem mesmo o primeiro degrau da escada. Visitei a Rodésia do Sul quando ela se transformou em Zimbábue em 1980. Era um país atraente, com grande esperança para o futuro. As pessoas diziam: "O novo governo vai dar educação para nossos filhos e serviços de saúde gratuitos". Numa recente visita ao país, as pessoas me disseram: "É impossível para nós fazer com que nossos filhos aprendam a ler e a fazer contas, e não temos acesso aos serviços de saúde." O PIB *per capita* caiu de US$2 mil para US$ 200 e continua caindo rapidamente. Os poucos agricultores e médicos capacitados que restaram esperam uma oportunidade para ir embora. O Estado de Direito faliu.

O DESAFIO MORAL DE NOSSO TEMPO

No ano 2000, as Nações Unidas criaram uma Declaração do Milênio estabelecendo metas para ajudar as pessoas mais pobres. A intenção era reduzir pela metade, até 2015, a proporção de pessoas vivendo com menos de um dólar por dia. (Se a proporção cair pela metade, o número absoluto não cairá, já que a população do mundo vai crescer.) É possível chegar mais perto desse alvo aumentando o ganho dos pobres na China e na Índia, de modo que todos nesses países tenham mais de US$1 por dia e alimentação adequada. É possível que haja pouca mudança nas nações destituídas, mas as oito Metas de Desenvolvimento do Milênio serão parcialmente alcançadas por causa do que acontece na China e na Índia.

A longo prazo, as estatísticas da pobreza no mundo têm melhorado. Na Bretanha da Idade Média, a expectativa de vida era de 22 anos. No início da Revolução Industrial era de 36 anos. Quando eu estava na universidade era de 69 anos e agora é de 78 anos. Muitos dos jovens leitores deste livro vão viver até os 100 anos. O número de pessoas vivendo com US$1 por dia caiu de um bilhão para meio bilhão. O número de pessoas vivendo com US$2 por dia ainda é superior à população inteira do Primeiro Mundo. Esse número pode aumentar, principalmente nos países mais pobres, com a população mundial aumentando para 2,5 bilhões.

Um desafio moral do nosso tempo é erradicar a pobreza extrema e tornar a educação disponível para todos. É vital construir segurança alimentar para que o medo da fome acabe. Menos discutida, mas vital para se construir um mundo decente, é a necessidade de eliminar o capital morto — eliminar a administração e a burocracia corruptas. Por volta do final do século é possível que a pobreza extrema tenha sido eliminada em quase toda parte. A questão é: teremos fomes e massacres em escala maciça, como em Ruanda, antes que os mecanismos de decência sejam finalmente postos em ação?

7

CATÁSTROFE CLIMÁTICA

Quando entrevistei John McCain, candidato a presidente dos Estados Unidos, fiquei surpreso ao ver que sua visão sobre a mudança climática era radicalmente diferente daquela da administração Bush. Ele disse: "A mudança do clima é real. Está ocorrendo enquanto conversamos. A corrida começou. Eu estou muito, muito preocupado. Não acho que os Estados Unidos serão como no filme *O Dia Depois de Amanhã*, mas acredito que vamos ter sérias consequências. A pergunta é: será tarde demais para revertê-las? Agiremos para reduzir os gases do efeito estufa, que estão afetando nosso clima ou será tarde demais? Deixaremos para nossos filhos e netos um ambiente muito diferente daquele em que tive a alegria de crescer?"[1]

O principal consultor científico do primeiro ministro britânico, *Sir* David King, disse a Blair que a mudança climática representa um perigo maior para o nosso futuro do que o terrorismo.

O século XXI vai ter que lidar com a mudança climática. Ela pode ser suave ou pode ser que os mecanismos básicos de controle da Terra fujam ao controle. Há muitas coisas que podemos fazer para evitar uma mudança catastrófica, se as fizermos agora. Mas não estamos fazendo. O custo da apatia pode ser chocante. A Terra tem ciclos naturais de aquecimento e resfriamento e está agora em pleno ciclo natural de aquecimento. É má sorte que esse período de aquecimento natural coincida com uma época em que estamos lançando uma grande quantidade de gases na atmosfera.

Como estamos num ciclo natural de aquecimento, isso dá às indústrias movidas a carvão e a petróleo um bom argumento contra autoridades que defendem a diminuição das emissões de carbono. Dá também aos políticos uma desculpa para evitar ações politicamente difíceis. No entanto, complexos modelos computadorizados do clima revelam quanto desse aquecimento se deve à ação da natureza e quanto é causado por atividades humanas. A maior parte se deve a estas últimas. Os modelos mostram o que acontecerá se continuarmos com as atividades de hoje. Vamos prejudicar o mundo de nossos filhos e o mundo de nossa velhice. Lester Brown, ambientalista global, afirmou enfaticamente na entrevista que fiz com ele: "Nossos filhos e netos podem nos renegar. Eles se perguntarão como pudemos ter tanta falta de visão".

A humanidade está lançando muito mais dióxido de carbono na atmosfera do que a natureza pode absorver. Michael McElroy, que dirige em Harvard o Centro para o Meio Ambiente, diz que nas próximas poucas décadas, se gerarmos as concentrações atmosféricas de dióxido de carbono que se espera, criaremos um ambiente como a Terra não teve igual nos últimos 30, 40 ou 50 milhões de anos.[2] Sabemos disso pela análise das bolhas de ar presas há milhões de anos no gelo antártico.

Mesmo uma diferença mínima de temperatura entre o oceano e o ar acima dele faz com que o ar se mova e produza padrões climáticos severos. Foi isso que criou o Katrina e os fortes furacões de 2005. O Katrina passou de tempestade tropical a furacão da Categoria 5 em um único dia porque o calor do mar o fez girar mais depressa do que o normal. Bangladesh teve inundações em que 83% da superfície da terra ficaram sob 2 metros de água. Em 1997, em Guam, houve ventos de 368 quilômetros por hora. A força exercida pelo vento é proporcional ao quadrado de sua velocidade, de modo que ventos de 368 km/h têm 6 vezes a força de um furacão de 150 km/h.

A Austrália tem tido secas severas que chegaram a diminuir pela metade a receita da agricultura. A causa disso é um vórtice de ventos em torno da Antártica, que está ganhando mais velocidade.[3] A área polar Sul está mais fria, enquanto a Austrália está ficando levemente mais quente. Isso faz com que o sistema de ventos gire mais depressa, levando as chuvas de inverno e de primavera da Austrália para o oceano ao sul da Austrália. Por isso, a Austrália pode estar diante de período de secas cada vez piores, incêndios graves e colheitas menores.

O EFEITO ESTUFA DA TERRA

A vida na Terra é totalmente dependente do efeito estufa.

Vários gases que existem naturalmente na atmosfera — como o dióxido de carbono, o óxido nitroso e o metano — agem como o vidro de uma estufa e retêm parte do calor do Sol refletido pela superfície da Terra. Se não houvesse tais gases, nosso planeta seria frio demais para a vida como a conhecemos.

No século XX criamos esses gases artificialmente com um uso maciço de combustíveis à base de carbono, principalmente carvão e petróleo. Em 1990, a humanidade lançou cerca de 16 bilhões de toneladas métricas de dióxido de carbono na atmosfera; em 1999, esse número tinha subido para 25 bilhões. Nas últimas décadas, a concentração de dióxido de carbono na atmosfera aumentou em cerca de 25%.

O aumento artificial dos gases de estufa causa uma lenta elevação na atmosfera da Terra. Se a tecnologia de energia que temos hoje não for modificada, pode haver uma elevação média de temperatura de 5 graus Celsius nos próximos 50 anos. Parece pouca coisa, mas a diferença na temperatura média global entre os tempos atuais e a última idade do gelo é de mais ou menos 5 graus Celsius. Um rio pode ter um metro e meio de profundidade média mas, ao atravessá-lo, vemos que algumas partes têm 60 centímetros de profundidade e outras 6 metros. O mesmo se dá com a elevação da temperatura — alguns lugares passariam por poucas mudanças, mas outros ficariam 20 graus mais quentes. Muitas áreas com boas terras agrícolas ficariam incultiváveis.

No Polo Norte, já há água durante o verão, em vez de gelo espesso. Em algumas partes do Alasca, os prédios se inclinam em ângulos estranhos porque o subsolo permanentemente congelado sobre o qual foram construídos está derretendo. Em 2000, um navio atravessou a Passagem Nordeste, que antes era intransitável. Modelos climáticos predizem que o Parque Nacional das Geleiras não terá mais nenhuma geleira em 2070.

Uma indicação de que precisamos levar a sério o aquecimento global vem da indústria de seguros. Ela está se preparando para "megacatástrofes", como tempestades que causem prejuízos de mais de US$30 bilhões. Essas megacatástrofes são grandes demais para uma companhia de seguros isolada: assim, a tendência é dividir os riscos entre várias companhias "resseguradoras".

Na década de 1950, os prejuízos com catástrofes naturais foram de mais ou menos US$4 bilhões ao ano. No final do século, esse número subiu para US$ 40 bilhões ao ano. Em 2002, o prejuízo era de mais ou menos US$55 bilhões e, em 2003, chegou a US$60 bilhões.[4] O Programa das Nações Unidas para o Meio Ambiente estimou que esse valor seria de US$150 bilhões em 2010.[**] A maior companhia de seguros do mundo, Munich Reinsurance, disse que as perdas chegariam a US$300 bilhões ao ano em poucas décadas, e a maior

* De acordo com o site da Exame.com, esse valor chegou a US$222 bilhões em 2010.

companhia de seguros britânica disse que a mudança climática descontrolada pode levar a economia global à bancarrota por volta de 2065.[5] Muito antes dessa possibilidade se tornar real, os países avançados terão iniciado uma ação protetora. Hoje não é difícil criar casas ou edifícios de escritórios que resistam a ventos de mais de 250 quilômetros por hora, mesmo que tenham grandes paredes de vidro.

Tenho uma casa nova numa pequena ilha perto das Bermudas. A casa tem grandes paredes de vidro. Em 2005, ficamos muito apreensivos na ilha durante o furacão Fabian, um monstro da Categoria 5. Durante duas horas, houve ventos de mais de 200 quilômetros por hora, com rajadas ainda mais fortes. Os barcos menores voavam horizontalmente. Mas nada aconteceu com a casa.

Se o vento passar dos 300 quilômetros por hora, o vidro e os materiais de construção ficarão mais resistentes, mas isso não protegerá os bilhões de pessoas que vivem em barracos e em favelas.

NOVOS CONSUMIDORES DE ENERGIA

Hoje os Estados Unidos têm 4,5% da população mundial, mas gera 23% das emissões de dióxido de carbono. Lá, as emissões de dióxido de carbono por pessoa são as mais altas do mundo (com exceção de Cingapura) e mais da metade da eletricidade vem ainda hoje do carvão — o pior combustível quanto a emissões de CO_2. Os Estados Unidos geram 18 vezes mais dióxido de carbono por pessoa do que a Índia e 100 vezes mais do que a maior parte da África. Quando se calcula quanto dióxido de carbono o Terceiro Mundo produzirá ao se desenvolver, os números são alarmantes. Cingapura é um dos exemplos mais impressionantes de um país passando da pobreza à prosperidade: em três décadas, as emissões de dióxido de carbono passaram de uma tonelada métrica a 22 toneladas métricas por pessoa. O surto econômico da China poderia ser como o de Cingapura, mas a China tem como prosperar com muito menos emissões de carbono. Espera-se que a China lidere o mundo ao viabilizar estilos de vida afluentes com baixas emissões de carbono.

A China tem planos para construir 600 estações de energia movidas a carvão num futuro próximo. O país repousa sobre uma parcela desproporcionalmente grande do carvão mundial, um carvão excepcionalmente sujo. Há muitas maneiras socialmente atraentes de mudar isso. A China pode destruir o planeta, mas pode também mostrar ao mundo como construir riqueza sem destruí-lo.

Até pouco tempo, a maior parte das emissões de dióxido de carbono vinha de cerca de um bilhão de pessoas do mundo avançado. Logo haverá 6 bilhões de pessoas no mundo em desenvolvimento. O bem-estar futuro de todos depende da ajuda às nações em desenvolvimento para que entrem o mais depressa possível na era da energia limpa e da ecoafluência. Se a China sair na frente, o que pode muito bem fazer, criará um maciço mercado de exportação.

CONVERSA SÉRIA

O ano do acordo de Kyoto, 1997, será lembrado como o momento em que muitas nações do mundo começaram a enfrentar o problema do aquecimento global. O acordo convocou os países industriais para reduzir suas emissões de gases à base de carbono em 5,2% abaixo dos níveis de 1990, até 2012. O acordo de Kyoto dizia que não entraria em vigor antes de ser ratificado pelas 55 nações que eram conjuntamente responsáveis por 55% das emissões mundiais de carbono. Sete anos depois, isso não tinha acontecido: 116 nações assinaram o acordo, mas não os Estados Unidos. A assinatura da Rússia transformou Kyoto em realidade.

Houve palavras fortes sobre o acordo de Kyoto, mas o acordo em si não era forte. As reduções de Kyoto seriam totalmente inadequadas. São necessárias reduções muito maiores. Hoje, o acordo de Kyoto parece mais uma tentativa cosmética de esconder o desconforto político pelo aquecimento global do que uma tentativa séria de evitar danos climáticos.

A gravidade da situação foi enunciada no "relatório Stern" sobre Economia das Mudanças Climáticas, produzido pelo governo britânico em 2006. Esse relatório maciço é baseado na ciência do clima e em modelos computadorizados de todo o planeta. Define a escolha com que se defrontam as nações desenvolvidas: ou a economia mundial gasta agora 1% do Produto Interno Bruto (PIB) em fontes de energia verde e tecnologias ambientais, ou terá que gastar 20 vezes mais no futuro.

Sir Nicholas Stern explica de um jeito simples: "O *business-as-usual* vai descarrilar o crescimento". Podemos ser verdes e crescer; mas, se não formos verdes, o crescimento será reduzido. Alertou que o caos climático pode causar a maior queda econômica desde a Grande Depressão e que as nações mais pobres sofrerão mais. Analistas de seguros que forneceram dados para o relatório Stern disseram que os pedidos de seguro podem exceder o PIB mundial.

O relatório Stern traz uma mensagem crucial: quanto mais cedo se começar a agir, menores serão os custos. Essa mensagem se aplica a outros megaproblemas do século XXI: se não forem enfrentados logo, as consequências serão imensas. O que fizermos nos próximos 10 ou 20 anos terá consequências profundas na segunda metade do século. Tomar agora as medidas corretas terá um efeito enorme sobre a vida dos nossos filhos.

Nos Estados Unidos, há uma notável oposição do governo a medidas mais fortes com relação ao aquecimento global. Pouco antes da publicação do relatório Stern, o senador James Inhofe, então *chairman* do Comitê do Meio Ambiente e Obras Públicas do Senado (e hoje um membro de destaque) afirmou que o "aquecimento global é a maior peça já pregada no povo norte-americano" e o comparou às mentiras dos nazistas durante o Holocausto.

ESTÁVEL ATÉ CERTO PONTO

Aceita-se normalmente que o aquecimento global será um processo lento e gradual, mas certas mudanças climáticas do passado já ocorreram com rapidez catastrófica. Complicados modelos de supercomputadores foram criados para simular o clima da Terra, como por exemplo no Centro Hadley de Proteção e Pesquisa Climática, na Grã-Bretanha.[6] Esses modelos mostram que o clima é muito mais vulnerável às atividades humanas do que se pensa, e que a mudança se dará por meio de grandes oscilações e não de passagens graduais de um estágio a outro.[7]

Um processo complexo é estável até certo ponto. Quando um leve empurrão o tira do estado de equilíbrio, ele volta a esse estado, mas quando o empurrão é muito forte, sua estabilidade desaba. Isso é chamado de metaestabilidade — estável dentro uma certa escala de valores, mas instável quando levado além desses valores.

Uma ciclista descendo uma ladeira sem usar os freios é metaestável. Se você empurrar a bicicleta suavemente para fora do seu curso, ela vai balançar, mas a ciclista voltará a recuperar o controle. Você pode lhe dar um empurrão um pouco mais forte e ela ainda vai se recobrar. Mas se o empurrão for forte demais, ela vai cambalear e perder o controle, derrapar morro abaixo e se espatifar. Diversos fatores que afetam a mudança climática são assim. Podem ser perturbados até certo ponto e se recuperar se a fonte do dano for removida;

mas quando são perturbados além de um certo limite, ocorre uma transição importante. A preocupação com a Terra é a possibilidade de nossas atividades causarem uma transição importante e irreversível.

Os modelos dos cientistas mostram que Gaia é quase que certamente metaestável. Pode ser perturbada de diversas maneiras, mas volta à sua condição básica. Mas se for pressionada além do limite em que pode se recuperar, oscilará para uma condição fundamentalmente diferente. As forças de Gaia se mantêm em equilíbrio e regulam o planeta, dando-nos uma atmosfera respirável e as temperaturas confortáveis que conhecemos. Mas, se perturbarmos o equilíbrio, causaremos mudanças catastróficas. Não sabemos onde estão os limites. Não sabemos com que força temos que empurrar a ciclista para ela se espatifar.

PROCESSOS AUTOAMPLIFICANTES

Alguns tipos de interferência no controle dos mecanismos da Terra podem se tornar autoamplificantes. Podem alcançar um ponto além do qual o aquecimento global (ou algum outro dano) se torne pior. John McCain comenta que podemos tentar corrigir os danos, mas pergunta: "Vai ser tarde demais?"

Quando um efeito se torna autoamplificante, os engenheiros se referem a isso como "*feedback* positivo". A Terra pode alcançar um estado em que mecanismos de *feedback* a tornem automaticamente mais quente.

Nas regiões árticas, por exemplo, o gelo reflete normalmente a maior parte do calor do Sol para o espaço. Mas o aquecimento global está fazendo esse gelo derreter, de modo que boa parte dele não existirá mais em poucas décadas. Então, em vez de uma superfície reflexiva de gelo, haverá mar e terra, que absorvem o calor do Sol porque são mais escuros. Assim, o planeta ficará mais quente e isso fará com que o gelo derreta mais depressa. Boa parte do *permafrost* contém metano. Os gases de estufa feitos pelo homem fazem o *permafrost* derreter e liberar o metano. Mas o próprio metano é um gás de estufa muito poderoso: quando é liberado, faz com que a estufa fique mais quente, tornando o derretimento ainda pior.

Um mecanismo de *feedback* diferente acontece nas florestas tropicais, que desempenham um importante papel ao absorver o dióxido de carbono da atmosfera e liberar oxigênio, atuando como pulmões do planeta. Se o aquecimento global deixar a temperatura das florestas 4 graus Celsius mais alta do que hoje, elas começarão a morrer. Quando morrem, emitem dióxido de carbono em vez de absorvê-lo, o que acelera o aquecimento global. Uma floresta Amazônica semimorta emitirá uma enorme quantidade de dióxido de carbono. Modelos computadorizados indicam que isso acontecerá antes do meio do século se continuarmos agindo como agora. As áreas com árvores começando a apodrecer já estão crescendo. Para piorar as coisas, estamos desmatando em grande escala as florestas tropicais. O diretor-geral do Programa de Meio Ambiente da ONU afirmou sombriamente que seria necessário um milagre para salvar as florestas tropicais que sobraram no mundo.

Esses são exemplos de *feedback* positivo: processos autoperpetuantes que tornam a Terra cada vez mais quente. Há muitos exemplos de *feedback* positivo.

A Groenlândia é maior do que o México e recoberta por uma camada de gelo com mais de 3 mil metros de espessura. Modelos desenvolvidos por cientistas demonstraram que essa cobertura é um bloco sólido de gelo que levaria mil anos para derreter, mas novas evidências reveladas por satélites contradizem isso.

Fomos filmar de cima a cobertura de gelo da Groenlândia e ficamos atônitos ao descobrir grandes lagos de água verde pálida. O gelo ia pingando até a água formar pequenos córregos, que se juntavam formando cursos d'água maiores, até que no fim uma torrente estrondeante despencava verticalmente pelas fendas da geleira. No fundo da maciça capa de gelo, tinham se formado rios sob o gelo. Segundo James Hansen, que cria modelos climáticos para a NASA, quando o lençol de gelo começa a se desintegrar, pode atingir um ponto de virada além do qual o derretimento é explosivamente rápido. Ele e outros cientistas do clima dão muitos exemplos de processos que atingem um ponto de virada.

Michael McElroy diz no livro *The Atmospheric Environment: Effects of Human Activity* que "mudanças climáticas" podem resultar do aquecimento global.[8] Hoje, nos trópicos, há três ciclos em que se formam enormes colunas de ar carregado de umidade — no Sudeste da Ásia, no Brasil e na África. Quando atinge grandes altitudes, que são mais frias, esse ar libera chuvas e então desce sobre o oceano, recomeçando o ciclo. O modelo do Centro Hardley sugere que, com o aquecimento da atmosfera, as três colunas de ar podem se juntar numa enorme coluna. Isso causaria chuvas intensas e enormes inundações numa área perto da Indonésia, e secas severas em muitas outras áreas.

Uma mudança climática sairia cara para os Estados Unidos, mas seria desastrosa para os países mais pobres do mundo. Uma grande parte da África perderia muito de sua capacidade agrícola.

Embora os comentadores falem de um ponto de virada, além do qual o aquecimento global se torna um processo descontrolado que não podemos deter, há na verdade múltiplos pontos de virada. Se ultrapassarmos um deles, temos que nos empenhar seriamente para não ultrapassar os outros.

A existência de pontos de virada enfatiza a visão do relatório Stern de que é preciso começar a agir agora, não nos próximos 10 ou 20 anos. Quando ultrapassamos um ponto de virada, os danos são irreversíveis.

O TRANSPORTADOR OCEÂNICO

Há mil vezes mais calor no oceano do que na atmosfera. Uma corrente oceânica, chamada de Transportador Oceânico, circula lentamente em torno do globo, transportando calor. É como uma enorme esteira transportadora levando calor pelo mundo, elevando-se em algumas regiões e afundando em outras. É muito lenta, comparada à circulação da atmosfera. O Transportador Oceânico é como um regulador gigante, que torna o clima da Terra relativamente estável. Mas o Transportador Oceânico tem um calcanhar de aquiles.

O Transportador Oceânico segue para o norte subindo pelo Atlântico a partir do Equador e se transforma na Corrente do Golfo, que torna o país das Bermudas incrivelmente quente para sua latitude. A Corrente do Golfo desloca tanta água quanto cem rios Amazonas. Ao encontrar a massa de terra do nordeste dos Estados Unidos, desvia-se abruptamente para o leste com muita turbulência. Atravessa então o Atlântico Norte em direção à Grã-Bretanha. Com esse transporte de calor, a temperatura da Grã-Bretanha e da Europa Ocidental é de 5 a 10 graus Celsius mais alta do que seria sem ele.

A Corrente do Golfo é metaestável. As Terras Médias da Inglaterra estão na mesma latitude do Labrador, mas lá não há gelo nem trenós puxados por cães. Mas a Groenlândia é um país enorme que começou a derreter vigorosamente. A água doce flutua sobre a água salgada. Se muita água doce se juntar ao Transportador Oceânico, sua superfície ficaria fria. O grande volume de água salgada afundaria e seguiria lentamente para o Atlântico Sul. O Transportador Oceânico é muito robusto, exceto no Atlântico Norte, onde o derretimento do gelo pode mudá-lo.

A história do Transportador no Atlântico Norte pode ser recontada a partir de sedimentos do mar profundo e a partir de amostras cilíndricas tiradas do gelo. Elas mostram que, várias vezes no passado, a Corrente do Golfo foi substituída por uma corrente gelada. No clima luxuriante da Irlanda, a maior parte das plantas morreu. O gelo se espalhou pela Inglaterra e pela Europa Ocidental. A Escandinávia virou tundra. As telas do pintor Pieter Bruegel, do século XVI, mostram paisagens congeladas, e mestres holandeses pintaram gente elegante patinando no gelo dos canais holandeses. Uma rápida mudança na circulação oceânica ocorreu há 8.200 anos, provocando um súbito período de resfriamento extremo que extinguiu os mamutes peludos, enquanto a seca se espalhava pelo Oeste norte-americano e pela África.

A possibilidade de uma disrupção do Transportador Global no Atlântico Norte está sendo estudada no Instituto Oceanográfico Woods Hole, em Massachusetts, que emprega mais de mil cientistas. Esses cientistas estão espalhando um grande número de sensores robóticos no oceano e no gelo que está derretendo.[9] Os modelos de mudança climática não mostram exatamente o que vai acontecer e quando. Os cientistas de Woods Hole não sabem quando a corrente do Atlântico Norte "sofrerá uma mudança crítica nem quais serão exatamente as consequências". Um ex-diretor do Instituto, Robert Gagosian, diz que essa mudança não será como um reostato, mas como um interruptor elétrico — ligado ou desligado. Nos acontecimentos do passado, a disrupção da corrente ocorria em apenas 10 anos. Há 8.000 anos, o Transportador ficou sob a superfície em três anos.[10] Os modelos indicam que, caso isso ocorra no século XXI, levaria mais tempo, mas que há um ponto de virada além do qual eventos de consequências momentosas acontecem rapidamente.

Estamos brincando com um sistema de forças portentosas.

PRIMEIRO A CATÁSTROFE

A possibilidade de mudança climática representa o que o escritor científico Ross Gelbspan descreve como uma titânica colisão de interesses que põe a capacidade do planeta para suportar nosso estilo de vida contra a lucratividade do petróleo e do carvão, duas das maiores iniciativas comerciais da história. Gelbspan acredita que as indústrias de petróleo e carvão têm recrutado cientistas questionáveis para prejudicar a credibilidade dos cientistas do clima criando uma falsa ciência, assim como a indústria do tabaco encontrou falsos cientistas para "provar" que a nicotina não cria dependência.[11] Argumenta que o estudo do aquecimento global se tornou tão robusto e seu impacto tão visível que a falsificação da ciência motivada pelos lucros constitui "um crime evidente contra a humanidade".[12]

Como em toda parte, a certeza de lucros a curto prazo sobrepuja a incerteza de prejuízos a longo prazo.

Como no caso dos outros megaproblemas do século XXI, pode ser que seja preciso ocorrer uma catástrofe antes que a humanidade tome medidas adequadas. Mas, ao contrário de outras catástrofes, esta pode se esgueirar lentamente, deixando margem para discussão até que seja tarde demais. Os cientistas, com sua vasta instrumentação, podem captar um aviso de que o Transportador Oceânico está começando a mudar de posição no Atlântico Norte, mas será tarde demais para detê-lo. Quando o Transportador Oceânico começar a mudar, o enorme *momentum* das forças em ação não será facilmente revertido.

Estamos dirigindo em alta velocidade à beira de um desfiladeiro, e aceleramos cada vez mais. Se pudessem ver o desfiladeiro, as pessoas exigiriam medidas, mas o desfiladeiro não é visível. Problemas ecológicos como um lago ficando verde e mal-cheiroso são visíveis, mas o avanço em direção ao ponto de ruptura do Transportador Oceânico não é: assim, confortavelmente, os políticos nada fazem. De um jeito ou de outro, precisamos de lideranças no governo que convençam o público de que a ação é necessária antes que o *momentum* em direção à catástrofe seja grande demais. O relatório Stern deixou clara a situação.

O Departamento de Defesa dos Estados Unidos encomendou um estudo sobre as consequências de uma mudança no Transportador Oceânico. Foram produzidos três cenários. No pior deles, a temperatura da Grã-Bretanha e da Holanda fica tão fria que muita gente vai embora. Grande parte da Suécia se transforma em tundra. A Riviera fica como a costa do Maine. Enquanto a Europa Ocidental fica gelada, a África fica mais quente e o índice pluviométrico decresce. Muitas partes do mundo sofrem secas severas. Há migrações em massa e guerras provocadas por falta de água e alimentos. A despeito desse cenário, o governo norte-americano não tomou qualquer providência.

UMA NOVA ERA DE ENERGIA

As emissões de carbono podem ser reduzidas de várias formas. Podem ser introduzidos métodos de economia de energia. As emissões de carbono das usinas de petróleo e carvão podem ser capturadas e armazenadas ("sequestradas"). Podem ser introduzidas formas de energia não carbônica.

Um dos principais culpados pelo aumento de gases de estufa na atmosfera é o automóvel. Esse problema pode ser minimizado de duas maneiras. Uma delas é redesenhar o automóvel a petróleo, de modo que use menos petróleo e produza menos gases de escapamento. Muito mais eficaz é mudar do petróleo para o combustível baseado em hidrogênio, que não gera dióxido de carbono. Carros-conceito usando essas duas abordagens estão sendo testados e indicam que está para acontecer uma grande mudança na indústria de automóveis. Como deixa claro o relatório Stern, essa mudança precisa acontecer o mais cedo possível.

Depois do choque do petróleo dos anos 1970, os carros norte-americanos foram redesenhados para maior eficiência de combustível. Entre 1973 e 1986, o carro médio fabricado nos Estados Unidos reduziu pela metade o consumo de petróleo: de 5,5 para 11 quilômetros por litro. Então, o preço do petróleo caiu e a eficiência de combustível deixou de ser um incentivo de vendas significativo. Os utilitários esportivos com alto consumo de combustível se tornaram lucrativos. Os comediantes diziam que quanto menor a mulher, maior era o caminhão que ela dirigia.

Em 2003, a Toyota começou a vender carros híbridos, que combinavam um motor a gasolina com *electric drive*. Quando você pisa no freio, o carro perde *momentum*. É uma perda de energia, mas muito dessa energia pode ser aproveitada permitindo que o *momentum* do carro carregue uma bateria. A bateria devolve a energia quando você volta a acelerar. Esse efeito regulador economiza gasolina, especialmente no trânsito da cidade. Um Toyota híbrido chegava a fazer cerca de 50 quilômetros por litro, dependendo das condições, mas outros carros híbridos eram menos eficientes. O motor híbrido Toyota também é usado nos carros Nissan. A bateria dos futuros carros híbridos poderá ser carregada numa tomada comum e o carro rodará com eletricidade em vez de petróleo enquanto durar a carga, tornando-se depois um híbrido normal. Se a maior parte dos percursos forem curtos, ele vai usar muito pouco petróleo.

Ocorrerá uma mudança revolucionária quando fontes alternativas de energia ficarem mais baratas do que o petróleo. Isso será o resultado de tecnologia melhor, produção em massa e marketing. Ainda mais importante, temos que nos livrar dos enormes subsídios governamentais para o petróleo e o carvão. Há subsídios maciços todos os anos tanto para a exploração de petróleo quanto para apoiar a indústria do carvão. O governo norte-americano gasta bilhões de dólares dos contribuintes para defender militarmente o acesso ao petróleo no Oriente Médio. O verdadeiro custo dos combustíveis carbônicos inclui o custo da poluição, da proteção militar às instalações de petróleo e do dano causado por tempestades anormais, relacionadas ao aquecimento global. As despesas médicas com doenças relacionadas ao carvão e o prejuízo dos dias não trabalhados são enormes. Incluindo esse custo na contabilidade, a energia produzida por geradores de vento e painéis solares poderá ser mais barata do que a energia do carvão e do petróleo. Quando isso acontecer, haverá produção em massa de fontes alternativas de energia, o que baixará substancialmente seus custos.

O etanol, produzido pela agricultura, é uma alternativa ao petróleo que não requer uma mudança importante no *design* dos automóveis. O Brasil e outros países cultivam biomassa com o propósito de extrair etanol como combustível. O combustível de biomassa é uma das importantes opções do futuro. Mas se o etanol se tornar o maior substituto para o petróleo, grandes áreas florestais — por exemplo no Brasil — serão derrubadas. Haverá menos florestas para absorver o dióxido de carbono. E o desflorestamento já é responsável por mais gases de estufa do que o setor dos transportes.

CÉLULAS DE COMBUSTÍVEL

Uma tecnologia essencial para o nosso futuro é a célula de combustível.

Uma célula de combustível é semelhante a uma bateria à medida que produz eletricidade usando reagentes químicos, mas não se esgota como uma bateria porque os reagentes são fornecidos continuamente. O reagente básico é o hidrogênio. Hoje, as células de combustível são caras. Elas serão melhoradas, depois produzidas em massa, e ficarão mais baratas. O combustível que usam será convenientemente acondicionado e de fácil acesso. Serão usadas nos carros e nas casas. As células de combustível podem se tornar populares para o lar antes de serem comuns nos automóveis.

As células de combustível para carros serão mais leves do que uma bateria da mesma capacidade. Uma bateria produz cerca de 1% da energia que o mesmo peso de hidrogênio produz. O peso é importante porque um carro elétrico gasta muita energia só para transportar a bateria. Não pode ir muito longe e nem muito depressa porque senão seria necessária uma bateria muito pesada. Foram construídos protótipos de carros com célula de combustível que percorreram mais de mil quilômetros sem reabastecer.

As células de combustível moverão máquinas de todos os tamanhos, das pequenas às muito grandes. As aplicações militares são inúmeras, dos óculos para visão noturna aos submarinos. Funcionam com rendimento bem maior do que o obtido até mesmo nos maiores motores e usinas que queimam combustível.

Para gerar eletricidade a partir do hidrogênio, a célula de combustível emprega um catalisador para induzir o hidrogênio a se separar em prótons e elétrons. Numa célula de combustível comum, um campo elétrico faz com que os prótons (que têm carga positiva) atravessem uma fina membrana, enquanto os elétrons (que têm carga negativa) são atraídos na direção oposta. Depois de atravessar a membrana, os prótons se juntam às moléculas de oxigênio do ar para formar água. Os elétrons são canalizados numa corrente elétrica, que é a saída de energia. Como uma bateria, a célula de combustível não tem partes mecânicas móveis.

Uma corrente elétrica que passa através da água pode separá-la em hidrogênio e oxigênio: uma célula de combustível faz o oposto. O hidrogênio e o oxigênio se juntam para formar água e eletricidade. No futuro, os motores de combustão interna, com suas explosões constantes, parecerão muito toscos. Uma célula de combustível não causa explosões nem gera alta pressão. É simples e silenciosa.

Embora sejam simples em princípio, as células de combustível têm sido difíceis de desenvolver. As reações químicas não ocorrem prontamente a menos que se use materiais especiais para o canalizador e a membrana. O avanço depende desses materiais se tornarem confiáveis e baratos.

Pode ser que os carros acabem sendo movidos por cartuchos recarregáveis que gerem hidrogênio. O hidrogênio é um dos átomos mais abundantes do universo. Dois dos três átomos que formam a molécula de água são hidrogênio. O combustível de hidrogênio será produzido pela eletrólise da água. Mas é preciso muita energia para separar o hidrogênio e o oxigênio na molécula de água.

A eletrólise da água pode ser feita usando carvão ou petróleo como fonte de energia, mas isso frustra o propósito, já que gera gases de estufa. O hidrogênio pode ser produzido por geradores solares ou eólicos. Quando a potência útil de um grande gerador eólico não tiver para onde ir, pode carregar cartuchos de hidrogênio. O hidrogênio pode ser extraído de muitas outras maneiras ambientalmente benignas. Pode ser extraído do gás metanol, que vem da decomposição de materiais orgânicos. Depois disso, faltaria pouco para extrair hidrogênio diretamente das culturas de biomassa. Alguns inventores têm esquemas para produzir grandes quantidades de hidrogênio organicamente.

Quando a economia do hidrogênio amadurecer, a sociedade gerará poucos gases de estufa.

ECOCARROS

Cerca de 70% do petróleo usado nos Estados Unidos vai para os veículos. Mas é possível projetar veículos que usem uma fração dessa energia. Os carros do futuro serão ecologicamente amigáveis — ecocarros.

Os carros podem ser muito mais leves. A pesada carroceria de aço dos carros de hoje pode ser substituída por uma carroceria leve, feita de fibras compostas. Esse material será manufaturado a custo menor e absorverá muito mais a energia de choque, deixando os ocupantes menos vulneráveis num acidente.

Em vez de um pesado motor central, esses carros mais leves podem ter um motor elétrico em cada roda. Com isso, não haverá eixos, nem transmissão, nem caixa de câmbio, nem diferencial, nem motor de arranque, nem alternador. É o fim das peças pesadas com manutenção cara.

Aerodinamicamente o carro poderia ficar duas ou três vezes mais deslizante, para se mover "menos como um tanque e mais como um avião."[13] Isso permitiria um novo design dos pneus, de modo a reduzir a perda de energia no contato da borracha com a estrada. À medida que o carro fica mais leve e aerodinâmico, a economia em peso aumenta como bola de neve: os componentes ficam menores e alguns podem ser omitidos — como direção e freios hidráulicos.

Carros-conceito mais leves, construídos com essa tecnologia, são mais espaçosos que os carros de hoje. Podem ser mais atraentes e mais confortáveis para dirigir do que os carros atuais. São de manutenção relativamente barata. À medida que o carro fica mais leve, com menos resistência aerodinâmica, menos energia é necessária para dirigi-lo. E pode prescindir do petróleo.

Os atuais sistemas híbridos de propulsão podem ser substituídos por híbridos de segunda geração, em que a propulsão primária é elétrica e tem um motor a gasolina de apoio. O dono porá o carro para carregar em qualquer tomada e só usará petróleo em viagens longas. Uma terceira geração híbrida pode substituir o motor a gasolina por um motor a hidrogênio ou uma célula de combustível que acione diretamente os motores elétricos das rodas.

Pode ser que as células de combustível sejam caras no começo, mas seu custo vai baixar quando forem produzidas em massa e com design melhor. A membrana e o catalisador da célula de combustível serão melhorados.

No caso do hidrogênio ser usado como combustível, a última coisa que alguém vai querer é arrastar por aí um cilindro de hidrogênio. Muita pesquisa está sendo feita para se descobrir a melhor maneira de acondicionar uma grande quantidade de hidrogênio num pequeno cartucho recarregável. Há muitas opções. Talvez possamos abastecer o carro com cartuchos recarregáveis em qualquer supermercado. Para incentivar a compra do carro com célula de combustível, é possível que o refil do cartucho possa ser comprado pela Internet. Pode ser também que os cartuchos de célula de combustível sejam usados tanto no carro quanto em casa. As empresas automobilísticas japonesas testaram metal híbrido para estocar oxigênio. Alguns laboratórios usaram nanotubos de carbono. Haverá muita competição pela melhor maneira de fornecer combustível para células de combustível. O hidrogênio poderá ser extraído da gasolina no posto, de modo a deixar o carro mais leve e mais eficiente.

Com as descobertas recentes em tecnologia de célula de combustível, a economia do hidrogênio parece prática. As células de combustível ajudarão a substituir os motores a gasolina. Os postos de gasolina vão lutar pela vida mas, mais cedo ou mais tarde, farão parte de um passado romântico.

Os Estados Unidos importam mais de um bilhão de dólares em petróleo por semana, o que tem um importante impacto sobre a economia. Seria melhor investir esse dinheiro na economia do hidrogênio. Os Estados Unidos precisam ser autossuficientes em energia e não reféns do Oriente Médio. Mas subsídios ridiculamente grandes apoiam as indústrias de petróleo e de carros movidos a gasolina.

ENERGIA SOLAR

No Tibete, muitas casas usam refletores solares parabólicos feitos em casa, com 1,5 metro de largura e forrados com papel prateado usado para embrulhar chocolate. Eles focalizam a luz do Sol sobre um grande caldeirão ou chaleira de ferro, que fica quente o dia inteiro.

Ouvimos dizer muitas vezes que a energia solar pode fornecer apenas uma pequena parte das necessidades energéticas de uma nação industrial, mas uma enorme quantidade de energia solar atinge a Terra e só a usamos na agricultura. A quantidade de energia solar que atinge os Estados Unidos é vários milhares de vezes maior do que toda a eletricidade gerada por todas as usinas de energia do país.

O livro *Solar Living Source Book* apresenta produtos relacionados à energia solar que você pode comprar hoje. Um dos melhores para gerar eletricidade da luz solar é o painel fotovoltaico AstroPower, de 120 watts. O editor técnico do *Source Book* calculou quanta eletricidade seria gerada por grandes conjuntos desses painéis. E concluiu que seria possível gerar toda a eletricidade usada no país cobrindo a Base Aérea de Nellis e a área em volta, ocupada pelo Campo de Testes e Treinamento de Nevada, com painéis AstroPower.[14] Os painéis têm garantia de 20 anos do fabricante.

Fundamentando suas conclusões em desempenho real já medido, ele descobriu que um painel AstroPower produz em geral 107 watts. Ele calculou a pequena perda da conversão da saída CC em CA. Os painéis teriam bases fixas, voltadas para o Sul, em ângulo de inclinação de 38 graus e com acesso para manutenção. Isso permite 1.858.560 painéis a cada milha quadrada. Registros de 1961 para cá mostram que essa área de Nevada tem em média 6,1 horas de luz do Sol por dia. A milha quadrada produziria 425 milhões de quilowatts-hora de eletricidade por ano. Uma área de 100 milhas quadradas geraria tanta eletricidade quanto todas as usinas elétricas dos Estados Unidos. A Base Aérea de Nellis e sua área de testes tem quase duas vezes essa área. Ela poderia gerar cerca de duas vezes a eletricidade de que os Estados Unidos precisam.

Ninguém está dizendo que é essa a solução, mas isso dá uma ideia da quantidade de luz solar disponível. Hoje, os painéis solares são pequenos, projetados para caber num telhado comum. Para cada pessoa empregada na fabricação desses pequenos painéis, mais quatro são necessárias para a instalação e a manutenção. Mas, se os painéis solares forem projetados para cobrir grandes áreas, serão muito mais baratos e eficientes. O uso de tais painéis na geração de energia solar está sendo estudado na China, onde não precisa competir com os subsídios para a indústria petrolífera.

A eletricidade gerada a partir de sistemas de energia solar pode ficar mais barata do que a eletricidade gerada a partir do petróleo. Ultrapassado esse ponto de ruptura, os painéis solares serão produzidos em massa e seu custo ficará muito mais baixo.

Uma casa pode usar painéis solares no telhado para aquecer a água da piscina e ao mesmo tempo gerar eletricidade. Pequenos geradores eólicos como os dos barcos podem ser usados em casa para aquecer água ou gerar hidrogênio por eletrólise. Nas cidades, os arranha-céus terão paredes de vidro voltadas para o sol, feitas de material fotovoltaico que permite que as janelas gerem eletricidade, deixando ao mesmo tempo o calor entrar.

VENTO

Na década de 1980, pouca gente levava a sério os moinhos de vento. Algumas poucas fazendas de vento foram construídas porque foi oferecido um incentivo fiscal. Em 1991, o Departamento de Energia dos Estados Unidos fez um inventário da energia eólica no país. Ele revelou que três Estados — Dakota do Norte, Kansas e Texas — tinham energia eólica suficiente para satisfazer todas as necessidades de eletricidade do país. Naquela época, os geradores de vento produziam 300 quilowatts. Hoje, os maiores geram 5.000 quilowatts. Quanto mais altas as torres e mais longas as lâminas, mais vento o gerador captura. A questão é: há uma enorme quantidade de energia eólica. Dado os perigos da mudança climática, deveríamos pô-la em uso.

A torre pode ficar nas terras de um agricultor, que cultivaria a terra sob as lâminas, além de ganhar dinheiro com a energia gerada. Originalmente, o vento custava cerca de 40 centavos de dólar por quilowatt/hora. Hoje, nas fazendas de vento com nova tecnologia em locais de muito vento, o custo é de uns 3 centavos de dólar por quilowatt/hora. O custo varia porque o vento varia mas, numa boa localização, a energia do vento é mais barata do que a energia do carvão ou do petróleo. Uma história antivento diz que os geradores de vento matam pássaros, mas os geradores modernos têm lâminas muito grandes que se movem tão lentamente que os pássaros conseguem evitá-las.

Grandes geradores de vento podem ter uma vida útil muito longa. Um custo significativo é a torre mas, uma vez construída, dura para sempre. As lâminas duram muitos anos. Alguns componentes do gerador se desgastam, mas são projetados para fácil reposição. O custo inicial é alto: o custo da manutenção é baixo.

Estão em andamento alguns grandes projetos de vento. A companhia Winergy Power pretende gerar 9.000 megawatts por meio de uma rede de fazendas de vento que se estendem ao longo da costa atlântica. Hoje, a Alemanha gera 16.000 megawatts — o equivalente a 12 usinas grandes. Uma empresa de consultoria europeia calculou que, por volta de 2020, a Europa poderá tirar toda a sua eletricidade residencial do vento se os governos se empenharem em desenvolver recursos para usar os ventos que sopram do mar, especialmente do Mar do Norte.[15] Em Schleswig-Holstein, o Estado mais ao norte da Alemanha, um terço da eletricidade vem do vento.

Os painéis solares funcionam só quando o Sol brilha e os geradores eólicos trabalham apenas quando sopra o vento. A energia gerada precisa ser acumulada de algum modo. Os painéis solares ou os geradores eólicos poderiam carregar baterias ou gerar calor para uso posterior. E, principalmente, poderiam gerar hidrogênio a partir da água e carregar os cartuchos usados em células de combustível. É possível que os fazendeiros do futuro possam vender hidrogênio, além de alimentos.

A principal objeção aos geradores eólicos vem dos ricos que não gostam da sua aparência.

MEGAWATTS E NEGAWATTS

As empresas de energia obedecem a regras que determinam seu lucro. Em geral, quanto mais eletricidade vendem, mais dinheiro ganham. Devido à fórmula reguladora, elas têm planos de construir grandes usinas de energia. Embora esta seja uma época em que é vital diminuir as emissões-estufa, muitas empresas de energia são motivadas a fazer o oposto.

Na Califórnia, a autoridade reguladora de energia é mais esclarecida do que muitas. Calculou que era bem mais barato economizar megawatts do que criar novos megawatts. Se cada casa de família da Califórnia substituísse quatro lâmpadas incandescentes (média de 100 watts) por lâmpadas fluorescentes (média de 27 watts), acesas durante 5 horas ao dia, a economia seria de 22 milhões de kilowatts-hora por dia — o suficiente para fechar 17 usinas de energia.

Mais eficientes ainda são os novos diodos emissores de luz branca (WLEDs) que nos permitem ver à noite. Se cada casa da Califórnia substituísse um chuveiro tradicional por um chuveiro poupador de energia, mais 15 usinas poderiam ser fechadas. Se em cada casa fosse instalado um aquecedor de água com energia solar, outras 67 usinas seriam fechadas.[16] Se o Estado custeasse as lâmpadas, chuveiros e painéis solares, isso seria mais barato do que construir uma nova usina. Uma quantidade extraordinária de energia poderia ser economizada em todo o Primeiro Mundo. E agora é o momento de fazer isso.

As comissões de serviços de utilidade pública da Califórnia inventaram o termo "negawatts" (watts negativos) para se referir à eletricidade poupada. Há muitas maneiras de economizar eletricidade. Um esquema de economia comum pode custar 1 centavo de dólar por quilowatt/hora poupado, enquanto construir e operar uma nova usina pode custar 10 centavos por quilowatt/hora. Em geral, custa muito menos satisfazer a demanda economizando eletricidade do que construindo novas usinas.

Essas comissões se dispuseram a reformar os processos regulatórios procurando maneiras de compensar as empresas de energia por baixar o consumo de eletricidade, em vez de aumentá-lo. Uma era de desperdício descontrolado de energia poderia evoluir para uma era de economia de energia. Isso foi chamado de "revolução negawatt". A comissão elaborou fórmulas que permitem às empresas de serviços públicos reter como lucro extra parte do que economizaram para os consumidores.

Os refrigeradores domésticos variam muito em eficiência energética. Os melhores são oito vezes mais eficientes do que os piores. Não há correlação entre economia de energia e preço. No caso de outros eletrodomésticos, também não há correlação entre eficiência energética e preço. As companhias de energia elétrica tentaram dar um desconto (digamos, US$50) para consumidores que comprassem refrigeradores energeticamente eficientes, mas descobriram que era mais vantagem dar desconto aos varejistas que os vendiam. Com isso, os refrigeradores pouco eficientes desapareceram rapidamente das lojas. Ainda mais vantajoso foi oferecer o desconto aos fabricantes. O lucro do fabricante é pequeno, comparado ao preço de varejo. O desconto para os fabricantes aumenta diretamente seus lucros, de modo que pode ser menor. Descontos semelhantes podem ser eficazes no caso de muitos tipos de equipamentos industriais que desperdiçam recursos.

A Pacific Gas and Electric Company atende o norte da Califórnia e era a maior companhia de utilidade pública dos Estados Unidos, de propriedade de investidores. Por volta de 1980, ela planejava construir de 10 a 20 usinas nucleares ao longo do litoral do Estado. Então as regras do jogo mudaram. As usinas não foram construídas. Segundo cálculos recentes, cada dólar investido em eficiência elétrica nos Estados Unidos libera uma quantidade sete vezes maior de CO_2 do que um dólar investido em energia nuclear.

A companhia de energia decidiu satisfazer a demanda com negawatts e não com novas usinas. Declarou que pretendia satisfazer grande parte da demanda ou meio do uso mais eficiente de energia por parte dos consumidores. Esse foi o "melhor negócio". O "segundo melhor negócio" foi investir privadamente em recursos renováveis, como energia eólica ou hidráulica. As usinas a carvão e nucleares, antes vistas como as únicas opções práticas, passaram a ser consideradas tão caras e ambientalmente desfavoráveis que não fazia sentido continuar a construí-las.

As regulamentações na Califórnia demonstraram que criar incentivos à economia de energia, em vez de expandir constantemente o consumo, pode ter um efeito positivo muito grande.

ENERGIA NUCLEAR

Para grande parte do público hoje em dia, é ultrajante sugerir que a energia nuclear será uma parte substancial do suprimento de energia no futuro. Mas a tecnologia pode mudar rapidamente e às vezes precisa ser vista com um olhar novo.

Há sérias preocupações acerca da energia nuclear tradicional. As usinas de energia nuclear tradicionais têm potencialmente problemas muito sérios. Primeiro, algumas falhas podem ser muito perigosas. A realidade de Chernobyl foi muito pior do que pareceu naquela época. Segundo, é muito difícil descartar os resíduos radioativos. Desativar uma usina nuclear tradicional é muito caro. Terceiro, as instalações tradicionais de energia nuclear permitem que nações, ou terroristas, obtenham o combustível necessário para fazer bombas atômicas.

Grande parte da indústria de geração de energia pertence à iniciativa privada e tem que gerar lucros, mas a indústria de energia nuclear já se viu muitas vezes envolvida com armas nucleares. Em muitos países, ela é controlada pelo governo e caracterizada por prestações de contas escandalosamente falsas e informações enganosas. Uma amostra amplamente divulgada desse tipo de informação veio do presidente da Comissão de Energia Atômica dos Estados Unidos que afirmou, em 1954, que a eletricidade gerada por meios nucleares seria tão barata que nem daria para medir.[17] Cinco décadas depois, a eletricidade nuclear custava duas vezes mais do que a eletricidade gerada por meio do petróleo ou do carvão.[18]

Depois da crise do petróleo de 1973, quando os preços do petróleo quadruplicaram, o Presidente Nixon aprovou a construção de 1.000 reatores nucleares até o ano 2000 — parte de um programa chamado "Projeto Independência". Mas todas as instalações de energia nuclear encomendadas desde 1973 foram canceladas, e nenhuma nova encomenda foi feita depois de 1978. Muita gente acha que isso se deve ao acidente na Ilha Three Mile, mas esse acidente ocorreu em 1979. Na realidade, as prestadoras de serviços de energia não construíram mais usinas nucleares porque elas são muito caras, em parte por causa das novas leis ambientais e dos processos decorrentes.

Em 1988, o governo da Primeira-Ministra Margareth Thatcher decidiu privatizar a indústria de geração de eletricidade, incluindo a de energia nuclear. Os consultores do governo britânico tinham garantido a Thatcher que a indústria de energia nuclear seria operada lucrativamente. Mas, quando as corporações privadas fizeram as contas, concluíram que não havia como ter lucro. Numa tentativa desesperada de tornar lucrativa a energia nuclear, o governo britânico propôs a introdução de regras de contabilidade grosseiramente desonestas. Planejavam prolongar para 135 anos a vida contábil das usinas de energia nuclear: ou seja, elas teriam um tempo de depreciação insultuosamente longo.[19] Além disso, o governo se propunha a processar o lixo nuclear — uma operação muito cara — à custa dos contribuintes.[20] CEOs de outras companhias foram para a cadeia por causa de esquemas assim.

Em 1989, o governo britânico abandonou a tentativa de privatização da energia nuclear. Em 1994, calculou-se que a desativação de uma usina nuclear e a limpeza do local custaria mais de £8 bilhões (US$15 bilhões).[21]

A catástrofe de Chernobyl aconteceu em 1985 e seus verdadeiros efeitos foram escondidos pela URSS. Em janeiro de 1993, o Comitê Chernobyl do governo russo declarou que, entre os que participaram da limpeza do local, 7.000 morreram durante os sete anos que se seguiram ao desastre.[22] No Fórum Econômico Mundial de Davos, Leonid Kravchuk, presidente da Ucrânia, afirmou que 11 milhões de pessoas foram afetadas pelo acidente de Chernobyl, e que o acidente custou US$55 bilhões em despesas com cuidados médicos.[23]

ENERGIA NUCLEAR DE QUARTA GERAÇÃO

É vital entender que estamos na iminência de uma mudança fundamental na tecnologia da energia nuclear. As usinas nucleares existentes são de segunda geração. As que podem ser construídas atualmente são de quarta geração. Há uma enorme diferença entre a segunda geração de aviões da década de 1930 e um Boeing 777 atual. A segunda geração de usinas nucleares representa o estado da arte nos anos 1960 e 1970 — a tecnologia da Ilha Three Mile e de Chernobyl. As usinas nucleares de quarta geração foram reinventadas e projetadas para evitar os problemas da energia nuclear tradicional.

As usinas nucleares de quarta geração devem satisfazer quatro critérios:

1. Tem que ser tecnicamente impossível ocorrer uma reação em cadeia descontrolada. Nenhum acidente, falha ou descuido humano pode produzir radiação em massa. Sejam quais forem os erros que possam ser cometidos pelos operadores, a usina é inerentemente segura.
2. A indústria de energia nuclear deve estar inteiramente separada da indústria de armas nucleares. Deve ser impossível usar seu combustível para fabricar armas atômicas.
3. O combustível usado deve ser fácil de descartar e não pode deixar problemas radioativos para as gerações futuras. As grandes varetas radioativas de hoje, difíceis de descartar, não podem mais existir. Nenhuma quantidade de urânio pode ficar em contato com a atmosfera e o meio ambiente.
4. As usinas nucleares devem gerar eletricidade a custo mais baixo do que a energia do carvão ou do petróleo (considerados os quatro fatores, incluindo a eventual desativação da usina).

Esses quatro critérios devem ser considerados como uma definição da energia nuclear de quarta geração. É incrível mas, no intenso debate que se desenvolve hoje sobre energia nuclear, parece que quase nenhum político ouviu falar de energia nuclear de quarta geração. Há um mundo de diferenças. Em vários países estão sendo desenvolvidos projetos para reatores de quarta geração. Especialmente interessante é o reator "pebble-bed", em que o combustível de urânio fica totalmente encerrado num estojo esférico parecido com uma pequena esfera de rolamento com 0,75 milímetro de diâmetro. Essas esferas são ultrafortes e têm uma casca de quatro camadas que suporta pressões e temperaturas muito altas. Em seu ambiente, a esfera não pode ser esmagada, corroída ou fundida, de modo que não há como espalhar poeira de urânio.

Uma usina nuclear tradicional tem um domo de contenção de metal de mais de 3 metros de largura e 20 centímetros de espessura. Se algo der errado, todas as substâncias radioativas ficarão confinadas no interior do domo. De certa forma, o domo de contenção do reator pebble-bed é a casca de quatro camadas com 0,75 milímetro de diâmetro.

Quando ocorre a reação nuclear, os nêutrons atravessam a parede dessa casca. Um nêutron pode fazer com que um átomo de urânio se divida em dois átomos de menor peso atômico e ao fazer isso libera calor. A fissão libera dois ou três nêutrons que escapam através da casca e penetram em outras cascas. Há então uma reação em cadeia, mas o urânio está sempre contido dentro das cascas das esferas de rolamento.

Num reator pebble-bed, há cerca de 15.000 dessas esferas numa bola de combustível que parece uma bola de bilhar, embora ligeiramente maior — e que é chamada de *pebble* (seixo). Cada bola de bilhar gera cerca de 500 watts de calor (tanto quanto uma pequena chaleira elétrica) com o reator em pleno funcionamento.

A reação toda acontece num vaso subterrâneo, de aço pressurizado. No interior desse vaso há cerca de 300 mil bolas de bilhar, além de umas 130 mil bolas de bilhar de grafite que moderam a reação. O reator é continuamente reabastecido, com as novas bolas sendo postas por cima e as bolas gastas removidas por baixo. Cada bola passa através do reator cerca de dez vezes em sua vida útil. Esse reabastecimento contínuo elimina as longas pausas necessárias nos reatores tradicionais.

As bolas de combustível são usadas para aquecer o gás hélio que entra pelo topo do reator, passa entre elas e sai a 900 graus Celsius. Sua expansão térmica é transformada no movimento rotativo de uma turbina para gerar eletricidade e, reciclado, o gás volta para o gerador. A temperatura de saída é de 900 graus, muito mais do que o limite de 320 graus dos reatores tradicionais resfriados a água, permitindo maior eficiência geradora de eletricidade. O hélio é usado para movimentar a turbina e para a refrigeração, eliminando boa parte dos equipamentos e das despesas dos reatores nucleares convencionais.

Nas usinas de energia nuclear de hoje, o descarte das grandes varetas de combustível radioativo é um pesadelo. Num reator "pebble-bed", o urânio fica selado dentro da forte casca de carboneto de silício das esferas de rolamento. Não há como vazar para a área onde os dejetos são armazenados. As cascas são projetadas para durar um milhão de anos. Elas ficam dentro de um estojo parecido com uma bola de bilhar, que também tem quatro cascas que oferecem uma forte proteção. Depois de usadas, as bolas de bilhar são postas no interior de um bloco de material sólido, projetado para que não ocorra erosão.

O interior de uma usina nuclear tradicional é como um filme de ficção científica. Você se vê cercado por um maquinário maciço, vibrante e barulhento, que tem que ser quase todo especialmente construído a um alto custo. Quando falha, é em geral difícil de ser substituído. Um engenheiro sente que, ali, a engenharia está sendo forçada além do limite. As atuais usinas nucleares geram de 1.500 a 3.800 megawatts. Já um reator pebble-bed gera de 100 a 200 megawatts e é mais ou menos do tamanho de um contêiner de 12 metros: 100

megawatts é energia suficiente para uma pequena cidade. Uma usina maior pode ter múltiplos reatores desse tipo sendo operados a partir de uma sala de controle comum. Na indústria de energia, há uma tendência para substituir as usinas gigantes por unidades menores e bem distribuídas. Isso evita o custo de redes elétricas que cobrem grandes distâncias.

O reator pebble-bed foi projetado na África do Sul. Um pequeno protótipo foi construído em Pequim em 2004.[24] Em qualquer cenário de acidente imaginável, ele desliga. Isso foi demonstrado aos jornalistas num brilhante ato de publicidade. Com o reator em plena operação, as portas foram trancadas e disseram aos jornalistas que eles não podiam sair da sala. Os engenheiros tinham dito que o reator pebble-bed é "walk-away safe", ou seja, quando algo dá errado, a equipe de controle pode simplesmente ir embora. Sem nenhum aviso aos jornalistas, a equipe (com uniformes vermelhos) recebeu ordens para sair e as portas foram trancadas. Então, os demonstradores anunciaram à imprensa que estavam desligando o sistema de resfriamento.

Uma característica especialmente importante de um reator nuclear de quarta geração é ser à prova de derretimento. Em qualquer cenário de acidente possível, ele se desliga. Nervosos, os jornalistas viram os mostradores de temperatura do reator subindo rapidamente. Perto dos 1.600 graus Celsius, começou a cair sem qualquer intervenção humana. O reator esfriou sozinho porque as pequenas esferas de combustível são projetadas para reduzir a produção de nêutrons quando a temperatura sobe. Quando ficam mais quentes, os átomos de urânio se separam, diminuindo a probabilidade de um nêutron atingir o núcleo, e a reação em cadeia diminui. Quando o sistema de resfriamento falha numa usina nuclear convencional, as varetas de combustível superaquecem. Quando um reator nuclear convencional passa por uma emergência, os seres humanos têm que tomar decisões muito rápidas. Com o reator "pebble-bed", não é necessária qualquer intervenção humana para impedir uma crise.

É essencial que a energia nuclear do futuro seja totalmente isolada da possibilidade de produção de uma bomba atômica (ao contrário do que ocorreu no passado). O reator pebble-bed usa urânio que é 9% enriquecido (9% dos átomos de urânio são urânio 235 e 91% de urânio 238). Com esse combustível é impossível fazer uma bomba atômica, que exige urânio altamente enriquecido (ou plutônio). Uma indústria que produzisse e distribuísse esferas de combustível no mundo todo poderia ser totalmente separada da indústria que opera as novas usinas nucleares. Haveria um controle rígido sobre a produção e a distribuição das esferas. O uso extensivo de energia nuclear de quarta geração seria incomparavelmente mais seguro do que permitir que o público dirija automóveis.

POTENCIAL EM PAÍSES EM DESENVOLVIMENTO

Uma enorme quantidade de nova energia será necessária no mundo em desenvolvimento. Em nenhum outro lugar a nova energia é mais urgentemente necessária do que na China, cuja economia vai crescer rapidamente. Suas ferrovias não conseguem entregar carvão com a rapidez necessária para o funcionamento de usinas que exalam sujeira, e os apagões são frequentes. Como ressaltamos, é altamente desejável evitar os planos da China de usar energia de carvão a longo prazo, já que teriam um efeito devastador no clima do mundo. A China tem graves problemas médicos causados pela extrema poluição. Mesmo usando energia solar e eólica, sua economia em expansão exigirá ainda mais energia. O suprimento de petróleo e gás é baixo na China. Uma economia de hidrogênio com produção em massa de células de combustível pode funcionar, mas só se o hidrogênio não for criado a partir da queima de carvão.

Os cientistas chineses estimaram que, por volta de 2050, a China exigirá 300 mil megawatts de energia nuclear. Para gerar toda essa energia a baixo custo, é preciso um projeto de produção em massa padronizado. As usinas de energia nuclear do passado foram construídas uma a uma a um custo muito alto. O reator pebble-bed será reprojetado para produção em massa, com módulos fáceis de transportar e fáceis de construir. No futuro, os reatores modulares poderão ser produzidos em grande escala, como o Ford de Bigode.

Os reatores pebble-bed também podem produzir hidrogênio para células de combustível. Produzir hidrogênio a partir da água é mais eficaz a altas temperaturas do que a baixas temperaturas. A temperatura do gás num reator nuclear resfriado a gás é ideal. Assim, esses reatores podem ser projetados para produzir combustível para ecocarros e para células de combustível domésticas.

O custo da eletricidade gerada em usinas a carvão aumentará porque haverá a emissão de carbono e o sequestro de carbono é caro. A energia nuclear ficará mais barata do que o carvão em países livres de regulamentações como são as norte-americanas. A tecnologia pebble-bed será mais barata do que a energia nuclear convencional. Em muitos lugares, será mais barata do que a energia eólica e mais barata do que a energia solar (a menos que descobertas importantes ocorram). As esferas podem se tornar a principal forma de energia limpa dentro de 10 a 20 anos, com unidades produzidas em massa e transportadas cada uma em vários contêineres. A China pode se tornar o maior fornecedor de unidades de "pebbles", que geram hidrogênio e eletricidade. Seria uma boa ideia criar um Projeto Manhattan para desenvolver urgentemente a tecnologia pebble-bed. Precisamos da energia não carbônica o quanto antes.

SONHOS DE FUSÃO

Na década de 1970, uma das maiores esperanças para a energia da humanidade era a fusão. A fusão é o processo que ocorre no Sol. É uma reação entre núcleos de átomos de hidrogênio, que liberam uma energia imensa. O hidrogênio é um dos elementos mais comuns na Terra. O objetivo da fusão é construir uma reação solar na Terra.

Essa grande ideia é muito difícil de realizar, mas não é impossível. Daqui a algumas décadas, a humanidade poderá ter energia abundante sem gerar gases de estufa ou criar combustível para bombas nucleares.

Uma reação de fusão ocorre num plasma — um gás tão quente que nele não há moléculas — e nem mesmo átomos. Mas, como no Sol, há núcleos de átomos de hidrogênio e a fusão ocorre entre eles, liberando energia incessante. O problema é que o plasma em combustão é quente demais para ser contido em qualquer material. É uma temperatura de pelo menos 100 milhões de graus Celsius e qualquer recipiente seria instantaneamente volatilizado.

Mas pode ser contido por um campo magnético intenso com o formato de uma câmara de pneu. Isso é feito num dispositivo chamado *tokomak*. Essa grande ideia exige engenharia em grande escala e avanços significativos antes que o plasma em combustão possa ser contido por tempo suficiente para ocorrer uma reação de fusão e para gerar mais energia do que o tokomak consome.

Há agora uma colaboração internacional sem precedentes para construir um gerador de fusão tokomak chamado ITER (que em latim significa "caminho"). Cientistas e engenheiros da China, Europa, Japão, Coreia, Rússia e Estados Unidos juntaram forças. O plasma em combustão, tão quente quanto o Sol, será confinado num campo magnético no formato de uma câmara de pneu através de espirais magnéticas supercondutoras. As reações de fusão ocorrem quando o plasma atinge um determinado ponto de densidade e calor e fica contido por tempo suficiente para que os núcleos atômicos no plasma comecem a se fundir. Os núcleos de hidrogênio se combinam então para produzir hélio e nêutrons, e energia suficiente para gerar eletricidade e fazer o tokomak funcionar.

A intenção é que ITER seja o primeiro dispositivo de fusão a produzir energia térmica no nível de uma usina elétrica. O ITER será muito maior do que os tokomaks de hoje e deve produzir uma fusão muitas vezes maior.

Muito se aprenderá com a experiência do ITER, mas o tokomak precisará de uma completa reformulação para criar uma usina que seja prática. O protótipo da primeira usina exigirá uma reformulação antes que usinas produzidas em série comecem a alimentar a rede. A fusão do hidrogênio não será viável a tempo de impedir que a queima de combustíveis carbônicos causem mudanças climáticas catastróficas.

Foi inventado um outro tipo de fusão a quente, que está sendo mantido em segredo. Ele também envolve uma reação que precisa ser contida num campo magnético semelhante ao tokomak, mas diferentes átomos se fundem e são mais fáceis de conter. Essa tecnologia é de uma pequena *start-up*, que tem financiamento privado e não do governo. Essa empresa espera fazer fortuna com isso e me pediu para tirar deste livro uma seção sobre o assunto. Enquanto os governos ligados ao projeto ITER gastam uma grande quantidade de dinheiro numa tecnologia que não funcionará ainda por muitas décadas, uma empresa *start-up* construiu um pequeno reator de fusão que pode ser transportado pelo mundo todo, concorrendo com o reator pebble-bed.

A TRANSIÇÃO DA ENERGIA

Por volta da segunda metade do século XXI, alcançaremos uma era de energia abundante sem poluição. O esforço de muitas décadas para criar energia de fusão provavelmente terá dado resultados (suspeito que por um caminho diferente do ITER). As células de combustível serão produzidas industrialmente em grande quantidade e ficarão mais baratas. Haverá uso extensivo de geradores solares para grandes áreas e geradores eólicos com capacidade para gerar muitos megawatts, além da energia pebble-bed. Os países do Terceiro Mundo poderão fazer uso maciço de motonetas ou triciclos com células de combustível, em vez de automóveis.

Metade da população do mundo de hoje não tem eletricidade. Como alternativa à construção de custosas redes de energia, com grandes usinas cuspindo poluentes, os países em desenvolvimento poderão ter unidades geradoras de energia relativamente pequenas e ecoamigáveis.

Com energia abundante, poderemos produzir água doce a partir da água do mar. Com isso, cidades do deserto como Abu Dhabi florescerão espetacularmente. A abundância de energia e água será fundamental aos grandes desígnios da civilização. Os edifícios e cidades terão se tornado "verdes" e as máquinas terão se tornado energeticamente eficientes.

A mudança para a energia não carbônica ocorrerá mais tarde do que deveria, de modo que o mundo enfrentará intensas tempestades, furacões, secas, ondas de calor, mudança climática e interrupção de práticas agrícolas. As cidades que ficam à beira de um rio e perto do mar (como Londres) serão protegidas contra o movimento das marés. Muitos prédios serão projetados para suportar furacões de Categoria 7. Na segunda metade do século XXI, o problema da humanidade será conseguir viver bem num planeta que foi severamente prejudicado pela mudança climática.

Se alguém consegue falar de forma definitiva sobre esse assunto, esse alguém é Rajendra Pachauri, presidente do Painel Intergovernamental das Nações Unidas sobre Mudança Climática, que tem a participação de mais de 3.000 cientistas climáticos. Quando lhe perguntaram se as nações se adaptarão à mudança climática, ele explicou que em alguns casos já fomos além da capacidade de adaptação. "Quando os ecossistemas estão ameaçados e os sistemas sociais desgastados, pode ocorrer uma disrupção na existência humana. Tomemos o caso da África subsaariana. Há lugares onde será muito difícil construir um sistema social que dê sustentação às pessoas. É provável que tenham que mudar para outros lugares."[25]

O mecanismo de controle da Terra (Gaia) atingirá vários pontos de virada, além dos quais o dano se perpetua. Alguns aspectos do clima esquentarão, a despeito do que a humanidade fizer. Um sinal de que estaremos em apuros será quando as árvores mais fracas das florestas tropicais começarem a morrer porque a temperatura ficou alta demais para elas. Os cientistas florestais dizem que isso acontecerá quando a temperatura média ficar 4 graus Celsius mais alta do que é hoje. Quando isso acontecer, elas absorverão menos dióxido de carbono da atmosfera, aumentando o aquecimento global. Então, mais árvores morrerão e menos dióxido de carbono será removido, e assim por diante. As árvores mortas emitem dióxido de carbono em vez de absorvê-lo. A Terra estará no início de uma rápida mudança de estado, depois da qual grande parte de sua superfície ficará quente demais para ser habitável.

Teremos então um planeta mudado. Criaremos ambientes artificiais com hábitats para a sobrevivência, mas a humanidade só poderá sobreviver em número muito menor. James Lovelock adverte que, no final do século, os seres humanos poderão morrer em grande número.[26] Os engenheiros buscarão soluções de engenharia em grande escala para reduzir a quantidade de luz solar que atinge a Terra, ou outras maneiras de combater as mudanças climáticas.

Atingir um ponto de virada de Gaia traz consequências extremas: por isso, é loucura permitir que continuem crescendo as emissões de carbono.

O DILEMA DE US$60 TRILHÕES

Há um enorme dilema. Como dissemos no Capítulo 1, as reservas mundiais de petróleo, sem contar as ainda não descobertas, valem cerca de 60 trilhões de dólares norte-americanos. (O valor exato varia dependendo do critério usado, mas qualquer estimativa resulta num número enorme.) As reservas de carvão têm um valor igualmente elevado. Como já vimos, se a humanidade começar a poupar energia e a usar formas de energia não carbônicas, esse monte de dinheiro será em parte abandonado. Os países ricos em petróleo e as companhias petrolíferas não querem abrir mão de sua potencial riqueza. Governos têm sido convencidos a dar subsídios escandalosos às indústrias ligadas ao petróleo.

Estamos nos aproximando de mecanismos que tornam o aquecimento global irreversível, mas ainda há uma janela de oportunidade para impedir que a mudança climática gere uma catástrofe numa escala sem precedentes. Precisamos agir agora, não daqui a duas décadas.

Temos que perseguir com vigor todas as soluções ecologicamente corretas — negawatts, construções verdes, eficiência em energia, ecoafluência, vento, energia solar, células de combustível, biocombustíveis e reatores pebble-bed. Qual delas fornecerá o mais alto fator de alavancagem? A ecoafluência, quase com certeza — a difusão de estilos de vida que sejam abundantes e agradáveis, mas que causem o mínimo de danos ao meio ambiente. É mais fácil mudar o estilo de vida do que mudar a indústria do petróleo. Para lidar com os megaproblemas do século XXI, precisamos discutir como a civilização vai mudar.

8
MUTILAÇÃO INVISÍVEL

O dano às florestas tropicais e ao Mar Aral é fotografável e dramático e os padrões climáticos anormais associados ao aquecimento global são bons para efeitos especiais de cinema. Mas há outras formas de dano ao ambiente que não têm tanta exposição. Estão fora da visão e fora da mente, mas são insidiosamente nocivas.

Desde a Segunda Guerra Mundial, a indústria química criou dezenas de milhares de novas substâncias — plásticos, fertilizantes, tintas, inseticidas, aditivos alimentares, e assim por diante. Os engenheiros químicos não sabiam que alguns desses produtos químicos fariam mal aos seres humanos. Alguns deles afetam células do corpo humano e causam disfunções sutis. Nos piores casos, provocam câncer, defeitos congênitos, danos cerebrais e problemas em crianças sem causas óbvias.

Devíamos ter chegado ao fim da era do Velho Oeste no uso de produtos químicos (embora estejamos no começo no caso de outras tecnologias). A visão tradicional era: saia na frente, comercialize o produto, faça valer as leis do segredo industrial: o meio ambiente é grande o suficiente para absorver qualquer dano. As corporações pareciam dizer: "Se não há cadáveres como prova, não mexam conosco". Na ausência de evidência palpável do dano, insistiam no direito de continuar.

Uma parte importante do propósito do século XXI é saber com precisão científica que substâncias artificiais afetam os sistemas naturais. Se essa interferência é prejudicial, tem que ser detida. À medida que novos produtos químicos são criados, tem que haver uma forma clara de prevenir danos à natureza e especialmente aos seres humanos. Estamos envoltos num mundo tão artificial que precisamos criar fortes mecanismos de proteção.

DISRUPÇÃO DE HORMÔNIOS

Nosso corpo e o de outras criaturas funcionam por meio de três sistemas de comunicação-e-controle, todos singularmente complexos e sutis. Primeiro, o sistema nervoso, que é como um computador gigante. Tem caminhos de comunicação — os nervos conectam os terminais nervosos ao cérebro e interconectam o imenso número de neurônios, de modo a termos pensamentos, memória e reflexos condicionados. Segundo, o sistema endócrino, que transmite mensagens através do corpo por meio de substâncias químicas. Terceiro, o sistema imunológico que, para nos manter saudáveis, detecta germes e vírus prejudiciais e os ataca. Esses três sistemas trabalham de maneiras totalmente diferentes, mas são intrincadamente conectados.

Este capítulo é sobre o sistema endócrino e os produtos químicos criados pelo homem que acidentalmente o afetam. O sistema endócrino usa dois componentes básicos: hormônios e receptores. Os hormônios são substâncias químicas que transportam sinais para outras partes do corpo. São liberados em quantidades muito pequenas pelas glândulas. Dirigem o crescimento, a reprodução, o desenvolvimento neurológico e o comportamento. Os hormônios dizem aos ursos quando hibernar, dizem ao salmão quanto voltar aos locais de desova e fazem com que as mulheres menstruem mais ou menos a cada 28 dias. Afetam profundamente o sistema imunológico. Os hormônios têm um papel muito importante na atração sexual, no acasalamento e na gravidez. Enquanto o embrião se desenvolve, o menor vestígio de hormônios no útero afeta sua evolução.

Os hormônios são recebidos por moléculas chamadas receptores. O corpo tem centenas de diferentes tipos de receptores, cada um destinado a receber um determinado tipo de hormônio. O hormônio e seu receptor são "feitos um para o outro". Quando um receptor encontra seu hormônio, ele agarra essa molécula. As duas se abraçam com força numa relação "fechadura-e-chave": o receptor é a fechadura e o hormônio é a chave. Uma vez unidos, a molécula de hormônio e seu receptor entram no núcleo da célula e desencadeiam a produção das proteínas que iniciam a atividade biológica associada ao hormônio.

Infelizmente, algumas poucas substâncias químicas, valiosas sob outros aspectos, entram no corpo e parecem ser um hormônio. Destrancam inadvertidamente o receptor e a ligação ocorre. Essas substâncias químicas artificiais mimetizam um hormônio e induzem uma reação como a que seria desencadeada por um hormônio natural. São impostores hormonais. As mensagens químicas do corpo são altamente complexas e pode haver problemas graves quando são afetadas por substâncias químicas sintéticas.

Nosso corpo recebe hormônios do pólen e de outras substâncias da natureza. Em geral, esses hormônios não causam problemas porque o corpo desenvolveu mecanismos de defesa há muito tempo. Como fazem parte do mundo natural, o corpo consegue decompô-los e excretá-los, mas não consegue decompor compostos feitos pelo homem. Ao contrário dos compostos naturais, as substâncias indesejáveis criadas pelo homem se acumulam no corpo.

A evolução natural não nos equipou para lidar com essas novas substâncias artificiais — seria preciso uma evolução natural de milhões de anos para nos adaptar a elas. Quando percebemos que uma substância artificial está causando um problema, temos que impedir que isso aconteça. O correto é parar de vender essa substância.

Com a tecnologia de hoje, qualquer produto químico pode ser testado para determinar se afeta ou não o sistema endócrino humano. É relativamente fácil detectar tais produtos na atmosfera, nos alimentos, na água e em outras substâncias que usamos. Qualquer produto químico que afete o nosso sistema endócrino deve ser banido, mas há empresas que lucram com eles. Há algumas décadas, produtos à base de chumbo eram acrescentados à gasolina como aditivo antidetonante, com consequências hoje bem documentadas — dezenas de milhões de norte-americanos sofreram danos cerebrais e tiveram o QI permanentemente reduzido pela exposição ao chumbo na atmosfera. Insultuosamente, os postos de gasolina de muitos países ainda oferecem gasolina com chumbo aos consumidores. Inúmeros defeitos congênitos são provocados por produtos químicos que deveriam ser totalmente banidos.

POPS

O termo POPs (poluentes orgânicos persistentes) se refere a substâncias que não fazem parte da natureza (poluentes), afetam os sistemas orgânicos e são "persistentes", ou seja, não se dissolvem na água nem são degradadas por processos físicos, químicos ou biológicos. Não se dissolvem em gordura e não se acumulam nos tecidos gordurosos dos seres humanos e outras criaturas. Podem *desorganizar o sistema endócrino*, que os toma por hormônios. O corpo não os decompõe como decomporia e eliminaria substâncias naturais: assim, ficam no corpo por muito tempo. Migram por natureza para as gorduras do corpo e vão ficando mais concentrados à medida que passam para níveis cada vez mais altos da cadeia alimentar. Liberados no ambiente, mais cedo ou mais tarde os POPs invadem o organismo das mães (humanas ou de outras criaturas), onde alguns atravessam a placenta e chegam ao embrião ou feto. Chegam também aos bebês em fase de amamentação através do leite materno.

Como vêm de produtos químicos criados pelo homem, os POPs não existiam nas primeiras décadas do século XX. Mesmo em concentrações muito baixas, podem prejudicar os seres humanos e outras criaturas ao mimetizar os mensageiros químicos do corpo. São ainda mais prejudiciais para um feto nos primeiros estágios de desenvolvimento.

Há alguns danos já documentados, causados por POPs: (1) tumores e cânceres; (2) defeitos congênitos graves; (3) feminização de machos e masculinização de fêmeas; (4) comprometimento do sistema imunológico; (5) anormalidades de comportamento; (6) dificuldade de reprodução; (7) funcionamento anormal da tireoide; (8) outras disfunções hormonais.

DURANTE A GRAVIDEZ

Os mecanismos da gravidez em animais evoluíram há muito tempo e são muito semelhantes nas diferentes espécies. Seja a criatura uma baleia, um morcego, um canguru ou um ser humano, os hormônios regulam o desenvolvimento do feto basicamente da mesma maneira. Estudando os hormônios dos animais durante a gestação, vemos que quase todos os resultados do estudo se aplicam aos seres humanos. Produtos químicos que atuam como desorganizadores endócrinos têm mais ou menos o mesmo efeito no crescimento de embriões de ratos de laboratório e de seres humanos.

Depois da concepção, o óvulo fertilizado se divide em duas células, depois em quatro, depois em oito, e assim por diante, até que se forma um embrião sólido. Depois de quatro semanas, o embrião humano tem quatro centímetros de comprimento, mas seu sexo ainda não está determinado. Da quarta à oitava semana, o embrião fica muito vulnerável a vírus de doenças como o sarampo e a certas drogas. Nesse período, até mesmo quantidades mínimas de desorganizadores endócrinos podem prejudicar seriamente o desenvolvimento do embrião. Depois da oitava semana, o feto é menos vulnerável.

Há muito tempo a natureza aprendeu que deve proteger o embrião e o feto com cuidado. O feto fica envolto numa coisa parecida com um saco permeável para guardar alimentos — a "placenta". As substâncias tóxicas não conseguem atravessá-la, mas os nutrientes da mãe sim. A barreira placentária funciona muito bem, mas não é perfeita. Vestígios de impostores hormonais *podem* atravessar a barreira e afetar o embrião quando ele é mais vulnerável.

Hoje em dia, toda mulher grávida tem substâncias químicas artificiais no corpo e algumas são impostores hormonais, que são transferidos para o feto.

O leite materno também tem concentrações mensuráveis de impostores hormonais, que são transferidos para o bebê.

Como os hormônios desencadeiam acontecimentos importantes antes do nascimento, incluindo estágios importantes do desenvolvimento sexual, os desorganizadores endócrinos são um risco para o bebê. Pesquisas identificaram todos os produtos químicos que mimetizam hormônios e afetam o desenvolvimento do feto. Não há qualquer desculpa justificável para não bani-los.

TESTÍCULOS E CONTAGEM DE ESPERMATOZOIDES

Niels Skakkebaek, médico pediatra da Dinamarca, construiu uma forte reputação com seus estudos sobre câncer nos testículos. Essa doença era rara na Dinamarca mas, em 1990, cerca de um homem em cem sofria dela. Skakkebaek viu muitos meninos com pênis malformado. Alguns tinham a abertura na parte de baixo do pênis e não na ponta. Um estudo de 1984, feito com 2.000 estudantes dinamarqueses, descobriu que 7% deles tinham um ou ambos os testículos alojados dentro do corpo. Skakkebaek soube de descobertas semelhantes em estudos realizados com crocodilos dos pântanos da Flórida. E se perguntou o que os crocodilos da Flórida teriam em comum com os meninos dinamarqueses.

Em sua pesquisa, Skakkebaek examinou fetos abortados e descobriu o precursor do câncer testicular. Levantou a hipótese do câncer testicular ser causado por algum evento pré-natal que só se torna uma doença séria muitos anos mais tarde — depois da puberdade. Assim como um feto feminino pode ser "configurado" para ter câncer ou deformidades vaginais durante a vida, um feto masculino pode ser configurado para ter câncer ou deformidades testiculares.

Havia relatos sobre homens com uma contagem de espermatozoides em declínio, mas Skakkebaek se manteve cético a esse respeito — até 1991, quando começou a se preocupar com o esperma dos homens dinamarqueses porque os bancos de esperma da Dinamarca estavam tendo dificuldade para formar um núcleo de doadores. Ficou ainda mais alarmado quando descobriu que a qualidade do esperma de 84% dos homens dinamarqueses estava abaixo dos padrões estabelecidos pela Organização Mundial de Saúde, embora esses homens parecessem normais em todos os outros aspectos. Organizou então uma equipe para um estudo mais amplo. A equipe examinou 61 estudos científicos envolvendo 15 mil homens de 20 países e descobriu que a contagem de espermatozoides tinha diminuído 45% entre 1940 e 1990.[1]

Skakkebaek concluiu que a contagem média de espermatozoides, que era de 113 milhões por milímetro em 1940, tinha caído para 66 milhões em 50 anos. Além disso, o volume médio de sêmen ejaculado era 25% menor. Tinha triplicado o número de homens cuja contagem de espermatozoides estava no nível-limite para procriar, ou abaixo dele.

Pierre Jouannet, diretor do Centre d'Étude et de Conservation des Oeufs et du Sperme Humains em Paris, mostrou ceticismo acerca dos resultados de Skakkebaek. Jouannet tinha dados sobre 1.351 parisienses saudáveis que tinham doado esperma a um banco mantido por um hospital, a partir de 1973. Todos tinham gerado ao menos um filho, o que comprovava sua fertilidade. Ele os analisou esperando refutar os estudos de Skakkebaek. Para seu espanto, descobriu que as contagens médias de espermatozoides nesse grupo vinha caindo à razão de 2,1% ao ano, nos 20 anos anteriores.[2]

Os estudos sobre contagem de espermatozoides acabaram ficando muito em moda. Em 1992, Elisabeth Carlsen analisou 62 estudos separados e concluiu que a contagem de espermatozoides entre homens de todo o mundo industrializado tinha caído cerca de 50% nos 50 anos anteriores.[3]

Tais estudos foram criticados com base na alegação de que o esperma de um homem varia, dependendo de quando ele ejaculou pela última vez. Por isso, foram reunidos homens que estavam abstinentes há um determinado tempo. No grupo de Paris, havia um subgrupo de 382 homens numa faixa etária estreita (de 28 a 37 anos) que tinham relatado um período de abstinência. Esse subgrupo mostrava um claro declínio na contagem de espermatozoides, de 101 milhões por milímetro em 1973 a 50 milhões por milímetro em 1992 — uma redução pela metade.

Não era apenas o número de espermatozoides que declinava, mas a qualidade também. O estudo parisiense mostrou um aumento significativo na proporção de espermatozoides incapazes de nadar e de espermatozoides malformados. Muitos danos aos espermatozoides são visíveis ao microscópio. Alguns espermatozoides têm duas caudas, outros têm duas cabeças. Outros não têm cabeça. Alguns não conseguem nadar direito. Em vez de nadar com movimentos fortes, alguns não têm movimento e outros têm uma hiperatividade frenética.

A quantidade e a qualidade dos espermatozoides têm uma correlação inversa com a idade. Os jovens de hoje têm menos espermatozoides e mais espermatozoides danificados do que a geração dos seus pais. Parece que os homens de 50 anos têm um bom argumento com as mulheres: "Não saia com um homem com menos de 30 anos porque eu tenho mais espermatozoides, e os meus não são deformados!"

Skakkebaek começou a perceber que o declínio na contagem de espermatozoides fazia parte de um conjunto de problemas com os órgãos reprodutores masculinos — testículos não descidos, pênis com abertura no lugar errado e altos índices de câncer testicular. Tais anormalidades dobraram em frequência nos últimos 30 anos em muitas partes do mundo.[4]

DESENVOLVIMENTO SEXUAL DESVIRTUADO

Pesquisadores da vida selvagem têm documentado casos de desenvolvimento sexual desvirtuado em peixes, pássaros e outros animais: fertilidade prejudicada, comportamento de acasalamento estranho, dois sexos numa única criatura, crocodilos com pênis minúsculos e fêmeas aninhadas com fêmeas. Tais anormalidades têm sido encontradas em muitas espécies, incluindo andorinhas-do-mar, gaivotas, focas, águias-calvas, baleias-brancas, trutas de água doce, panteras, crocodilos e tartarugas. São encontradas em muitas partes do planeta. Elas foram bastante investigadas e parecem ter sido causadas por exposição a produtos químicos que desorganizam o sistema endócrino. É provável que a maior parte dos danos ocorra nos primeiros estágios da gravidez.

Nos seres humanos e em outros mamíferos, um embrião sempre começa como fêmea. Aprendemos na escola que o sexo de uma criança é determinado pelo fato do espermatozoide que venceu a corrida ter um cromossomo X ou um cromossomo Y. Se for Y, uma elaborada sequência de eventos dá início à criação de um feto masculino. São os hormônios que, chegando aos receptores apropriados, desencadeiam esses eventos.

Imagine uma linha de produção automatizada onde o modelo-padrão produzido é uma fêmea. No entanto, algumas partes são projetadas de modo a se tornarem masculinas. Se, na sétima semana de gravidez, o cromossomo Y liberar a mensagem de que deve ser produzido um macho, ocorre uma série de ações. Os mensageiros hormonais dão instruções sobre como fazer um macho. Primeiro, os testículos masculinos se desenvolvem. Depois, o pênis minúsculo, seguido pelo saco escrotal, o sistema de condução do esperma, a próstata, a pele genital, as partes do corpo masculino e o começo do cérebro masculino.

São enviados hormônios para iniciar o desaparecimento das opções femininas. Outros hormônios fazem com que os testículos desçam.

O desenvolvimento do macho depende de uma elaborada sequência de mensagens hormonais no momento certo. Até recentemente, esse procedimento programado raramente dava errado. Então a indústria química produziu um grande número de novos produtos sintéticos. A maioria não causou problemas, mas alguns podem ser confundidos com hormônios. Se uma dessas mensagens falsas desorganizar o elaborado balé da formação de um macho, o bebê poderá crescer com sérios problemas.

CONFUSÃO SEXUAL

No começo da década de 1990, pesquisadores da Brunel University na Inglaterra perceberam que os peixes machos de um rio perto de Londres tinham se tornado hermafroditas — com características sexuais masculinas e femininas no mesmo indivíduo.[5] Exploraram então os rios da Inglaterra e encontraram peixes hermafroditas em vários lugares. O esgoto estava sendo cuidadosamente processado na Inglaterra e os peixes hermafroditas viviam em partes dos rios logo abaixo das estações de tratamento de esgoto.[6]

Os pesquisadores puseram trutas em gaiolas nesses locais e, depois de algumas semanas, os machos começaram a ter níveis elevados da proteína vitelogenina no sangue.[7] A vitelogenina é a proteína responsável pela formação da gema do ovo em peixes fêmeas. Normalmente, há pouca vitelogenina — quando há — no sangue do peixe macho. Alguma coisa que saía das estações de tratamento de esgotos estava tendo um efeito estrogênico nos peixes. Em todas as estações de tratamento de esgoto da Inglaterra estava ocorrendo o mesmo fenômeno.

Os pesquisadores britânicos testaram alguns produtos químicos industriais para ver se conseguiam simular a produção da vitelogenina na truta macho em condições de laboratório. Vários produtos químicos tiveram esse efeito. Quanto maior era a exposição dos peixes machos a esses produtos, mais características femininas apresentavam.

O toxicólogo da vida selvagem Michael Fry demonstrou que o desenvolvimento sexual desvirtuado em colônias de pássaros era causado por desorganizadores endócrinos. Embora os pássaros machos das colônias afetadas parecessem normais, seus órgãos sexuais revelavam uma severa confusão sexual. Alguns machos tinham o canal de botar ovos típico das fêmeas. Estudos semelhantes foram feitos com diferentes criaturas em diferentes países, mostrando que até mesmo uma leve exposição a um desorganizador endócrino pode ter efeitos dramáticos e permanentes na prole em certos estágios da gravidez. Essa desorganização pode mudar tudo, da contagem de espermatozoides ao comportamento de acasalamento, e ocorre numa ampla gama de espécies, incluindo camundongos, cães, anfíbios, gado, carneiros, macacos e aves canoras. Quando falsas mensagens hormonais atingem o feto, dando-lhe características masculinas e femininas, o animal resultante é chamado de "sexualmente confuso".

Os mecanismos dos estágios iniciais da gravidez são semelhantes em animais e em seres humanos, e há bons motivos para supor que a mesma confusão sexual que vem sendo encontrada em pássaros, abelhas e ursos também se aplica aos seres humanos. Já se discute se o comportamento homossexual nos animais tem causas semelhantes às dos seres humanos, mas isso é muito difícil de investigar cientificamente. Rastrear causa e efeito em seres humanos é difícil porque os experimentos controlados não são éticos. Um pesquisador pode alimentar porquinhos-da-índia com desorganizadores endócrinos, mas não seres humanos. Uma equipe de pesquisa descobriu que 42% das mulheres expostas ao DES (um estrogênio sintético) tinham uma orientação bissexual ao longo da vida, mas essa equipe não pode fazer experimentos com mulheres como faz com ratos de laboratório.[8] No caso de seres humanos, parece que é mais importante ser politicamente correto do que cientificamente correto.

PCBs

Os PCBs (bifeniles policlorados) são uma família de substâncias químicas sintéticas introduzidas em 1929 como isolantes elétricos. Depois da Segunda Guerra Mundial, os engenheiros químicos encontraram muitos usos para eles — como lubrificantes, óleos de corte, selantes líquidos e fluidos hidráulicos. Tornaram-se ingredientes de tintas, vernizes, conservantes, pesticidas e, finalmente, de papéis copiadores não carbônicos. Os PCBs eram estáveis, não inflamáveis e aparentemente atóxicos. E eram altamente lucrativos para a indústria química.

Mas os PCBs afetavam o sistema endócrino. Quando ficou claro que isso estava acontecendo, os cientistas começaram a estudar os PCBs, presentes em muitos lugares: no solo, no ar e na água; nos lagos, rios e açudes; nos peixes, pássaros e animais. Em 1967, a fabricação de PCBs foi banida nos Estados Unidos e depois banida em outros países mas, como são extremamente estáveis, os PCBs permaneceram no ambiente. Tinham sido manufaturados mais de 1,5 bilhão de quilos de PCBs.

Os PCBs estão em toda parte: nos pinguins da Antártica, nas chuvas de monções da Índia, nas baleias-corcundas perto de Boston e nos peixes servidos nos restaurantes da moda em Manhattan. Os PCBs estão sendo encontrados no corpo de crianças esquimós nas aldeias mais isoladas da Terra. Estão no leite das mães que amamentam e no esperma de adolescentes do mundo todo.

Como os PCBs viajam tão longe? Em forma líquida, vão para os esgotos que fluem para os oceanos. Nos depósitos de lixo, misturam-se à fumaça e suas moléculas se unem às partículas de poeira que o vento espalha. Ligam-se à matéria orgânica — folhas de plantas e algas. Pulgas, insetos, zooplâncton e pequenas criaturas semelhantes a camarões os ingerem. Pássaros comem insetos. Peixes comem zooplâncton. Os pássaros e os peixes migram longas distâncias. Correntes oceânicas transportam zooplâncton e pequenos peixes para o Ártico ou para a Antártida, onde são comidos por peixes maiores que, por sua vez, são comidos por ursos polares. A molécula PCB permanece na gordura de um peixe por muitos anos antes do peixe ser comido. Os PCBs podem fazer viagens que levam décadas.

CONCENTRAÇÕES CADA VEZ MAIORES

Já comentamos que o corpo decompõe e elimina compostos da natureza, mas nem sempre consegue eliminar compostos criados pelo homem. A evolução não o ensinou a lidar com substâncias químicas criadas pelo homem. À medida que compostos orgânicos como os PCBs se acumulam nos tecidos gordurosos de organismos vivos e são transmitidos das criaturas que estão na base da cadeia alimentar para as criaturas que estão mais no topo dessa cadeia, sua concentração pode aumentar milhares de vezes.

O zooplâncton está na base da cadeia alimentar e até mesmo os minúsculos organismos que o compõem têm moléculas de PCB no corpo. Uma anchova come uma grande quantidade de zooplâncton. Os hormônios naturais do zooplâncton se decompõem no corpo da anchova, mas os PCBs e outras moléculas feitas pelo homem não, acumulando-se progressivamente na anchova. O bacalhau come grandes quantidades de anchovas e outros peixes impregnados de PCBs. O PCB vai se acumulando nos tecidos gordurosos do bacalhau, e um bacalhau vive várias décadas. Foram encontrados alguns bacalhaus com concentrações de PCB 48 milhões de vezes maior do que a da água ao seu redor.

Uma foca come centenas de peixes. Mais uma vez, as moléculas de PCB de todos esses peixes se acumulam nos tecidos gordurosos das focas. Os níveis de PCB nas focas são oito vezes maiores do que no bacalhau.[9] Concentrações ainda mais altas são encontradas nos habitantes das aldeias inuit que se alimentam das focas. Esse processo é chamado de "biomagnificação". As substâncias químicas naturais se decompõem e são eliminadas pelo corpo das criaturas. As substâncias químicas sintéticas como os PCBs, que não se decompõem, são chamadas de "persistentes": elas se acumulam no corpo e aí permanecem.

ILHA BROUGHTON

Com o livro *Silent Spring* de Rachel Carson, ficou claro que o DDT estava causando sérios problemas. Em 1964, um químico da Universidade de Estocolmo estava medindo os níveis de DDT no sangue humano e descobriu uma misteriosa substância contaminante. Encontrou-a em exemplares da vida selvagem, no mar, no cabelo de sua mulher e na filha bebê. Levou dois anos para identificar o poluente como PCBs.

Por acaso, eles têm a aparência de um hormônio e podem ser aceitos por receptores hormonais no sistema endócrino. Afetam o desenvolvimento do embrião em animais, peixes, pássaros e seres humanos. Causaram grandes deformidades congênitas, danos mentais, deformações de pênis e vagina, diminuição da fertilidade, câncer testicular e de mama, e danificaram o sistema imunológico. Sua produção foi banida, mas eles ainda estão no meio ambiente.

Você pode perguntar numa conversa durante um jantar: "Em que parte do planeta vocês acham que as pessoas têm no corpo as mais altas concentrações de PCBs ou de outras substâncias químicas que danificam os hormônios?" Os convidados respondem Manhattan ou Calcutá, ou talvez uma área da China onde a visibilidade em meio ao *smog* industrial não passa de quatro metros. Mas, na realidade, a mais alta concentração de PCBs está na população da ilha mais isolada e intocada que se pode imaginar.[10]

A Ilha Broughton fica a oeste da Groenlândia, perto da Ilha Baffin, a milhares de quilômetros das fontes de poluição. Seus habitantes vivem da caça e da pesca. A Ilha Broughton começou a ser mencionada em matérias de revistas e os habitantes das ilhas vizinhas chamavam os ilhéus de Broughton de "o povo do PCB", como se tivessem uma doença letal. O casamento com eles começou a ser desencorajado. Preocupados com essa má repercussão na imprensa, os ilhéus, numa obra-prima de relações públicas, mudaram o nome para Qikiqtarjuaq — que a imprensa não conseguia nem lembrar nem pronunciar.

Como foi que esse belo lugar, totalmente isolado e aparentemente livre de poluição, ganhou o prêmio de contaminação por PCB?

Os ilhéus de Broughton caçam e pescam animais que estão no fim da cadeia alimentar e acabam ingerindo altas concentrações de substâncias químicas criadas pelo homem, que a natureza não decompõe. Os inuit, da Groenlândia ao Quebec Ártico, têm sete vezes mais PCB no corpo do que as pessoas que vivem nas partes industrializadas do Canadá. Os habitantes da Groenlândia têm 70 vezes mais pesticida HCB (hexaclorobenzeno) no corpo do que os canadenses industrializados.

Vinte anos depois de banidos, os PCBs foram encontrados no corpo de filhotes de urso polar nas partes mais remotas do Ártico. Seis anos depois, um estudo descobriu fêmeas de urso polar com órgãos sexuais femininos e masculinos. Há ursos hermafroditas em todas as regiões árticas.

DANO CEREBRAL

O prejuízo ao desenvolvimento sexual do embrião, as deformidades congênitas, os cânceres e o comprometimento do sistema imunológico contam uma história horrível. Outro aspecto da interferência endócrina pode ser ainda mais alarmante — os danos ao cérebro.

Em 1995, 18 importantes cientistas, incluindo pesquisadores do cérebro, do sistema nervoso e do comportamento, reuniram-se em Erice, na Sicília, e compartilharam evidências de que as substâncias químicas que agem como desorganizadores endócrinos, nos níveis encontrados no meio ambiente e em seres humanos, ameaçam o desenvolvimento cerebral. Nos primeiros meses de gravidez, o cérebro em desenvolvimento é muito sensível a essa desorganização química e pode provocar danos permanentes — como inteligência reduzida, incapacidade de aprendizado, problemas de déficit de atenção e intolerância ao estresse — que não são evidentes quando o bebê nasce.

Os cientistas que se reuniram em Erice produziram a Declaração de Erice de 1995, um resumo do que se sabia, do que se suspeitava e do tipo de pesquisa que era necessária.[11] Segundo essa declaração, o grupo tinha *certeza* de que a exposição a desorganizadores endócrinos durante a gravidez pode levar a anormalidades profundas e irreversíveis no desenvolvimento cerebral. Essas anormalidades podem se expressar como redução da capacidade intelectual e da adaptabilidade social. Podem comprometer as funções motoras, a percepção espacial, o aprendizado, a memória, o desenvolvimento auditivo, a coordenação motora fina, o equilíbrio e a atenção. Em casos severos, pode resultar em retardamento mental.

Os cientistas de Erice ressaltam que uma pequena modificação na capacidade cerebral da população pode ter profundas consequências econômicas e sociais. Uma queda generalizada do QI ou da capacidade de aprendizado pode custar muito caro para a sociedade. Os custos médicos associados aos danos ao sistema endócrino são potencialmente muito grandes, e nem levam em conta os danos à vida e à felicidade humana.

Muitos regulamentos recorrem agora ao "Princípio da Precaução". Segundo ele, quando estão presentes duas condições — (1) incerteza científica e (2) uma suspeita razoável de danos — é preciso prudência. Quando não temos certeza do que estamos fazendo, devemos continuar devagar e com cuidado. O Princípio diz que os tomadores de decisões têm o dever de adotar medidas preventivas para evitar danos, mesmo que a certeza científica não tenha sido estabelecida.

O Princípio de Precaução transfere o ônus da prova e diz que os responsáveis por um produto têm que garantir sua inocuidade, sendo responsáveis por possíveis danos. Uma empresa que introduz uma substância química ou propõe uma atividade tem que provar que aquilo que pretende fazer não causará danos à saúde humana ou ao ecossistema. Essa abordagem é muito diferente da tradicional em que, quando um produto causa danos, as vítimas e seus advogados têm a difícil tarefa de provar que o produto foi o responsável.

O Princípio da Precaução — e os tratados e convenções que o refletem — prenuncia uma era em que os grandes danos ao ambiente serão menos prováveis. Mas o Princípio tem que ser aplicado com cuidado. Há muitas atividades humanas que podem trazer danos à saúde humana e ao meio ambiente. Leis mal redigidas podem abrir caminho para uma caça às bruxas encabeçada por qualquer grupo que tenha interesse em atacar algum produto ou atividade. Diretrizes e precedentes devem governar a aplicação do Princípio.

Partes da indústria química viram uma parcela dos lucros se transformando em fumaça e tentaram desesperadamente refutar a Declaração de Erice e outros documentos do mesmo tipo — à maneira da indústria do tabaco dizendo que seus cientistas tinham provado que não há ligação entre o hábito de fumar e o câncer de pulmão.

A CONVENÇÃO DE ESTOCOLMO

Em maio de 2001, uma convenção em Estocolmo firmou um tratado que estipula a eliminação de 12 dos piores POPs. A convenção declarou que outras substâncias químicas precisam ser acrescentadas à lista — e que todos os POPs que afetam o sistema reprodutor e o desenvolvimento do feto devem ser banidos. É ultrajante permitir tais danos só porque algumas empresas lucram com eles e fazem contribuições políticas. Parte do propósito do século XXI é criar capacidade de proteger a natureza dos perigos da tecnologia criada pelo homem.

O tratado de Estocolmo apoia o princípio "o poluidor paga". Segundo ele, o produtor, a empresa exportadora e/ou o país exportador é responsável pela limpeza e destruição de estoques de POPs obsoletos.

Na Convenção de Estocolmo, 104 nações se mostraram dispostas a apoiar o tratado. Os Estados Unidos não estavam entre elas.

PARTE DOIS

TECNOLOGIAS DE FEITICEIRO

9

SERES HUMANOS GENETICAMENTE MODIFICADOS?

A Baronesa Susan Greenfield, diretora do Instituto Real da Grã-Bretanha, mora no antigo apartamento de Michael Faraday. Ela me disse: "Estamos num tempo muito especial — nós — esta geração. Todos nós, que estamos vivos neste momento, estamos num tempo muito empolgante e muito responsável, quando temos que decidir, como sociedade, a usar essas tecnologias e a dominá-las para criar um mundo melhor".

À medida que o século avança em direção ao cânion, com uma população cada vez maior, com quantidades cada vez menores de solo arável e água potável, um ambiente exaurido, violência civil crescente e armas de destruição em massa baratas, a pobreza extrema em algumas partes do mundo contrastará com o extremo desenvolvimento da tecnologia em outras partes.

É comum dizer que tudo pode mudar, mas que a natureza humana não muda. Essa ideia está chegando ao fim. No século XXI, teremos diversas maneiras de otimizar a natureza do ser humano. Algumas capacidades serão altamente controversas e tornarão este século diferente de todos os outros. A tecnologia permitirá diversas formas de afluência ambientalmente benignas. Com isso, estaremos diante de uma pergunta muito interessante: como construir civilizações apropriadas para o nosso tempo? Os países ricos puderam construir civilizações muito mais interessantes; mas, nos países destituídos, a civilização está caindo aos pedaços. A tecnologia que está agora em nossa tela de radar pode otimizar nossa vida, mas pode também nos lançar em dificuldades ainda mais profundas, a menos que a administremos melhor.

Com a tecnologia do século XXI, há um abismo entre os sistemas da natureza e os sistemas feitos pelo homem — um abismo intransponível entre as coisas vivas e as não vivas. No início do século XXI, começam a aparecer combinações de sistemas vivos e não vivos. O novo conhecimento dos genomas da natureza possibilita novas formas de medicina e agricultura. A tecnologia do computador começou a produzir "vida artificial".

Chamei esta parte do livro de Tecnologias de Feiticeiro porque, como o aprendiz de feiticeiro, começamos uma coisa que mal podemos controlar. Na lenda do aprendiz de feiticeiro, ele sabe que a magia é perigosa, mas mesmo assim brinca com ela quando o mestre não está. Ele não consegue resistir. Nessa história, há um feiticeiro e um único aprendiz. Agora somos todos aprendizes.

Este capítulo e os seguintes descrevem algumas das tecnologias que se tornarão inerentemente difíceis de controlar mas que são, no entanto, poderosas capacitadoras de uma civilização avançada. Isso levanta perguntas profundas sobre como queremos que seja a futura civilização. Pela primeira vez na Terra, uma espécie é capaz de dirigir a própria evolução ou de se destruir.

ADULTERANDO A VIDA

A tecnologia que desperta a imagem de "brincar de Deus" é a capacidade para adulterar a vida. Mais do que clonar carneiros e criar novas plantas, vamos ser capazes de modificar a própria criatura humana. Estamos melhorando rapidamente a nossa compreensão dos genes, do que fazem e de como modificá-los. A capacidade para modificar os genes humanos e de passar novos genes para futuras gerações porá a humanidade diante de uma das escolhas mais controversas que já conheceu.

A modificação genética (MG) pode seguir um caminho parecido com o crescimento da informática. No começo, só havia computadores em alguns poucos centros de pesquisa. Eram toscos e muito caros. Aos poucos, experimentando, algumas empresas fizeram dele um negócio. A imprensa e o público tinham em geral uma visão negativa da informática, associando-a mais ao *1984* de George Orwell do que a um futuro otimista. Com o tempo, os computadores ficaram mais fáceis de dominar, mais poderosos e mais baratos. Os computadores dos laboratórios de pesquisa e instalações do governo deram lugar aos *mainframes* freneticamente comercializados, depois aos minicomputadores, depois aos computadores pessoais e depois aos microcomputadores. Em menos de uma geração, todas as crianças começaram a aprender sobre o computador.

No começo, a modificação genética também era tosca e cara, e estava nas mãos de algumas poucas corporações. A imprensa e o público tinham em geral uma visão negativa, com a Europa impondo uma proibição às safras MG. Como no caso do computador, a modificação genética ficará mais fácil, mais poderosa e mais barata. Todos os agricultores do mundo acabarão comprando sementes MG. Muitos aumentarão seus lucros com safras MG e a silvicultura dependerá de árvores MG de rápido crescimento. Na China, as fazendas de peixe em viveiros de água doce terão peixes MG. Na despensa das pessoas, alguns alimentos serão orgânicos e outros geneticamente modificados. Cada ser vivo terá seu genoma sequenciado. Assim como a informática se tornou um *hobby* para muita gente, muitos jardineiros que tentam criar novas flores com polinização híbrida farão a mesma coisa com técnicas MG porque é muito mais rápido.

A terapia genética de hoje é muito primitiva, mas os experimentos de manipulação de genes animais deixaram claro que modificar genes humanos é viável. Nossa compreensão cada vez maior do genoma nos dirá quando isso será desejável.

Muitas doenças humanas terríveis são causadas por genes defeituosos. A doença de Huntington é um horror. Suas vítimas desenvolvem distúrbios nervosos progressivos, movimentos involuntários dos membros, convulsões musculares e depressão profunda. Ficam totalmente dementes. O processo todo leva de 15 a 25 anos e não tem cura. O fim é terrível. E essa doença é causada por um único gene ruim. Como se trata de uma mutação dominante e não de uma mutação recessiva, os filhos do portador da doença estão condenados. É fácil fazer um teste bem cedo para saber se a pessoa tem esse gene ruim. A partir da codificação, podemos prever, com notável exatidão, a idade em que os primeiros sintomas de loucura aparecerão — o que acontece em geral entre os 40 e os 50 anos, quando é provável que a pessoa com o gene já o tenha transmitido aos filhos.

As células que causam a doença de Huntington ficam no cérebro e muitas células do cérebro não se subdividem nem são substituídas como as outras células. Pelo menos, agora é possível evitar que o portador tenha filhos com a doença. A doença de Huntington pode e deve ser erradicada do planeta.

Mas se começarmos a modificar os genes dos nossos filhos para poupá-los de doenças fatais, será que isso vai terminar aí? Se der para curar uma criança que tem uma deficiência de memória, ninguém vai dizer que isso é ruim. Há uma linha muito tênue entre atacar doenças mortais e fazer melhorias em nossos filhos. Cruzar essa linha envolve questões éticas que precisam ser esclarecidas.

Hoje, com o conhecimento que temos de modificação genética, somos como um chimpanzé tocando num piano de cauda. Em algumas décadas, talvez sejamos como Rachmaninoff.* Os benefícios em potencial da modificação genética são grandes, mas temos que proceder com o cuidado de um piloto de testes e com um profundo respeito pela natureza. Precisamos de uma coleção de dados abrangentes e da melhor formação possível para tomar essas decisões complexas e de longo alcance.

Entrevistamos o cientista independente Craig Venter, que passou à frente do governo norte-americano no mapeamento do genoma humano. Explicando suas tentativas de criar vida artificialmente, ele disse: "Estamos tentando fazer o primeiro organismo unicelular reproduzindo o cromossomo e vendo se o resultado será uma célula viva. Se der certo, acho que será uma das maiores mudanças da ciência neste século. Podemos montar robôs para construir formas de vida e inserir diferentes conjuntos de genes com o intuito de entender empiricamente o que fazem, quais são necessários à vida e quais não são".

UM MAPA DIGITAL DA BIOLOGIA

A série inteira de genes de uma criatura é denominada genoma. O século XXI começou com o mapeamento completo do genoma humano — um feito extraordinário. Os cientistas podem agora mapear o genoma de camundongos, micróbios, árvores de Natal, orquídeas, e do que mais quiserem. O seu genoma contém 3,2 bilhões de letras e define quem você é.

Matt Ridley, autor de *Genome: The Autobiography of a Species in 23 Chapters* e antigo editor da revista *The Economist*, compara a molécula do DNA humano a um livro com 23 capítulos — um para cada par de cromossomos que formam o material genético (macromoléculas) encontrado no núcleo da célula.[1] Cada capítulo é dividido em seções — os genes. Você tem cerca de 30 mil genes. Um gene típico tem cerca de 100 mil letras (denominadas "nucleotídios" ou "bases", cada uma das quais pode ser uma entre quatro combinações). Para imprimir as letras do seu DNA, você precisaria de uma pilha de papel de 70 metros de altura. As letras de um gene de comprimento médio encheriam um manual de 30 páginas. É incrível, mas o livro inteiro de 23 capítulos está

* **Sergei Vasilievich Rachmaninoff** (1º de abril de 1873 a 28 de março de 1943) foi um compositor, pianista e maestro russo, um dos últimos grandes expoentes do estilo romântico na música clássica europeia. (N.T.)

enrolado na molécula em dupla hélice do DNA em cada célula do corpo. Você anda por aí com 10 trilhões de cópias do seu DNA.

Cada ser vivo do planeta é construído com DNA — peixes, girafas, rosas, parasitas microscópicas, sequoias gigantes e os dinossauros antes de serem extintos. Uma molécula de DNA é como um disco de computador em que qualquer forma de vida pode ser codificada. Se detectarmos organismos microscópicos no mar de Europa, a lua de Júpiter, será interessante descobrir se também são construídos a partir do DNA. É muito provável que a vida em planetas a trilhões de quilômetros de distância, girando em torno de estrelas longínquas, seja totalmente diferente e não seja construída com DNA — mas não se sabe.

A capacidade de mapear o genoma das coisas vivas nos dá um mundo extraordinário para explorar. A maior parte das sequências codificadas do nosso genoma evoluíram há muito tempo em criaturas muito diferentes dos seres humanos. Os geneticistas fazem muitos experimentos com a mosca-das-frutas porque ela procria rapidamente e vive pouco, o que facilita o estudo das mutações genéticas. Surpreendentemente, parte do texto do DNA da mosca-das-frutas existe também no DNA humano. Por exemplo, um gene usado para formar os olhos da mosca-das-frutas é semelhante ao gene usado para formar os olhos humanos. Parece que as moscas-das-frutas, os seres humanos e outros animais descendem de um ancestral comum e que certos mecanismos genéticos de centenas de milhões de anos atrás funcionaram tão bem que a natureza os manteve ao longo do desenvolvimento de criaturas radicalmente diferentes. Somos um acúmulo dos resultados de incontáveis milhões de experimentos darwinianos, que ocorreram quase todos muito antes do homem existir.

O DNA do chimpanzé é notavelmente semelhante ao DNA humano: o DNA do chimpanzé e o DNA humano têm cerca de 98,4% das letras em comum. Os músculos, o estômago, os olhos, o fígado, os ouvidos e outras partes do chimpanzé funcionam mais ou menos como os do homem. Todas as substâncias químicas conhecidas presentes no cérebro do chimpanzé estão presentes também no cérebro humano.

Agora que é possível mapear digitalmente as letras do DNA de criaturas do passado e do presente, podemos usar computadores para explorar os caminhos da evolução remota.

UM EXTRAORDINÁRIO KIT DE FERRAMENTAS

Os cientistas desenvolveram um jogo de ferramentas para compreender e manipular os genes.

Como o esquema da nossa natureza é digital, podemos editá-lo como se estivéssemos usando um processador de texto: cortar sequências de letras, modificar o texto, substituir palavras e até mesmo acrescentar sequências de outras criaturas.

Para cortar e colar os genes, precisamos de tesoura e cola. A tesoura, a cola e muitas outras ferramentas químicas são chamadas "enzimas". Há vários tipos de enzimas: elas fazem todo o trabalho que é feito numa célula. A cola é uma enzima chamada "ligase", que liga sequências soltas de DNA sempre que as encontra. A tesoura é a "enzima de restrição". Seu propósito na natureza é derrotar os vírus cortando seus genes, o que só consegue fazer quando encontra uma determinada sequência de letras. É como uma função de um processador de texto que só corta o texto quando encontra a palavra *cachorro*. Os engenheiros genéticos têm centenas de enzimas de restrição: cada uma delas encontra uma sequência específica de DNA e corta nesse ponto.

Muitas vezes, os especialistas genéticos estão atrás de uma determinada sequência de letras — por exemplo, uma sequência que indique se você pode ser vítima da doença de Huntington. O processador de texto pode facilmente conduzir esse tipo de busca. No caso dos genes, isso é feito por meio de um chip genético. Esse chip dispõe uma longa sequência de letras do DNA nas ranhuras físicas de um chip de silicone. Ao contato com fluídos corporais, pode detectar sequências de DNA idênticas ao que está no chip. Assim, podemos fazer um chip da doença de Huntington que detectará o gene ruim ao contato com a nossa saliva.

Um ser humano tem cerca de 10 trilhões de células. Para mudar geneticamente uma pessoa, os cientistas têm que inserir um gene novo em cada célula relevante. Isso parecia impossível nos anos 1960, mas nos 1970 os cientistas descobriram como fazê-lo usando um retrovírus. Um retrovírus é um vírus que contém código genético em forma de RNA (ácido ribonucleico) e pode inserir o código em nossos cromossomos fazendo uma transcrição RNA-para-DNA. Os engenheiros genéticos usam retrovírus especiais de maneira controlada para espalhar genes modificados pelo corpo. Eles vão a um enorme número de células com uma mensagem que diz: "Faça uma cópia deste gene e prenda-a em seus cromossomos." Ao se dividirem, as células modificadas replicam o gene inserido.

Fora de controle, os retrovírus são responsáveis por infecções virais, incluindo pelo menos um tipo de câncer. Alguns retrovírus destroem as células que alteram, como o HIV (o vírus da AIDS).

Os mecanismos para cortar e colar os genes, juntamente com os mecanismos para inserir genes modificados em células existentes, aumentam cada vez mais nossa capacidade para redesenhar a natureza. É um pouco como nos anos 1950, quando tínhamos inventado o computador programável: percebemos que, em princípio, podíamos fazer com que a máquina fizesse quase qualquer coisa que quiséssemos. Há imensos problemas técnicos a serem resolvidos na edição genética, assim como havia nos primeiros computadores. No caso dos computadores, eles foram resolvidos: 40 anos depois, qualquer diretor de criação tinha um Macintosh na mesa. Daqui a 40 anos, um jardineiro poderá criar belas flores geneticamente modificadas em sua casa, num ambiente hidropônico computadorizado. Será que cabe perguntar o que dirá a seção sobre desenhistas de bebês da revista *Cosmopolitan*?

MODIFICANDO GERAÇÕES FUTURAS

Não é surpresa que haja um grande nervosismo a respeito da possibilidade de modificar seres humanos. Mas, de certa forma, modificar um ser humano pode ser menos arriscado do que modificar uma planta. As modificações nos genes humanos podem ser feitas de modo a afetar só aquela pessoa. Um ser humano geneticamente modificado, ao contrário de uma planta, não produz pólen que o vento sopra: o risco se limita àquela única pessoa.

Há duas maneiras de modificar os genes de um ser humano (ou de qualquer criatura): modificação germinativa e modificação somática. As modificações germinativas são passadas para as gerações futuras; as somáticas não.

O espermatozoide no homem e o óvulo na mulher são denominados células germinativas. Se o DNA dessas células for modificado e um embrião se formar, cada célula do bebê conterá a modificação. Todos os outros tipos de células são chamados de células somáticas — as células operárias do corpo. Quando o DNA das células somáticas é modificado, a mudança não é transmitida. Até hoje, todas as modificações de genes humanos foram somáticas, mas é provável que se torne mais fácil fazer modificações germinativas do que modificações somáticas.

Há riscos inerentes à terapia genética. A Lei das Consequências Não Planejadas está sempre conosco. Nos anos 1950, quando o DES (dietilestilbestrol) era prescrito em grande escala para mulheres grávidas, ninguém previu que causaria câncer e outros problemas graves nos bebês. Então, não é sensato alterar de maneira frívola os genes humanos. Algumas pessoas argumentam que o DNA humano é sagrado e deveria ser intocável. Mesmo aceitando essa ideia, há ainda fortes argumentos pela reparação de DNA danificado (e muito do nosso DNA é danificado).

Há uma pergunta-chave a respeito da terapia genética: "Será que os benefícios para o paciente superam os riscos?" Até agora, a terapia genética tem encontrado problemas formidáveis mas, à medida que avançar, os riscos diminuirão e os benefícios aumentarão. As técnicas de modificação dos genes serão mais padronizadas, mais confiáveis e mais baratas.

Para transmitir genes modificados para gerações futuras, temos que alterar o espermatozoide, o óvulo ou o embrião — em outras palavras, praticar modificação germinativa. Um embrião modificado um dia será um adulto e transmitirá as mudanças para *seus* filhos. Os cientistas já fizeram isso com camundongos e macacos, mas nunca com seres humanos (até o momento em que escrevo). Os médicos precisam saber muito bem o que estão fazendo antes de fazer modificações humanas.

A modificação germinativa é muito mais simples do que a modificação somática porque pode ser feita no embrião: quando o bebê se desenvolver a partir do embrião, todas as suas células conterão a mudança. Isso evita a dificuldade de modificar 10 trilhões de células numa pessoa crescida. A modificação germinativa é ilegal em alguns países mas não em outros.

Assim como um desastre de avião nunca é causado por uma única falha, mas pela coincidência de múltiplas falhas, a maioria das doenças humanas está associada a múltiplos defeitos. Alguns deles são defeitos genéticos e outros não. Alguns defeitos genéticos são perigosos e seria bom corrigi-los. Conhecendo nossos defeitos genéticos, temos a opção de não transmiti-los aos nossos filhos. Se você sobrevivesse a um voo de pesadelo num avião com o sistema hidráulico defeituoso, não ia querer que seus filhos viajassem nele. Quando o reparo genético se tornar seguro e viável em termos de custo, teremos um kit de ferramentas com muitas aplicações.

A manipulação de células germinativas poderia ser usada para remover doenças hereditárias. Nas sociedades futuras, as pessoas terão familiaridade com os próprios genes e seus defeitos. Assim como hoje você pode pedir uma cópia de um exame de sangue, num futuro não tão distante você terá um disco de computador ressaltando aspectos de sua constituição genética. Ele indicará as áreas onde são necessárias algumas precauções.

NAS CLÍNICAS DE FERTILIDADE

O primeiro "bebê de proveta" nasceu na Inglaterra em 1978. Seu nome é Louise Brown e ela tem vivido uma vida saudável. Houve um clamor histérico quando ela nasceu, exigindo que essa prática fosse proibida. Mas, em vez de ser proibido, o procedimento se transformou numa grande indústria. Um milhão de bebês de proveta já nasceram. Muitas clínicas de fertilidade empregam a fertilização in vitro (FIV). Tais clínicas usam óvulo e esperma dos futuros pais. Pegam um óvulo da paciente e o fertilizam para formar uma célula: quando o embrião se forma, ele é transferido para o útero da mãe para que a gravidez siga normalmente. Isso se tornou rotineiro, seguro e lucrativo.

Algumas clínicas de FIV realizam uma extensão desse procedimento: removem um óvulo e o fertilizam múltiplas vezes, permitindo que se formem várias células com DNA levemente diferente. O técnico examina o DNA de cada uma delas e elimina as que possam ter doença de Huntington, fibrose cística, anemia falciforme ou outras doenças de base genética. Uma célula cuidadosamente selecionada é usada para formar um embrião, que é implantado na mulher. Assim, quem tem uma doença genética severa pode evitar que ela seja transmitida aos descendentes. As famílias reais da Europa sofriam de sérios problemas devido a uniões consanguíneas e alguns monarcas eram totalmente loucos. Quanto não teriam pago para limpar sua linha genética?

Várias empresas perceberam que é um bom negócio colher e estocar óvulos para uso futuro. Um número crescente de mulheres vendem ou "doam" seus óvulos para essas empresas, e homens doam espermatozoides. Nos campis das faculdades norte-americanas, anúncios oferecem até US$50 mil para doadoras com ótimo desempenho escolar ou outros atributos desejáveis. Algumas celebridades vendem seus óvulos ou espermatozoides por um preço muito alto, para uso futuro.

Esse uso dos óvulos pode produzir bebês com genes selecionados sem modificação genética. Além disso, num futuro não tão distante, a clínica pode dar mais um passo e introduzir um novo gene no embrião. Depois que se formam algumas células com o novo gene, elas são cuidadosamente examinadas e testadas para se ter a certeza de que os genes desejados estão presentes. O embrião é então transferido para o útero da mãe para que a gravidez prossiga normalmente. Os novos genes estarão em cada célula do bebê. Isso já foi amplamente experimentado em animais mas, que se saiba, não em seres humanos. Cedo ou tarde, será feito em seres humanos, mesmo que fique em segredo até se tornar um procedimento aceito.

A modificação genética enfrenta ainda muitas dificuldades. Muitas anormalidades ocorreram no trabalho genético com animais. Os geneticistas estão aprendendo cada vez mais a evitar problemas e alguns acreditam que a modificação do embrião logo será uma prática comum, tão segura quanto uma gravidez normal. Algumas doenças abjetas causadas por *um* gene defeituoso — por exemplo, distrofia muscular, fibrose cística e doença de Huntington — são os primeiros alvos da terapia genética. A maior parte dos defeitos são mais complexos porque estão relacionados a múltiplos genes.

Cerca de 1% das pessoas tem uma notável resistência natural à infecção pelo vírus da AIDS. Os genes que conferem essa resistência estão sendo identificados. Pode se tornar relativamente fácil introduzir genes resistentes ao HIV num embrião. Isso pode impedir que nossos filhos sejam vulneráveis à AIDS, e procedimentos semelhantes podem conferir resistência a outras doenças — como Alzheimer, derrame, doença cardíaca, diabete e algumas formas de câncer. Temos muito a aprender antes de saber o que pode funcionar.

UM CROMOSSOMO ARTIFICIAL

A modificação germinativa é um passo muito sério porque os genes alterados passarão para todas as futuras gerações, e pode haver efeitos colaterais imprevisíveis. Uma opção mais interessante do que a modificação germinativa pode ser a modificação de um só indivíduo, dando-lhe, por exemplo, um 24º cromossomo. Essa forma de mudança genética não altera o genoma original. O cromossomo artificial seria posto no embrião e residiria em cada célula da pessoa, juntamente com os 23 pares de cromossomos naturais. Usar um cromossomo 24 dessa maneira não é engenharia germinativa porque não é transmissível: não passaria para os filhos do dono do cromossomo.

Além disso, a pessoa com um 24º cromossomo em todas as células do corpo não precisaria usá-lo. Ele conteria um código de controle que estabeleceria quando e onde expressar determinados genes. Isso daria à pessoa meios de ligar e desligar os genes, ou de nunca ligá-los se assim preferir. Ela poderia ligar os genes que escolher e depois desligá-los se não gostar.

Já se criou um cromossomo vazio, sem genes próprios, mas com "pontos de ancoragem", onde cassetes de genes podem ser inseridos (por meio de enzimas). Quando essa tecnologia começar a ser posta em prática, haverá apenas alguns poucos cassetes de genes para doenças específicas, mas logo haverá muitos cassetes, cada um oferecendo um tipo de benefício.[2] Nas clínicas de fertilidade, os técnicos receberão treinamento para inserir os cassetes de genes. Um dia, haverá uma grande biblioteca de cassetes de genes.

A possibilidade de desativar ou atualizar o cromossomo artificial torna essa prática menos preocupante do que a modificação germinativa normal. Qualquer procedimento usado para modificar genes humanos tem que ser reversível porque pode haver surpresas. Isso é viável no caso do cromossomo artificial.

MUDANÇAS VERDES E VERMELHAS

Na minha cozinha tenho uma pintura de um porco chamado Caesar, nascido em 1834, que pesava 884 quilos. Essas criaturas enormes eram o resultado de um cruzamento seletivo, um *hobby* dos fazendeiros ingleses do século XIX. A seleção genética natural tem sido mais impactante do que a modificação genética *high-tech* (pelo menos no caso dos porcos). Hoje, o cruzamento seletivo de animais pode ser muito mais eficiente porque é possível mapear seu genoma e compreender que partes do gene produzem características desejáveis. Podemos descobrir quais os animais que têm os genes desejáveis e cruzá-los. Algumas empresas fazem isso para produzir um melhor gado de corte, por exemplo. Embora isso envolva leitura dos genes, é mais um procedimento natural do que engenharia genética. Um fazendeiro chegaria muito mais depressa ao mesmo resultado modificando diretamente os genes.

Podemos traçar uma linha na areia entre a criação de genes que a natureza poderia ter criado e a criação de novos tipos de genes. Vamos chamar os primeiros de genes "verdes" e os últimos de genes "vermelhos".

Caesar, o porco, tem genes verdes: resultam de cruzamentos naturais. Se fossem o resultado de uma montagem genética, ainda assim seriam verdes. Podemos imitar a criação de cavalos tradicional, mas fazê-lo com rapidez e eficiência por meio da montagem genética — sem tentar criar alguma coisa que a natureza não criaria. Usar a montagem genética para retirar um gene ruim, como o da doença de Huntington, é verde. Assim como o uso da maior parte da terapia genética em medicina.

No outro lado da linha, criamos modificações genéticas que não poderiam acontecer na natureza — genes vermelhos. Ao modificar algumas plantas, os cientistas criaram plantas que a natureza *não* poderia criar, combinando genes de entidades que jamais se mesclariam. Podem combinar os genes de um peixe e de um morango, se acharem que isso tem alguma utilidade. Ou podem encontrar boas razões para introduzir uma sequência genética de um pássaro em genes humanos. Isso é cruzar a linha e entrar no território vermelho, criando uma coisa que a natureza não poderia criar. Já se defendeu a ideia de pegar um gene antigo de um lagarto e inseri-lo num cromossomo humano. Como os resultados seriam imprevisíveis, muita experimentação seria necessária. Isso já está sendo feito em laboratório com animais. Como o DNA do chimpanzé é tão semelhante ao DNA humano, os cientistas fazem experimentos de otimização com chimpanzés. Podem descobrir alguma modificação vermelha que seria de muita utilidade para os seres humanos — e ter o desejo irresistível de tentar.

Pode-se imaginar a atenção da mídia para uma reportagem que alegasse falsamente que um chimpanzé teve seu desempenho sexual melhorado. Vídeos desse chimpanzé seriam muito mais interessantes na TV do que os da ovelha Dolly. Pode haver cachorrinhos MG que virem moda entre os adolescentes, mas logo um adolescente rebelde dirá: "Se o chimpanzé pode melhorar seu desempenho sexual, nós também podemos". Algumas mudanças genéticas vermelhas seriam altamente vendáveis.

A doença de Tay-Sachs, a anemia falciforme e outras doenças terríveis são causadas por genes herdados. Em algumas sociedades, pode ser que venha a ser considerado imoral ter um filho anão ou com síndrome de Down porque isso poderia ter sido evitado. Alguns danos genéticos foram causados por radiação ou produtos químicos que nós mesmos criamos. Nesses casos, parece ainda mais errado não corrigi-los.

Uma região de um gene do cromossomo número 6 foi associada à dislexia severa. Pode ser um caminho viável ir da correção da dislexia à criação de seres humanos com melhor capacidade de aprendizado. Talvez haja mudanças genéticas seguras que aumentem a longevidade: será que resistiríamos a isso? Pode-se argumentar legitimamente que não seria ético resistir. Se um milhão de pessoas podem viver 10 anos a mais e impedimos tal coisa, isso equivaleria a matar um milhão de pessoas 10 anos antes do tempo de sua morte natural.

Alguns países tornaram ilegal a modificação genética de seres humanos, mas sem entender a diferença-chave entre mudanças verdes e vermelhas.

Temos a opção de otimizar a natureza com cautela em situações controladas e mensuráveis. O mapeamento do nosso genoma nos dirá que certos genes nos dão habilidade esportiva, uma personalidade propensa a vícios, facilidade para engordar ou bom humor em qualquer situação. As empresas que oferecerem aos pais a possibilidade de melhorar seus filhos de alguma forma, nunca ficarão sem clientes. A modificação genética pode se tornar parte da sociedade de consumo, como as cirurgias estéticas nos seios ou no nariz. Alguns pais pagam uma fortuna para que os filhos tenham aulas de piano ou de golfe: pagariam também para que tivessem uma memória melhor, mais altura ou olhos azuis.

É fácil conjurar imagens totalmente falsas dos efeitos da mudança germinativa. Muitos atributos humanos — como inteligência, capacidade de ler e escrever, gentileza e habilidade atlética — são afetados por muitos genes interagindo de maneiras que ainda não compreendemos. Estão ligados a fatores muito complexos de ambiente e criação. A engenharia genética não criará Einsteins, Miltons ou Tiger Woodses.

Um perigo a longo prazo da modificação genética em seres humanos é que ela pode causar uma distinção entre classes sociais. Os ricos e bem relacionados poderão fazer melhorias genéticas que estarão fora do alcance da maioria. As empresas do futuro poderão fazer testes genéticos nos funcionários e financiar otimizações genéticas para os mais brilhantes. Haverá clubes para pessoas geneticamente otimizadas que as ajudarão a "melhorar" seus filhos. Viajando pelo mundo, os ricos genéticos conhecerão e ajudarão outros ricos genéticos. Os ricos genéticos casarão com outros ricos genéticos. Já se fez muito alarde em torno dessa possível distinção de classes. Na verdade, ela poderá causar menos diferenciação do que outras formas de otimização humana — como treinamentos intensos que capacitam as pessoas a usar softwares avançados ou a ocupar cargos muito bem pagos.

A melhora contínua da capacidade dos seres humanos será uma das tendências de grande *momentum* do século XXI. Haverá melhor educação, melhor nutrição, melhores empregos, melhores ferramentas, computadores superinteligentes, bandas cada vez mais largas na Internet e o fim do trabalho monótono que destroi a mente. Em alguns países, haverá também otimização genética verde. Mas, se as mudanças genéticas verdes se tornarem corriqueiras, será que as vermelhas não virão logo atrás?

10

NANODILÚVIO

Neste livro, estamos tratando de acontecimentos que provocam mudanças importantes na sociedade — de ondas oceânicas e não de ondinhas na superfície. Engatando nossa carroça a alguma coisa que acelere sem parar ano após ano por muitas décadas, veremos grandes mudanças. O poder do computador é uma das coisas que vai acelerar sem parar.

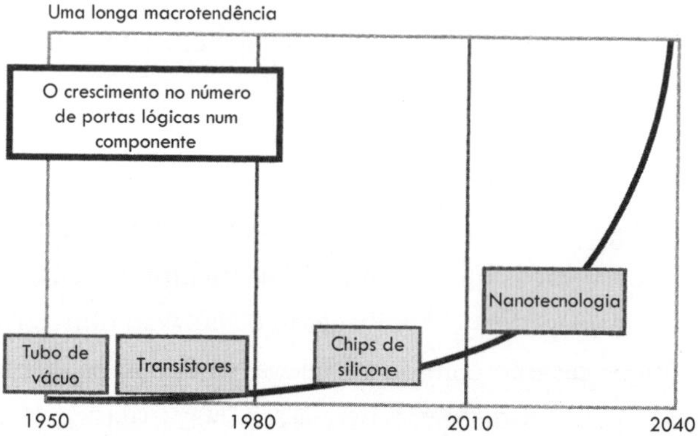

Muita gente associa o crescimento da informática ao século XX, mas a verdadeira revolução do computador ainda está por vir, com sensores ubíquos, nanotecnologia, armazéns globais de dados e acesso universal a redes de banda extremamente larga. A principal razão da verdadeira revolução da informática estar ainda à nossa frente é que as máquinas se tornarão inteligentes. O computador pode ser imensamente mais poderoso do que o cérebro humano porque seus circuitos são milhões de vezes mais rápidos do que os neurônios e axônios do cérebro, além de poder ser projetado para executar tipos específicos de "pensamento" com grande eficácia. Essa informática será uma infraestrutura onipresente como o ar que respiramos, afetando quase todas as atividades humanas.

Uma visão hoje disseminada é que os computadores serão como os seres humanos quando se tornarem inteligentes. Acho que isso é bobagem. Eles podem até falar conosco com um rosto humano na tela e uma voz humana, mas bem lá no fundo sua inteligência será radicalmente diferente da nossa. Haverá diversas formas dessa inteligência e algumas serão projetadas para melhorar constantemente a própria capacidade. A evolução da inteligência da máquina será fundamentalmente diferente da evolução da natureza. As máquinas serão feitas para evoluir visando uma determinada meta.

Freeman Dyson, uma das pessoas que tornou lendário o Instituto de Estudos Avançados de Princeton, usou a expressão "infinito em todas as direções". Ela parece se aplicar (com apenas um toque de exagero) à informática do século XXI. Computadores paralelos serão construídos a partir de um número interminável de pequenos computadores trabalhando simultaneamente. Esses processadores simultâneos poderão ser reunidos em grandes máquinas ou ficar distantes uns dos outros, em redes globais com a velocidade da luz. O número de processadores numa configuração crescerá continuamente. As técnicas de inteligência artificial criarão novos tipos de inteligência que podem aprender, evoluir e melhorar automaticamente. Haverá softwares inteligentes projetados para melhorar indefinidamente a própria inteligência.

Esse poder computacional pode ser aplicado a um conteúdo que parece também infinito em todas as direções. O genoma de todas as plantas e criaturas da natureza será decodificado e gravado. Cada movimento de cada mercado de ações da história estará disponível. A ecologia do planeta e dos oceanos será instrumentada. A engenharia genética tem infinitas possibilidades teóricas. Os dispositivos robóticos não serão em nada semelhantes aos robôs dos filmes mas, à medida que se tornarem inteligentes, terão um número quase infinito de aplicações. Os *transponders* da nanotecnologia, invisíveis de tão pequenos, podem se tornar superinteligentes por meio de uma ligação sem fio que os ligue a chips próximos, ou à quase infinita capacidade da futura Internet.

A ubíqua inteligência da máquina, que se torna cada vez mais poderosa, será um dos fatores capacitantes que trarão mudanças espetaculares na civilização, mas envia também sinais de alarme a respeito da nossa capacidade de controlar nossa tecnologia. Parte do propósito do século XXI será aprender a coexistir com tal tecnologia.

O TABULEIRO DE XADREZ

Na indústria do computador, há uma história bem conhecida sobre um rei dos tempos antigos que precisou dos serviços de um consultor. O rei lhe perguntou então como queria ser pago. O consultor sugeriu um grão de arroz no primeiro quadrado de um tabuleiro de xadrez, dois grãos no segundo quadrado, quatro no terceiro, e assim por diante, dobrando a cada vez o número de grãos do quadrado anterior. O rei achou razoável. Para diminuir o impacto a curto prazo sobre o tesouro e conseguir assim a autorização do conselho, o rei sugeriu que o pagamento fosse feito a cada 18 meses. Um grão de arroz agora, dois grãos em 18 meses, e assim por diante. Com isso, o rei levaria quase um século para quitar a quantia total, que iria para os descendentes do consultor. O rei disse à imprensa que o consultor não estava cobrando muito por seus serviços.

Por muitos anos, poucos grãos foram necessários. Quando chegaram ao 21º quadrado, um saco de grãos dava para pagar o que estava no contrato. No 33º quadrado, foram necessários quatro caminhões de grãos. No último terço do tabuleiro, as coisas ficaram fora de controle. O 51º quadrado exigiu um comboio de um milhão de caminhões e o conselho teve que aumentar substancialmente os impostos. No 58º quadrado, o número de caminhões necessários excedia o número de caminhões existentes no planeta. O último quadrado precisaria de 64 vezes essa quantidade. (O Apêndice 1 mostra o tabuleiro do crescente poder computacional.)

A previsão mais famosa sobre a evolução dos computadores é meio parecida. Anos antes dos microprocessadores, Gordon Moore da Intel previu que o número de transistores de um chip dobraria a cada ano e meio. Essa previsão se mostrou notavelmente exata e foi chamada de Lei de Moore. Em 1956, quando foi vendido o primeiro computador com transistores, um componente tinha um transistor. Dez períodos duplicadores depois (1971), o chip mais compacto tinha mil transistores. Depois de 20 períodos duplicadores (1986), tinha um milhão de transistores. Depois de 30 períodos duplicadores (2001), um bilhão de transistores. Depois de 40 períodos duplicadores, alguns componentes terão um trilhão de transistores, ou seus equivalentes, e assim por diante. No último quadrado do tabuleiro, a capacidade do computador terá atingido níveis extraordinários.

O PETACOMPUTADOR

O computador mais famoso dos filmes de ficção científica é provavelmente o HAL, de *2001: Uma Odisseia no Espaço*, de Stanley Kubrick. Arthur C. Clarke, autor do livro em que o filme é baseado, tentou aproximá-lo o mais possível da realidade. O nefando HAL era um supercomputador com milhares de módulos que operavam em paralelo, interligados por canais de alta velocidade. Numa tentativa desesperada de matar HAL, o único astronauta sobrevivente do filme se põe a desligar furiosamente as unidades paralelas. Em 2001, a IBM entregou uma máquina para os Sandia National Laboratories com hardware muito semelhante ao de HAL por US$85 milhões. Mas, embora o hardware seja semelhante, o software não tem semelhança alguma. Essa máquina não é uma inteligência semelhante à humana, como HAL, mas um triturador de bits que simula explosões nucleares. A Sandia diz que precisará de máquinas ainda mais rápidas para esse fim.

A capacidade de um computador é quase sempre medida em termos do número de operações de ponto flutuante que pode executar por segundo — FLOPS (floating-point operations per second). Os primeiros computadores com tubo de vácuo do fim da Segunda Guerra Mundial (havia um na Inglaterra e outro nos Estados Unidos) conseguiam fazer cerca de 100 operações em ponto flutuante por segundo — o primeiro grão de arroz no tabuleiro. No começo deste século, a Sandia encomendou uma máquina de 100 teraflops (100 trilhões de FLOPS).

(Os prefixos *mega*, *giga* e *tera* significam um milhão, um bilhão e um trilhão, respectivamente. O prefixo *peta* significa mil trilhões, *exa* um milhão de trilhões e *zeta* um bilhão de trilhões — 10^{21}.)

Uma máquina com petaflops de capacidade (mil trilhões de FLOPS) é chamada de petacomputador. A IBM produziu seu primeiro petacomputador em 2005.[1] Avalia-se que a capacidade de processamento do cérebro humano seja de mais ou menos 100 petaflops. Teremos uma máquina com essa capacidade por volta de 2015, mas é errado concluir daí que essas máquinas serão como pessoas. Elas não chegarão nem perto da capacidade do cérebro humano, mas terão papéis na ciência e no comércio que excederão a capacidade humana.

Esses computadores são necessários para muitas aplicações militares, incluindo futuros sistemas de defesa antimíssil. Simulando a explosão de avançadas armas nucleares *no computador*, é possível experimentá-las para ir melhorando o projeto cada vez mais. Explodir ogivas *fisicamente* é primitivo e inflexível. A explosão simulada em supercomputadores é usada para explorar pequenas armas portáteis, armas para pequenos mísseis, bombas de nêutrons que acabam com as pessoas de uma cidade mas não com os prédios, além de armas para enfrentar ataques de mísseis.

Quanto custará um computador de 100-petaflops? Se muitos milhões forem produzidos, como são hoje os computadores pessoais, o custo será razoável. Essencial para o seu futuro é o aumento de aplicações para milhões de unidades:

- *Games* vendidos em massa que usem uma realidade virtual cada vez mais realista. A realidade virtual interativa exigirá toda a capacidade computacional possível.
- Um grande mercado para robôs com funções especiais, que se tornarão inteligentes e interessantes (muito diferentes dos de hoje). A robótica pode usar capacidade computacional ilimitada.
- Aplicações militares que deem imenso poder aos soldados, permitindo que fiquem longe dos perigos do campo de batalha.
- Efeitos especiais no cinema, cada vez mais exóticos e realistas.
- Tradução de línguas em tempo real. Mesmo imperfeita, essa função terá aplicações no mercado de massa. Pode se tornar um serviço oferecido pelas companhias telefônicas.
- Aplicações no comércio eletrônico que consumam muita capacidade computacional.
- A combinação do conhecimento do DNA com os supercomputadores abrirá caminho para uma nova medicina preventiva e para a possibilidade de criar proteínas, as estruturas que fazem funcionar as criaturas biológicas. Cada vez mais, crescerá a nossa capacidade para manipular a vida.

Em 2025, teremos petacomputadores em toda parte, como os microprocessadores de hoje.

NANOTECNOLOGIA

Muito do que aconteceu no século XIX foi graças à energia a vapor, assim como muito do que aconteceu no século XX foi graças à eletricidade. Muito do que acontecerá neste século será graças à nanotecnologia.

Um nanômetro é um bilionésimo de um metro — uma distância muito pequena — o tanto que a sua unha cresce em um segundo. O menor dos átomos (hidrogênio) tem 0,1 nanômetro de diâmetro; o maior átomo que ocorre naturalmente (urânio) tem 0,22 nanômetro de diâmetro. A maioria das moléculas tem menos de um nanômetro de lado a lado. Se a sua visão for muito boa, as menores coisas que você consegue enxergar têm cerca de 10 mil nanômetros de lado a lado. Quando deslanchar a produção baseada na nanotecnologia, o mundo será inundado de dispositivos que não conseguimos enxergar.

A nanotecnologia se ocupa dos menores itens usáveis que a humanidade consegue fazer. Refere-se a itens com 1 a 100 nanômetros de lado a lado. Um fio de cabelo humano tem de 50 mil a 100 mil nanômetros de diâmetro. Os menores componentes dos chips de silicone de hoje têm cerca de 30 nanômetros de lado a lado.

É grande o espalhafato em torno da nanotecnologia. Os primeiros visionários, por exemplo, falavam de fábricas que construiriam dispositivos tão pequenos que seriam montados átomo a átomo. Isso seria extremamente difícil e talvez nunca seja posto em prática. Seria também um processo muito lento. Estima-se que a produção átomo a átomo de um material qualquer levaria milhões de anos.[2] O mais necessário é inventar processos de fabricação altamente automatizados que usem estruturas *automontáveis*. Na automontagem, diferentes nanomódulos buscam outros módulos a que podem se ligar, como uma chave encaixa na fechadura. Isso acontece constantemente em biologia. Nosso corpo tem trilhões de células e as substâncias bioquímicas o percorrem até encontrar uma célula com que possam se comunicar. Um hormônio tem uma chave e busca uma fechadura em que se encaixe. Da mesma forma, os nanomódulos automontáveis podem percorrer uma massa de outros módulos até encontrarem um módulo a que possam se conectar. Passo a passo, eles se conectam, até que uma estrutura seja construída.

Hoje, alguns inventores têm uma "sala limpa" no porão e brincam com nanotecnologia ou emaranhamento quântico. Alguns têm um laboratório biológico onde podem modificar genes, trocando ideias com inventores do outro lado do planeta. Entrevistei um desses inventores, Bill Parker, em sua sala limpa, nós dois com máscara no rosto e trajes elaborados para não contaminar a sala. Ele demonstrou a automontagem de dispositivos de nanotecnologia: "Você despeja na proveta diferentes componentes que se conectam uns aos outros, mexe bem e terá um bilhão de sensores". Cada dispositivo produzido dessa maneira é pequeno demais para o olho humano.

Uma molécula de carbono pode conter muitos átomos de carbono. O carbono tem uma propriedade especial: seus átomos podem se ligar uns aos outros de modo muito coeso, em diferentes padrões. Um dos padrões é o diamante; outros são a fuligem e a grafita. O padrão pode ser um pequeno domo geodésico — uma estrutura extremamente forte, de cerca de um nanômetro de largura, feita de 60 átomos de carbono interligados (essa molécula é às vezes chamada de "bola de bucky", ou *buckyball*, em homenagem a Buckminster Fuller). Recentemente, os cientistas aprenderam a fazer tubos de átomos de carbono ligados uns aos outros em hexágonos, formando um minúsculo cilindro que é fenomenalmente forte porque é uma única molécula. Foi demonstrado que esse tubo pode ter 60 vezes mais força tênsil do que o aço mais resistente. É o material mais forte que já foi produzido. Em tese, essa molécula pode ser muito longa. Os nanotubos de carbono já foram trançados como fios de cânhamo formando uma corda tão fina que não dá para ver, mas forte o bastante para suspender um caminhão. É possível que os nanotubos de carbono sejam a melhor tecnologia para construir uma tela de televisão doméstica de alta definição, com um metro de altura por três de largura. Há diferentes tipos de nanotubos de carbono, com diferentes configurações fortemente entrelaçadas de átomos de carbono. Muitas empresas estão desenvolvendo técnicas de fabricação em massa.

Um elétron pode voar por dentro de um nanotubo de carbono sem encontrar nenhuma resistência, de modo que o tubo se comporta como um supercondutor. Já foram construídos nanotubos de carbono que atuam como comutador ou estrutura lógica, como uma instrução E ou OU, num computador. Os nanotubos mais curtos têm cerca de um centésimo da largura dos menores transistores de hoje. Isso significa que os futuros nanochips podem ter 10 mil vezes mais comutadores numa superfície bidimensional um pouco maior do que os chips de hoje. Os nanotubos de carbono não geram o calor que é o problema dos chips atuais. Os chips de hoje são bidimensionais por causa da necessidade de dissipar calor. Os módulos de nanotubos serão tridimensionais e isso aumentará muito a memória ou lógica inserida num módulo. Levará muitos anos para desenvolver a tecnologia de produção em massa necessária. A tridimensionalidade, a supercondutividade e a fabricação em nanoescala permitirão a construção de supercomputadores imensamente poderosos.

PROPRIEDADES DIFERENTES

Os dispositivos em nanoescala não são apenas pequenos: suas propriedades são diferentes das propriedades de dispositivos maiores. As propriedades químicas mudam quando o item é do tamanho aproximado de uma molécula. Os elétrons se movem de maneira diferente e, assim, as propriedades elétricas mudam. A Lei de Ohm, a lei fundamental da eletricidade que aprendemos na escola, não se aplica aos elétrons se movendo dentro de um nanotubo de carbono. Os nanotubos de carbono e outras nanotecnologias têm propriedades físicas radicalmente diferentes. A matéria em nanoforma tem comportamento diferente da matéria em forma mais volumosa. Para compreender tudo isso, múltiplas disciplinas são necessárias. As propriedades diferentes produzem resultados que não podem ser produzidos das maneiras convencionais. Elas podem ser usadas no projeto, na produção e no uso dos dispositivos nanotecnológicos. No momento em que escrevo este livro, o dispositivo nanotecnológico mais vendido é uma bola de golfe com um revestimento nanotecnológico que reduz a fricção com o ar. Há revestimentos para prédios em que a sujeira e os grafites aderem muito pouco e saem com a chuva. A nanotecnologia é um campo com um espaço imenso para a invenção.

As propriedades básicas dos chips digitais mudarão à medida que entramos na era da nanotecnologia. A evolução da produção tradicional de chips — liderada, por exemplo, pela Intel — concorrerá com metodologias de *design* e fabricação radicalmente diferentes, que usam técnicas de automontagem. As últimas — uma mudança total nos métodos de produção — farão provavelmente com que o tabuleiro de xadrez tenha muito mais do que os 64 quadrados de que falamos. Quase com certeza, a nanotecnologia ainda estará crescendo em capacidade no meio do século e, talvez, até o final do século.

O conhecimento é representado por bits, que os computadores manipulam. Há um limite para o tamanho mínimo das coisas *físicas* que podem ser fabricadas, mas os bits não têm tamanho nem massa inerente. Podem ser representados por modulações de luz e podem viajar à velocidade da luz. Os computadores do futuro manipularão quantidades imensas de bits de maneira incrivelmente complexa. Não há efetivamente limite para o tamanho dos armazéns de dados. Uma célula biológica contém muitos bilhões de bits e uma formiga contém muitos bilhões de células. O cérebro de uma formiga tem uma largura 10 vezes maior do que a de um transistor atual. A nanotecnologia vai acabar nos levando para esse nível de miniaturização.

Até mesmo nossos melhores chips contêm circuitos que parecem gordos e desajeitados quando comparados a um vírus biológico. Um vírus é um dispositivo inteligente que pode usar uma célula para se multiplicar. Produz uma cópia de si mesmo em cerca de 20 minutos. Em outros 20 minutos, são quatro cópias, em uma hora temos oito cópias. Ao final de 24 horas, se as condições estiverem perfeitas, o vírus terá produzido 400 milhões de trilhões de cópias de si mesmo. O vírus pode também mudar para novas formas, o que é ainda mais inteligente. A grande maioria das mutações são abandonadas, mas ocasionalmente uma delas é útil. Mais cedo ou mais tarde, o vírus mudará para uma forma resistente aos antibióticos que encontra. Assim, o vírus parece uma máquina diabolicamente inteligente. O tamanho dessa máquina mutante não chega a *um décimo do diâmetro de um único transistor*.

Não estamos nem perto de concorrer com a natureza no que diz respeito ao tamanho dos bits, mas quando consideramos sua *velocidade*, ganhamos disparado. Os bits do nosso cérebro se movem através de um tortuoso emaranhado de nervos numa velocidade média de 30 quilômetros por hora. Os bits se movem através de circuitos óticos dentro do computador ou de fibras óticas de longa distância à velocidade da luz — ou seja, numa velocidade 40 *milhões* de vezes maior do que a velocidade média dos sinais do nosso cérebro.

Mas, enquanto os computadores ganham capacidade, os programadores não estão se tornando muito mais produtivos. Os computadores se tornarão um milhão de vezes mais capazes nos próximos 30 anos, quando haverá bilhões de computadores no mundo todo. Então, como criar programas para eles? Programar computadores de alta velocidade nas linguagens tradicionais de programação é um processo dolorosamente lento. Tentar escrever grandes programas de computador, instrução por instrução, é muito lento e passível de erros. Mais perto do fim do tabuleiro, a tecnologia do computador ficaria travada se tivéssemos que programá-la à mão: seria como puxar uma Ferrari com um cavalo.

Felizmente, há várias maneiras de automatizar a produção de códigos de programas. Uma é estabelecer um processo em que o software se desenvolva. Nós lhe damos metas bem definidas, em direção às quais ele pode avançar incrementalmente: experimenta incontáveis mutações, avalia os resultados e seleciona as mutações que levarem aos melhores resultados. Assim como uma ferramenta de busca na Internet parece incrivelmente rápida, a evolução — talvez em muitos computadores espalhados — acabará produzindo resultados com incrível velocidade.

Já existem softwares que se autoaperfeiçoam, quase todos muito primitivos. Alguns softwares do futuro serão projetados para se aperfeiçoar durante um longo período, em geral com orientação humana, transformando-se num recurso muito além do que qualquer coisa que uma equipe humana poderia criar em programação convencional.

UM NOVO TIPO DE INTELIGÊNCIA

Estamos vendo novas formas de inteligência computacional radicalmente diferentes da inteligência humana e, em áreas estreitamente definidas, imensamente mais poderosas. É hora de abandonar a visão do século XX, de que a inteligência artificial será como a inteligência humana.

A inteligência não semelhante à humana será uma das características que definirão o século XXI. Vou me referir a ela como inteligência NHL (no-human-like inteligence).* Refere-se a uma família cada vez maior de técnicas que permitem que os computadores desenvolvam automaticamente formas poderosas de comportamento inteligente.

Quando criamos processos computacionais que se autoaperfeiçoam, coisas interessantes podem acontecer. Em geral, os processos continuam a melhorar até que os resultados se tornam tão complexos que não conseguimos mais acompanhar sua lógica. Eles correrão muito à frente da capacidade humana. O crescimento da inteligência NHL é uma das grandes tendências inexoráveis que moldam o nosso futuro.

Há uma variedade crescente de técnicas para produzir automaticamente inteligência NHL. É possível fazer com que o computador reconheça padrões que os seres humanos não conseguem reconhecer, "aprenda" comportamentos que os seres humanos não conseguem aprender, monte raciocínios lógicos complexos demais para os seres humanos, *desenvolva* comportamentos que os seres humanos não conseguem planejar e exiba propriedades emergentes que os seres humanos não conseguem antecipar. Toda essa capacidade existe hoje — mas numa forma primitiva, como os carros de 1900.

Alguns desses mecanismos, uma vez lançados, funcionam sozinhos e podem ser projetados de modo a se aperfeiçoar automaticamente. Fazem isso em velocidade eletrônica e podem produzir "pensamentos" totalmente diferen-

* Inteligência não semelhante à humana.

tes do pensamento humano. As amplas e complexas ferramentas de busca do Google nos dão uma grande capacidade. À medida que amadurecem, as várias técnicas para criar essas novas formas de inteligência permitem que as máquinas façam coisas que o cérebro humano não pode fazer.

As tentativas de fazer máquinas semelhantes aos seres humanos sempre fracassaram em seus propósitos. Em 1965, um dos grandes pioneiros da inteligência artificial, Herbert Simon, escreveu: "Dentro de 20 anos, as máquinas poderão fazer qualquer trabalho que um homem pode fazer". Dez anos depois, Marvin Minsky, cofundador do Laboratório de Inteligência Artificial e Ciência da Computação do Instituto de Tecnologia de Massachusetts (MIT), aparentemente imperturbado pela discrepância de tempo, escreveu: "Dentro de uma geração, o problema de criar inteligência artificial estará substancialmente resolvido". Depois de quatro décadas de intensa pesquisa com altos orçamentos, a capacidade do computador em termos de inteligência semelhante à humana é ainda muito limitada. Há três razões para isso. Primeiro, é enorme a capacidade computacional necessária — a inteligência da máquina fica seguramente no último terço do tabuleiro de xadrez. Segundo, é complexo demais para os métodos convencionais de programação. Precisamos de técnicas que nos permitam *gerar* software, ou processos que evoluam automaticamente. Em terceiro lugar, tem prevalecido o pressuposto equivocado de que a inteligência da máquina será semelhante à inteligência humana.

No futuro, os historiadores dirão que a informática saiu de seu período básico quando, em vez de seguir a lógica humana numa sequência de passos simples, *começou a mostrar uma inteligência própria, fundamentalmente diferente da inteligência humana*. Estamos vendo agora os primeiros passos dessa nova inteligência.

Quando a inteligência do computador puder desenvolver automaticamente a própria capacidade, as máquinas se tornarão mais inteligentes em ritmo acelerado, até que ocorra uma mudança explosiva. A Internet amplificará imensamente essa capacidade de reação em cadeia, já que as máquinas transmitirão sua capacidade para outras máquinas. Diferentes reações em cadeia ocorrerão em diferentes áreas de interesse.

UMA PARCERIA DE DESIGUAIS

A mente humana, muito diferente dos computadores, é um mundo de sonhos, imaginação, má-fé, poesia, amor, ingenuidade, religião e enredos. Nos computadores, não há apenas falta de poesia: há uma total falta de senso comum. A mente humana, intrincada e tortuosa, é capaz de pensar de maneiras que os computadores não imitarão num futuro previsível. A vida tem uma variedade infindável de experiências delicadas — o cheiro da cozinha de casa, a alegria de um concerto de Mozart, uma reação subconsciente ao canto de um pássaro na primavera, os olhos de uma mulher sinalizando sem saber que a sedução é possível, o reconhecimento de uma ideia inteligente, a reação ao olhar de um bebê, o arrepio na espinha provocado por um grande clarinetista. O computador, por mais intrincado e complexo que seja, é um mundo bárbaro, destituído dessas sensações.

O pensamento não semelhante ao humano dos computadores terá sutilezas ainda mais profundas. À medida que os softwares vasculham armazéns de dados, as máquinas podem aprender (com implacabilidade eletrônica) a detectar padrões que os seres humanos não conseguem reconhecer e nuances que os seres humanos não conseguem avaliar. O nosso desafio será aproveitar essas capacidades para que possamos criar corporações melhores, um mundo de medicina preventiva, segurança frente ao terrorismo, ecologia limpa, novos níveis de criatividade e novas formas extraordinárias de civilização.

Os robôs não são como os que vemos no cinema. Isso é muito errado. Um robô feito para detectar patógenos no ar, por exemplo, pode ser um aglomerado de *transponders* nanotecnológicos pequenos demais para serem vistos, que transmitem sem fio e são controlados por uma máquina distante. Não faz sentido um robô parecido com um ser humano andando ruidosamente com botas pesadas. Um robô pode ser uma fazenda hidropônica levando meticulosamente os nutrientes corretos para cada planta, para que o sabor seja perfeito. Um chef três estrelas do Guia Michelin pode ser uma unidade da sua cozinha, que encomenda produtos frescos pré-embalados dos robôs fazenda-hidropônica.

As máquinas são boas em coisas fundamentalmente diferentes das coisas em que *nós* somos bons. As máquinas são completamente diferentes das criaturas biológicas. Esse é um dos aspectos críticos do futuro.

Quando os computadores puderem melhorar automaticamente a própria capacidade e transmitir essa capacidade para outras máquinas, haverá a perspectiva de máquinas que aumentam sua capacidade em ritmo formidável. Mas, por mais brilhantes que sejam, não terão nenhum vestígio de senso comum. Podem adquirir um profundo pensamento alienígena incompreensível para nós, mas não têm a mínima compreensão de coisas óbvias para os seres humanos. São boas em formas profundas, brilhantes e insondáveis de lógica computacional — mas sem a capacidade integradora de compreender o mundo.

A inteligência humana é muito ampla mas relativamente rasa, enquanto a inteligência da máquina é muito estreita mas muito profunda. Um software com inteligência NHL terá uma incansável capacidade autoaprimoradora para tarefas específicas, mas não terá compreensão alguma de muitas coisas que para nós são banais. Alguns seres humanos especializados saberão pôr a inteligência NHL para funcionar — para que nos ajude a fazer melhores investimentos, construir melhores sistemas de defesa, deter uma pandemia de gripe ou criar uma corporação que vença a concorrência.

As corporações terão computadores que imitam seres humanos, talvez de maneira muito convincente, para dar aos operadores e clientes uma sensação de conforto, mas será de mentira. Uma máquina pode até se comportar como um bom vendedor, mas isso não significa que tenha inteligência. No futuro, interagiremos com diversos computadores mas, ao contrário de hoje, eles poderão ter um estilo de comunicação, uma voz e um rosto muito agradáveis. Projetar essas interfaces homem-máquina pode vir a ser uma profissão muito concorrida. O projetista tentará dar ao aplicativo a melhor personalidade possível, esperando que faça ótimas vendas ou consiga concessões. Você poderá falar com um rosto charmoso na tela do computador para fazer uma reserva num restaurante, mas isso não significa que ele seja real. Às vezes, quanto mais inteligente parece um rosto de computador, menos provável é que tenha alguma inteligência real. A inteligência profunda dos computadores será não semelhante à humana e fará processamentos profundos que os seres humanos não conseguiriam fazer e nem entender. E será independente do rosto cosmético que conversa e que parece inteligente às pessoas.

UM NOVO TIPO DE PENSAMENTO

A inteligência NHL traz para a humanidade um tipo radicalmente novo de pensamento. Hoje, muitas coisas programadas em computadores são processos de pensamento humano automatizados — manipulação de faturas, planejamento de produção, cálculos de engenharia, e assim por diante. Os computadores os executam inimaginavelmente mais depressa do que os seres humanos, mas continuam sendo processos de pensamento humano. No futuro, o valor dos computadores estará associado a um tipo de pensamento inviável para nós — um "pensamento" que é alienígena para os seres humanos.

Temos então três tipos de pensamento:

- processos de pensamento humano
- imitação pela máquina de processos de pensamento humano
- processos de pensamento NHL

Quando o comportamento consiste em processos executados um depois do outro, podemos entendê-lo melhor compreendendo cada processo. Quando o comportamento consiste em múltiplos processos simultâneos, com interações entre eles, não basta compreender cada processo. O enorme número de passos, grau de paralelismo e automodificação da informática futura desafiará passo a passo a verificação humana. No entanto, o processo é lógico. É tão preciso quanto a matemática.

Um bebê brinca com blocos coloridos, aprendendo alegremente a construir pequenas torres. Por meio de tentativas e erros, o bebê desenvolve habilidades. O que o bebê faz naturalmente com tanto prazer é muito difícil para uma máquina. Ela não consegue fazer coisas que consideramos triviais, mas consegue fazer uma busca em centenas de milhões de documentos no mundo todo e descobrir os artigos que existem sobre algum aspecto, digamos, da cristalografia do raio X. Embora sejam uma negação em coisas que os seres humanos fazem bem, os computadores podem ser ótimos em coisas que os seres humanos não conseguem fazer.

A biologia era uma ciência que observava culturas em placas de Petri, estudava diversas espécies, mas tinha pouca necessidade de "triturar números". A biologia atual, como qualquer outra ciência, está se afogando em dados. Um laboratório de genética de primeira linha pode facilmente produzir bilhões de bytes por dia. A quantidade de informações depositadas num banco internacional de sequências genéticas duplica a cada mês, e esse intervalo está encolhendo. O dilúvio de dados será muito maior quando um mapeamento sério do cérebro se tornar viável. Muitos desafios da biologia, da análise genética à descoberta de drogas, precisam de técnicas da inteligência NHL para descobrir padrões e testar hipóteses. Nos Estados Unidos, o Instituto Nacional de Saúde publicou um documento dizendo que há "uma lacuna alarmante entre a necessidade de computação em biologia e os recursos existentes para atender essa necessidade". Esse comentário pode se aplicar a quase todas as ciências. Os astrônomos não precisam de telescópios mais caros, mas de recursos da computação para entender o que já conseguem enxergar.

A inteligência NHL usa muitos tipos de processos computacionais que não empregam equações da matemática convencional e que podem ser aplicados ao confuso dilúvio de dados que o mundo real produz. À medida que amadurecerem, essas técnicas mudarão fundamentalmente nossa capacidade de monitorar e administrar o planeta. Os gigantescos oceanos poderão voltar à vida quando cada barco pesqueiro tiver um *transponder* GPS e ajustar suas atividades a modelos computadorizados da vida oceânica.

Computadores poderosos levaram a uma nova abordagem para a ciência: em vez de tentar reduzir tudo a uma massa de equações, armazenamos os dados e deixamos que novas ferramentas computacionais os explorem.

Uma parte vital da educação no século XXI será desenvolver a amplitude, a síntese e a sabedoria do pensamento humano e ligá-lo à inteligência NHL, profunda, incansável e em constante desenvolvimento. Os seres humanos terão que se tornar melhores naquilo em que são bons, e as máquinas terão que se tornar melhores naquilo em que são boas. Como são muito diferentes, não é provável que os seres humanos sejam totalmente substituídos por computadores no futuro previsível.

Fazer um grande filme exige sensibilidade a questões tão sutis que são difíceis de expressar — o estilo da fotografia, uma atuação convincente, a construção do suspense, o desenvolvimento de um complexo personagem humano, a paleta de cores, a mistura de história e música, um diálogo verossímil, a beleza da iluminação e a interação profundamente sutil entre os atores. Essa sensibilidade nos faz perceber a química na tela, o melhor movimento de câmera e a melhor adaptação de um roteiro para o meio visual. Não é provável que esse tipo de inteligência seja um dia automatizada.

Se não é possível construir um Alfred Hitchcock artificial, não deve ser possível também construir um Tolstoy ou um Richard Pryor. Existem programas para escrever poesia, pintar como Mondrian e compor como Bach. Mas há tanta diferença entre Bach e um Bach computadorizado, entre Renoir e um Renoir computadorizado, que o amante da música não gostaria de ouvir uma obra de Bach composta no computador e um conhecedor da arte não gostaria de conviver com quadros de Renoir feitos no computador. Os falsificadores humanos de Monet nunca produzem obras emocionalmente tão satisfatórias quanto as de Monet. Os seres humanos mais interessantes continuarão únicos, imitáveis apenas de maneira tosca. Quando o papel de parede se tornar mais inteligente do que nós, usaremos o tempo para nos tornar humanos de maneiras que as máquinas não conseguirão imitar.

No futuro, talvez digamos: "Um computador não deve dirigir filmes, mas um ser humano não deve dirigir uma fábrica". Um desafio interessante é desenvolver a melhor sinergia entre a profunda inteligência NHL e a inteligência humana. Como conceber a combinação humano-NHL de modo a atingir os resultados mais valiosos?

Redes globais que usem a inteligência NHL serão essenciais no avanço em direção a uma melhor administração do planeta. As redes de computador ajudarão a coletar quantidades assombrosas de dados que serão reunidos em gigantescos armazéns, onde novas técnicas ajudarão a impedir a lavagem de dinheiro e o tráfico de drogas, por exemplo. Com conjuntos de dados enormes e ferramentas da inteligência NHL, a medicina homeopática deixará de ser uma disciplina por vezes considerada uma arte negra para ser uma disciplina como a engenharia. Novas regras de relatórios corporativos viabilizadas pelo computador incentivarão as corporações a operar de maneiras que ajudem a resolver os problemas do mundo.

À medida que passamos do mundo da natureza para um mundo artificial, preferimos imaginar a inteligência artificial confortavelmente parecida com a inteligência humana. Queremos ter uma corda que nos ligue ao porto da familiaridade. A inteligência NHL corta essa corda e nos joga à deriva em águas profundas. Essas águas serão muito mais interessantes, mas temos que largar as velhas noções e aprender a navegá-las.

11

EVOLUÇÃO AUTOMATIZADA

É fantástico pensar que a evolução está agora em nossas mãos. Para se ter uma ideia da jornada do século XXI, é preciso compreender a velocidade crescente e cada vez mais arriscada da evolução tecnológica. O século XXI é o primeiro século em que aspectos da evolução podem ser automatizados. Parece que o grande plano do universo é avançar (de uma maneira ou de outra) em direção a um tempo em que a evolução possa acontecer a grande velocidade. A vida na Terra evoluiu muito devagar por um longo tempo, até que começou recentemente um tipo diferente de mudança. É como se a evolução fosse destinada a atravessar estágios de evolução primária, secundária e terciária.

- *Evolução primária* é a mutação e a seleção natural das espécies — um processo imperturbavelmente lento. Primeiro, a vida monocelular veio à existência. Depois de uns 3 bilhões de anos, a vida fez a transição de organismos monocelulares para multicelulares, capazes de evoluir de carrapato a dinossauro e de macaco a homem. Finalmente, desenvolveu uma espécie com inteligência para escrever livros e compreender a ciência. (Algumas escolas ensinam que foi preciso um *desígnio inteligente* — por parte de Deus — para trazer a vida à existência.)
- *Evolução secundária* se refere a uma espécie inteligente aprendendo a criar sua forma própria de evolução. Ela inventa um mundo artificial de máquinas, indústrias químicas, programas e redes de computador, transportes, processos manufatureiros, e assim por diante. Aprende a manipular o DNA. Num planeta com bilhões de pessoas, muitas podem estar inventando tais coisas e melhorando o que inventam. Ideias diferentes ocorrem a diferentes pessoas. Há uma grande diversidade de trilhas evolutivas.

- *Evolução terciária* se refere a uma coisa que está apenas começando na Terra: uma espécie inteligente que aprende a *automatizar a própria evolução.* Essa evolução artificial pode começar com software e redes de computador e progredir rapidamente para a evolução de procedimentos, mecanismos de controle e hardware. A evolução secundária acontece muito mais depressa do que a evolução primária, mas quando a evolução terciária deslancha, as coisas mudam muito depressa. Não temos ideia do que a humanidade produzirá na Terra mas, se nos forem dados outros mil anos (um piscar de olhos na escala do tempo da evolução), os resultados serão tão extraordinários que é natural imaginar se sobreviveremos. Isso será provavelmente determinado no século XXI. Se quisermos sobreviver, a evolução artificial tem que deixar de ser instável e temerária para se transformar num processo inteligentemente dirigido, em que os riscos sejam bem compreendidos.

Parece que essa evolução terciária é inevitável. A evolução primária desenvolve espécies biológicas durante um longo tempo, como fez na Terra. Se continuar por tempo suficiente (bilhões de anos), a evolução primária acaba produzindo uma espécie inteligente capaz de pensar e de se comunicar. Essa espécie tenta descobrir como o mundo funciona e adquire uma compreensão da ciência. Cria cidades, veículos, automação e globalismo. Essa evolução secundária ganha força até se tornar uma avalanche de capacidade de autoaprimoramento (depois de algumas centenas de anos, talvez). A espécie inteligente acaba aprendendo a automatizar muitos aspectos da evolução: é a evolução terciária, que ganha força até sua capacidade se transformar com muita rapidez e produzir uma grande diversidade. Assim que houver ferramentas, milhões de empreendedores iniciarão os próprios processos de evolução terciária. Mamãe pergunta: "O que o Johnny está fazendo com a luz do quarto acesa às três horas da madrugada?" E Papai responde: "Está usando o novo kit de ferramentas para desenvolver um jogo de Internet."

O ALGORITMO DE DARWIN

Desde que Darwin publicou *A Origem das Espécies*, em 1859, está em discussão se os processos da evolução seguem um algoritmo estrito. *Algoritmo* é uma palavra antiga, derivada do latim, *algorismus*, que significa "procedimento repetível". Um algoritmo pode ser escrito na areia com uma vareta. Pode ser uma receita culinária ou um manual de instruções que se segue passo a passo. O termo *algoritmo* é usado hoje para indicar um procedimento preciso executado num computador. Por exemplo, há algoritmos para calcular raízes quadradas ou os impostos que uma corporação tem que pagar.

Será que a imensa complexidade da natureza foi criada por um algoritmo? Darwin explicou que as espécies evoluem e são continuamente refinadas em ciclos intermináveis de mutação-teste-seleção, mutação-teste-seleção. Na frase — "Multiplicar. Variar. Que os mais fortes vivam e que os mais fracos morram" — há uma sucessão de pequenos passos, cada um deles mecanicista, com a seleção do mais apto fornecendo um lento e constante aperfeiçoamento da espécie. Se a sequência desses pequenos passos for seguida por muitos milhões de anos, teremos a grandeza das florestas tropicais, gorilas e papagaios gritando.

O próprio processo da evolução tem um forte elemento aleatório. Se, na Terra, atrasássemos os relógios um bilhão de anos e deixássemos um bilhão de anos de evolução acontecer de novo, seu caminho aleatório produziria resultados muito diferentes. Poderíamos ter seis pernas e a pelagem de um urso.

Desde o tempo de Darwin, muito se pesquisou sobre a evolução. A compreensão dos detalhes sutis melhora sem parar e, com ela, nossa admiração pela engenhosidade da natureza. Os céticos tentaram desesperadamente contestar Darwin. Buscavam uma situação atrás da outra que lhes permitisse dizer: "Você jamais explicará isso com um algoritmo sem Deus". Mas a cada vez havia alguma forma de algoritmo darwiniano em ação, às vezes de maneira sutil, envolvendo a polinização de insetos, sexo, micro-organismos ou interação sinergética entre espécies diferentes.

O filósofo Daniel Dennett estudou detalhadamente o assunto e argumenta que não é necessária uma intervenção sobrenatural para explicar a evolução. Os aspectos da evolução que pareciam milagres acabam sendo mais interessantes quando conseguimos explicar como ocorrem. Evidências fósseis demonstram que longos períodos da evolução foram darwinianos, mas a ciência não pode provar em definitivo a ausência de qualquer processo além do algoritmo de Darwin. Certas mudanças são difíceis de explicar, incluindo a primeira transformação de substâncias químicas em vida. Algumas autoridades religiosas argumentam que a intervenção divina ocorreu em alguns pontos, mas muitos cientistas argumentam contrariamente, dizendo que se Deus projetou as coisas, teria feito um trabalho muito melhor.

Se a evolução da natureza, ou quase toda ela, foi possível com um algoritmo, os computadores podem levar a termo formas semelhantes de evolução. O trabalho em evolução automatizada começou a dar resultados. Esta evolução terá um "designio inteligente" porque seres humanos inteligentes a conduzirão e a ajudarão quando emperrar.

DARWINISMO AUTOMATIZADO

Na ponta sul da África há uma obra-prima da evolução: um reino floral chamado "fynbos". As montanhas e vales são recobertos por um espetáculo compacto de plantas florindo, diferentes das que vemos em outras partes do planeta. Há 8.600 espécies de plantas, a maioria com flores, num ecossistema autossustentável. Dessas, 5.800 são endêmicas (desenvolvem-se nesse lugar há milhões de anos). Para se ter uma ideia, as Ilhas Britânicas cobrem uma área muito maior, mas têm apenas 1.500 espécies de plantas, das quais nem 20 são endêmicas.[1]

Às vezes, vou a lugares assim com pessoas que dizem: "Não é absolutamente fantástico que Deus tenha criado essa beleza incrível?" Respondo que é um outro aspecto que me parece fantástico: que um ecossistema de tal complexidade e beleza *tenha evoluído*. Sempre que caminhamos no fynbos, há flores diferentes vicejando, e nenhuma delas existia há 5 milhões de anos. Esse magnífico reino floral evoluiu através de um número enorme de tentativas e erros, por meio de um conjunto de regras que Darwin tentou descrever. Fantástico para mim é que um número infinito de outras ecologias *poderia* ter evoluído, usando o mesmo conjunto de regras.

Quando Richard Dawkins, um biólogo de Oxford que escreve sobre evolução, começou a programar computadores nos anos 1980, uma ideia fascinante lhe ocorreu. Era possível criar regras darwinianas em software, colocá-las para rodar e emular a evolução. Era possível, com bastante tempo e poder computacional, produzir o equivalente a um reino floral em software.

Dawkins criou um programa muito simples para realizar a evolução de formas arbóreas na tela do computador e ficou admirado com seu comportamento. "Nunca imaginei que fosse se desenvolver outra coisa além de formas arbóreas. Esperava ver salgueiros chorões, álamos e cedros do Líbano." No entanto, as estruturas ramificadas começaram a se cruzar sobre si mesmas, preenchendo áreas até se congelar numa massa sólida. Formaram pequenos corpos — e galhos parecidos com pernas e asas brotaram desses corpos. Os desenhos evoluíram, de forma totalmente inesperada, em estranhos insetos e borboletas. Dawkins não conseguiu sair da frente da tela nem para comer, empolgado com as complexas aranhas-d'água, escorpiões e outras formas que surgiam. Em 1987, escreveu: "Nada em minha formação de biólogo, nada em meus 20 anos de programação de computador e nada nos meus sonhos mais loucos tinha me preparado para o que surgiu na tela."[2]

Naquela noite Dawkins não conseguiu dormir. Explorou o espantoso mundo que tinha criado em busca de formas de não plantas, tentando comparar a evolução que estudava há tantos anos com a imprevisível evolução no seu computador. Nos meses seguintes, descobriu "camarões diáfanos, templos astecas, janelas góticas e desenhos aborígines de cangurus". Dawkins coçava a cabeça, perplexo com o que sua criação estava fazendo.

Experimentou usar "genes" que permitissem fixar regras para controlar a evolução dos desenhos. Uma cadeia desses genes (como um cromossomo) fornece um conjunto de regras para a criação e o desenvolvimento dos desenhos e podem ser usados para automatizar aspectos da evolução. Modificando os genes, Dawkins conseguiu fazer rapidamente experimentos interessantes com a evolução de suas criaturas: observou *a evolução dos genes e não apenas das criaturas*. Um nível mais alto de evolução se torna possível. Podem ser selecionados genes, por exemplo, que sejam campeões evolutivos.

Pesquisadores que fazem experimentos com evolução em programas de software descobriram que eles emperram com facilidade. Chegam rapidamente a um beco sem saída. A evolução automatizada será feita por programadores inteligentes (humanos) que serão alertados quando o processo emperrar, ajustando rapidamente as regras. A tecnologia de hoje nos permite construir supercomputadores ultraparalelos, especialmente projetados para a evolução artificial. Se tivéssemos processadores em número suficiente, faríamos a evolução ocorrer um bilhão de vezes mais depressa do que a evolução na natureza. Ou seja, uma complexidade como a dos fynbos poderia se desenvolver em dias e não em milhões de anos. Mas, antes disso, muito experimento será necessário.

EVOLUÇÃO DIRIGIDA A METAS

As plantas e as criaturas da natureza são concebidas para evoluir, se adaptar, aprender e melhorar constantemente. Uma grande parte da tecnologia do futuro será similarmente concebida para evoluir, adaptar, aprender e melhorar continuamente *a si mesma* (como na natureza, com muitos becos sem saída evolutivos). Como os processos da natureza evoluíram e se aperfeiçoaram durante um tempo muito longo, tornaram-se fantasticamente complexos. A tecnologia autoevolutiva também se tornará muito complexa.

A evolução da natureza é um processo aleatório de tentativa e erro. Ocorre aleatoriamente um grande número de mutações, sem outra meta além da sobrevivência do mais apto. A evolução da tecnologia, por outro lado, tem metas estabelecidas por seres humanos.

A natureza experimenta tudo. Não tem ideia do que vai funcionar e deixa que a seleção natural decida. A natureza não decidiu construir uma girafa ou um beija-flor, que são apenas produtos divertidos do embaralhamento aleatório das cartas da natureza. Os evolucionistas tentam desesperadamente demonstrar que os processos foram de algum modo estabelecidos para alcançar o ponto alto da evolução — a humanidade. Tais ideias não vingaram. A humanidade evoluiu aos trancos e barrancos e não é certamente o ponto alto da evolução. É apenas a atual vencedora.

Se a evolução é usada como técnica de engenharia, tem que haver metas precisas e mensuráveis para selecionar as mutações a serem mantidas. Um engenheiro especifica o comportamento que ele espera. Estabelece uma medida para o desempenho do sistema em evolução e meios automáticos para acessar os resultados. Depois de cada ciclo de evolução, as mutações que se saem melhor são levadas para o ciclo seguinte. Como na natureza, o processo passa por milhares, talvez milhões de ciclos de alterar-testar-selecionar, alterar-testar-selecionar, até chegar a um bom projeto.

Ao contrário da evolução da natureza, a evolução artificial é estabelecida tendo em vista metas específicas. Um criador de cavalos pode criar cavalos de corrida com mais eficiência do que a natureza porque tem metas. Os genes dos cavalos considerados melhores são usados em cada nova rodada de cruzamentos. A evolução automatizada é semelhante: examina a aptidão de cada variação tendo em vista uma determinada meta. É programada para melhorar constantemente a aptidão por muitos e muitos ciclos de alterar-testar-selecionar. Ao contrário da criação de cavalos, a evolução artificial se dá em velocidade eletrônica e seus resultados podem ser muito mais interessantes. Um cavalo é apenas um cavalo.

As disciplinas de evolução automatizada exigem computadores poderosos que processem enormes números de mutações em velocidade muito alta e testem sua adaptação ao avanço rumo ao alvo. Como é muito grande o número de mutações a serem experimentadas e testadas, os computadores trabalham com muitos processadores pequenos e rápidos operando em paralelo. Processam muitas mutações ao mesmo tempo e as testam, rejeitando quase todas, como faz a natureza, e preservando algumas poucas para o avanço da evolução.

Na Terra, a vida evoluiu durante 4 bilhões de anos antes do homem ter sido criado. Levou três séculos para evoluir do primeiro lampejo da Revolução Industrial à sociedade industrial de hoje. Agora, com supercomputadores projetados especificamente para uma evolução em alta velocidade, resultados interessantes podem surgir em poucos dias.

Isso levanta muitas questões. Onde uma tal evolução deve ser usada? Que indústrias ou disciplinas a aproveitariam mais? Será que certas corporações dominarão alguns mercados usando a evolução automatizada? É possível configurar um software para evoluir sem qualquer intervenção humana? O que desejamos que ele realize?

O código que resulta de processos evolutivos é tão diferente do código tradicional que muitas vezes os programadores acham difícil ou quase impossível segui-lo. É possível torná-lo confiável deixando que evolua com um grande número de casos de teste. À medida que a inteligência das máquinas ficar mais profunda e muito mais rápida, ela desenvolverá mecanismos incompreensíveis para nós. Saberemos controlá-la? Como fixar metas pertinentes? As máquinas desenvolverão as próprias metas? Será que desenvolverão metas de alto nível sem interesse para nós? Como implementar controles para prevenir isso?

FIXANDO METAS INTELIGENTES

Usada como disciplina de engenharia, a evolução automatizada não é aleatória como a evolução da natureza. Os engenheiros têm em mente metas mensuráveis e programam a evolução para progredir em direção a elas. Eles têm que enunciar com precisão o que pretendem que a evolução realize. Podemos tentar, por exemplo, criar um software para o mercado de câmbio internacional. Configuramos os procedimentos de modo que se refinem continuamente por meio de intermináveis ciclos de alterar-testar-selecionar. Cada mutação é testada com relação à meta específica: *melhorar o retorno do investimento.*

Construir uma "caixa preta" para tipos mecânicos de investimento como arbitragem ou mercado de câmbio internacional é um desafio fascinante. Muitos algoritmos computacionais foram desenvolvidos para isso. Alguns dão um excelente retorno do investimento por algum tempo, mas então as condições de mercado mudam de maneira sutil e o algoritmo perde dinheiro. Algumas vezes a perda é súbita e espetacular. Para desenvolver o algoritmo, é preciso usar uma longa história do mercado, capturando se possível as maneiras diversas e sutis pelas quais o comportamento que constitui os mercados pode mudar.

A DaimlerChrysler usou a evolução dirigida a metas para refinar o *design* de motores a diesel. A indústria aeroespacial a usou para refinar motores a jato. John Deere a usou para desenvolver cronogramas de fábrica que permitam a customização eficiente de produtos. Seu potencial é muito maior para desenvolver novos tipos de software. Há um limite para as mudanças possíveis num motor a diesel, mas um software pode evoluir de maneira ilimitada. Pode ser que uma compreensão mais madura da evolução automatizada nos permita criar muitos tipos de softwares e procedimentos que não conseguimos criar com a programação convencional.

Há três bons motivos para criar software por evolução automática. Primeiro, quando funciona bem, a evolução automatizada de softwares é muito mais rápida do que a programação tradicional. Segundo, é possível desenvolver funções que não poderíamos programar com as linguagens tradicionais. Podemos desenvolver chips para reconhecer rostos humanos, por exemplo. Terceiro, podemos desenvolver funções de complexidade arbitrária. A Genobyte anuncia que seu hardware evoluível permite "criar circuitos adaptativos complexos *que excedem a capacidade humana de projetar ou depurar*, incluindo circuitos que superam soluções conhecidas para vários problemas de *design* que já foram provados experimentalmente".

ENGENHARIA DA EVOLUÇÃO

Quando um bebê humano aprende, ele está fazendo as ligações do cérebro: desenvolve os padrões nervosos entre os neurônios e ajusta as sinapses de maneira a mudar a influência de um neurônio sobre o outro. Vários pesquisadores, mais notadamente Rodney Brooks e sua equipe no Laboratório de Inteligência Artificial e Ciência da Computação do MIT, descobriram como fazer isso com a eletrônica. Hugo de Garis, ex-chefe do Brain Builder Group (BBG) no Advanced Telecommunications Research (ATR), em Quioto, Japão, inventou uma técnica genética para desenvolver um pequeno módulo de capacidade cerebral — apenas algumas centenas de neurônios. Algumas funções "cerebrais" precisam de muitos desses módulos interligados. Ele escreveu: "Meus circuitos neurais se desenvolvem em bilionésimos de segundo. É tão rápido que posso desenvolver vários, cada um com uma mutação ligeiramente diferente e, portanto, com capacidades ligeiramente diferentes para realizar alguma tarefa que lhes dou. Programando um hardware para medir o desempenho de cada circuito em evolução, é possível desenvolver um circuito de elite (o circuito de melhor desempenho — o melhor entre dezenas de milhares) em cerca de um segundo". Essa velocidade notável permitiu a Hugo de Garis e sua equipe reunir dezenas de milhares de tais circuitos em arquiteturas gerais.

Hugo de Garis usa o termo *engenharia da evolução*. Começou a criar uma disciplina de engenharia com dois níveis de profissionais numa equipe: os arquitetos, que especificam quais são os módulos necessários e como funcionam juntos, e os engenheiros da evolução, que criam os módulos. Um dia, haverá catálogos de módulos já prontos para montar sistemas complexos e uma pequena proporção de módulos desenvolvidos para um único projeto. A equipe de Hugo de Garis criou um poderoso supercomputador para o processo de criação de módulos, que ele chamou de "Máquina de Darwin".

A seleção natural tem um problema bem compreendido em ciência da computação. O mecanismo darwiniano de sobrevivência do mais apto fornece continuamente melhorias localizadas e não uma visão de longo alcance. Numa grande cadeia de montanhas, a evolução darwiniana só consegue seguir montanha acima, podendo ficar presa em algum pico. Não há mecanismos para descer a montanha e atravessar o vale até uma montanha mais alta do outro lado. A seleção natural não tem como ver a paisagem de longe e perceber que está presa num pico local, mas o cérebro humano e sua ciência podem ver a paisagem e planejar um caminho para uma meta distante.

A visão de longo alcance é um recurso muito importante e os programas que construímos para a evolução automatizada parecem precisar periodicamente de uma intervenção da inteligência humana. Os seres humanos podem detectar quando um processo evolutivo está empacado, podem sondar a paisagem de longe e aplicar a inteligência humana quando é necessário.

DIFERENÇAS COM RELAÇÃO À EVOLUÇÃO DA NATUREZA

Com as máquinas que imaginamos hoje, a evolução automatizada pode se tornar um bilhão de vezes mais rápida do que a evolução da natureza. Além disso, será incomparavelmente mais eficiente. A evolução darwiniana é descrita como aleatória, sem propósito, irracional e sem Deus.[3] A evolução automatizada tem um alvo, tem um propósito, tem inteligência e é dirigida por seres humanos, que mudam suas funções de aptidão com base em resultados. Na evolução darwiniana, o algoritmo permanece o mesmo. Na evolução automatizada, os pesquisadores buscarão constantemente técnicas e teorias melhores. As próprias técnicas da evolutibilidade evoluirão.

Uma grande vantagem potencial da criação de sistemas por evolução é que, com tempo suficiente de evolução, eles podem ficar muito complexos, como na natureza. Podem ficar muito mais complexos do que qualquer sistema que os seres humanos possam criar com abordagens tradicionais de engenharia. Essa característica da engenharia evolutiva tem sido chamada de "independência da complexidade"[4] — o engenheiro evolutivo não se preocupa com a complexidade interna do sistema que está sendo desenvolvido: preocupa-se apenas com a avaliação do seu desempenho. A complexidade interna do sistema em evolução pode ir muito além daquilo que os engenheiros humanos têm capacidade intelectual para compreender.

A tabela a seguir resume as diferenças entre sistemas vivos e evolução automatizada:

EVOLUÇÃO DA NATUREZA	EVOLUÇÃO AUTOMATIZADA
Uma planta ou animal	Um processo ou software
Evolução imperturbavelmente lenta	Evolução muito rápida
Imensa complexidade	Baixa complexidade hoje; possível complexidade que excede a da natureza
Nenhuma meta de longo prazo em mente	São estabelecidas metas de longo prazo
Tentativa e erro aleatório	Guiado por uma equipe de projetistas inteligentes
Sobrevivência do mais apto	Seleção baseada em critérios de engenharia
A versão selecionada não pode ser imediatamente replicada	A versão selecionada é replicada e espalhada através da Internet
Os métodos de evolução raramente mudam	Os métodos de evolução evoluem rapidamente
Cada planta ou animal que evolui é fisicamente separado	O software em evolução pode ser interligado na Internet

A SINGULARIDADE

Em geral, uma tecnologia que tem um período de crescimento exponencial, acaba diminuindo o ritmo. Mas, se estiver totalmente divorciada da matéria, pode não haver nada físico que as faça diminuir o ritmo. Isso acontece porque a manipulação da *matéria* tem limites inerentes, assim como o desenvolvimento que depende da inteligência humana. No entanto, a inteligência abstrata que se autodesenvolve pode correr na frente sem depender de nada físico ou humano que a faça ir mais devagar. Cedo ou tarde, uma das maiores preocupações da sociedade será como lidar com máquinas muito mais inteligentes do que nós.

A inteligência não semelhante à humana (*NHL intelligence* ou *Non-Human-Like intelligence*) vai se tornar incomparavelmente mais profunda e veloz do que a inteligência humana. Isso pode ocorrer primeiro em áreas profissionais muito específicas e depois em círculos de atividade cada vez mais amplos.

Vernor Vinge, matemático e cientista de computador, concluiu que a tecnologia computacional vai se alimentar de si mesma, tornando-se cada vez mais intensa, como as forças gravitacionais de um buraco negro. Pegou emprestado o termo *singularidade* da astrofísica dos buracos negros.[5] Na matemática ou na física, o termo *singularidade* implica uma variável que se torna infinita. Vinge usou o termo para se referir à curva do crescimento tecnológico que se torna quase vertical.

Em 1923, a Alemanha passou pela singularidade com o dinheiro. A curva da inflação se tornou quase vertical. Os alemães usavam carrinhos de mão cheios de dinheiro para comprar pão. No pico da inflação, queimavam dinheiro em vez de lenha porque era mais barato. Vinge e os escritores que apoiam sua teoria acreditam que a singularidade do computador será semelhante. Num único computador, a inteligência pode aumentar centenas de vezes ao dia.

Quando os computadores tiverem mais capacidade do que os seres humanos, num primeiro momento isso vai parecer bom — as corporações terão lucros enormes, o mercado de ações pode superar o *boom* da Internet, os efeitos especiais dos videogames serão sensacionais. Um número enorme de computadores conectados a uma Internet com a velocidade da luz compartilharão essa boa fortuna, mas o aumento da inteligência da máquina vai se alimentar de si mesmo, tornando-se mais extremo, até que não haja mais tempo para pensar como controlá-lo. Quando se chega perto demais de um buraco negro, é tarde demais para discussões sobre navegação.

Pode haver uma explosão de inteligência muito além de qualquer coisa que os seres humanos possam compreender ou controlar. Muitos autores que falam da Singularidade escrevem a palavra com S maiúsculo e pintam um quadro dramático de inteligência descontrolada acontecendo muito de repente, como a inflação alemã — e os seres humanos sem saber como controlá-la. Não podemos antecipar como será depois da Singularidade. O porta-voz da Singularidade acredita que ela vai causar uma ruptura aguda na continuidade das questões humanas.

O momento da Singularidade, quando a inteligência humana e a inteligência da máquina formarem uma aliança, ocorrerá provavelmente quando o mundo chegar ao meio do cânion — talvez quando a população do planeta atingir o seu pico e quando o estresse dos recursos da Terra atingir seu máximo. Ray Kurzweil, autor de *The Singularity Is Near: When Humans Transcend Biology*, estima que isso acontecerá em 2045.[6]

Hoje, a U.S. TeraGrid é a rede de computadores mais poderosa do mundo. Os computadores conectados a ela estão em cinco locais diferentes e têm 20 trilhões de operações por segundo de capacidade supercomputacional firmemente integrada e armazenamento de mais de mil trilhões de bytes de dados, conectados a uma rede que transmite 40 bilhões de bits por segundo. É projetada para se tornar uma rede mundial com milhares de vezes mais capacidade do que hoje. Uma versão de 2045 da TeraGrid atual poderia ser chamada de ZettaGrid. O prefixo *zetta* significa *mil bilhões de bilhão*. Um zettabyte é 1.000.000.000.000.000.000.000 de bytes. A ZettaGrid conectaria milhões de supercomputadores zettaflops, cada um com zettabytes de dados. É num ambiente assim, com evolução automatizada, que a Singularidade ocorrerá.

Pensava-se que os computadores eram apenas máquinas. Se quiséssemos, bastaria tirar o plugue da tomada. Na sociedade de hoje, nada poderia estar mais longe da realidade. A indústria se reestruturou, tornando-se totalmente dependente das redes, da computação poderosa e eventualmente da produção robótica. Sem computadores, não haveria comida nas lojas. A cada ano, ficamos mais inescapavelmente emaranhados num mundo de computação e mais dependentes das máquinas.

Quando tivermos um grande número de computadores e robôs ultrainteligentes, a maior parte do trabalho nos países avançados será feito por máquinas. Isso trará muita produtividade e muita riqueza, e a sociedade precisará de meios para distribuir a riqueza para os desempregados. Muita gente buscará ocupações gratificantes. Talvez muitos se tornem voluntários em organizações dedicadas a ajudar as partes mais pobres do mundo e a fazer com que a nova inteligência ajude a eliminar a pobreza.

Não acredito na visão apocalíptica da Singularidade — a de que um dia ela será como a inflação na Alemanha. Uma razão para duvidar disso é que teremos décadas de sobreaviso e anos para nos preparar para ela. Não será como um terremoto imprevisível. Haverá centenas de milhões de grandes computadores dirigindo organizações com programas tranquilos que não mudarão muito rapidamente. Os supercomputadores farão, por exemplo, modelos da mudança climática e efeitos especiais espetaculares para o cinema, além de dar aos cientistas muito mais capacidade para compreender o mundo. Esses diferentes grupos terão planejado a própria transição para usar esse aumento em capacidade computacional. Não será uma única transição, mas inúmeras transições, que ocorrerão em diferentes locais e em momentos diferentes. Haverá muito tempo para antecipar possíveis efeitos prejudiciais de um súbito aumento da inteligência computacional e para implementar medidas que detenham o dano.

Ainda assim, o efeito geral será uma mudança profunda da sociedade.

REVOLUÇÕES SUPERPOSTAS

A longa evolução dos computadores está ocorrendo em quatro revoluções superpostas:

1. O crescimento da computação burra
2. O crescimento de redes globais de computadores
3. O crescimento da inteligência não semelhante à humana
4. A Singularidade

A primeira dessas revoluções começou com os *mainframes*, passou para os minicomputadores, passou então para os computadores pessoais e está se difundindo amplamente em máquinas muito pequenas. Grandes computadores fazem grandes cálculos de engenharia e aplicações exóticas, como a criação da realidade virtual de intenso realismo. Podemos observar o extraordinário impacto da Lei de Moore muito antes do seu momento de glória — a era da nanotecnologia.

A segunda revolução ganhou força à medida que a Internet forneceu novos tipos de interação e serviços em todo o planeta. Permitiu uma importante reinvenção dos processos de negócios. Os circuitos de longa distância e grande capacidade ficaram viáveis com a fibra óptica, e incontáveis equipamentos portáteis puderam se conectar a eles sem fio.

Os computadores se tornarão realmente interessantes quando forem inteligentes. Essa é a terceira revolução. Como a inteligência não semelhante à humana opera em velocidade eletrônica, ela se adiantará bem à frente da capacidade humana, aprendendo comportamentos que os seres humanos não conseguem aprender. Como a inteligência dos computadores e a inteligência humana são tão diferentes, precisaremos de uma sinergia muito próxima entre as duas.

A Singularidade é uma consequência inevitável da inteligência computacional alimentando-se de si mesma. Os computadores terão cada vez mais sucesso na imitação de aspectos da inteligência humana e isso ajudará a produzir sistemas que capacitem os seres humanos a usar a profunda inteligência NHL quando ela chegar ao nível da Singularidade.

A primeira revolução foi chamada de derrubada da matéria porque armazena uma quantidade tão grande de bits num espaço tão pequeno. A segunda revolução (redes com fibras ópticas e conexões sem fio) é a derrubada da distância. A terceira revolução (inteligência evolutiva não semelhante à humana) é a derrubada da necessidade de programação humana. A quarta revolução é a derrubada da supremacia da inteligência humana.

Cada uma dessas revoluções tem o seu tabuleiro de xadrez em grande escala, mas evolui em índices diferentes. Na primeira revolução, melhorar mil vezes leva 15 anos. Na segunda revolução, melhorar mil vezes leva 10 anos ou menos. Na terceira revolução, desde que as técnicas de automelhoria amadureçam, a inteligência NHL pode melhorar mil vezes em dois ou três anos — talvez menos. A quarta revolução (Singularidade) trará um ritmo extremo de mudança, mas só uma pequena fração da humanidade a aproveitará no começo.

As pessoas mais brilhantes, não apenas na indústria do computador, mas entre empreendedores do mundo todo que pensam sobre os possíveis usos da tecnologia, estarão antecipando com entusiasmo os usos que farão do espetacular aumento na inteligência das máquinas. Antes da Singularidade acontecer, capitalistas de risco receberão uma enxurrada de propostas sobre como usá-la para obter um retorno espetacular sobre os investimentos. Haverá um entusiasmo febril acerca disso, ultrapassando de longe a mania de tulipas dos holandeses. Os mercados de ações alcançarão talvez o período mais volátil em todos os tempos. Os investidores mais inteligentes usarão "caixas pretas" que incorporem a mais avançada inteligência da máquina, usada para maximizar o retorno do investimento, tanto na baixa quanto na alta dos diferentes mercados mundiais. Na tentativa de maximizar seus lucros, farão empréstimos no mundo todo e usarão as técnicas mais engenhosas, como a arbitragem global, para multiplicar seus retornos, protegendo seu dinheiro quando as coisas correrem mal.

A Singularidade pode ser uma época em que certos indivíduos ganharão mais dinheiro do que qualquer um já ganhou. Na década de 1990, houve um momento em que a riqueza pessoal de Bill Gates era maior do que o produto nacional bruto de Israel. No ano da Singularidade, pode haver um breve momento em que os Bill Gates ou os George Sorors do futuro terão uma fortuna pessoal muito maior.

12
A CONDIÇÃO TRANS-HUMANA

O trans-humanismo é um movimento que diz respeito à otimização humana. Explora qualquer método viável para melhorar os seres humanos, buscando superar as atuais limitações biológicas, e examina as mudanças culturais e sociais que devem acompanhar a otimização humana.

Em geral, quando se fala de modificar seres humanos, as pessoas pensam que podemos usar modificação genética, assim como modificamos geneticamente as plantas. Na realidade, pelo menos nas próximas décadas, as formas mais efetivas de modificação humana não serão genéticas. Nossos genes são tão complexos que seria muito difícil criar pessoas geneticamente modificadas que fossem mais inteligentes ou mais capazes. É mais provável que formas mais viáveis de otimização humana venham de técnicas protéticas, da nanotecnologia, da medicina regenerativa, das drogas que afetam o cérebro e de dispositivos eletrônicos que aumentam a capacidade humana.

Numa entrevista que fiz com Ray Kurzweil, um inventor prolífero que criou sintetizadores musicais e máquinas que leem livros para cegos, ele explicou que temos capacidade para reinventar quase todos os componentes do nosso corpo. A evolução biológica, disse ele, produziu mecanismos ineficazes. "Ela usa proteínas feitas a partir de sequências lineares de aminoácidos, o que tem muitas limitações. Quando soubermos como funcionam esses diferentes sistemas, vamos descobrir que podemos redesenhá-los para que sejam milhares, talvez milhões, de vezes mais poderosos." Kurzweil espera que muitas partes biológicas acabem sendo substituídas por sistemas não biológicos muito mais capazes.[1]

Muitos substitutos *high-tech* de partes do corpo serão mais fortes ou mais capazes do que o original biológico e não estarão sujeitos à degradação e às doenças biológicas. A indústria dos medicamentos desenvolverá produtos altamente refinados. Aumentaremos substancialmente a duração da vida humana. A neurociência se desenvolverá de maneira extraordinária na medida em que mapearmos o cérebro humano com resolução cada vez maior, chegando a registrar a transmissão de sinais entre os neurônios — para depois reconstruir eletronicamente o que registramos. Poderemos conectar alguns dispositivos eletrônicos diretamente ao cérebro.

Um importante debate do século XXI será: devemos ou não usar a tecnologia para modificar fundamentalmente a criatura humana? O projeto genoma nos permite uma compreensão cada vez maior dos genes humanos, seguida pela capacidade de introduzir neles pequenas modificações. O projeto de mapear o cérebro humano e registrar com detalhes o seu funcionamento pode levar a controvérsias ainda maiores do que a modificação genética. Devemos modificar partes do nosso cérebro usando a eletrônica? Devemos otimizar o cérebro conectando-o diretamente a dispositivos eletrônicos? Kurzweil comentou na entrevista: "Não somos definidos por nossas limitações. Somos definidos como a espécie que procura ir além de suas limitações". O trans-humanismo tem fortes oponentes, convencidos de que não se deve modificar um ser humano. Alguns têm argumentos religiosos ou criptorreligiosos. Outros dizem que há profundas consequências que não compreendemos. Alguns dizem que essa é uma ladeira escorregadia que devemos evitar porque vai ficar cada vez mais íngreme e mais escorregadia. Na verdade, parece que a ladeira escorregadia nos levará a importantes otimizações dos seres humanos, não a degradações, e que o caminho para as melhorias será mais extraordinário do que se imagina hoje.

Um argumento importante é que a complexa natureza humana, refletida com profundidade na melhor literatura, é valiosa demais para ser manipulada. Bill McKibben, um filósofo de Vermont que prefere que seu belo mundo continue como está, diz simplesmente: "*Chega* — já tivemos *suficientes* tecnologias disruptivas. Vamos aproveitar o que a natureza nos deu".[2]

Nick Bostrom, um filósofo de Oxford, tem uma visão diferente. Ele quer saber como as modificações biológicas podem tornar a vida mais satisfatória. Diz ele: "Ter um carro mais rápido, uma casa mais aquecida ou mais obras de arte penduradas nas paredes não modifica o que somos, mas ser mais longevos, mais felizes, mais espertos, mais ricamente emocionalizados — isso é muito mais profundo". Os trans-humanistas concordam que há sérios perigos que devem ser estudados com cuidado para que possam ser tomadas medidas de proteção. Acreditam que os possíveis benefícios podem superar os possíveis perigos — mas não é possível conhecer totalmente os perigos antes de fazer a viagem.

Parece inevitável que aconteçam aspectos importantes do trans-humanismo. Alguns desses aspectos serão tentadores demais. A maioria das pessoas desejará mais saúde e uma vida mais longa, e há várias maneiras de conseguir isso. A maioria quer o melhor para os filhos e quer mais diversão na vida. Algumas coisas na agenda dos trans-humanistas são a curto prazo e inevitáveis, como drogas psicológicas refinadas; outras são a longo prazo e parecem estar no campo da ficção científica, como mapear com detalhes o cérebro e fazer com que partes dele operem em conjunto com um computador. Quando a Geração da Transição estiver envelhecendo, segmentos da espécie humana estarão substancialmente otimizados, o que trará enormes consequências sociais.

PESSOAS OTIMIZADAS

Podemos fazer uma distinção entre otimizações que nos deixam mais saudáveis e otimizações que modificam a criatura humana. Deixando de lado a modificação genética, há hoje outros meios de modificar os seres humanos, como produtos químicos sutis que atuam no cérebro e parecem vender em profusão, e dispositivos protéticos mais eficazes. O exército norte-americano desenvolveu uma roupa robótica que detecta os movimentos dos músculos de quem a usa e os amplifica. O usuário pode dar pulos muito altos ou levantar 100 quilos como se fossem 5. Pode carregar um peso de 250 quilos nas costas por muito tempo. Há inúmeras variações da otimização robótica dos nossos músculos.

Algumas das mudanças mais controversas ocorrerão quando começarmos a mapear com detalhes os mecanismos do cérebro e a aprender como otimizá-los. Os profissionais serão modificados, mesmo que sem mudanças biológicas, porque usarão ligações sem fio a computadores, com capacidade muito além do que existe hoje. Um projeto pode empregar mil engenheiros ligados à Internet por fibra ótica, cada um deles usando recursos computacionais mil vezes mais avançados do que a inteligência humana.

O termo *bioconvergência* é usado com referência à tecnologia que combina processos biológicos e não biológicos, como nos personagens "biônicos" da ficção científica. A nanobiologia surgirá como disciplina que combina nanotecnologia e biologia. Uma célula sanguínea tem cerca de 7.400 nanômetros de diâmetro. Uma quantidade substancial de dispositivos nanotecnológicos podem ser postos numa cápsula do tamanho de uma célula sanguínea. Dispositivos mais ou menos desse tamanho percorrerão a corrente sanguínea para destruir bactérias, vírus ou placas escleróticas, mantendo-nos saudáveis. Ainda não temos dispositivos nanotecnológicos, mas teremos dispositivos mecânicos e eletromecânicos (MEMS) do tamanho de uma célula sanguínea. Já houve importantes conferências sobre MEMS biológicos. Podemos introduzir esses dispositivos na corrente sanguínea com objetivos médicos. Eles podem liberar quantidades muito pequenas de produtos químicos. Podem entrar nos vasos capilares do cérebro e liberar quantidades precisas de drogas que atuam no cérebro. Serão projetados para levar produtos químicos diretamente para as células cancerosas sem liberá-los em nenhum outro lugar, tornando a quimioterapia precisa e focalizada. A quimioterapia de hoje parecerá tão tosca quanto um bombardeio indiscriminado.

SENTIDOS OTIMIZADOS

Um modo de otimizar um ser humano é melhorar seus sentidos. Alguns animais têm olhos muito melhores do que os nossos. Alguns têm ouvidos melhores. Nosso nariz é primitivo comparado ao de um cachorro, mas já foram criados narizes de laboratório tão sensíveis quanto os dos cachorros.

Os surdos, como eu, poderão usar aparelhos eletrônicos minúsculos dentro da orelha. Hoje, além de restaurar a audição normal, eles podem otimizá-la — por exemplo, com um controle de mão, você pode direcioná-los para ouvir a conversa em outra mesa do restaurante. Poderia também criar silêncio artificial, como os fones de ouvido Bose, supressores de ruídos, ou tocar música do iPod de maneira imperceptível. Você poderia ir dar um passeio na floresta e ouvir todas as criaturas da noite, algumas se comunicando em frequências além do alcance humano.

Tanto a visão quanto a audição podem ser melhoradas com facilidade. Você pode ter óculos que lhe permitam ver no escuro e que detectam radiação infravermelha para você saber onde há criaturas escondidas.

Nos bosques de Vermont, uma pessoa pode passar perto de um urso sem perceber. O urso toma cuidado para não se revelar. Mas, se a pessoa está a cavalo, o cavalo detecta o urso. O cavalo eriça os pelos e espeta as orelhas. Um ser humano poderá ter sentidos eletrônicos tão sensíveis quanto os do cavalo. Seu aparelho auditivo poderia alertá-lo dizendo: "Urso — 23 metros às 10 horas".

Já existem máquinas capazes de identificar emoções humanas. Você poderá sair equipado com um dispositivo que reconheça sutilezas sob as emoções. Seu aparelho auditivo lhe mandará um aviso eletrônico, inaudível para os outros, de que a pessoa ao seu lado está mentindo, ou que está nervosa com o rumo que os negócios estão tomando. Ou poderá lhe mandar uma série de tons criados para ajudá-lo num diálogo. Numa festa, os convidados poderão usar dispositivos dentro do ouvido que lhes indiquem quem está interessado neles.

Algumas melhorias sensoriais podem otimizar os sentidos com que você nasceu. Outras podem lhe dar sentidos com que você não nasceu, como a capacidade para detectar radiação ultravioleta, ultrassônica, de raio X ou de micro-ondas — todo o espectro eletromagnético. Podem trabalhar com radar, sonar, detectores de movimento microscópico, radiação que penetra nos prédios, sensores GPS que sabem nossa exata posição geográfica ou sinais sem fios ligados a outras pessoas. Quando detectam alguma coisa de interesse, os sensores não humanos podem enviar uma mensagem para nossos sentidos biológicos. Sensores pessoais podem ser usados para nos proteger de infecções, de uma nova pandemia ou da possibilidade de um ataque biológico.

Podemos construir uma diversidade de sentidos artificiais. Isso levanta uma questão interessante: será que um bebê deve ser equipado com sentidos artificiais para que seu cérebro aprenda a usá-los e os perceba como parte normal da vida?

VIVER MAIS

Nas próximas duas décadas, haverá muitos avanços na prevenção das doenças. Haverá meios mais eficazes para evitar derrames, ataques cardíacos e câncer. A medicina preventiva vai melhorar e poderá ser customizada para o genoma de cada um. Escanear o DNA de uma pessoa em busca de genes nocivos será uma prática padrão e barata. A terapia genética será usada para prevenir algumas doenças. Quem estiver determinado a aproveitar a velhice terá cuidado para evitar cigarros, drogas, AIDS e excesso de álcool. Talvez vá trabalhar de bicicleta e use instrumentos sem fio para monitorar o corpo, além de comer verduras e fazer tudo o que o médico ou seu computador pessoal lhe disser para fazer.

Um tipo de otimização humana que agrada a maioria das pessoas é a capacidade para viver mais. No século XX, a expectativa de vida nos Estados Unidos aumentou de 46,3 anos para 79,9 no caso das mulheres e de 48,3 para 74,2 no caso dos homens, principalmente graças à nutrição, a uma melhor assistência à saúde e à redução da mortalidade infantil. Estamos agora no início de um ataque mais fundamental ao envelhecimento.

As células, que formam todos os tecidos do corpo humano, parecem ter sido projetadas para viver cerca de 70 anos. Elas se dividem periodicamente e essa divisão tem um papel fundamental no crescimento, na manutenção e na reparação dos tecidos. As células podem se dividir um determinado número de vezes durante seu tempo de vida. Esse limite é chamado de limite Hayflick, em homenagem a Leonard Hayflick, que o descobriu. Isso impõe um limite ao tempo que podemos viver.

Cada um dos nossos cromossomos tem uma proteção nas pontas, como a ponta de plástico ou metal de um cadarço de sapato. Essa proteção é vital porque, se não existisse, os cromossomos grudariam uns nos outros, como espaguete emaranhado. A proteção consiste numa sequência de seis letras do DNA, TTAGGG, repetidas muitas vezes — TTAGGG TTAGGG TTAGGG TTAGGG. Isto é chamado de *telômero*.

Cada vez que a célula se divide, seus cromossomos perdem uma das sequências TTAGGG em cada ponta. Como disse Matt Ridley, parece uma irritante máquina copiadora que corta a linha de baixo e a linha de cima cada vez que faz uma cópia.[3] O comprimento do telômero no começo da vida varia de uma pessoa para outra: vai de 7.000 a 10.000 letras de DNA. Esse aspecto da longevidade é herdado. Algumas pessoas são de família longeva.

As enzimas são substâncias químicas que atuam nas células. Recentemente, foi descoberta uma enzima que pode acrescentar sequências TTAGGG TTAGGG TTAGGG TTAGGG às pontas dos cromossomos para que a célula possa se dividir mais vezes. Essa enzima é chamada telomerase. Em experimentos de laboratório, o uso de telomerase faz com que as células ultrapassem o limite Hayflick. Com isso, criaturas de laboratório como ratos, moscas-das-frutas e outras conseguiram viver mais — às vezes 50% mais — do que seus ancestrais. A telomerase permite que as células se reproduzam indefinidamente.

A telomerase não está presente na maior parte das células e tecidos dos seres humanos, mas podemos acrescentá-la. Esse é um procedimento que abre a possibilidade de se viver muito mais. Michael West, que explica como tornar nossas células "imortais", é o CEO de uma empresa, a Advanced Cell Technology, que pretende nos tornar capazes de ser ao mesmo tempo velhos e saudáveis.[4]

Embora não esteja presente em células normais, a telomerase *está* presente em tumores. É isso que permite que as células do tumor se subdividam indefinidamente. A telomerase é usada por quase todos os tipos de câncer. Já foi demonstrado que, se for possível deter a atividade da telomerase, o câncer para de crescer.

A Geron, uma empresa de Menlo Park, Califórnia, planeja fazer duas coisas: usar a telomerase para acrescentar mais letras TTAGGG às células normais de modo que tenham uma vida mais longa e privar as células cancerosas de telomerase para que não possam se replicar. Nas palavras da empresa: "Nós e nossos colaboradores demonstramos que a enzima telomerase, quando introduzida em células normais, é capaz de restaurar o comprimento do telômero — reinicializar o 'relógio' — aumentando assim o tempo de vida das células sem alterar seu funcionamento normal e sem fazer com que se tornem cancerosas."[5] A Geron espera ter um papel decisivo no fim do câncer e na possibilidade de uma vida mais longa para os seres humanos.

Empresas como a Geron e a Advanced Cell Technology estão trabalhando no sentido de identificar todos os genes envolvidos no envelhecimento, com o objetivo de alterar seu funcionamento na busca de uma vida longa com boa saúde.

SENESCÊNCIA DESPREZÍVEL

Entre pesquisadores na área de gerontologia, cresce a convicção de que o envelhecimento é uma doença e que há meios de curá-la. Um dos defensores mais fortes dessa ideia é Aubrey de Grey, pesquisador do departamento de genética da Universidade de Cambridge.

O termo *senescência* se refere à perda progressiva de vigor físico que acontece quando envelhecemos: pode ser definido como *a probabilidade de morrer no próximo ano*. Isso pode ser medido estatisticamente numa grande comunidade de pessoas e é usado matematicamente por atuários de seguro para calcular as probabilidades. A *probabilidade de morrer no próximo ano* se torna mais alta à medida que envelhecemos.

De Grey observa que a senescência não ocorre num material radioativo. Ele decai, mas a meia-vida permanece a mesma. De Grey acredita que podemos usar a engenharia para tornar a senescência humana desprezível — em outras palavras, à medida que ficarmos mais velhos, a *probabilidade de morrer no próximo ano* permanecerá quase igual. Ele chama sua pesquisa de SENS (Estratégias de Bioengenharia para Senescência Desprezível).

Para tornar a senescência desprezível, os assassinos biológicos que ficam mais prevalentes à medida que envelhecemos têm que ser desabilitados. Dos sete assassinos identificados por de Grey — todos elimináveis — um é a redução do comprimento do telômero. Outro são as mutações aleatórias que alteram o nosso DNA: delas, algumas aumentam a probabilidade das células se subdividirem e outras levam ao câncer. Outro é a degradação defeituosa das células — que se degradam depois de fazer seu trabalho, o que pode ser evitado tornando-as melhores na subdivisão. Além disso, há como substituir as células do coração e de outros órgãos vitais que vão morrendo durante a vida. Algumas das curas para a senescência exigem a remoção de genes danificados e a introdução periódica de genes saudáveis, que o corpo multiplicará com seus processos naturais.

De Grey vê a necessidade de uma intensa pesquisa com o objetivo de deter a devastação causada pelos sete assassinos biológicos. Ele os vê como doenças que devem ser eliminadas. Até certo ponto, o dano que causam pode ser revertido. Pode ser que haja outros problemas que ameaçam a vida e que ainda não foram identificados: pode ser que alguns só apareçam numa idade mais avançada do que hoje é possível.

Cada vez mais, vamos reduzir a senescência. A meta é reduzi-la a um nível desprezível. Isso não significa viver para sempre: o jeito de dirigir do seu marido ou da sua mulher pode matá-lo, e há outras causas aleatórias de morte, como uma praga súbita. Uma vida livre de senescência significa manter o vigor físico e a vitalidade. Em outras palavras, permaneceremos, se não jovens, pelo menos como jovens. Alguns médicos discordam, dizendo que Grey subestima a complexidade da criatura humana e as interações sutis entre diferentes aspectos da nossa natureza.

Pesquisadores estão tentando criar um rato com senescência desprezível e esperam consegui-lo dentro de 10 anos. É mais fácil criar um rato imortal do que um ser humano imortal porque não é preciso se preocupar com segurança. Terapias genéticas que não são permitidas em seres humanos podem ser feitas em animais de laboratório. Há um prêmio para a criação de um rato imortal — o "Rato Matusalém". Quando um tal rato se tornar possível, o público perceberá que o envelhecimento não é inevitável. Haverá financiamentos maciços para se conseguir uma vida mais longa para os seres humanos. A grande pergunta será: "Quanto tempo levaremos para passar de um rato Matusalém a um ser humano Matusalém?" De Grey acha que o ser humano virá 10 anos depois do rato e deve ser chamado de "ser humano de baixa senescência", já que pode haver outros assassinos biológicos que não se revelam até que sejamos muito velhos — e isso exigirá mais pesquisa.

Algumas pesquisas realizadas perguntaram às pessoas se gostariam de viver até mais de 100 anos. Surpreendentemente, a maioria diz que não. Dizem que acabariam ficando entediadas. Meu avô, quando tinha 70 anos, disse que não valia mais a pena viver. (Ele morreu aos 97.) Observo que as pessoas que gostam da ideia de viver até uma idade avançada têm algum tipo de atividade mental excepcional. Podem estar envolvidas em pesquisas complexas, ou ter paixão por arte, música ou *hobbies* intrincados. Maestros de orquestra continuam na ativa até uma idade avançada, sempre aperfeiçoando sua arte. Se entrar para o clube do Matusalém for muito caro, pode ser que ele fique restrito a certos tipos de gente.

É claro que, se muita gente começar a viver mais, haverá um impacto sobre o problema populacional, mas a longevidade artificialmente induzida ocorrerá mais nos países ricos, com baixa taxa de natalidade. A maioria dos países com altas taxas de natalidade tem uma expectativa de vida muito baixa. Os fatores sociais que ajudam a aumentar a longevidade serão semelhantes aos que fazem a taxa de natalidade baixar.

Alguns jovens que estão lendo este livro viverão até o fim do século XXI. Muito antes de ficarem velhos, mudanças extraordinárias terão acontecido. Dar a eles novas células e um sistema imunológico jovem será uma prática comum. O uso de certos hormônios melhorará imensamente sua energia e vigor. Este século será o primeiro em que veremos juventude nos velhos. No decorrer do século, muita gente vai querer viver até uma idade avançada. Essa é uma mudança com consequências fundamentais.

A MAGIA DAS CÉLULAS-TRONCO

Uma nova área da medicina está sendo criada, denominada medicina regenerativa, que trata da capacidade de regenerar células velhas ou partes desgastadas do corpo. O uso de células-tronco abre possibilidades extraordinárias. Quanto mais aprendemos sobre o uso das células-tronco, mais impressionante parece sua capacidade.

Quando um espermatozoide humano fertiliza um óvulo, forma-se uma célula-tronco: uma célula capaz de *se transformar em qualquer tipo de célula do corpo humano*. Ela se divide em duas células, depois em quatro, depois em oito, e assim por diante. Cerca de quatro dias depois da fertilização, forma-se uma esfera oca de células — um "blastócito". Ele tem uma camada externa de células que depois formarão a placenta, usada para proteger o desenvolvimento do feto. Assim protegidas, as novas células se tornam um embrião.

As células-tronco do blastócito podem ser extraídas e armazenadas indefinidamente a baixas temperaturas. Essas células ainda não se especializaram em nenhuma função específica, mas têm potencial para se transformar em qualquer um dos quase 200 tipos diferentes de células maduras do corpo humano — células dos músculos, do coração, do cérebro, do fígado, e assim por diante. Por causa dessa propriedade notável, essas células são chamadas de "pluripotentes". As células-tronco podem ser multiplicadas em laboratório de modo que haja uma enorme quantidade delas — e continuam pluripotentes.

Se as células-tronco embrionárias forem injetadas numa parte do corpo que tenha células danificadas, elas podem substituir essas células, depois se multiplicar e reparar o tecido. Essa capacidade torna as células-tronco muito valiosas na restauração de partes do corpo danificadas ou gastas. O estudo e o uso das células-tronco salvará um número enorme de vidas humanas.

Há uma objeção religiosa ao uso de células-tronco: alega-se que esse uso impede que a célula-tronco se transforme numa vida humana. No entanto, as células-tronco pluripotentes que ainda não fazem parte do blastócito não podem por si só formar um ser humano, se colocadas num útero. Nem o espermatozoide nem as células-tronco podem formar sozinhos um ser humano. Por isso, muitos cientistas que trabalham com células-tronco acham que não existe um argumento religioso genuíno contra o uso de células-tronco do pré-blastócito.

Às vezes, é possível obter células-tronco em clínicas de fertilidade, que costumam produzir e congelar múltiplos embriões de um só casal. Depois que a mulher engravida, a clínica em geral tem permissão para dispor dos embriões restantes.

Muitos pesquisadores que aprovam o uso de células-tronco pluripotentes acreditam que seu potencial para salvar vidas supera de longe qualquer argumento contra o seu uso. Através do Juramento de Hipócrates, todos os médicos se comprometem a salvar a vida humana sempre que tiverem como fazê-lo.

Dos dois tipos de células-tronco — células-tronco embrionárias e células-tronco adultas — as últimas existem no corpo maduro e não têm relação com o nascimento humano: assim, não há controvérsias a seu respeito. Usá-las não é mais controverso do que usar células sanguíneas ou qualquer outro tipo de célula. Os dois tipos de células-tronco são usados para substituir tecido danificado. Havia antes a suposição de que as células-tronco adultas estariam limitadas a uma linha celular específica, mas os cientistas descobriram depois que elas podem ser usadas para criar uma variedade de células. Em vez de pluripotentes como as células-tronco embrionárias, elas são definidas como multipotentes. Essas células-tronco podem ser isoladas e transferidas para culturas de células em laboratório, onde podem ser reproduzidas em grande número, mantendo mesmo assim sua capacidade de célula-tronco.

Pesquisadores demonstraram o potencial dessas células-tronco em ratos. Usaram radiação para matar as células sanguíneas num grupo de ratos e depois injetaram neles células-tronco sanguíneas de outros ratos. Essas células-tronco substituíram as células irradiadas, de modo que os ratos continuaram vivos. Formaram também células da medula, células da pele e células do fígado, dos pulmões e do sistema digestório, um recurso que pode ser vitalmente importante depois de um ataque terrorista com armas de radiação nuclear. Deveria ser organizado um banco de células-tronco humanas para uma emergência dessas, assim como há bancos de sangue nas cidades.

O sangue do cordão umbilical de uma mulher contém muitas células-tronco. Quando ela tem um bebê, um grande número de células-tronco pode ser colhido e armazenado. Hoje, em todo o mundo, essas células-tronco vão para o ralo. Essas células poderiam ser transformadas em tecidos que a mulher pode vir a precisar em algum momento da vida. Células assim têm sido armazenadas no Centro de Sangue de Nova York. Pablo Rubinstein, que iniciou essa armazenagem, diz que deveria ser uma prática normal coletar células-tronco do cordão umbilical sempre que uma mulher tem um filho.

O coração do porco é razoavelmente semelhante ao coração humano. Em alguns experimentos, os pesquisadores provocaram severos ataques cardíacos num porco, deixando o tecido cardíaco tão danificado que o coração logo pararia de funcionar. Células-tronco de porcos adultos (não células-tronco embrionárias) foram então injetadas no porco. Elas vão até a área danificada e começam a reconstruir o tecido cardíaco. Em muitos casos, o porco que estava perto da morte se recuperou totalmente e viveu uma vida saudável.

É muito provável que isso possa ser feito com seres humanos depois de um ataque cardíaco quase letal. Pesquisadores dizem que as células-tronco deveriam ser armazenadas em recipientes com nitrogênio líquido em todos os hospitais, prontas para emergências com vítimas de ataques cardíacos. Muitas vidas seriam salvas. A pesquisa com células-tronco guarda a promessa de um suprimento de tecidos para substituir muitas partes desgastadas do nosso corpo.

REJUVENESCIMENTO

A medicina regenerativa emprega uma variedade de técnicas para reconstruir tecidos danificados. Um aspecto especialmente animador da medicina regenerativa é a possibilidade de rejuvenescer o sistema imunológico de uma pessoa idosa.

Nosso sistema imunológico é de uma extrema complexidade. Numerosos patógenos e vírus nos atacam e o sistema imunológico comanda tropas para combatê-los. Sem um bom sistema imunológico, teríamos um grande problema, como as pessoas com AIDS. O rejuvenescimento das células pode ser feito de modo a restaurar muitos componentes do sistema imunológico. Eles podem ser regenerados independentemente, de diferentes maneiras, como a introdução na medula de células jovens com boa capacidade imunológica.

Por exemplo: aos 70 anos, muita gente começa a sentir um declínio de visão, mesmo com óculos adequados. A empresa de Michael West, a Advanced Cell Technology, quer pôr no mercado produtos que ajudem a rejuvenescer nosso sistema imunológico. Pesquisando quais os produtos que dariam lucro mais depressa, a empresa considera que o rejuvenescimento das células do sistema imunológico que mantêm a visão pode ser um dos primeiros produtos lucrativos da empresa. O rejuvenescimento de outras partes do sistema imunológico virá em seguida. Na entrevista que fizemos, West resumiu os avanços da medicina regenerativa que tiveram sua ajuda: "Vejo um mundo onde poderemos fazer células novas, jovens e saudáveis para substituir as células velhas do nosso corpo. Imagino uma medicina que nos devolva células e tecidos idênticos aos que tínhamos ao nascer".

Reconstruir o sistema imunológico será um aspecto crítico da medicina preventiva. Isso transformará a medicina do século XXI. West e seus colegas mostram como pegar velhas células humanas e um sistema imunológico velho e usar células-tronco para dar ao paciente um novo sistema imunológico. "Francamente, nunca esperei que neste ponto da história já tivéssemos inventado um modo de fazer com que células humanas velhas voltem no tempo para serem essencialmente idênticas às células com que nascemos. Essa tecnologia está agora ao nosso alcance e seu uso vai ser um dos maiores desafios do século vindouro." A medicina regenerativa ainda tem um longo caminho a percorrer antes de realizar o sonho de West. Alguns aspectos dela podem ser logo integrados à prática clínica, mas seu pleno potencial ainda demora uns 20 anos. Quando se tornar uma prática comum, a demanda será enorme. Ela vai evoluir muito depressa, provavelmente por décadas. Ninguém sabe até onde pode ir a medicina regenerativa, o quanto poderemos viver, mas parece que repetidos rejuvenescimentos serão um procedimento comum. A combinação do uso de células-tronco, da clonagem terapêutica e da possibilidade das células velhas voltarem a um estado jovem com um sistema imunológico jovem, prepara o cenário para grandes mudanças.

O lado sombrio é que a tecnologia pode nos fazer viver 120 anos, mas ninguém quer passar seus últimos 30 anos numa cadeira de rodas. Para tornar atraente a extensão da vida, temos que descobrir múltiplas maneiras de impedir que nossa saúde escorregue ladeira abaixo. Uma boa meta seria manter a saúde num platô pelo maior tempo possível antes de atingirmos a beira do penhasco: a morte. Um fim relativamente súbito seria muito melhor do que um declínio intoleravelmente longo para a senilidade dolorosa.

É apropriado falar de um longo *tempo de saúde* e não apenas de um longo tempo de vida. O nosso tempo de saúde pode se tornar muito mais longo do que é hoje em dia.

PRODUTOS QUÍMICOS QUE MODIFICAM O CÉREBRO

Nas peças de Shakespeare, vemos todas as características da natureza humana com que convivemos hoje — ganância, amor, liderança, luxúria, intriga, traição, confiança, heroísmo, assassinato, alegria, opressão, sedução — descritas muito melhor do que em nossos livros escolares. Pode-se concluir que a natureza humana não mudou nestes 400 anos, o que explica o fato das versões contemporâneas de Shakespeare funcionarem tão bem. Mas hoje, quando Hamlet pondera "Ser ou não ser?" alguém pode dizer: "Por que ele não toma Prozac?" O futuro próximo terá drogas psicológicas de ação precisa, que poderiam mudar o comportamento da maioria dos personagens de Shakespeare.

Há muita preocupação quando se trata de modificar os genes das pessoas mas, surpreendentemente, pouca preocupação quando se trata de modificar a química cerebral. As farmácias estão cheias de tranquilizantes, analgésicos, remédios antiestresse, antidepressivos, remédios para nos fazer dormir, remédios para nos deixar alertas e muitos outros. Os cientistas do cérebro estão caminhando a passos largos para a compreensão do cérebro e de sua química. Nossa capacidade de controlar os níveis de serotonina, dopamina, epinefrina e outras substâncias químicas do cérebro nos permite controlar os sentimentos de felicidade, autoestima, agressividade, nervosismo, depressão, medo, destemor e bem-estar, assim como o comportamento eufórico — muito do que definimos como personalidade.

As drogas psicotrópicas de hoje são instrumentos cegos e sua ação é tosca. Uma diversidade de drogas mais precisas está a caminho e muitas serão ajustadas para cada indivíduo. Serão projetadas para liberar as substâncias químicas programadamente, de modo que tenham efeito duradouro, e logo virão em cápsulas instrumentadas que conhecem sua localização no cérebro e podem detectar as substâncias químicas nesse ambiente.

Há muitas drogas para doenças mentais, mas os fabricantes de remédios têm agora um mercado maior entre pessoas que não são mentalmente doentes. Quase 30 milhões de norte-americanos já tomaram Prozac e seus derivados. Crianças que não conseguem ficar quietas na aula tomam Ritalina. Nas danceterias, os adolescentes tomam uma família em rápido crescimento de drogas que induzem sensualidade, euforia, amnésia de curto prazo, perda de inibições e outros comportamentos de festa. O ecstasy é usado para induzir um comportamento desinibido nas danceterias, mas pode ter um efeito benéfico: aumenta a sensibilidade social e os laços humanos. Pode induzir profundas reflexões sobre relações humanas ou familiares. Novas drogas, mais poderosas, podem se concentrar nesses bons efeitos, favorecendo o que é bom sem a parte ruim.

O cérebro consiste num enorme número de neurônios ligados por um sistema nervoso muito complexo, formado por axônios. Os axônios se comportam como fios, transmitindo sinais entre os neurônios. As sinapses, ligadas a um neurônio, têm a função de enviar e receber as mensagens que viajam pelos axônios. Se os neurônios enviassem sinais diretos para outros neurônios, o cérebro agiria como um computador, mas ele é mais complexo porque muitas substâncias químicas afetam a descarga das sinapses e, assim, os sinais enviados entre os neurônios. Os neurotransmissores químicos que transmitem mensagens entre os neurônios podem ser afetados pela química geral do cérebro. Algumas substâncias químicas afetam a sinapse antes que ela envie um sinal e outras quando ela recebe o sinal.

Por exemplo, a serotonina é um neurotransmissor químico. As pessoas com baixo nível de serotonina tendem a ser deprimidas, ter pouco controle dos impulsos e mostrar agressividade descontrolada contra os alvos errados;

pessoas com alto nível de serotonina tendem a ser felizes e a perder os sentimentos de ansiedade e agressividade. Criminosos violentos, incendiários e pessoas que se suicidam de modo violento têm pouca atividade de serotonina. Os macacos que têm baixa sociabilidade e alta hostilidade têm baixos níveis de serotonina. O Prozac e outras drogas semelhantes aumentam os níveis de serotonina no cérebro de modo seletivo. Modificam a reabsorção da serotonina pelas sinapses que a transmitem, de modo que haja mais para transmitir.

COMPUTADORES PRECISANDO DE REMÉDIOS

Imagine que você e seus amigos têm computadores que, além dos circuitos que existem hoje, são cheios de estranhas substâncias químicas. Tais substâncias podem fazer com que o computador registre sentimentos. Às vezes, ele parece deprimido, às vezes fica com medo, sente nervosismo ou felicidade. Pode ter muito entusiasmo para explorar a Internet e ficar eufórico com o que encontra. Alguns computadores são sonolentos, outros se apaixonam pelo dono, alguns são agressivos e outros têm complexos sentimentos religiosos. Alguns se comportam mal — são disruptivos, mal-humorados ou desatentos; outros parecem ser viciados em caos.

Essa situação não é muito satisfatória. Felizmente, os cientistas percebem que podem controlar esses computadores ajustando os agentes químicos. De maneira semelhante, os professores aprendem que podem controlar o comportamento de crianças indisciplinadas recomendando remédios como Ritalina. As unidades do exército podem tornar os soldados mais agressivos e sem medo da batalha. Uma mulher solitária pode usar Prozac para melhorar a autoestima.

Quem tomava Prozac para aliviar a depressão descobriu que a droga também faz com que se sinta melhor consigo mesmo. Logo haverá muitas drogas que terão diferentes efeitos sobre diferentes personalidades. O consumidor poderá ajustar a escolha da droga a características individuais. Peter D. Kramer, um psiquiatra da Brown University, usou uma expressão memorável: *farmacologia cosmética*.[6] As drogas psicotrópicas serão vendidas na televisão, como os cosméticos.

A indústria farmacêutica vem testando drogas em pessoas normais — pessoas livres de qualquer transtorno mental. Algumas foram convidadas, por exemplo, a negociar com um estranho uma questão estressante. As que tomavam o remédio eram menos negativas e mais colaborativas, com tendência a ter sucesso nas negociações.[7] Parece claro que pode haver drogas que nos ajudem nos negócios. Muitos garotos normais de colégio estão engolindo comprimidos para se sair bem nas provas. Os estimulantes afetam os resultados de testes de aptidão escolar. Não está longe o dia em que os adolescentes tomarão um comprimido para sair pela primeira vez com alguém. Haverá produtos psicotrópicos para diminuir atritos conjugais. Usando testes-padrão para medir "agressividade" e "irritabilidade", os pesquisadores mostraram como as drogas afetam esses estados.

No Hospital Universitário de Genebra, Olaf Blanke e seus colegas descobriram que, estimulando um ponto do cérebro acima do ouvido direito e junto ao crânio, podiam produzir experiências fora do corpo.[8] É provável que muitas experiências pseudorreligiosas sejam causadas pela química cerebral ou por certos estímulos. Nas culturas primitivas, os xamãs sabiam muito bem que plantas tomar para provocar alucinações.

Algumas drogas afetam a agressividade. Num futuro campo de treinamento para terroristas, as drogas serão usadas para otimizar os métodos psicológicos. Numa missão, os terroristas usarão comprimidos que produzam agressividade incontrolável. Haverá remédios que lhes darão sensação de euforia, intensidade religiosa, determinação e ausência de medo. Outras drogas diminuem os sentimentos de agressividade, hostilidade e irritabilidade; outras melhoram a autoestima, trazem felicidade e tranquilidade. As benzodiazepinas são usadas para reduzir a ansiedade. Algumas drogas nos dão sono, ou diminuem o número de horas que precisamos dormir. Algumas drogas psicotrópicas melhorarão a memorização de fatos. Os intensificadores de acetilcolina permitirão que agentes de imigração memorizem uma incrível quantidade de rostos. Algumas drogas podem melhorar a criatividade, ou permitir que a pessoa trabalhe até tarde da noite de maneiras inovadoras. Nas tarefas que exigem longos períodos de concentração intensa diante da tela do computador, as drogas podem nos ajudar a nos concentrar por mais tempo e mais intensamente. Os intensificadores de dopamina podem aumentar a resistência e a motivação e outras drogas melhoram a capacidade de realizar tarefas difíceis.

Antigamente, fazer uma colonoscopia era muito desagradável: agora, com um medicamento misturado ao soro, essa pode ser uma das experiências eufóricas da vida. Algumas drogas geram um prazer intenso por um período curto. Outras podem transformar um mal-humorado no Senhor Simpatia. Alguns cientistas acreditam que, com o avanço da compreensão da química cerebral, acabaremos descobrindo que todas as nossas emoções têm base química ou eletroquímica.

O público vai usar antidepressivos com a mesma despreocupação com que hoje usa a aspirina. As pessoas tomarão à vontade pílulas da felicidade, pílulas do sexo e pílulas que as façam se apaixonar.

OTIMIZAÇÃO DOS CIRCUITOS CEREBRAIS

É muito difícil para nós imaginar a complexidade do cérebro, que tem cerca de cem bilhões de neurônios. É mais ou menos o mesmo número de estrelas na galáxia. Nas noites mais claras, conseguimos ver apenas uma fração minúscula dessas estrelas. Cada neurônio se liga a uns mil outros neurônios. Imagine que as estrelas se comunicassem assim e desse para ver conexões como os axônios entre elas se iluminando por um milésimo de segundo. O céu da noite ficaria flamejante, cintilando em todas as direções com intensidades diferentes.

Um projeto muito importante da neurociência será mapear as conexões entre os neurônios no cérebro. Com isso, os cientistas poderão emular essas conexões no computador. Essa é uma tarefa muito difícil, mas ler o genoma humano parecia tão incrivelmente difícil em 1990 que alguns cientistas acharam que seria impossível. A tecnologia necessária para fotografar o cérebro em ação vem melhorando há duas décadas. No momento em que escrevo estas linhas, é possível fotografar apenas grandes áreas do cérebro, formadas por muitos milhares de neurônios, com técnicas semelhantes à ressonância magnética. Mas as técnicas para escanear o cérebro e retratá-lo em vídeo estão melhorando rapidamente. Sua resolução duplica a cada 18 meses mais ou menos. Isso continuará até que seja possível criar imagens de neurônios individuais e de suas sinapses enviando sinais pelos axônios para outros neurônios.

Hoje, os neurônios, sinapses e axônios podem ser fotografados num cérebro morto cortado em seções. O desafio é fazer isso num cérebro vivo funcionando, de modo que os sinais entre os neurônios possam ser registrados. Uma possibilidade é usar emaranhamento quântico, em que o spin (ou outra propriedade) de uma diminuta partícula subatômica esteja ligado exatamente ao spin de uma partícula gêmea. A partícula subatômica no cérebro tem seu spin modificado e o spin correspondente da partícula gêmea se modifica no equipamento de gravação, a alguns metros do cérebro. A partícula subatômica no cérebro é pequena demais para afetá-lo. Várias tecnologias diferentes permitirão que os neurocientistas façam milhões de registros por segundo do cérebro enquanto ele realiza suas tarefas e combinem tais registros para criar um modelo integrado do cérebro. O resultado não será uma fotografia: será um modelo operante do cérebro realizando suas tarefas.

Isso levará a uma melhor compreensão das disfunções humanas. O que é a esquizofrenia? O que é a doença bipolar? Hoje, temos vagas descrições psicológicas, mas poderemos vê-las e compreendê-las neurologicamente. Começaremos a entender como funciona o aprendizado, a memória e o raciocínio.[9]

Um mapa detalhado da fiação do cérebro nos permitirá compreendê-lo totalmente. As substâncias químicas cerebrais são altamente complexas e têm uma grande influência sobre o nosso comportamento. Muita pesquisa será necessária para entender como a fiação e a química do cérebro trabalham juntas. Com o desenvolvimento dessa compreensão, a neurociência será uma das ciências mais empolgantes.

Os laboratórios de neurociência terão acesso a supercomputadores com muitos modelos de diferentes partes do cérebro em funcionamento. Esses modelos podem ser criados no mundo todo e reunidos para formar uma compreensão integrada do funcionamento do cérebro.

O cérebro tem pequenas áreas que realizam atividades altamente especializadas. Estas podem ser as primeiras a serem estudadas e replicadas eletronicamente. Uma tal réplica eletrônica operará muito mais depressa do que o original biológico porque os fios que ligam os transistores são um milhão de vezes mais rápidos do que os nervos que ligam os neurônios. O córtex cerebral é a parte toda dobrada do cérebro, onde acontece a maior parte dos pensamentos. Se o tirássemos do crânio e o estendêssemos, ele seria como um disco de carne de cerca de um metro de diâmetro e dois ou três milímetros de espessura. Alguns dos nódulos de atividade especializada são como uma coluna que cruza o córtex, com cerca de um milímetro de diâmetro e dois ou três milímetros cúbicos de volume, contendo algumas centenas de milhares de neurônios. Esses nódulos são menos complexos do que muitos microchips de hoje.

À medida que aprendemos a replicar partes do cérebro num dispositivo eletrônico, será possível acoplar o dispositivo eletrônico ao cérebro biológico. Isso pode ser feito com a introdução de um fio extremamente fino no cérebro. Ou introduzindo *transponders* no fluido cerebral, possivelmente do tamanho de uma célula sanguínea nanotecnológica muito menor do que um neurônio. O *transponder* transmite sinais para um computador fora do crânio e recebe seus sinais. O computador pode ficar atrás da orelha ou preso ao pescoço. A interface do *transponder* seria padronizada para permitir a comunicação de muitos *transponders* com muitos computadores.

Não é preciso esperar pela era da nanotecnologia. É possível construir um *transponder* simples com tecnologia MEMS (sistemas microeletrônicos), como já foi demonstrado na corrente sanguínea e no sistema digestório. Será usado um revestimento especial para evitar que nosso sistema imunológico tente repelir o intruso. Os eletrodos foram revestidos com moléculas que aderem às células cerebrais. Os usos iniciais das conexões cérebro/dispositivo eletrônico serão para problemas médicos graves: 30.000 epiléticos estão sendo tratados com estimuladores eletrônicos ligados ao nervo vago e, recentemente, pacientes com depressão grave foram tratados com estimuladores eletrônicos no cérebro, com surpreendente sucesso.

As ideias tecnológicas têm um grande avanço quando um grande número de jovens tem contato com elas e as experimentam. Foi o que aconteceu com os jogos de computador e a Internet. Algumas autoridades acham que acontecerá a mesma coisa com a otimização eletrônica do cérebro quando houver *transponders* nanotecnológicos padronizados. Será um mundo em que universitários do mundo todo poderão experimentar novas otimizações do cérebro.

Depois de mapear o cérebro, pode ser que se passem anos até que se desenvolva uma tecnologia de otimização que funcione bem mas, quando isso acontecer, essa tecnologia avançará num ritmo furioso, com uma grande diversidade de experimentação. Pode ser que os *transponders* no nosso cérebro sejam ligados sem fio a módulos que realizem as funções cerebrais de maneira altamente avançada. Pode ser que as corporações paguem para que seus melhores funcionários tenham conexões cerebrais *on-line* e módulos computacionais correspondentes. Funções diferentes podem ser alocadas para diferentes funcionários. Com o avanço dessa tecnologia, poderemos ter milhares de *transponders* no fluído cerebral, com forte proteção.

UM *UPLOAD* DA MENTE?

Parece não haver nada na parte pensante do cérebro, o córtex cerebral, que não possa ser transferido para uma máquina. Teríamos que simular o efeito da química cerebral. Isso exigiria uma máquina com muito mais componentes do que as máquinas de hoje, mas logo as teremos. Há controvérsias sobre a possibilidade de replicar *todo* o cérebro humano num computador. Alguns cientistas, como Ray Kurzweil, dizem: "É claro que é possível". Outros, como

Susan Greenfield, uma pesquisadora de Oxford, dizem que subestimamos seriamente a complexidade da química cerebral.

Replicar a mente num dispositivo eletrônico levanta questões para as quais não temos respostas definitivas. Se a mente de um ser humano for replicada num computador, ela terá uma alma? O cientista cognitivo Steven Pinker nos diz que a alma é apenas a soma de toda a atividade cerebral de processamento de informações. Muitos neurocientistas discordam, dizendo que a "alma" não faz parte da neurociência. A "alma" é supostamente imortal e o que a neurociência estuda *não* é imortal. Morre quando o cérebro morre.

Será que uma versão de silicone do cérebro humano seria consciente? Possivelmente *sim*. No MIT, há uma visão disseminada de que as máquinas vão adquirir consciência quando tiverem complexidade suficiente. O filósofo Daniel Dennett argumenta que a consciência é uma propriedade que emerge da complexidade, esteja ela no cérebro humano ou num computador suficientemente complexo.[10]

Num computador, nossa mente seria uma coleção de bits, e uma coleção de bits não se desgasta. O maquinário em que opera pode se desgastar, mas os bits podem ser rapidamente passados para uma nova máquina. Assim, em certo sentido, um cérebro digital é imortal. Pode ser transferido repetidas vezes para um novo hardware à medida que surgirem tecnologias melhores. Um *upload* de um ser humano teria vários trilhões de bits. Em vinte anos, as grandes lojas estarão vendendo unidades de *backup* desse tamanho, garantindo que são mais baratas do que na concorrência.

Um cérebro digital não teria Alzheimer nem outras doenças biológicas. Uma coleção de bits teria cópias de si mesma no caso de a máquina hospedeira falhar. Teria *backups* como qualquer software e seria protegido por *firewalls*. As cópias duplicadas seriam armazenadas em diretórios superseguros.

No século XXI, o cérebro terá acoplamentos seguros e os computadores serão cada vez mais rápidos. Pode ser um acoplamento *on-line* ou um acoplamento em que a pessoa interage com *displays* elaborados, como hoje. Ele replicará as funções do cérebro e criará novas funções, já que será muito mais eficiente. O acoplamento do cérebro humano ao computador parece inevitável ainda durante a vida dos leitores mais jovens deste livro (a Geração da Transição). Podemos esperar uma enxurrada de diferentes otimizações da capacidade humana.

Na história da tecnologia, certas invenções se destacam como marcos que mudaram o futuro, como por exemplo: no século XVIII, o motor a vapor; no século XIX, o telefone; no século XX, o computador. Podemos perguntar: no século XXI, que invenção contribuirá mais para mudar o futuro? Suspeito que será a criação de ligações sem fio que liguem o nosso cérebro diretamente a dispositivos eletrônicos externos, incluindo redes globais. Isso pode ser feito com um grande número de *nanotransponders* no fluído cerebral. Haverá muitas ligações fáceis de usar entre o cérebro biológico e os dispositivos eletrônicos. As primeiras ligações diretas entre o sistema nervoso e computadores minúsculos já foram feitas. A ligação cérebro/computador passará dessas tentativas a conexões robustas. Um dia, haverá uma imensa diversidade de conexões cérebro/computador.

Essa forma de otimização cerebral exigirá que a pessoa passe por um processo de aprendizado para usá-la bem, mais ou menos como aprender a andar de bicicleta. Como outros treinamentos, este estabelecerá conexões entre neurônios que permitam a realização de novas tarefas. Uma vez ocorrido o aprendizado no cérebro, a pessoa ficará à vontade com as novas faculdades, assim como fica à vontade andando de bicicleta. As pessoas ficarão progressivamente mais hábeis no bom uso de apêndices eletrônicos. É provável que os primeiros dispositivos eletrônicos a serem conectados ao cérebro sejam uma réplica de alguma pequena parte do cérebro, de modo que este aprenda a usá-los naturalmente. Apêndices menos naturais exigirão treinamento mais intenso.

Quando os *transponders* no cérebro forem padronizados e fáceis de usar, muitas pessoas, especialmente as jovens, vão querer experimentá-los. Muitos dos usos serão divertidos. Quando começarem a usá-los, as pessoas descobrirão, como no caso da Internet, um mundo inteiro a ser explorado. Com o tempo, haverá milhares de nanodispositivos no cérebro de uma pessoa. Com o amadurecimento dessa tecnologia, o cérebro será conectado a aplicativos mais complexos.

A empolgação diminui quando lembramos que isso acontecerá nas partes *high-tech* do mundo, enquanto os países mais pobres enfrentam escassez de água, falta de alimento e a parte mais turbulenta do cânion que descrevemos. Na história que temos para contar, fios incrivelmente diferentes têm que formar uma única tapeçaria.

O acoplamento do poder cerebral humano à evolução explosiva do poder do computador trará uma mudança extraordinária para a sociedade. A combinação de inteligência humana com inteligência não semelhante à humana criará formas de inteligência muito mais poderosas do que qualquer coisa que possamos imaginar hoje em dia. Para citar outra vez a expressão de Freeman

Dyson, o crescimento de tais tecnologias parece "infinito em todas as direções".

Depois de uma década ou duas de amadurecimento das conexões cérebro/computador, acontecerá a Singularidade. Muitos "especialistas" em Singularidade acham que a única forma de enfrentá-la é ficando muito mais espertos por meio de conexões diretas máquina/cérebro. O cérebro de muita gente estará *on-line* com a capacidade da Singularidade (seja no que for que isso se transformar). Quando faltar uma década para a Singularidade, muita gente tentará se preparar para ela.

O trans-humanismo e a Singularidade estão destinados a se combinar.

Comentamos no início do Capítulo 2 — "Como viemos parar nesta situação?" — que as tragédias do teatro grego clássico descreviam homens que ousavam ir além dos limites razoáveis em busca de algum ideal. O público do teatro tem consciência de forças com poder suficiente para derrubar até o mais admirável dos homens. O pecado do herói das tragédias gregas é a arrogância, que o leva a ignorar os avisos dos deuses e assim atrair a catástrofe. Temos agora novas histórias para as tragédias gregas, mais grandiosas e mais estranhas do que as dos tempos antigos.

PARTE TRÊS

ATRAVÉS DO CÂNION

13

O INCRÍVEL PROPÓSITO DESTE SÉCULO

Então, qual é o propósito deste século?

A evolução na Terra sempre esteve nas mãos da natureza. Agora, de repente, está principalmente em mãos humanas. A extrema lentidão da evolução comandada pela natureza a torna quase imperceptível ao lado da evolução comandada pelo homem. À medida que *automatizarmos* alguns dos processos da evolução, o ritmo da mudança será fenomenal. Essa passagem da evolução comandada pela natureza para a evolução comandada pelo homem é, de longe, a maior mudança a ocorrer desde que apareceu a vida unicelular. Suas consequências serão enormes.

Pode-se especular que uma tal mudança ocorre em planetas distantes, quando suas criaturas atingem um alto nível de inteligência. Quando ocorre num planeta pela primeira vez, ela é provavelmente perigosa. As criaturas que tomam a evolução nas próprias mãos não têm experiência nesse jogo.

Agora que estamos no comando da evolução, temos que aprender as regras. Temos que ser cuidadosos, usando nosso *know-how* científico com o máximo de responsabilidade. A mudança para uma administração científica e responsável da nossa própria evolução é talvez o aspecto mais crítico da Transição do Século XXI.

A evolução da natureza experimenta, tentando constantemente coisas novas. Nós, seres humanos, somos um novo tipo de experimento — uma jovem espécie experimental, ainda adolescente e brincando com fogo. Ao contrário das andorinhas migratórias ou das formigas cortadeiras, não somos biologicamente programados para saber o que fazer. *Somos um experimento de livre escolha*. Isso nos dá um potencial enorme. Vamos incitar a evolução da tecnologia e da capacidade de administração para exercitar essa livre escolha na maior escala possível.

Na Terra, a natureza ainda não jogou esse jogo. Nunca houve uma espécie capaz de estabelecer metas, inventar tecnologia e organizar projetos ambiciosos. Até agora, somos o maior experimento da natureza.

Não somos mestres da natureza — somos um componente da natureza. Temos que ter o mais profundo respeito por aquilo que a natureza levou 4 bilhões de anos para criar. A biodiversidade da natureza é de uma complexidade inacreditável e estamos imersos nessa complexidade. Quando a alteramos, nós a prejudicamos de maneiras sutis. A menos que isso seja entendido, viveremos num ambiente cada vez mais arruinado. O ambiente não deveria ser uma coisa que manipulamos, como no paisagismo, mas uma coisa que compreendemos e tratamos com muito mais responsabilidade do que hoje.

A eminente autoridade "verde" da Grã-Bretanha, James Lovelock, criou a hipótese de que a Terra é um ecossistema autorregulador, que chamou de Gaia. Podemos mexer com Gaia até certo ponto: ela é altamente resiliente. Se nossa interferência for excessiva, teremos problemas. Lovelock diz que, se não pararmos de lançar carbono na atmosfera, "sofreremos logo a dor que for infligida ao nosso planeta ultrajado".[1] Do ponto de vista de Gaia, é possível que a expansão urbana, a mudança climática, os buracos na camada de ozônio e os produtos que envenenam a natureza sejam como uma forma de câncer começando a criar metástases. A longo prazo, ajustando-se em sua longa escala temporal, Gaia sobreviverá, mesmo que a humanidade não consiga.

Uma parte vital do propósito do século XXI é que não se deve forçar os mecanismos de controle da Terra além da zona em que são estáveis e autorreguladores. Já fomos longe demais nos prejuízos que causamos ao clima, às terras úmidas, ao solo, aos oceanos e a muitos ecossistemas menores, de modo que uma parte vital deste século é corrigir esse dano. Isso vai ser cada vez mais difícil, à medida que a população da Terra cresce, o consumismo se espalha pela China e pela Índia, a água se torna escassa e as dificuldades do cânion se agravam.

A natureza é metaestável (como a ciclista mencionada antes). Até certo ponto, ela se recupera quando a perturbamos, mas, além desse ponto, oscila e perde o controle. Uma lagoa no campo pode ter água limpa e peixes saudáveis indefinidamente, mas, se receber constantemente a água saturada de fertilizantes de uma fazenda, as algas crescerão demais, consumirão o oxigênio e a lagoa se tornará um charco verde e fedorento. A ecologia do Mar Negro entrou em colapso de repente e seu mau cheiro fechou os elegantes *resorts* russos. Houve surtos de cólera e hepatite.

Muitos cientistas acreditam apaixonadamente que é seu destino mudar a natureza, mas temos que entender as fragilidades da natureza e saber quando e como ter cuidado. Uma visão ingênua vinda do passado é que a tecnologia nos dá o domínio da natureza. Uma visão mais correta é que ela nos deu um planeta exaurido e um mundo artificial cada vez mais dependente da tecnologia. A tecnologia avançada nos faz precisar de uma tecnologia ainda mais avançada. Em vez de mestres, estamos sendo arrastados pela enxurrada cada vez mais acelerada de nossa própria tecnologia. Como numa barganha faustiana, pode ser que um estilo de vida magnífico surja à medida que nos enredamos na armadilha de nossas próprias invenções, cada vez mais complexas. Em geral, gostamos dessa armadilha porque ela nos dá entretenimento, anestésicos, mobilidade, lucros corporativos e estilos de vida com que os reis do passado nem sequer sonhavam.

Mais cedo ou mais tarde, a humanidade tem que aprender a controlar a tecnologia e a evitar o que é perigoso demais, assim como é preciso controlar um adolescente que esteja aprendendo a dirigir uma Ferrari. Estamos aprendendo a dirigir uma coisa monstruosamente mais poderosa. Essa capacidade de controle precisa existir antes que as tecnologias se tornem ainda mais perigosas do que já são.

Uma parte especial do propósito deste século é instalar controles que nos impeçam de destruir acidentalmente a magnificência do futuro a longo prazo da humanidade. Não sabemos com detalhes como controlar a futura tecnologia, mas sabemos o suficiente para acreditar que o controle é possível. É uma questão de boa engenharia com excelentes salvaguardas e de boa administração com forte disciplina — coisas que podem ser ensinadas. Este século, espera-se, verá a transição para um planeta bem administrado a ponto de viabilizar sua sobrevivência a longo prazo. Quando começou a criar a ciência no século XVII, o homem estava destrancando um poder que cresceria de maneiras que ele não poderia entender na época. Uma vez destrancado, esse poder cresceu ao longo dos séculos até conseguir mudar a Terra, mudar a biologia, mudar a civilização e mudar o *Homo sapiens*. Empolgada, a humanidade liberou sem cuidado os poderes da ciência. Dividimos o átomo, criamos inteligência eletrônica, aprendemos a modificar os genes de cada coisa viva e estamos aprendendo agora a nos modificar. A ciência destranca riquezas inimagináveis, mas leva também a forças que podem nos destruir. À medida que a avalanche da tecnologia ganha velocidade e *momentum*, sua capacidade para o bem e para o mal se torna mais poderosa.

Vivemos num mundo belo mas totalmente isolado. Não encontraremos outro mundo que possa substituí-lo. No início do século XXI, estamos aviltando este mundo e adquirindo o poder de destruir a civilização. Temos inteligência para administrar bem o planeta Terra e, até certo ponto, corrigir o dano que causamos. Precisamos fazer isso logo porque a capacidade de destruição aumenta muito depressa. Temos que fazer com que o planeta funcione bem com uma população excessiva.

No final do século XXI, algumas tecnologias terão um poder incrível: então, aprender a administrar o nosso planeta implica aprender a viver em segurança com essas tecnologias e construir civilizações que vivam bem umas com as outras. Hoje, a ciência teórica deixa claro que ainda estamos nos primeiros estágios de uma jornada muito mais longa. A tecnologia crescerá em poder e *momentum* por vários séculos, levando-nos a áreas que desafiam a intuição e o senso comum — áreas descritíveis apenas pela matemática. Não temos ideia, por exemplo, para onde levará o emaranhamento quântico. No século XXIII, a ciência será inimaginavelmente mais poderosa do que é hoje.

Mais cedo ou mais tarde nesta longa jornada, teremos que aprender a controlar o que estamos fazendo, e este é o século em que isso precisa acontecer. Neste extraordinário século XXI, temos que instalar os controles. A capacidade de administrar o que estamos fazendo precisa ser estabelecida antes que o jogo fique perigoso demais. Diversos tipos de controle têm que ser implementados para permitir que as civilizações da Terra floresçam.

O século XX foi o século mais violento até agora. Foi como um mundo adolescente assolado por intensos traumas emocionais antes da idade adulta. Devido às armas de destruição em massa, o século XXI não pode resistir a esse comportamento. Este é o século em que temos que atingir a idade adulta, como já indicam os primeiros sinais.

Melhorar o comportamento é vital no século XXI porque, de repente, estamos todos no mesmo caldeirão, totalmente isolado em meio a armas terríveis. Teremos novas riquezas e capacidades que podem melhorar o que é a humanidade, mas temos que crescer depressa. Este é o *fim da infância*.

O caldeirão é global. Isso será bom a longo prazo se tratarmos uns aos outros com decência, compartilhando as liberdades democráticas. Vamos acabar entendendo as ramificações do enunciado "todos os povos são um só povo" mas, hoje, o globalismo tem falhas gigantescas. As grandes corporações têm pontes importantes para países onde podem lucrar mas passam ao largo de países onde não podem. Por isso, a disparidade entre países ricos e pobres é enorme. As nações falidas não estão no mapa corporativo do mundo. A menos que se tome medidas bem administradas e bem fundamentadas, a pior pobreza se tornará mais extrema. Na União Europeia, uma vaca recebe em média US$2 por dia de subsídios, mas 3 bilhões de pessoas — 47% da população do mundo — vive com menos de US$2 por dia,[2] uma quantia totalmente inadequada para alimentar uma família e dar aos filhos a mais básica educação e, até meados do século, haverá mais alguns bilhões de pessoas nos países mais pobres. Para piorar as coisas, a água, essencial ao cultivo de alimentos, estará cada vez mais escassa em muitos desses países.

Estamos aviltando o ambiente da Terra, mas bilhões de pessoas da Terra estão sendo aviltadas de maneira ainda pior. Enquanto o globalismo aumenta espetacularmente a fortuna dos países mais ricos, os mais pobres mal conseguem se alimentar. Estou escrevendo isto em St. Petersburgo, onde tais extremos também existem e onde houve uma revolução violenta, seguida por sete décadas de opressão e trauma.

O *fim da infância* é muito mais do que correção ambiental. É acabar com os motivos para futuros derramamentos de sangue e horrores humanos. É eliminar a fome, a doença e a pobreza indescritível que assolam muitos no planeta. É aprender o que devemos fazer com as incrivelmente transformadoras novas tecnologias que estamos destrancando. É preciso entender que a ciência futura é ao mesmo tempo magnífica e perigosa — ela pode revelar mundos contraintuitivos muito diferentes do que podemos ver e sentir — e que essas dádivas da ciência têm que ser globais.

Se é para sobreviver, temos que aprender a administrar essa situação. Temos que implementar regras, protocolos, metodologias, códigos de comportamento, facilidades culturais, meios de governança, tratados e instituições que nos permitam cooperar e prosperar no planeta Terra. Se pudermos fazer isso com o que o século XXI nos der, é provável que possamos sobreviver aos séculos futuros. Se o nosso mundo do século XXI se desmantelar, a civilização regredirá muitos séculos.

Assim, o século XXI nos traz os seguintes desafios:

DESAFIO 1: A TERRA

A Transição do Século XXI implica deixar de sucatear o planeta para começar a curá-lo. Temos que deter as ações que levam à mudança climática. Temos que curar a camada de ozônio, chegar a um uso sustentável da água, parar de devastar as florestas, revitalizar o solo e conquistar segurança alimentar. Tais mudanças precisam ocorrer na primeira parte do século, antes que a destruição vá longe demais.

Quando paramos de poluir um rio, ele se recupera rapidamente; os lagos demoram mais. Medidas duras são necessárias para preservar as terras úmidas essenciais à vida marinha, que estão sendo destruídas por investimentos imobiliários à beira do mar.

Uma mudança na capacidade de bem administrar a Terra está sendo trazida por enormes quantidades de microinstrumentos que, estrategicamente espalhados, fornecem um grande volume de dados a sistemas computacionais. A humanidade está deixando de ser ignorante a respeito do planeta e começando a ter um grande volume de informações ligadas a modelos feitos em supercomputadores.

Na segunda metade do século, teremos aprendido a viver de acordo com o fundo fiduciário da natureza. O ideal é aprender com a ciência e o bom ensinamento. Se não, aprenderemos com padrões primeiro-a-catástrofe de acontecimentos. O clima da Terra mudará e aprenderemos a viver com as mudanças. Freeman Dyson comentou reflexivamente: "A arte de viver é tirar da vida o melhor partido, não é tentar organizar tudo do jeito que você quer".

DESAFIO 2: POBREZA

Enquanto as nações ricas ficam mais ricas, bilhões de pessoas vivem em extrema pobreza e suas vidas são brutalmente curtas. Quando entrevistei Jack DeGioia, o influente diretor da Georgetown University, ele disse enfaticamente: "O desafio moral do nosso tempo é eliminar a extrema pobreza". Temos que transformar nosso mundo de modo que, no final do século, ele seja um lugar limpo e decente para a maioria das pessoas. Todas as nações têm que atingir um nível decente de alfabetização e níveis adequados de empregos. As situações horrorosas nos países destituídos de hoje têm que acabar para sempre. Jeffrey Sachs propõe algumas maneiras de fazer isso.[3]

DESAFIO 3: POPULAÇÃO

A extrema pobreza do planeta está relacionada em grande parte ao tamanho da população. Estima-se que a população da Terra logo aumentará em 2,5 bilhões de pessoas, um aumento que será maior nos países menos capazes de cultivar alimentos. Há hoje maneiras não opressivas de baixar a taxa de natalidade. A população diminui fortemente nos países nos quais quase todas as mulheres sabem ler e onde vigora a plena liberação das mulheres. A população tende a diminuir quando o PIB é alto. A meta de melhorar o estilo de vida corresponde à meta de diminuir a população.

DESAFIO 4: ESTILOS DE VIDA

A maioria das pessoas (quase 9 bilhões) vai querer participar da afluência do planeta. Isso não será impossível com o estilo de vida do século XX. Precisamos de estilos de vida com mais qualidade e ambientalmente inofensivos. Estilos de vida ricos, afluentes e globalmente sustentáveis, mais satisfatórios do que os de hoje, podem ser conquistados enquanto se cura o ambiente.

DESAFIO 5: GUERRA

No século XXI, uma grande guerra poderia pôr fim a tudo. Nenhum benefício político ou econômico justifica o risco de uma guerra com armas biológicas e nucleares. Temos que impedir a guerra entre nações com arsenais de destruição em massa. Ou não haverá guerra entre nações *high-tech* ou não haverá civilização. A existência de armas capazes de acabar com a civilização torna este século muito diferente dos anteriores.

DESAFIO 6: GLOBALISMO

O globalismo está aqui para ficar. O planeta está encolhendo e a banda larga está cada vez mais larga, mas o globalismo precisa permitir que as culturas locais floresçam e sejam protegidas. É preciso atingir o equilíbrio entre o que é global e o que é local.

O comércio global continuará a se expandir e precisa beneficiar a todos, em vez de deixar de lado alguns países, tornando-os ainda mais destituídos. As nações falidas precisam de ajuda até que se tornem nações em desenvolvimento. Lentamente, serão estabelecidos acordos comerciais, leis, tarifas e códigos de comportamento que sirvam a todos.

DESAFIO 7: A BIOSFERA

Estamos perdendo espécies de plantas e animais num ritmo chocante. Isso representa uma perda importante de conhecimento sobre o DNA das espécies. Muitas espécies podem ser protegidas com a identificação e a preservação dos locais em que há uma alta concentração de espécies ameaçadas (será discutido depois).

Hoje, 90% dos peixes comestíveis dos oceanos foram capturados. É possível criar condições em que a vida oceânica aos poucos se recupere. Isso exige áreas de proteção marinha bem planejadas, combinadas a um plano global de pesca bem administrada. São necessárias leis para transformar os oceanos do estado de esgotamento de hoje para um vigoroso estado saudável.

Outros desafios à biosfera virão da Revolução Verde com sua redução da biodiversidade para conseguir culturas de alto rendimento, e do aumento de culturas geneticamente modificadas por parte dos agricultores.

A administração global da biosfera é essencial e exige um conhecimento amplo e inventariado em computador de todas as espécies.

DESAFIO 8: TERRORISMO

O alvorecer da era do terrorismo coincide com a existência de armas de destruição em massa que se tornarão progressivamente mais baratas. A possibilidade de grupos terroristas construírem armas nucleares deve ser totalmente eliminada. Isso pode ser feito negando-lhes o acesso ao plutônio e ao urânio enriquecido. Todas as fontes de urânio e de plutônio com alto grau de pureza têm que ser identificadas e trancadas com a máxima segurança.

Acima de tudo, é vital acabar com as razões pelas quais as pessoas querem se tornar terroristas. No início do século XXI, culturas que antes eram separadas e potencialmente hostis se viram uma diante da outra por causa da mídia que acompanha as novas forças do globalismo. Culturas potencialmente hostis estão de repente no mesmo caldeirão. É uma tarefa crítica do século XXI chegar ao respeito mútuo e à cooperação entre essas culturas, para que não se aniquilem. Será essencial que as religiões reconheçam o divino em outras religiões e aceitem a necessidade de viver umas com as outras (como fazem no Primeiro Mundo). É vital impedir que religiões sejam pervertidas por filosofias que promovem assassinos suicidas.

DESAFIO 9: CRIATIVIDADE

A tecnologia do futuro próximo levará a uma era de extrema criatividade. Jovens do mundo todo devem participar da excitação dessa criatividade. É provável que culturas diferentes se aceitem à medida que o trabalho motivador se disseminar e os países ricos ajudarem jovens do planeta todo a ser empreendedores. O mundo está ficando finamente costurado por cadeias de fornecimento de empresas eletronicamente conectadas, que acabarão interligando todos os países e se tornando muito valiosas.

Se os jovens do mundo todo entenderem o propósito do século XXI, o papel vital da Geração de Transição, as possíveis soluções inovadoras para os problemas do planeta e o desafio de criar civilizações melhores, eles não vão querer ser homens-bomba.

DESAFIO 10: DOENÇA

É desejável prevenir as pandemias, quando uma doença infecciosa se espalha rapidamente e mata muitos milhões de pessoas, como aconteceu muitas vezes na história. Tais doenças podem ser introduzidas por terroristas. Temos agora sensores que podem detectar a existência de vírus perigosos no ar e procedimentos médicos para impedir a difusão. Precisamos estar prontos, com todos os nossos recursos tecnológicos, para deter a gripe aviária e futuras pandemias que nos peguem de surpresa. Hoje não estamos prontos.

É possível modificar, num laboratório barato, os genes de um patógeno de modo a criar outro que seja novo para a natureza. Assim, a natureza não terá os mecanismos protetores que evoluíram ao longo de bilhões de anos. Os pesquisadores de armas têm agentes modificados da varíola, da peste bubônica e de outras doenças terríveis. Os patógenos geneticamente modificados que se espalham depressa representam um perigo extremo. Temos que construir defesas apropriadas.

DESAFIO 11: POTENCIAL HUMANO

Uma tragédia atual da humanidade é a maioria das pessoas ficar absurdamente longe de realizar seu potencial. Uma das metas do século XXI deve ser reverter esse fato e descobrir como desenvolver a capacidade latente em todo mundo. À medida que o século amadurece, a capacidade de aprendizado da humanidade vai acelerar, favorecida primeiro pela mídia digital que temos hoje, depois por poderosas ferramentas computacionais e depois por mudanças nos próprios seres humanos. Estamos começando a aprender a cuidar do planeta e a tratar seus habitantes com decência. Isso deve ser o começo de uma era em que a criatividade ilimitada das pessoas esteja à solta. A expansão do potencial humano tem que ser difundida, da sociedade mais destituída à mais rica sociedade *high-tech*.

DESAFIO 12: A SINGULARIDADE

Daqui a algumas décadas, a inteligência computacional, bem diferente da inteligência humana, vai estar se alimentando de si mesma, tornando-se mais inteligente em ritmo cada vez mais acelerado, até que haja uma reação em cadeia que chamamos de Singularidade. A humanidade precisa descobrir como fazer para não ser sugada por uma situação que seja totalmente nociva e fora de controle. Os computadores terão que ser tecnicamente controlados, talvez por meio de projetos de hardware, para que continuem atuando a nosso favor mesmo quando se tornarem incomparavelmente mais inteligentes do que nós.

O principal impacto da Singularidade será seu uso, por profissionais inteligentes, para obter resultados extraordinários. Quando isso acontecer, a capacidade de manipular a Singularidade será distribuída globalmente, especialmente entre jovens adequadamente educados. Isso permitirá que muitas tecnologias autoevolutivas se tornem "infinitas em todas as direções".

DESAFIO 13: RISCO EXISTENCIAL

O século XXI é o primeiro em que pode haver acontecimentos que acabem com o *Homo sapiens*. Estes são chamados de riscos existenciais (riscos à nossa existência). Lorde Martin Rees descreve tais riscos com detalhes e nos dá só 50% de chance de sobreviver a este século.

Se sobrevivermos, nossas realizações até o final do século serão incríveis. A magnificência do que as civilizações humanas conquistarão se continuarem a existir por muitos séculos está além de toda a imaginação — tão magnificente que a possibilidade da humanidade acabar é trágica demais para se pôr em palavras. O fim do *Homo sapiens* seria um mal indizível. Temos que tomar as medidas necessárias para zerar a possibilidade de extinção.

Temos que entender todos os tipos de riscos existenciais e depois banir a tecnologia em questão ou controlar o risco. Há muitas medidas de segurança que podem ser implementadas. Muito antes do fim deste século, é preciso haver regras e procedimentos de segurança já implementados — e que sirvam para os séculos subsequentes. A época mais perigosa estará próxima quando começarmos a discutir *se* é preciso controlar a ciência. Lorde Martin Rees disse na entrevista: "À medida que a ciência avança, é maior o hiato entre o que *pode* ser feito e o que *deve* ser feito".

DESAFIO 14: TRANS-HUMANISMO

Este é o primeiro século em que poderemos mudar radicalmente os seres humanos, e esse fato, por si só, dá um significado muito especial ao século XXI. A tecnologia nos permitirá viver mais, aprender mais e ter próteses interessantes. A neurociência florescerá espetacularmente quando pudermos mapear o cérebro de modo a registrar a transmissão de sinais entre neurônios e depois emular partes do cérebro com tecnologia milhões de vezes mais rápida do que ele. Um novo mundo se abrirá quando pudermos conectar diversos neurônios do nosso cérebro a dispositivos externos. Conectaremos o cérebro diretamente a objetos nanotecnológicos sobre o crânio e a supercomputadores distantes. Isso mudará a capacidade humana de maneira extraordinária.

O trans-humanismo será altamente controverso. Levantará importantes argumentos éticos, já que é possível prejudicar algumas das qualidades que tornam a humanidade maravilhosa. Trará avanços fundamentais para a capacidade dos seres humanos, mas criará diferenças extremas entre ricos e pobres.

Temos que descobrir onde é possível modificar o *Homo sapiens* sem consequências negativas. O trans-humanismo será um possibilitador de civilizações muito superior aos atuais.

DESAFIO 15: CIVILIZAÇÃO AVANÇADA

No século XXI haverá um grande aumento em riqueza real (descontando a inflação). Mais cedo ou mais tarde, as máquinas farão a maior parte do trabalho. O lazer será uma questão muito importante.

O futuro poderá ser uma era de florescimento da literatura, do teatro, das belas artes, do entretenimento. Diferentes formas de alta-cultura terão redes globais de entusiastas. Qualquer civilização do futuro vai permear o ciberespaço. Música, dança, cinema, criação de games e diversas formas de nova cultura podem ajudar a construir altos níveis de respeito mútuo em sociedades antes pouco à vontade entre si. Os governos podem favorecer deliberadamente a ecoafluência. O século XXI disponibilizará uma quantidade incrível de novo conhecimento e inteligência computacional, permitindo níveis de criatividade inconcebíveis no século XX.

Temos que nos fazer uma pergunta importante: "Como serão as magníficas civilizações no final do século?" Por causa do trans-humanismo e da Singularidade, as mudanças serão mais extremas do que se entende normalmente.

A transição de um planeta em rota autodestrutiva para um planeta inteligentemente administrado é o propósito do século XXI. Se não houvesse mudanças na tecnologia, isso seria vitalmente importante, mas a tecnologia transformará tudo o que fazemos. Se esses desafios forem administrados com sabedoria, teremos condições para administrar qualquer outro desafio que a tecnologia e o comportamento humano trouxerem nos séculos por vir. Na longa paisagem da história humana, este século tem um lugar vital. Desencadeará uma enorme quantidade de conhecimento humano, representado de modo que os computadores possam usar.

Depende de nós se este será o último século da humanidade ou o século em que a natureza de uma grande civilização — com globalismo, trans-humanismo, nanotecnologia, Singularidade, e assim por diante — será compreendida. Pode ser mais importante do que a Renascença.

O século XXI é como um posto de pedágio numa estrada, depois do qual a humanidade deixará para trás o tempo em que existia pobreza extrema, nações destituídas, a opção de guerra em grande escala, debates sobre engenharia genética e trans-humanismo — e entrará numa era em que saberemos evitar riscos à nossa existência. Nesse tempo, o trabalho convencional será feito por máquinas e os seres humanos se ocuparão de coisas unicamente humanas. Níveis mais altos de felicidade virão de níveis mais altos de criatividade. Pode ser que muito do nosso esforço mental seja canalizado para a música, a arquitetura, a cultura e magníficas cidades verdes.

Pode parecer fácil, mas não é. Cometeremos erros em grande escala enquanto avançamos e às vezes aprenderemos com eles. No final do século, haverá monumentos dramáticos para os nossos erros.

Ao lado de uma velha macieira tortuosa, no velho colégio de Isaac Newton, filmamos Lorde Rees, da Inglaterra, cercado por aquela beleza antiga, os olhos sorridentes sugerindo uma sabedoria que não revela. Deu sua última palavra sobre o assunto: "A principal preocupação do século XXI é sobreviver a ele".

DESAFIO 16: GAIA

Como precisamos ter certeza de que não estamos perto do ponto em que o aquecimento global foge do controle, a ciência do sistema terra precisa ser uma disciplina acadêmica completa que modele e meça com abrangência os mecanismos de controle da Terra. Haverá imprecisões nos modelos, mas não podemos correr o risco de perturbar as forças imensas que tornam o nosso planeta habitável.

A maior catástrofe que pode se abater sobre nós seria forçar Gaia inadvertidamente, de modo que o *feedback* positivo a torne instável ou a faça passar a um estado diferente. Nossa Terra pode se tornar um planeta tostado com tundra, habitável só para um pequeno número de seres humanos — provavelmente perto dos polos.

As forças dos sistemas de controle da Terra são imensas e estamos mexendo com elas. Segundo Lovelock, a ideia de que os seres humanos têm inteligência suficiente para atuar como administradores da Terra está entre as mais arrogantes de todos os tempos. Gaia faz o que faz e temos que viver dentro de seus limites. Se toda a população da Terra quiser comer carne e ter ar-condicionado, os limites de Gaia serão excedidos. Temos que aprender a viver de acordo com os meios do nosso planeta, e depressa. Isso deve ser ensinado a todos os seres humanos para que compreendam as terríveis consequências de ir além do que Gaia — o sistema de controle da Terra — pode controlar.

O século XXI tem que usar a ciência para regular o comportamento humano de modo que viva em paz com Gaia. Isso será essencial para os séculos futuros.

DESAFIO 17: O HIATO ESPECIALIZAÇÃO/SABEDORIA

Será essencial uma sabedoria profunda a respeito do propósito do século XXI. Um problema sério do nosso tempo é o hiato entre especialização e sabedoria.

A ciência e a tecnologia estão acelerando furiosamente, mas a sabedoria não. Somos brilhantes na criação de novas tecnologias, mas não temos sabedoria para lidar com elas. Para ter sucesso no mundo de hoje, as pessoas precisarão de especializações intrincadas em áreas estreitamente delimitadas. Especialização exige um estudo detalhado e altamente focalizado de assuntos que aumentam rapidamente em complexidade, enquanto a sabedoria exige a síntese de diversas ideias. Sabedoria exige julgamento e reflexão sobre convicções e acontecimentos em termos de como poderiam ser.

Hoje, a reflexão profunda sobre nossas circunstâncias futuras é eclipsada por um frenesi de técnicas e *gadgets* cada vez mais complexos, e pela preocupação com o mercado de ações. O hiato especialização/sabedoria aumenta ainda mais porque as *especializações* oferecem os meios para se ficar rico. Os melhores cérebros da sociedade estão saturados com questões imediatas que se tornam cada vez mais complexas, em vez de refletir sobre os motivos e as consequências a longo prazo do que fazemos.

Hoje, a educação universitária é muito mais opressiva do que quando eu estava na universidade. Os currículos ficaram superinflados, os temas intensamente complexos e as provas frequentes e exigentes. O aluno se atém ao currículo e pouco mais pode fazer. Os professores se atêm à sua disciplina: são julgados pelos *papers* que escrevem para publicações em sua área. Muitas áreas da educação não exigem conhecimento interdisciplinar. Investe-se uma competência formidável em disciplinas que ficam cada vez mais profundas e mais complexas, mas não pensamos muito sobre suas consequências ou sobre seu impacto em outras áreas. Em áreas especializadas, os computadores vão ser muito mais inteligentes do que as pessoas, mas essa inteligência não é sabedoria humana. Quando os computadores ficarem mais inteligentes, com um intenso autodesenvolvimento da inteligência não semelhante à humana, o hiato especialização/sabedoria aumentará em ritmo furioso.

Temos muitos especialistas que sabem como tornar o trem melhor e mais rápido, mas quase ninguém se preocupa com o destino do trem — e se gostaremos ou não desse destino.

A sabedoria é essencial e vem da síntese do conhecimento e da experiência que levamos quase a vida toda para adquirir. Nem todo mundo consegue lidar com tal síntese. Temos que perguntar de onde virá a sabedoria ampla sobre o futuro. A resposta é: *temos que nos propor conscientemente a desenvolvê-la*. A sabedoria, como a civilização avançada, virá quando aprendermos a relaxar. Nossos melhores cérebros têm que parar de correr atrás das carreiras mais bem pagas, dos barcos mais velozes e dos clubes mais espertos. Uma sociedade madura tem que mostrar grande respeito pela sabedoria profunda.

Temos que nos propor conscientemente a fomentar a sabedoria que o século XXI exigirá. Essa deve ser uma tarefa para as nossas maiores universidades.

Esses 17 desafios são todos interligados e se reforçam mutuamente. Juntos, constituem a Transição do Século XXI. À medida que o nosso conhecimento melhora, nossos desafios também serão refinados e ampliados.

14

UMA TEMPESTADE PERFEITA

Houve um momento nos anos 1990 em que parecia não haver limite para a inventividade dos empreendedores norte-americanos ou para os financiamentos postos à sua disposição. Havia uma reação em cadeia de novas ideias que se alimentavam de si mesmas. O Muro de Berlim tinha sido derrubado e era moda dizer que construiríamos um mundo sem barreiras. A Internet simbolizava a capacidade de atravessar qualquer muro. A inflexível estrutura de poder do mundo comunista tinha implodido e os inflexíveis empreendimentos do mundo capitalista passaram a ser alvo de ataque por parte de novas corporações conduzidas por gente nova, com novas ideias. A cultura criada para produzir novas ideias tinha sido maravilhosamente eficaz em lugares como o Vale do Silício e a Sony e, talvez, entre 50 milhões de pessoas, mas essa cultura de inovação está ausente em 99% das pessoas da Terra. Será que os jovens dos países em desenvolvimento podem se transformar em empreendedores? Será que o entusiasmo e a energia dos Estados Unidos do final dos anos 1990 podem ser transferidos à Geração da Transição no mundo todo?

PLANO

A explosão de alta tecnologia no final dos anos 1990 foi um prelúdio do século XXI. Demonstrou que o mundo inteiro pode se conectar através da Internet. Os negócios dependerão cada vez mais de ligações computador-a-computador em tempo real entre corporações. Alguém fazendo um pedido por telefone em Sydney pode achar que o pedido está sendo anotado por alguém que está em Sydney, mas a chamada foi na verdade roteada automaticamente para alguém no Sri Lanka, que a transfere para um computador de entrada de pedidos na França que, por sua vez, aciona um programa de planejamento de produção em Nova York para pôr os itens numa programação de produção em Cingapura. A fábrica robotizada de Cingapura usa placas de circuito impresso que vêm de Xangai já montadas com chips japoneses, faltando apenas a montagem final em Cingapura e depois uma rápida modificação de software, feita em Bangalore. O escritório da American Express em Taiwan providencia o embarque para Sydney em uma linha aérea da Malásia.

Thomas Friedman descreveu esse uso global de pessoas, fábricas, laboratórios e outros recursos no livro *The World is Flat.*[1] Uma companhia pode decidir empregar pessoas em qualquer parte do planeta onde a mão de obra seja mais barata ou o talento seja maior. O Wal-Mart é uma das companhias mais eficazes em juntar os pedidos feitos em suas numerosas lojas e organizar as fábricas para produzir os itens na quantidade mais econômica e entregá-los pontualmente. Isso minimiza os custos de estocagem nas lojas e lhes permite atender rapidamente os pedidos dos clientes. O Wal-Mart era uma companhia que produzia bens principalmente nos Estados Unidos, enfatizando que criava empregos para a América do Norte. Agora, 80% de todos os produtos vendidos pelo Wal-Mart são feitos na China, e o resto é feito em outros países com mão de obra barata. Assim, o Wal-Mart pode vender produtos aos menores preços para os lojistas. As redes de computadores permitem que os bens feitos em locais distantes sejam entregues "pontualmente".

A contabilidade de muitas companhias é feita na Índia. As empresas que criam softwares complexos para corporações empregam um mix de especializações, em que o planejamento estratégico é feito localmente e a codificação é feita na Índia. Na década de 1990, pensava-se que os indianos eram bons programadores: desde então, ficou claro que eles também são bons em administração, direção de filmes, propaganda, design criativo e pesquisa — na verdade em qualquer tipo de trabalho que envolva conhecimento. Até mesmo o trabalho legal está sendo terceirizado para a Índia.

Fortunas serão feitas mais depressa numa economia baseada em conhecimento do que numa economia baseada em bens físicos, já que o capital de conhecimento pode crescer muito mais rápido do que o capital físico. Ao contrário dos bens físicos, o conhecimento pode ser duplicado indefinidamente e transmitido rapidamente a outros lugares.

A riqueza não vem mais do aço, dos diamantes ou da conquista de território: vem da mente. Os megarricos de uma economia das ideias são mestres em pôr novas ideias em ação, como Bill Gates e Michael Dell. O valor reside mais no intelecto do que em recursos tradicionais, como capital, terra, materiais e trabalho. Isso muda o mapa do mundo. As ideias, ao contrário dos recursos da economia clássica, podem vir de qualquer lugar, mas é mais provável que venham de uma região com boas universidades. A Índia criou os Institutos Indianos de Tecnologia (IIT), que muito favoreceram a criação de uma economia das ideias, com uma entrada substancial de recursos externos. A pobreza generalizada da Índia está começando a ser transformada.

Infelizmente, o mundo não é plano: só uma parte dele é.

As nações em desenvolvimento estão numa escada que podem continuar subindo. Uma parcela cada vez maior de sua economia vem do trabalho terceirizado pelo resto do mundo, já que seus salários são baixos. Muitos países não estão nessa escada. São tão pobres que não conseguem alcançar nem o degrau mais baixo. Para que as trágicas nações destituídas cheguem ao degrau mais baixo de uma escada de desenvolvimento, é preciso uma infraestrutura, que é cada vez mais fácil construir. Muitas vezes, as áreas mais pobres não têm serviços de eletricidade nem linhas telefônicas. Agora podem ter telefones sem fio, painéis solares, geradores eólicos e, logo, células de combustível. Grandes estações geradoras de energia com uma rede elétrica cara darão lugar a geradores autossuficientes e localizados. Rádios e telefones celulares podem ser operados sem bateria, girando-se uma manivela. O MIT projetou um computador pessoal de US$100 com manivela para carregar a bateria. A lanterna que você carrega apertando com a mão é um invento agradável de usar (eu uso uma). Há um esforço para levar a Internet sem fio às partes mais pobres do mundo.

Para combater a má nutrição, são necessárias mudanças nas práticas agrícolas. Mas, no nível mais simples, os habitantes das aldeias podem ser ensinados a cultivar plantas com alto índice de vitaminas. Uganda tem deficiência de vitamina A: muitas crianças morrem e algumas ficam cegas. Explicamos para um jovem e brilhante ugandense que o coentro é uma planta que cresce como mato e é rica em vitamina A. Juntos, descobrimos onde comprar sementes de coentro na Web e, louco de entusiasmo, ele iniciou uma campanha chamada Coentro para Uganda. Um amigo que viaja para países assim, leva vários *smartphones* Black-Berrys com Internet sem fio e os dá às crianças que lhe pedem esmolas.

Ainda que possa haver uma infraestrutura para as nações mais pobres, nenhuma nação tem probabilidade de se desenvolver se sua renda *per capita* for menor do que US$ 1 por dia. As pessoas mal conseguem sobreviver com uma renda dessas e, no futuro, o preço dos alimentos aumentará. Esses países precisam de assistência oficial dos países mais ricos para alcançar o primeiro degrau da escada do desenvolvimento.

PEQUENO E BRILHANTE

À medida que envelhecem, as organizações ficam cada vez mais emaranhadas nos próprios procedimentos. Camadas sobre camadas de procedimentos são adicionadas para resolver problemas que um planejamento melhor teria impedido desde o começo. Ao envelhecer, as organizações se tornam inflexíveis e burocráticas, com todo mundo protegendo o próprio emprego. Uma economia em que haja abundância de novas ideias é cheia de histórias de Davi e Golias. Corporações pequenas e ágeis atacam corporações velhas e artríticas. A velha corporação, como Golias, muitas vezes reage com desprezo à recém-chegada, em vez de reagir com o devido cuidado. Davi usa tecnologia nova, novos processos e jovens animados. Golias está sob o peso da bagagem de seu passado. Muitas vezes, faz pesados investimentos no que é agora a tecnologia errada. Tem uma cultura antiga com estruturas hierárquicas desajeitadas. As companhias novas e pequenas não têm escritórios dispendiosos e alguns funcionários trabalham em casa. Os participantes-chave podem viver em cidades diferentes mas estar eletronicamente ligados. Uma companhia pequena pode ser uma companhia virtual.

Nos últimos dias do século XX, um estudante entediado escreveu um software que permitia a qualquer um baixar arquivos de música digital do computador pessoal dos outros. Viabilizou na Internet a prática comum de regravar e compartilhar gravações em fitas cassete. O serviço foi chamado de Napster e, em seu primeiro ano de operação, mais de 60 milhões de pessoas (20 vezes a população de Los Angeles) estavam compartilhando música popular sem precisar pagar. O Napster causou furor porque ameaçava as bases da sólida indústria da música. E a indústria da música acabou brecando o Napster com uma enxurrada de processos, o que deixou muitos usuários da Internet furiosos. A grande indústria estava atacando sua liberdade! Os hackers criaram Napsters clandestinos que, pensaram, não poderiam ser processados, e a indústria do entretenimento reagiu. Mas então nasceu o mundo do iPod.

A motivação dos garotos que criaram a revolução da música não era ganhar dinheiro: era proporcionar liberdade digital. Tinham a convicção de que a liberdade de informação deve ser construída diretamente nas redes. Temos que poder encontrar e baixar qualquer coisa — filmes de baixo orçamento, material educativo, conhecimentos médicos — livre de taxas, livre de censura e livre de ataques de advogados. Da mesma maneira, muitas pessoas da Geração da Transição inovará *porque é a coisa certa a fazer*. Podem ajudar a resolver os problemas do planeta de muitas maneiras.

A história da indústria da música é uma história norte-americana, mas o mundo está chegando lá. No futuro, as ideias que rompem com as regras virão de qualquer parte. O lema dos empreendedores em todo o mundo deveria ser *Pequeno, Brilhante, Mutável e Plano* — onde "plano" significa que os componentes ou o alvo competitivo pode estar em qualquer parte do mundo. Em vez de estar em Palo Alto, as novas corporações que mudam o mundo podem estar em Pequim, Bangalore ou na pequena Bermuda. A indústria de seguros foi modificada em Bermuda. A indústria de consultoria em computação foi modificada em Bangalore. O Wal-Mart foi modificado em Pequim.

Muitas vezes, o interessante Davi estará num lugar estrangeiro, onde um grupo Pequeno, Brilhante, Mutável e Plano não custa caro e onde os jovens tendem a ser inventivos e altruístas. Eles adoram atacar os Golias.

MUTÁVEL

Friedrich Hayek, o economista laureado com o Nobel, argumentou muitas vezes que as economias centralizadas, como a da URSS, levam a uma administração catastroficamente ruim porque planejadores centrais não conseguem ter todo o conhecimento necessário para dirigir a economia — é coisa demais. Duas décadas antes da URSS se desintegrar, Hayek afirmou que a desintegração estava para acontecer. Dizia que é uma presunção funesta para o planejador central acreditar que pode ter o conhecimento necessário para o planejamento central. Os planejadores podem ter apenas um conhecimento resumido das questões humanas envolvidas. Quando chega a ser compilado e analisado, esse conhecimento não é mais atual. Os motivos das pessoas são conhecidos só por elas mesmas, que nem chegam a compreendê-los direito. A fonte básica do comportamento humano — a mente humana — escapa à inspeção central.

Os planejadores centrais não fazem e nem podem fazer uso da informação dispersa incorporada em milhões de indivíduos. Tentam então comprimir os indivíduos em fórmulas e usam só uma pequena parcela das informações que animam a economia real. Hayek mostrou que é inevitável que os planejadores centrais desprezem conhecimentos que são vitalmente significativos no mundo *real*.[2] A solução é criar um sistema que permita ao público decidir o que deseja e sustentar tal decisão com mecanismos apropriados. Tem sido difícil explicar aos burocratas ávidos de poder que o melhor governo pode exigir uma mudança das decisões centralizadas para as decisões do mercado.

Nos últimos anos, a teoria da complexidade se tornou uma disciplina muito estudada. Com a ajuda de computadores, há hoje exames detalhados de sistemas complexos e de como podem ser controlados. Esses estudos parecem apoiar a intuição de Hayek e nos ensinam uma lição básica: é difícil administrar centralmente a maioria dos sistemas complexos e, quanto mais rápida é a mudança dos acontecimentos, mais difícil é fazer com que o controle central funcione.

Um importante campo de estudo é o dos SAC (sistemas adaptativos complexos), que adaptam o comportamento sem parar, dependendo das circunstâncias. Um SAC consiste em muitas unidades individuais, cada uma fazendo o que tem que fazer, obedecendo a certas regras que limitam seu comportamento. O trânsito de uma cidade é um SAC. Os motoristas não seguem ordens centrais: dirigem como querem. Embora ninguém esteja administrando os motoristas, o tráfego mostra padrões previsíveis.

As unidades de um sistema adaptativo complexo podem ser corretores da Wall Street, usuários da Internet, animais do oceano, plantas de uma floresta, anticorpos de um sistema imunológico, corporações de uma economia e assim por diante. O comportamento de um SAC é o resultado coletivo dessas unidades individuais, cada uma usando a própria iniciativa no contexto das regras estabelecidas. Mudando as regras, o comportamento do sistema se modifica. As regras do Fundo Monetário Internacional, por exemplo, têm um efeito importante sobre as economias dos países pobres, especialmente em épocas de crise econômica.

Um sistema de mercado usa o *conhecimento* dos membros do mercado para ajudar a controlar as operações. Os melhores sistemas de mercado se adaptam com sensibilidade aos compradores. O Wal-Mart, por exemplo, monitora tudo o que é comprado em cada uma de suas lojas e usa essa informação quase que imediatamente para resolver o que vai produzir e distribuir às suas inúmeras unidades. Isso lhe permite ter nas prateleiras os produtos que os consumidores desejam ao menor preço possível, o que é muito mais eficaz do que os membros de um comitê central decidindo o que produzir e distribuir.

Uma forma poderosa de controle descentralizado é permitir aos participantes usar não apenas seu conhecimento, mas sua iniciativa criativa. Precisamos de "sistemas de iniciativa distribuída", que se desenvolveram graças à iniciativa de muitos participantes. Em muitas organizações corporativas, o comando-e-controle de cima para baixo tem dado lugar às estruturas de iniciativa descentralizada.

Quando os governos decidiram que cabia a eles diminuir a poluição, estabeleceram limites e muitas vezes decretaram que tipo de tecnologia deveria ser usada para controlar a poluição. Com isso, a tendência foi limitar as empresas às tecnologias existentes quando novas tecnologias eram necessárias. Mais recentemente, esquemas de iniciativa distribuída foram criados para atacar a poluição por meio de licenças negociáveis. O governo estabelece os níveis aceitáveis de poluição e aloca crédito às empresas para atingir tais níveis. Algumas empresas conseguem cortar a poluição abaixo do nível estabelecido por lei e têm créditos para vender. Outras têm dificuldade para atingir o nível e compram créditos das que têm créditos extras. Um mercado vibrante pode vir a existir e, quando isso acontecer, muita engenhosidade será usada. Há muitas maneiras de substituir a inflexibilidade da abordagem de comando-e-controle por abordagens que estimulem a inovação local.

Se você estivesse num bote de borracha indo em direção à turbulência de uma corredeira, não ia querer uma lenta burocracia centralizada controlando o bote. Ia querer um treinamento excelente para você mesmo controlá-lo: essa seria a única maneira segura de sobreviver. A mudança de controle central para controle local exige que um grande número de participantes seja treinado para controlar o bote. A humanidade está indo para um tempo com duas tendências de grande *momentum*: *complexidade crescente* e *índices cada vez maiores de mudança*. Num mundo com essas duas características, o controle central fica cada vez mais impraticável. O ambiente terá que ser projetado de modo que unidades localizadas com conhecimento e iniciativa deem as cartas.

Dito isso, ainda é necessário ver o quadro geral e entendê-lo. Há certas questões em grande escala que precisam ser compreendidas centralmente. O quadro geral pode indicar que o mundo está se dirigindo para o desastre ou que uma de nossas orientações a longo prazo é insustentável. É preciso haver planejamento estratégico com base no quadro geral, seguido de iniciativa distribuída para implementar o plano. Os governos podem estabelecer objetivos e recompensas quando tais objetivos são atingidos — mas é melhor que estes sejam perseguidos por indivíduos ou organizações concorrentes que usem a própria iniciativa.

O estudo dos sistemas adaptativos complexos nos mostra que muitos tipos de mudança têm um efeito singularmente pequeno sobre um sistema complexo — o sistema é persistente em seu comportamento. No entanto, algumas mudanças podem transformar totalmente o seu comportamento. Modelos computacionais mostram que, *às vezes, uma mudança muito pequena nas regras provoca uma enorme mudança no comportamento geral.* Isso tem a ver com nossos comentários sobre fatores de alavancagem. Descobrir a alavanca correta pode fazer maravilhas mas, em geral, os fatores de alavancagem mais poderosos não têm nada de óbvios.

UM TIPO DIFERENTE DE PRODUTIVIDADE

Progresso econômico implica produtividade. Quase todos os anos desde a invenção da máquina a vapor, a produtividade tem aumentado nas principais economias. Em certas épocas, teve um aumento constante de 3% a 4% ao ano; em outras épocas, subiu mais devagar. Os países desenvolvidos viram sua riqueza real aumentar mais de 10 vezes a cada século. Isso acontecerá também no século XXI.

Entretanto, a riqueza crescente do passado estava relacionada ao consumo crescente de recursos naturais. O século XXI é diferente porque o suprimento de muitos recursos necessários será cada vez menor — como o da água. Assim a economia terá que usar esses recursos com muito mais eficiência ou encontrar alternativas. A eficiência no uso dos recursos da Terra é vital para o futuro — essencial para termos um mundo viável à medida que a população aumenta, aproximando-se de seu ponto máximo.

Para os economistas, a medida de produtividade tem sido a *produtividade no trabalho* — a quantidade de bens produzidos por pessoa-hora (a riqueza produzida por pessoa por hora). Isso é o que tem aumentado a cada ano. É preciso uma medida fundamentalmente diferente: *produtividade de recursos.* Esta diz respeito à quantidade de riqueza produzida a partir de uma unidade de recursos naturais. Agora que estamos mais perto do limite dos recursos planetários, é importante descobrir medidas apropriadas de produtividade dos recursos, além de estabelecer metas e incentivos.

A evolução da sociedade industrial tinha em vista melhorar a produtividade do trabalho mas não a produtividade dos recursos. Como resultado, temos uma baixa produtividade de recursos. A maior parte da água de chuva escorre para o esgoto e outros recursos são desperdiçados de inúmeras maneiras. A melhora na produtividade do trabalho tem sido uma jornada lenta mas constante. A riqueza gerada por pessoa leva umas três décadas para ser duplicada. A melhora na produtividade dos recursos virá muito mais depressa porque começa num patamar baixo. Até recentemente, comportamo-nos como se os recursos da Terra estivessem ali para serem usados. Não havia qualquer incentivo para usá-los frugalmente. Por isso, há agora grandes oportunidades para melhorar: muitas medidas podem ser tomadas rapidamente.

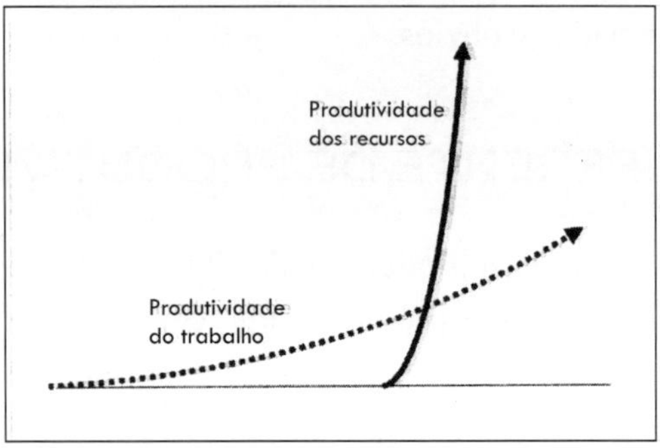

FATOR QUATRO

Um dos grandes defensores da produtividade de recursos é Amory Lovins. Ele e seus colegas do Rocky Mountain Institute sustentam que, para deter a destruição do planeta, precisamos exercitar o que ele chama de *fator quatro*: temos que cortar pela metade o uso de recursos críticos e, ao mesmo tempo, duplicar o valor total obtido.[3] Ele é coautor de um livro chamado *Factor Four: Doubling Wealth, Halving Resource Use*, que está cheio de exemplos do mundo real daquilo que o título advoga. O livro mostrou como essa melhora do fator quatro pode ser replicada em grande escala. Seu trabalho produziu centenas de exemplos de uma tal melhora.

O caminho da sustentabilidade pode ser alcançado em áreas triviais, como o transporte de alimentos até à sua casa ou o uso eficiente da água, e em áreas menos triviais, como a agricultura hidropônica ou o uso de redes de computadores para reduzir a logística. Naturalmente, a produtividade dos recursos pode ser melhorada com o uso de novas tecnologias — fibras ópticas, células de combustível, carros econômicos, energia nuclear de quarta geração. Mas muitos exemplos no relatório *Factor Four* nem mesmo exigem novas tecnologias. Dizem respeito a coisas como isolamento em edifícios, uso mais eficiente dos transportes e eliminação do desperdício. O bom senso tem um papel maior do que a alta tecnologia. O trabalho de Lovins consegue resultados repetíveis com as ferramentas da indústria atual. Há muito espaço para melhorar quatro vezes o uso de recursos, sem tecnologias exóticas.

Há três tipos principais de produtividade dos recursos: produtividade da energia, produtividade dos materiais e produtividade dos transportes. A produtividade da energia implica alcançar resultados desejáveis com um uso substancialmente menor de energia. A produtividade dos materiais implica alcançar resultados com menos materiais — evitando materiais, descobrindo materiais substitutos, construindo produtos menores ou produtos com materiais recicláveis. Quando usamos menos materiais, economizamos a grande quantidade de energia que é necessária para extrair minérios e produzir materiais com eles. A produtividade dos transportes implica reduzir ou evitar o transporte de pessoas ou bens na realização de atividades desejáveis. Em geral, os processos podem ser reorganizados de modo que bens ou materiais percorram distâncias menores e sejam despachados com mais eficiência. Os caminhões não fazer a viagem de volta vazios, por exemplo. O Rocky Mountain Institute descreve como é possível conseguir um aumento quádruplo em cada um dos três tipos de produtividade dos recursos.

Os autores de *Factor Four* tentam calcular o desperdício total dos recursos globais que ocorre hoje. Estimam que, só nos Estados Unidos, são desperdiçados pelo menos um trilhão de dólares por ano. No mundo inteiro são vários trilhões. O desperdício ocorre porque não há determinação constante para usar com eficiência os recursos da Terra. A sociedade buscou a produtividade do trabalho, não a produtividade dos recursos. A maior parte dos recursos desperdiçados são bens comuns globais: assim, o desperdício torna todo mundo mais pobre. Isso põe em risco o meio ambiente e cria problemas muito caros para o futuro.

Paul Hawken, coautor de *Natural Capitalism: Creating the Next Industrial Revolution*,* estima que 99% dos materiais originais usados na produção de bens fabricados nos Estados Unidos se transformam em lixo seis semanas depois da venda. Hoje, quando uma lâmpada incandescente comum é acesa por uma grande usina de energia, só uns 3% dessa energia acende a lâmpada: 97% são perdas de vários tipos. Eliminar esse tipo de desperdício é parte do que os autores de *Factor Four* chamam de "uma nova Revolução Industrial".

Houve um momento em que mais de dois quintos da eletricidade consumida nos Estados Unidos eram desperdiçados devido à instalação ineficiente de equipamentos de resfriamento de ar. Muito pode ser feito para diminuir

---

* *Capitalismo Natural: Criando a Próxima Revolução Industrial*, publicado pela Editora Cultrix, São Paulo, 2000.

esse grande desperdício. Um aspecto importante dos edifícios "verdes" é serem projetados de modo a exigir menos resfriamento no verão e menos aquecimento no inverno. Para isso, é preciso posicionar com cuidado o prédio. Ele pode ter janelas com folhas automáticas, salas subterrâneas naturalmente frescas no verão, vidros térmicos modernos, fluxo de ar automático, isolamento inteligente, e assim por diante. Minha casa fica perto do mar e a água do mar é usada para ajudar a refrescá-la no verão e aquecê-la no inverno porque o mar tem menos variações de temperatura do que a atmosfera. Uma bela piscina de água do mar ajuda nesse processo.

Infelizmente, parece provável que o condicionamento de ar desnecessariamente dispendioso continuará a ser um dos fatores cumulativos que pioram o estresse do cânion no meio do século. Na China e na Índia, há grandes esforços para resfriar o ar com pouco uso de energia. Muito da engenhosidade em economia de recursos virá de países que não podem se dar ao luxo do estilo norte-americano de condicionamento de ar. No passado, as empresas de energia construíam grandes usinas a carvão e redes de eletricidade muito caras. As economias de hoje favorecem cada vez mais unidades locais menores e a possibilidade de cidades pequenas gerarem a própria energia. Isso se tornará mais atraente quando as novas tecnologias de energia forem mais difundidas.

FATOR 10

Amory Lovins e seus discípulos demonstraram que melhorar quatro vezes a produtividade dos recursos é possível *hoje*, em muitos campos diferentes. No entanto, ao estudar essa questão, autoridades concluíram que reduzir o uso dos recursos da Terra à metade não é suficiente. Em muitos casos, temos que reduzir o uso a um quarto e, ao mesmo tempo, incrementar substancialmente a criação de riqueza. Um grupo que se denomina Clube Fator 10 advoga que, com melhor tecnologia, a humanidade pode trabalhar agora para melhorar dez vezes o uso dos recursos. Tal aumento, calculam eles, é necessário para se chegar a uma sustentabilidade a longo prazo.

Ao lado da nova tecnologia, um incremento fator-10 exige importantes mudanças nas políticas de governo, nas estruturas de subsídios e impostos e na operação de instituições como o Banco Mundial e a Organização Mundial do Comércio. É essencial que as corporações sejam motivadas financeiramente a usar recursos com sustentabilidade global a longo prazo. Os processos para melhorar a produtividade de recursos criarão muitas oportunidades novas para os negócios.

Alguns países, principalmente na Europa, adotaram o Fator 10 com um objetivo estratégico. Alguns estão preparando uma campanha informativa para ajudar pequenos e médios negócios a projetar produtos ecointeligentes. Algumas grandes corporações, como a Dow Europe e a Mitsubishi Electric, consideram a adoção das ideias fator-10 uma poderosa estratégia para obter vantagens competitivas.

Em geral, as pessoas economizam recursos não porque isso é o certo, mas porque afeta o bolso. No entanto, muitos regras e subsídios governamentais estimulam o oposto da produtividade de recursos. A isenção de impostos para o fornecimento de madeira acelera o desflorestamento. Subsídios para pesticidas estimulam seu uso excessivo. Os serviços de eletricidade, gás e água são muitas vezes recompensados por vender mais eletricidade, gás e água. Quanto mais eletricidade é desperdiçada, mais dinheiro ganham as companhias elétricas. Essas companhias são penalizadas por promover o uso eficiente de recursos, já que isso diminui seus ganhos totais. Muitas vezes, há regras impedindo que o caminhão de um fabricante transporte produtos para outras organizações quando está vazio, embora os atuais sistemas de distribuição através da Web ajudem a evitar que os caminhões viajem vazios. Um mundo fator-10 exigiria o fim de muitas regras governamentais de hoje.

Uma parte importante do futuro será integrar as potencialidades fator-10 ao esforço em direção à ecoafluência. Essa integração pode usar produtos digitais de banda larga. Os produtos da moda podem ser frugais no uso de recursos. Famílias e amigos ficarão em contato por meio de telas de vídeo. As maiores indústrias terão base no conhecimento. A educação e o entretenimento serão ligados. Os carros com células de combustível serão simples e elegantes, enquanto os carros com motor a explosão farão parte de um passado desajeitado.

Nos Estados Unidos, muitos alimentos fazem hoje viagens de 2 mil quilômetros. Isso faz parte de uma era de sistemas em massa — produção em massa, fábricas gigantescas, grandes depósitos e grandes caminhões em autoestradas interestaduais. Na era da automação avançada, a economia muda. Uma padaria local pode fazer pão fresco a baixo custo e entregá-lo na casa do freguês. Pequenos agricultores orgânicos locais estarão preocupados em alcançar resultados *gourmet*. Os morangos mais saborosos virão de unidades hidropônicas computadorizadas. O mundo está mudando dos sistemas em massa com uso irracional de recursos para os sistemas computadorizados que satisfazem necessidades locais e estilos de vida de qualidade.

Assim como a era vitoriana evoluiu da energia a vapor e das chaminés fumegantes para a eletricidade, o século XXI evoluirá da centralização dos recursos para uma era de redes de conhecimento que permitem que os consumidores sejam atendidos com eficácia graças à proximidade dos recursos físicos e aos recursos informacionais distantes — uma era de máquinas pequenas, nanotecnologia, células de combustível de hidrogênio e ecoafluência.

REFORÇANDO TENDÊNCIAS

O filme *Mar em Fúria* mostra como conjuntos independentes de condições extremas coincidiram para provocar uma tempestade terrível. A situação oposta pode acontecer: conjuntos independentes de condições extremamente *benéficas* podem coincidir para provocar uma tempestade de melhorias.

Uma alternativa à raiva e à inquietação entre os jovens dos países em desenvolvimento é o empreendedorismo e o entusiasmo pela Transição do Século XXI. Os países ricos devem ajudar e capacitar os jovens a executar suas ideias. A iniciativa distribuída se espalhará: um grande número de pessoas, especialmente empreendedores jovens, contribuirá com ideias. O planeta está ficando conectado e a computação está ficando barata, de modo que o trabalho pode ser terceirizado, como é terceirizado para a Índia. Os sistemas de iniciativa distribuída podem ser globais. Os melhores estilos de administração de hoje preparam o cenário para liberar a capacidade de inovação latente na maioria das pessoas. As corporações Golias estarão constantemente sob o ataque de empreendedores com ideias melhores, e o pensamento inovador pode vir de qualquer parte do planeta. As décadas que temos à frente serão um tempo de enorme crescimento naquilo que os seres humanos podem realizar.

Assim como o Ocidente estimula a democracia e abre mercados, como tem feito com sucesso desde o colapso da URSS, deveria estimular também o empreendedorismo e ajudar os jovens a obter o capital necessário para iniciar empreendimentos variados, de uma cafeteria a uma fábrica de software. Quando Cingapura, Coreia do Sul e Hong Kong estavam transformando suas economias, havia cartazes em lugares públicos dizendo aos jovens que, se quisessem progredir, tinham que estudar numa universidade norte-americana e então voltar para casa. Os Estados Unidos não eram o Grande Satã: eram a grande esperança para o futuro. Os Estados Unidos precisam voltar a esses dias.

Este é um tempo em que forças importantes estão se juntando, como a tempestade perfeita. Essas forças, agindo juntas, trarão mudanças imensas e precisam ser estimuladas:

- Há um ritmo acelerado de novas invenções.
- O empreendedorismo está ficando global e precisa ser vigorosamente estimulado. Isso pode dar esperança e entusiasmo para a juventude do Terceiro Mundo.
- As corporações estão sendo reestruturadas para o globalismo da banda larga.
- Recursos escassos serão usados com muito mais eficiência, com a melhora fator-10.
- A Geração da Transição precisa ser treinada para compreender o sentido do século XXI, de modo que possa aplicar sua abundante energia e entusiasmo para realizar a Transição do Século XXI.

15

O PAPEL VITAL DAS CORPORAÇÕES

À medida que criamos visões de um mundo melhor, precisamos perguntar como chegar lá partindo daqui. É preciso muita reconstrução e muito replanejamento tanto para alcançar a sustentabilidade quanto para evoluir para as civilizações com alta qualidade de vida que hoje são possíveis. As corporações, grandes e pequenas, são de longe o tipo mais eficaz de organização para fazer com que as coisas funcionem. O governo pode estabelecer metas, mas são as corporações que realizam o trabalho. É preciso uma enorme quantidade de dinheiro para corrigir o que está errado hoje. É provável que a maior parte desse dinheiro venha de oportunidades de lucro para as corporações. Por exemplo, para reduzir a mudança climática, precisamos de novos tipos de carro, novos métodos de geração de energia e de uma nova arquitetura. As medidas antiterroristas exigem novos tipos de segurança com alta tecnologia. As ideias novas vêm invariavelmente dos empreendedores. O papel das corporações é crítico para o futuro.

Algumas pessoas são cáusticas com relação às corporações. Dizem que elas ficaram grandes demais, que são antidemocráticas, globais e fora de controle. Dizem que são movidas apenas pelo lucro e que têm as próprias prioridades, muito distantes das necessidades do planeta. As corporações aprenderam a manipular organizações globais como o Banco Mundial, o Fundo Monetário Internacional e a Organização Mundial do Comércio, de modo que tendem a apoiar as necessidades corporativas mais do que as necessidades globais, muito mais importantes. As corporações fazem o lucro convergir para seu país de origem, e as mais poderosas têm sua base em países ricos.

Embora haja muita verdade nesses protestos, as corporações são praticamente o único tipo de organização humana capaz de realizar as tarefas complexas que temos pela frente. É vital descobrir como fazer com que as corporações assumam um papel maior e mais responsável nas questões mundiais e na solução dos problemas que descrevemos — e há muitas formas de fazer isso.

AS PRINCIPAIS CORPORAÇÕES TRANSNACIONAIS

Os países ricos ajudam os países pobres, mas essa ajuda é notavelmente pequena diante dos investimentos das corporações multinacionais nos países pobres. As 500 maiores corporações do mundo são responsáveis por cerca de 90% dos investimentos em outros países. A ajuda dos governos aos países pobres corresponde a muito menos do que estes ganhariam se vendessem mais mercadorias para o exterior. Uma das melhores coisas que os países ricos podem fazer pelos países pobres é ajudá-los a desenvolver o comércio.

À medida que o mundo se torna "plano", as corporações estão cada vez mais conectadas com o mundo todo de modo a receber pontualmente as peças ou mercadorias vindas de outros países e, por sua vez, vender para fora. As peças necessárias para construir automóveis chegam *pontualmente* à fábrica de automóveis. As redes mundiais de computadores — que ligam fornecedores, subsidiárias, parceiros e clientes — são planejadas de modo cada vez mais intrincado visando à maximização do preço. Isso também vale para o setor de serviços.[1] Há dez anos, essa interação computadorizada multinacional ocorria principalmente na América do Norte, Europa e Japão. Hoje ela está se espalhando para todos os países industriais e é vigorosa na China.

Uma corporação é constantemente julgada pelos acionistas e, assim, tem que se concentrar em maximizar os lucros e aumentar o valor das ações. Uma empresa seleciona os países onde opera com base na capacidade de ajudá-la a atingir essa meta suprema. Muitas vezes, não dá para ganhar dinheiro operando nos países mais pobres e por isso ela os evita. Países sofisticados, que operam de modo confiável nas cadeias de valor, se saem bem, mas os países mais pobres ou mais problemáticos não têm chance. Grandes parcelas empobrecidas da humanidade são ignoradas porque não podem contribuir para o valor das ações — um problema sério da globalização.

As 200 maiores corporações geram 30% do produto interno bruto total do mundo, mas empregam menos de 19 milhões de pessoas. O setor de alta tecnologia da Índia é espetacularmente bem-sucedido, mas emprega apenas uns 2 milhões de pessoas, numa população de 1,1 bilhão.

Corporações em ascensão se juntam às 200 maiores e outras caem fora, mas o bloco das 200 maiores continua a ter uma receita maior do que a de qualquer país, detendo assim um imenso poder financeiro. Algumas das funções de planejamento da sociedade estão migrando dos governos, que são responsáveis pelos cidadãos, para as corporações, que são responsáveis pelos acionistas. As maiores corporações transnacionais estão se tornando organizações globais de longo alcance, impulsionadas não pelos desejos dos cidadãos globais, mas pelos mecanismos com que os lucros globais são maximizados. Suas estratégias podem ser secretas. Coletivamente, são um organismo antidemocrático de grande poder financeiro. A indústria do petróleo, por exemplo, é maior do que a grande maioria dos países.

Há uma preocupação com a possibilidade das grandes corporações ficarem poderosas demais porque muitas vezes seu índice de crescimento (incluindo as aquisições) é maior do que o dos países.

MAIS PODEROSAS DO QUE OS GOVERNOS?

É um erro comparar a receita corporativa com o PIB dos países. Várias autoridades já observaram que só uns 30 países têm hoje um PIB maior do que a receita global do Wal-Mart. Pondo o PIB nacional e a receita corporativa na mesma lista, mais da metade das cem maiores entidades da lista são corporações. Se os índices de crescimento corporativo atuais e as fusões continuarem por mais 20 anos, é provável que só quatro países tenham um PIB maior do que a receita das maiores corporações.

Mas a receita corporativa é um tipo de medida fundamentalmente diferente do PIB nacional. O PIB é uma medida do total de bens e serviços vendidos aos consumidores finais numa economia nacional. A receita corporativa inclui muitos itens que não são vendidos aos consumidores finais. Quando uma companhia automotiva compra um motor, o custo desse motor é incluído no preço cobrado pelo carro quando este é vendido e, portanto, na receita da companhia. A companhia que vendeu o motor também inclui o preço do motor ao calcular sua receita. As companhias que fabricam os componentes do motor incluem o preço destes em sua receita, e assim por diante. Assim, a receita total de todas as empresas de um país é muito maior do que o PIB do país.

A receita bruta da General Motors pode ser maior do que o PIB da Dinamarca, mas o número de empregados da GM é muito menor do que o número de trabalhadores da Dinamarca. O total de salários e pagamentos da GM é muito menor do que o total de salários e pagamentos da Dinamarca.

Outro erro é comparar o poder das corporações com o poder dos governos. Eles são muito diferentes. As corporações se preocupam com lucro, crescimento, sobrevivência, batalhas competitivas e questões muito complexas da administração global. Estão ocupadas demais para atuar de modo significativo nas questões com que o governo se debate — questões sociais e culturais, rede escolar, bem-estar, atividades policiais, defesa e áreas não econômicas em geral. Mas, nas economias avançadas, as corporações têm coletivamente mais impacto na vida das pessoas do que o governo. São o provedor de bens e o principal provedor de empregos. As corporações decidem onde abrir fábricas, lojas, recursos de pesquisa e centros de treinamento. Podem deslocar pessoas-chave de um país para outro ou podem se pôr à caça de talentos e atrair os melhores. Uma corporação pode encerrar suas operações num país com uma simples decisão da diretoria.

CONCORRÊNCIA

Uma pergunta vitalmente importante a respeito das organizações humanas é "como mantê-las em forma?" A melhor resposta normalmente é "com a concorrência" — múltiplas corporações fazendo o melhor possível para agradar os consumidores. As boas crescem, as piores desaparecem. As corporações procuram cortar custos, descobrir tecnologias inovadoras e inventar novas maneiras de agradar os consumidores. A concorrência é essencial e, para que seja efetiva, são necessárias as leis antitruste, além de uma rigorosa prevenção de "insider trading" e a obrigatoriedade de auditoria independente. As regras precisam garantir um jogo limpo. Além disso, são necessárias regras específicas para indústrias específicas, como as regras da Food and Drug Administration.

Muitos porta-vozes da esquerda pregam contra a concorrência ou livre-comércio. Dizem que o Darwinismo Econômico é brutal demais e deixa muitos destroços sociais — dizem que precisamos cooperar e não competir. Mas onde não há competição, onde não há concorrência, a melhor das intenções humanas parece dar errado. Organizações sem concorrência externa desenvolvem continuamente a própria agenda, políticas internas e procedimentos ineficientes, até que a utilidade da organização encolhe. Algumas organizações governamentais no mundo não democrático parecem ser destrutivas e inúteis, e parece que ninguém é capaz de corrigi-las. Em geral, os grandes ditadores abusam do poder e os pequenos burocratas cavam para si mesmos um nicho de poder insultuosamente divorciado de qualquer valor real.

O colapso da URSS foi súbito e totalmente devastador. A Rússia, um dos países mais bem-educados do mundo, tinha grandes cientistas e um formidável poder militar. Nos anos 1990, o brilhantismo dos cientistas russos foi desperdiçado porque eles tinham pouca ou nenhuma ligação com um mercado eficiente. Em 1990 ninguém acreditaria que, 10 anos depois, a Rússia teria um PIB por habitante muito mais baixo do que o da Malásia.

As economias do século XX assumiram muitas formas, mas as que se baseavam em ideologias que excluíam a livre concorrência em geral fracassaram. As economias mais fortes se baseiam na concorrência aberta e isso será cada vez mais importante no futuro — porque, quanto maior o índice de mudança, mais ela é necessária. Joseph Stiglitz, vencedor do Prêmio Nobel de economia em 2001, participou das tentativas de reconstruir economias destruídas na década de 1990. Concluiu que a concorrência era vital, fossem as corporações privadas ou não. *A empresa competitiva era essencial; a empresa privada nem tanto.*[2]

A preocupação a respeito do excesso de poder das corporações deveria se concentrar na prevenção do monopólio. Se o poder corrompe, o monopólio também. Um monopólio pode cobrar preços exorbitantes, abusar dos consumidores e se dar ao luxo de caprichos administrativos. Uma corporação é uma instituição viável quando opera num ambiente de competição eficiente.

O globalismo diminuirá o perigo da monopolização na medida em que os novos desafios poderão vir de países distantes, como raios inesperados. No começo da década de 1970, Detroit acreditava que nenhuma empresa estrangeira chegaria a ter uma participação substancial no mercado automobilístico dos Estados Unidos, mas foi o que fizeram as empresas japonesas e coreanas. A Chrysler e a Ford se aguentaram à beira da bancarrota nos anos 1980, como também aconteceu com a General Motors em 1992. O futuro precisa de carros radicalmente diferentes, com células de combustível. Inovações como essas podem vir de uma indústria de automóveis recentemente surgida e não de uma das gigantes atuais. Se houver um mercado global aberto, o globalismo aumentará o número de concorrentes em potencial.

Em raras ocasiões, uma organização não competitiva dá certo se tiver um objetivo preciso e consistente a alcançar. Vê-se isso na guerra. Na década de 1960, a NASA (National Aeronautics and Space Agency) era uma organização excelente porque tinha o objetivo claro e estimulante de fazer um homem descer na Lua até 1970. No entanto, depois da última missão lunar, a NASA se transformou num enorme navio sem leme, tentando vagamente preservar seu financiamento maciço oferecendo espetáculos circenses para os telespectadores. Como outras burocracias governamentais, tornou-se um monstro queimador de dinheiro que pouco realizou.

Em geral, os departamentos governamentais não são competitivos e muitas vezes sucumbem a formas de comportamento improdutivo. Recentemente tem-se tentado fazer com que departamentos governamentais comparem seus custos com o custo de uma terceirização, selecionando a proposta de menor preço. Na década de 1980, o Departamento de Defesa norte-americano gastou a inacreditável soma de US$ 3 bilhões em software. O custo por linha de código de software desenvolvido internamente era escandaloso comparado ao custo dos softwares desenvolvidos por organizações competitivas. Eu fazia parte do grupo de consultoria científica do Departamento de Defesa e a maneira de reformar a situação nos parecia óbvia, mas não houve qualquer reforma.

Ao examinar as soluções necessárias para lidar com os problemas descritos neste livro, vemos que muitas não estão acontecendo. Há inúmeros obstáculos institucionais que impedem que aconteçam. É essencial examinar esses obstáculos e determinar como podem ser removidos.

CONCORRÊNCIA SEM FINS LUCRATIVOS

Em geral, a concorrência entre corporações tem como base o lucro, mas não precisa ser assim. Pode haver múltiplos critérios para se julgar o sucesso e diminuir a influência de organizações que não se saem bem. É preciso haver uma medida de excelência, de modo que a concorrência entre organizações se baseie nessa medida. A concorrência baseada em excelência produz resultados interessantes.

A natureza tem atingido os mais belos resultados. Ela não tem mercados financeiros, mas tem as formas mais diversas e sutis de concorrência. Na natureza, não há organismos não competitivos.

Empreendimentos sem o motivo do lucro precisam ter objetivos inteligentes, além de mecanismos para fazer com que as organizações concorrentes avancem em direção a esses objetivos. Um administrador precisa especificar o comportamento desejado e estabelecer medidas para o desempenho da organização. Deve haver meios de consultar essa medição de modo que a organização possa ajustar seu comportamento.

As escolas competem para atrair alunos em base não lucrativa. As universidades lutam por excelência, tentando atrair os melhores professores e alunos. As pessoas escolhem seus médicos com base na competência que parecem ter. Clínicas especializadas, como as de oncologia, se empenham para obter uma boa reputação e o mais alto índice de sucesso. Pode haver uma gama muito mais ampla de comportamento competitivo. Qualquer medida de bom desempenho pode ser potencialmente a base para comparações competitivas. Estão começando a surgir novas medidas de comportamento corporativo, incluindo índices baseados em desenvolvimento sustentável ou prevenção de poluição. À medida que aumenta a preocupação com o comportamento correto, tais índices terão mais força para determinar onde investidores e consumidores escolherão pôr o seu dinheiro.

IMPACTO CORPORATIVO SOBRE A CORREÇÃO AMBIENTAL

A despeito de muitas imagens recentes na televisão mostrando CEOs algemados, a maior parte dos CEOs querem ser bons cidadãos. Os executivos que participam anualmente do Fórum Econômico Mundial na Suíça (o grupo de Davos) sabem que o desenvolvimento sustentável é uma questão vital, crítica para o futuro do planeta. E seria uma questão política urgente se o público o compreendesse melhor.

No início da década de 1990, um bilionário suíço, Stephan Schmidheiny, organizou o Conselho Empresarial para o Desenvolvimento Sustentável, formado pelos CEOs de 48 das maiores corporações do mundo. Em 1995, esse conselho se fundiu ao braço ambiental da Câmara Internacional do Comércio, transformando-se no Conselho Empresarial Mundial para o Desenvolvimento Sustentável (WBSCD — World Business Council for Sustainable Development). No início do século XXI, o WBSCD era uma coalizão altamente influente de mais de 150 empresas internacionais e defendia o compromisso com os princípios do desenvolvimento sustentável. Está ligado a 30 conselhos nacionais ou regionais e a organizações parceiras, envolvendo cerca de 700 líderes empresariais no mundo todo.

A missão do WBCSD é "promover a liderança empresarial como canalizador para a mudança em direção ao desenvolvimento sustentável e promover ecoeficiência, inovação e empreendedorismo responsável". Ele divulga práticas de vanguarda que as corporações usam para atingir esses fins, desenvolve políticas para o desenvolvimento sustentável e estabelece medidas e maneiras de avaliar as corporações.

O conceito de ecoeficiência está no centro da filosofia do WBCSD. Ecoeficiência envolve maneiras de criar mais valor com menos impacto ambiental. O WBCSD mantém um fórum no qual líderes empresariais podem trocar experiências sobre ecoeficiência. Quando um projeto obedece a regras ecológicas, é possível criar produtos mais baratos, menores, mais simples e mais fáceis de reciclar. Um número crescente de companhias reconhecem atualmente que as práticas de ecoeficiência podem melhorar os resultados financeiros.

A Interface, Inc., uma companhia de carpetes com 26 fábricas em quatro continentes é uma delas. Seu CEO, Ray Anderson, se propôs a tornar sua companhia ecoeficiente de todas as maneiras possíveis. Por exemplo, em vez de vender carpetes, ele os aluga aos consumidores e a forração é montada com módulos de tamanho padronizado que podem ser reciclados. À medida que a Interface se tornava cada vez mais ecoeficiente, sua receita e seus ganhos cresciam vigorosamente.[3] Anderson acredita que a maior parte das corporações pode lucrar com versões próprias de ecoeficiência.

No início de 2006, a General Electric anunciou uma mudança extraordinária em sua administração. Os gerentes de todas as unidades da GE em todo mundo seriam responsáveis por medidas relacionadas ao impacto da GE sobre o planeta — além das medidas costumeiras, como retorno do capital. Isso pode ser o começo de uma mudança fundamental, com as corporações assumindo responsabilidade pela correção ambiental.

A GE estabeleceu objetivos muito mais duros do que os de Kyoto para reduzir suas emissões de gases de estufa. Anunciou que aumentaria em mais de 100% seus gastos com pesquisas em tecnologias limpas — de US$ 700 milhões para US$1,5 bilhão — até 2010. Isso incluiria pesquisa relacionada a células de combustível, armazenamento de hidrogênio, nanotecnologia e motores limpos para aviões. Antes de planejar essa mudança radical, a GE realizou muitas sessões com consumidores para determinar o que estes desejariam comprar daqui a dez anos. Concluiu que a mudança climática causará um alarme cada vez maior e que aumentarão as pressões para deter os danos ao planeta. A GE pressionará os governos a racionar as emissões de carbono e convencerá seus consumidores da necessidade de produtos "verdes".

A GE pode ser a primeira andorinha do verão.

O IMPACTO POTENCIAL DOS MERCADOS FINANCEIROS

O mercado de ações tem uma influência de peso no comportamento das corporações, o que às vezes é prejudicial porque as corporações ficam tão preocupadas com os resultados do próximo trimestre que passam a ser administradas para o curto prazo e não para o longo prazo. Mas está ocorrendo uma mudança interessante: antes de comprar ações de uma corporação, um número cada vez maior de pessoas quer saber se o comportamento dessa corporação é ambientalmente correto.

Muita gente da geração paz-e-amor dos anos 1960 tem agora casas nos bairros mais caros e BMWs — e se preocupam com o que está acontecendo com o planeta. Essas pessoas não vão mais se amarrar a uma sequoia nem fazer agitação durante uma reunião da Organização Mundial do Comércio (OMC), mas investem pesadamente no mercado de ações e preferem ações de companhias que não são prejudiciais. Dizem ao corretor que não querem companhias de tabaco e perguntam se podem investir em células de combustível.

Em resposta a essa tendência, foi criado um novo tipo de fundo mútuo nos anos 1990: os Fundos de Investimentos Socialmente Responsáveis (ISR). Esses fundos não foram bem no início. Havia uma ideia em Wall Street de que as companhias verdes traziam perdas financeiras. Mas esse ponto de vista mudou drasticamente nos anos 1990 porque alguns fundos socialmente corretos tiveram um desempenho muito acima da média. Até 1999, foram investidos uns 3 trilhões de dólares em ações "socialmente filtradas". Em 2003, havia cerca de 200 ISRs nos Estados Unidos.

O mundo corporativo tem um enorme efeito sobre o meio ambiente e é vital buscar maneiras de influenciar seu comportamento. A maior parte das corporações ouve seus investidores: assim, se forem implementadas medidas apropriadas, os investidores poderão influenciar o comportamento das corporações. Isso deve se tornar uma prática corriqueira. Assim, as corporações procurarão ter um comportamento correto porque isso afeta o preço das ações e o mercado de capitalização. Administrar a reputação de uma companhia será um elemento vital da administração corporativa. Aumentar os investimentos em companhias que ajudem a resolver os problemas do século XXI pode vir a ser um poderoso fator de alavancagem.

Se fosse como quer o Conselho Empresarial Mundial para o Desenvolvimento Sustentável, todas as corporações fariam relatórios detalhados que permitiriam classificá-las com base em suas ações pelo desenvolvimento sustentável. O conselho desenvolveu normas para os relatórios e medidas de ecoeficiência. Se todas as empresas usassem tais medidas, os próprios investidores poderiam escolher suas ações. A influência crescente dos mercados financeiros pode ser controlada de modo a levar as corporações rumo ao desenvolvimento sustentável. Gerenciar a reputação de uma companhia vai se tornar um elemento vital da administração porque uma reputação prejudicada equivale a finanças prejudicadas.

É provável que o setor privado seja o principal motor da Transição do Século XXI, o que é vital para o nosso futuro. Serão necessários trilhões de dólares em novos produtos e serviços. Estabelecer mecanismos para atingir a correção corporativa é viável e essencial.

16

O CALDEIRÃO DA CULTURA

Um hotel maravilhoso em Marrocos, o La Mamounia, em Marrakech, tem um muro alto coberto de buganvílias púrpura em volta de um jardim colorido, no qual mulheres francesas e italianas se deitam ao sol, de *topless* e quase *bottomless*. Do outro lado do muro, elas veem um alto minarete, onde um muezim muçulmano, contemplando o jardim, entoa o chamado à oração cinco vezes ao dia. Parece fazê-lo com fervor ultrajado, traduzível num apelo para que essas mulheres cubram suas carnes com pano preto da cabeça aos pés.

Há não muito tempo, essa confrontação ostensiva era uma rara interseção entre civilizações. Agora isso acontece em quase toda parte. O comércio se tornou global, a propaganda envolve o mundo, o cinema e a televisão competem por novos extremos em sexo e violência e qualquer um pode procurar o pior da Internet.

A Terra tem diferentes civilizações com valores muito diferentes — tão diferentes quanto Mianmar e Manhattan; tão diferentes quanto budistas renunciando a todos os bens mundanos e o furor de enriquecimento em Bangalore; tão diferentes quanto o Taleban e a cultura *Sex and the City*. Civilizações diferentes costumavam ficar separadas e isoladas, mas agora o mundo interconectado as torna completamente visíveis entre si. Essa confrontação traz um novo perigo para o planeta. Civilizações antes isoladas estão agora uma diante da outra. Culturas com intensas pressões para a mudança se veem diante de culturas religiosas fundamentalistas que resistem à mudança. As corporações globais, o evangelismo político, as poderosas campanhas de marketing e as novas mídias se entrelaçam em todo o planeta a poderosos interesses que envolvem muito dinheiro. Em muitos países, vemos mulheres com trajes muçulmanos olhando revistas inteligentes com matérias de capa do tipo "50 dicas para tornar o sexo melhor". Nos mercados de rua dos rígidos países muçulmanos são vendidos DVDs cheios do mais forte conteúdo sexual. Crianças supostamente isoladas do mundo em suas comunidades sabem entrar nas salas de bate-papo da Internet.

As forças da mídia digital estão aproximando cada vez mais as pessoas. Nos próximos dez anos, as redes globais evoluirão da banda estreita (como a das salas de bate-papo da Internet) para a banda ultralarga. Interligar o planeta com fibras ópticas, sistemas de telefonia sem fio, satélites e televisão digital é um dos grandes eventos transformadores do nosso tempo. As ligações de banda extremamente larga entre civilizações antes separadas é uma coisa nova na história. Em todo o mundo, as pessoas ficarão cada vez mais acostumadas à ideia de uma completa transparência onde antes havia barreiras culturais.

A descrição de Marshall McLuhan do mundo como "aldeia global"[1] é uma imagem especialmente enganosa. Numa aldeia, todos compartilham uma cultura comum. O mundo conectado não é unificado: inúmeras comunidades globais com sistemas de crenças incompatíveis existem lado a lado. É como as mulheres de *topless* em Marrakech deitadas ao alcance da visão do muezim muçulmano entoando o chamado à oração. Não há uso da Internet que lhes dê o mesmo sistema de crenças.

Hoje, a mídia global faz todo mundo se aproximar. Quanto mais próximos, mais percebemos nossas diferenças. A mídia muitas vezes distorce a interação. A maior parte da interação não vem de um diálogo inteligente de duas vias: vem de campanhas de relações públicas ou de comerciais de Hollywood feitos para vender produtos. O que as mulheres do Islã sabem a respeito das mulheres ocidentais e seus homens vem de revistas vistosas que usam o sexo para aumentar sua circulação.

ARMAS DO FIM DA CIVILIZAÇÃO

Enquanto aquecemos esse caldeirão de culturas conflitantes, as armas de destruição em massa ficam mais baratas, mais perigosas e mais fáceis de construir. Como parte vital da jornada do século XXI, temos que remover os motivos para se usar tais armas. Para não nos enredar em conflitos cada vez mais horripilantes, temos que instilar, com o maior alcance possível, um espírito de compreensão e coexistência mútuas entre as civilizações do planeta.

Há muitas maneiras dos terroristas fazerem com que a tecnologia moderna se volte contra si mesma. Podem atacar o sistema bancário com vírus de computador ou desligar uma rede de eletricidade e atacar cidades. Podem explodir tanques de armazenamento de produtos químicos ou o túnel sob o Canal da Mancha.

Tínhamos a noção de que as armas de destruição em massa só podiam ser construídas por governos com grandes orçamentos, mas agora uma pessoa pode construir sozinha armas biológicas ou químicas. Timothy McVeighy conseguiu construir um caminhão-bomba com material que se encontra em qualquer fazenda e usá-lo para explodir um prédio do governo federal em Oklahoma City. Um aerossol letal, com um vírus geneticamente modificado, é fácil de esconder. Um criador solitário de armas biológicas pode não ser detectado. O potencial poder mortífero dessas armas aumenta enquanto o custo de sua produção diminui.

Urânio enriquecido, o combustível de uma bomba atômica, pode ser escondido numa cidade e é mais fácil do que se pensa fazer uma bomba atômica simples — como a que destruiu Hiroshima. Felizmente, é difícil conseguir uma quantidade suficiente de urânio (ou plutônio) enriquecido, mas algumas organizações criminosas têm conseguido esse urânio, que é posto secretamente à venda.

CHOQUE DE CIVILIZAÇÕES

Em *The Clash of Civilizations and the Remaking of World Order*, Samuel P. Huntington descreve os atuais confrontos entre "civilizações", que se tornaram forças perigosas na cena mundial.[2] Huntington conclui: "Na era que está emergindo, os choques de civilizações são a maior ameaça à paz mundial". Para impedir a guerra entre civilizações, diz ele, tem que haver um novo espírito de compreensão sobre o que há de comum e o que há de diferente entre elas. A única chance de sobrevivência está na coexistência pacífica, mas muitas culturas resistem à coexistência.

No passado, as "civilizações" ficavam confinadas geograficamente, tinham um alto grau de autonomia e tendiam a manter um contato muito limitado com outras civilizações. Antes da era do colonialismo, muitas civilizações não tinham ideia de que outras existiam. Se as pessoas tivessem contato com outra civilização que adorasse um Deus diferente, ficavam desconfiadas e hostis, como nativos de um planeta confrontando-se com alienígenas de outro planeta.

Algumas civilizações defenderam com força suas religiões e sua visão cultural e uma civilização diferente que tentasse interferir nos seus pontos de vista era combatida com a guerra. Quando o governo da Rainha Vitória tentou impor um bom comportamento cristão aos zulus, grupos de zulus armados apenas com lanças derrotaram o exército inglês que tinha as armas mais modernas.

Esta é uma era em que uma pessoa pode resolver se juntar a uma rede terrorista. A Internet permite que os agitadores se unam e acende as paixões de muita gente. Em algumas aldeias, escolas extremistas convencem os jovens de que o *outro mundo* é o que importa e que eles podem chegar à glória eterna nesse outro mundo realizando um atentado suicida. Depois do atentado de 11 de Setembro, o assassinato em massa se tornou um ato de heroísmo.

ESTRADAS DE LUZ

As bandas ultralargas de telecomunicações são um componente essencial do século XXI. Teremos cabos de fibra óptica com uma capacidade de transmissão espantosa e conexões sem fio de banda larga ligadas a essas redes. As estradas de fibra e os sistemas sem fio são mutuamente necessários. Os sistemas sem fio dão aos usuários acesso às redes em qualquer lugar, em geral a pequena distância. Os troncos de fibras ópticas transportam enormes quantidades de bits pelo planeta, como se fossem estradas.

Até recentemente, todos os canais de telecomunicações usavam componentes eletrônicos: transmitiam elétrons. Agora, os canais de fibra óptica transmitem fótons (luz) que viajam à velocidade da luz. Os elétrons viajam muito mais devagar porque se chocam constantemente com moléculas, como se fossem carros de bate-bate num parque de diversões.

Os circuitos eletrônicos rápidos conseguem operar numa frequência de um bilhão de hertz (ciclos por segundo), mas a frequência da luz é de mais ou menos mil trilhões de hertz. Os lasers transmitem em frequências ainda mais altas, além do espectro da luz visível, em torno de 100 mil trilhões de hertz (10^{17} hertz). Teoricamente, a taxa máxima de bits de uma fibra é de uns 100 mil trilhões de bits por segundo. A engenharia prática ainda não chega nem perto disso, mas já estão em uso fibras com capacidade para transmitir mais de um trilhão de bits por segundo. A tecnologia logo estenderá esse limite além dos 10 trilhões — um número tão além da nossa imaginação que fica difícil saber usá-lo.

As fibras ópticas fazem a diferença de três maneiras. Primeiro, velocidade. O sinal pode ir para o outro lado do planeta tão depressa que parece instantâneo. Segundo, podem transmitir uma quantidade fantástica de bits. Um fio de vidro da espessura de um cabelo pode transmitir a *Enciclopédia Britânica* numa fração de segundo. Terceiro, são à prova de erros. Quando os dados são transmitidos com elétrons, podem ocorrer erros provocados por diferentes tipos de ruído eletromagnético. Com as fibras ópticas não há tais ruídos.

Tudo o que Shakespeare escreveu na vida pode ser registrado com cerca de 70 milhões de bits. Poderíamos usar o termo *shakespeare* como uma medida (como um galão) equivalente a 70 milhões de bits de dados. A máquina em que estou escrevendo tem uma memória principal de cerca de 14 shakespeares. Grandes depósitos de dados contêm cerca de um milhão de shakespeares. Um feixe de laser consegue transmitir 500 shakespeares por segundo através das fibras ópticas atuais.

Essa capacidade é estonteante, mas uma outra invenção a torna mais estonteante ainda. Feixes de laser de cores diferentes podem ser transmitidos ao mesmo tempo através da mesma fibra. Isso é chamado de Multiplexação de Divisão de Comprimento de Onda (WDM — *wavelenght division multiplexing*), o que significa que o comprimento de onda da fibra pode ser dividido em muitos comprimentos de onda separados (cores), com um feixe de laser diferente para cada um deles. Hoje, algumas fibras transportam simultaneamente 96 feixes de laser, cada um deles transportando dezenas de bilhões de bits por segundo — é possível enviar 13.000 shakespeares por segundo através de uma fibra muito fina. À medida que avança a tecnologia, o número de feixes de laser simultâneos aumentará muitas centenas de vezes.

Como se isso já não fosse suficientemente espetacular, muitas dessas fibras podem ser acondicionadas no mesmo cabo. Algumas organizações já projetaram cabos para transportar mais do que 600 filamentos de fibra óptica. Se cada um transportar ao mesmo tempo 96 feixes de laser de 40 bilhões de bits por segundo, serão mais de 2 mil trilhões de bits por segundo. Foi necessária uma palavra nova — um *petabit* é igual a mil trilhões de bits. A capacidade dos cabos acabará sendo expressa em petabits por segundo. Um petabit é igual a 14 milhões de shakespeares.

Toda informação pode ser representada em bits — contratos comerciais, televisão, cronogramas de fábricas, projetos de engenharia, conhecimento — tudo, exceto amor à primeira vista. Os bits quase não têm massa ou volume e podem ser transmitidos à velocidade da luz. O planeta está ficando conectado de modo a acumular e transmitir quantidades quase infinitas de bits. As redes globais serão radicalmente diferentes das de hoje, com serviços fornecidos por supercomputadores com inteligência não semelhante à humana milhões de vezes mais poderosa do que a inteligência humana. O mundo conectado terá propriedades que nos surpreenderão constantemente.

UM CALDEIRÃO DE IDEIAS

Antes do mundo ganhar essa extraordinária conectividade, três fontes de ordem no mundo entraram em colapso: o sistema colonial, o sistema comunista e a Guerra Fria. Embora indesejáveis, esses sistemas ditaram regras — disseram às pessoas o que fazer.

Ao mesmo tempo, em muitas corporações, as técnicas administrativas com procedimentos fixos foram substituídas por outras, em que as pessoas são desafiadas a inventar novos procedimentos. Começou uma era de liberdade — ficamos livres dos senhores coloniais, livres da administração rígida, livres do comunismo e livres para ter novas ideias. Algumas das novas ideias eram ótimas, muitas eram mal-acabadas. As corporações agressivas querem novas ideias em grande quantidade porque isso aumenta a chance de descobrir as boas ideias. Quando entrevistei o cientista da nanotecnologia Bill Parker, ele comentou que "com conhecimento e ciência, uma única pessoa pode dominar recursos para fazer o que só um estado-nação conseguia fazer no passado". Chegou um tempo em que tudo era desafiado ou reinventado. Governos expulsaram seus antigos administradores coloniais. A florescente classe média da China, tão rigidamente conservadora no tempo de Mao, entrou num delírio de múltiplos parceiros sexuais. Muitas mulheres do mundo islâmico se perguntaram por que não podiam ter os mesmos direitos das mulheres ocidentais, e as mulheres ocidentais se perguntaram por que não podiam ser altas executivas de corporações importantes. Apareceram todos os tipos de religiões. A era das roupas de design se transformou numa era de religiões de design. Infelizmente, alguns fanáticos acharam que suas religiões devem perdoar o assassinato e a violência (como muitos cristãos no tempo da Inquisição Espanhola). Um homem podia embarcar num avião para os Estados Unidos com explosivos escondidos na sola do sapato e, no meio do voo, tentar acender o estopim com total incompetência, acreditando que estava fazendo a vontade de Deus. É uma ironia profunda da natureza humana que tantas religiões essencialmente boas tenham sido usadas por fanáticos para cometer algumas das maiores maldades da história.

Para muita gente, a liberdade é difícil. Pessoas não acostumadas com a liberdade querem que os outros lhes digam o que fazer. Se não lhes disserem, algumas começam a ter ideias estranhas. Entramos numa época em que coexistem incontáveis ideias. Huntington acredita que, a despeito da difusão mundial do consumismo e da cultura popular ocidental, as crenças fundamentais das sociedades pouco mudaram. As inovações de uma civilização são adotadas regularmente por outras civilizações sem alterar a *cultura subjacente* da receptora. Ele escreve: "O controle norte-americano das indústrias globais de cinema, televisão e vídeo é realmente esmagador. Entretanto, existe pouca ou nenhuma evidência que apoie o pressuposto de que a emergência de comunicações globais esteja produzindo uma convergência significativa de atitudes e crenças. Mais adiante, é possível que a mídia global gere alguma convergência de valores e crenças entre as pessoas, mas isso acontecerá no decorrer de um período de tempo muito longo."[3] A convergência de crenças terá acontecido até o final do século, mas passaremos por uma transformação perigosa até chegar lá.

No mundo conectado, culturas radicalmente diferentes compartilham as mesmas ruas virtuais e interagem de todas as maneiras, às vezes uma estimulando a outra, às vezes se hostilizando. Esse caldeirão de ideias pode estar cheio de touros em lojas de porcelanas. Pisarão sem consideração nas crenças antigas, mas as crenças antigas não vão desaparecer. Trata-se de um mundo de múltiplas civilizações com visões apaixonadas e diversas, conectadas pelas redes globais de conhecimento.

Qualquer país que se desligue desses novos canais corre o risco de aleijar sua economia e entrar numa espiral viciosa de comércio em declínio e pobreza crescente, que foi o que aconteceu no Afeganistão, em Mianmar, em partes do mundo árabe e em boa parte da África.

UMA RENASCENÇA MUÇULMANA?

A confrontação que parece ser mais alarmante atualmente é o embate entre o mundo muçulmano extremista e o Ocidente, posto em foco pelos eventos de 9/11, pela guerra do Iraque e pelo surgimento dos homens-bomba.

Há mais de mil anos, quando a Europa ainda estava na Idade das Trevas, o mundo islâmico era uma grande civilização, caracterizada pela sede de ciência e conhecimento. As maiores cidades comerciais do mundo eram árabes. O xeique Hamad Bin Khalifa Al-Thani, emir de Qatar, um pequeno estado dos Emirados, acredita que uma nova idade de ouro árabe pode ser atingida por meio da educação e da pesquisa, unidas à criatividade e ao desenvolvimento econômico. Ele e sua mulher sentem que a alma do mundo árabe/muçulmano pode ser revigorada e que sua rica cultura pode ser preservada se houver um forte compromisso com a educação. Argumentam que a educação é essencial para impedir o sequestro do Islã pelos extremistas.

Em 1995, criaram um projeto chamado Education City [Cidade da Educação]. Fica num campus multi-institucional de quase 100 mil quilômetros quadrados, onde há filiais de universidades norte-americanas e parcerias com *think tanks* (ou catalisadores de ideias) norte-americanos, como o RAND-Qatar Policy Institute. Há filiais da Cornell Medical School, da Texas A&M, das universidades de Carnegie Mellon e Georgetown. Com isso, a educação e a pesquisa norte-americanas são levadas para Qatar, em contraste com o mundo dos muçulmanos tradicionalistas, para quem a cultura e a educação ocidentais têm uma influência corruptora.

O emir se comprometeu a transformar Qatar num centro regional de educação e pesquisa. Se tudo correr como planejado, os jovens que se beneficiarem da Cidade da Educação de Qatar permitirão que os Emirados construam uma economia rica e interessante depois do eventual declínio da receita de petróleo e gás. E, o que é mais importante, isso pode ser a semente de uma nova renascença árabe, trazendo tolerância multicultural, novas ideias e educação a todo o mundo islâmico.

A educação para a integração global está ausente em grande parte do planeta. O mundo precisa de diversidade cultural assim como precisa de biodiversidade, mas temos que lutar por comunalidade quando é do interesse comum.

Precisamos ensinar o que nos une e não só o que nos divide. Huntington destaca três regras para minimizar a probabilidade de conflitos entre civilizações.

- **A Regra da Abstenção:** se ocorrer um conflito *no interior* de uma civilização, os Estados externos a ela devem se abster de interferir no conflito.
- **A Regra da Mediação Conjunta**: se ocorrer uma guerra entre Estados de civilizações diferentes, os principais Estados dessas civilizações devem negociar entre si para conter o conflito.
- **A Regra das Comunidades**: pessoas de todas as civilizações devem tentar expandir os valores, instituições e práticas que têm em comum com pessoas de outras civilizações.

Há aspectos de civilização que são comuns — ética comum, o sistema legal internacional, redes de comércio, as agências das Nações Unidas, a infraestrutura trazida pela tecnologia moderna, universidades intercivilizacionais, e assim por diante. Todas as nações assinaram a Declaração dos Direitos Humanos das Nações Unidas (embora algumas se desviem de seus princípios).

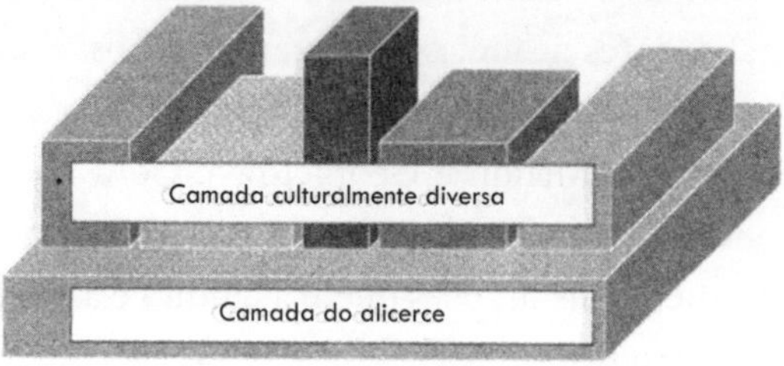

Em vez de pensar numa civilização global, pense em duas camadas de civilização. A camada do alicerce é tudo o que pode ser universal. A camada superior é o que torna única cada civilização individual.

O conteúdo da camada do alicerce vai ficar cada vez mais abrangente. Vai se expandir lentamente, de modo que as pessoas se verão cada vez mais como cidadãos do planeta, e não somente como cidadãos do Ocidente, do Islã ou da Civilização Chinesa.

No passado, muitas civilizações sustentavam suas crenças tão apaixonadamente que iam à guerra por elas. No final do século XX, a camada do alicerce comum estava crescendo, mas ainda era imatura. Essa camada comum não elimina civilizações tradicionais: ao contrário, os líderes de civilizações tradicionais tornam-se cada vez mais determinados a preservar suas características únicas. Todas as civilizações serão conectadas à camada do alicerce — a menos que se isolem completamente, e a consequência de tal isolamento seria a pobreza, provavelmente seguida de uma ditadura brutal. O desafio é conquistar compreensão e respeito mútuos suficientes para que a guerra ou o terrorismo entre civilizações se torne improvável. Para que o mundo não caia em conflitos cada vez mais horríveis, há apenas um curso de ação: infundir um forte espírito de respeito e tolerância multicultural na camada superior.

As civilizações atuais estão interligadas por inúmeros elos políticos, financeiros e corporativos, e temos em comum milhares de mecanismos e comportamentos. Todas as civilizações estão fortalecendo suas ligações mundiais por meio de sistemas bancários internacionais com controle sobre a lavagem de dinheiro, do tráfego aéreo cada vez maior, de leis e tratados globais, do uso compartilhado de telecomunicações e recursos de saúde, e assim por diante.

A camada do alicerce deveria incluir as religiões que se respeitam mutuamente e que têm em comum muitos valores espirituais. Parte do ensino relacionado à camada do alicerce pode ser projetada para ser global, multilinguística e multicultural — compartilhando música, arte, literatura, teatro, cinema e outros recursos de cada civilização. Para impedir o nascimento do ódio entre civilizações, cada cultura precisa ensinar a compreensão e o respeito mútuo para todos.

À medida que o mundo evoluir, certos aspectos da democracia ocidental, ou suas variações, podem prevalecer na camada do alicerce — o direito universal ao voto; o estado de direito; a separação entre os poderes executivo, legislativo e judiciário; a liberdade de expressão; a inviolabilidade da propriedade privada; regras que favoreçam a concorrência leal e aberta nos negócios; os direitos humanos (como definidos pela Declaração Universal dos Direitos Humanos da ONU). Uma grande diversidade cultural pode coexistir com esse alicerce.

Algumas civilizações consideram a civilização ocidental corrupta — o culto ao consumismo frenético, o comportamento sexual desenfreado, o abuso generalizado de álcool e drogas, a negação da espiritualidade, a busca de gratificação imediata e as palhaçadas corporativas que põem o enriquecimento dos acionistas acima de qualquer outra coisa. Devemos separar os *princípios* da democracia ocidental do *comportamento* da civilização ocidental. Os princípios e sua implementação são uma realização formidável, mas têm sido prejudicados por um comportamento que revela uma crise moral generalizada e que pede uma reavaliação profunda do que produz qualidade de vida.

A educação pode ser o único e o mais poderoso meio de minimizar o "embate de civilizações". A educação precisa evitar a ênfase demasiada nos méritos de uma civilização específica: deve incentivar uma perspectiva. É preciso ensinar aos jovens os males do chauvinismo e da propaganda contrária a outras religiões. É preciso ensinar a eles a inevitável interdependência dos povos do mundo.

Boa parte da educação na Web, na TV e na mídia digital poderia ser livre de encargos e projetada para uso global. Poderia ser em múltiplas línguas e ser aceitável em países com diferentes formas de governo e diferentes religiões — aceitáveis tanto no Irã quanto nos Estados Unidos, por exemplo. É preciso evitar a ideia de que há uma civilização "escolhida" que transmite com benevolência seu conhecimento às outras. A América Latina poderia ensinar ao mundo a sua dança e a sua música. A China poderia ensinar a beleza de sua arte e literatura antigas. Os judeus, budistas e seguidores de outras religiões poderiam tornar os seus ensinamentos mais compreensíveis. Que visão diferente teríamos do Irã se estudássemos os escritos de Hafez, em vez de ouvir que lá se prega que os Estados Unidos são o grande Satã.

A vida é mais interessante quando existe uma grande diversidade cultural, mas é essencial ensinar princípios que sejam do interesse comum. Poderíamos identificar e ensinar com vigor o que nos une e tentar remover as causas do terrorismo e do conflito.

Por volta de 2050, ou talvez antes, a maior parte do mundo terá familiaridade com as suas diversas culturas, que se tornam visíveis por meio das forças do globalismo e das redes de banda ultralarga. Essas culturas diferentes acabarão se acostumando umas com as outras. Caminharão lentamente para uma aceitação mútua, percebendo que não é uma boa ideia combater com as armas do século XXI.

O momento perigoso são as próximas décadas, quando os confrontos ainda causarão abalos e o pesadelo do terrorismo suicida ainda não terá sido extinto. Temos que nos antecipar e neutralizar possíveis confrontos.

Talvez a tarefa mais difícil seja evitar o antagonismo entre religiões. As guerras religiosas do século XVI na Europa custaram a vida de 30% da população. Um outro ciclo de guerras como essas com armas nucleares/biológicas pode se tornar global e exterminar a civilização como a conhecemos. Será uma ironia maior do que qualquer ironia do teatro se as religiões que se desenvolveram a partir dos ensinamentos dos mais santos profetas desencadearem guerras que acabem com a civilização.

CAVALEIROS

Para muitos, o século XXI será uma ótima época para se viver por causa do contínuo crescimento da riqueza. Aumentar a produtividade, a automação e melhorar a tecnologia ajudará países já prósperos a prosperar espetacularmente mais. Enquanto isso, muitas novas nações se industrializarão e terão um índice de crescimento superior ao do Primeiro Mundo, mas partindo de um patamar muito mais baixo. A China e a Índia criarão novas riquezas em grande escala e as nações que comerciam com elas vão se beneficiar. Em grande parte do mundo haverá prósperos shoppings cheios de novos produtos e serviços.

Mas essas boas notícias virão acompanhadas de notícias ruins. É tentador escrever sobre os Quatro Cavaleiros do Apocalipse, mas haverá muito mais do que quatro. Os cavaleiros não viajarão todos juntos, mas suas consequências serão globais e seus horríveis efeitos se reforçarão mutuamente:

- Mudanças catastróficas no clima
- Rios e aquíferos se esgotando
- Destruição da vida nos oceanos
- Fome em massa em países mal organizados
- Uma pandemia incontrolável de uma nova doença infecciosa
- Nações destituídas escorregando para uma armadilha cada vez mais profunda de extrema pobreza
- Migrações globais incontroláveis
- Armas de destruição em massa cada vez mais baratas
- Crescimento de favelas com extrema violência e pobreza
- Recrutamento em massa para o terrorismo suicida
- Terrorismo nuclear/biológico
- Guerra religiosa entre muçulmanos e cristãos
- Possibilidade de uma guerra mundial com armas nucleares e biológicas
- Exposição a novos perigos trazidos pela ciência extrema — por exemplo, patógenos infecciosos geneticamente modificados

Problemas como esses nos levam ao cânion do meio do século, quando a população atingir seu pico e as pressões ambientais seu pior momento.

Há maneiras de lidar com todos esses problemas e, quanto mais cedo as soluções forem aplicadas, melhor. Todo atraso na implementação de soluções torna a situação pior. Há uma probabilidade razoável de que os piores problemas serão evitados, como o terrorismo nuclear e a guerra mundial com armas nucleares/biológicas. À medida que a espécie humana for se aproximando do cânion e os perigos ficarem mais visíveis, haverá provavelmente mais determinação para lidar com os problemas.

Em três décadas, a China deixou para trás a extrema pobreza e algumas das maiores fomes da história para ser uma potência econômica. A mesma coisa precisa acontecer em muitas nações em desenvolvimento. Isso não acontecerá nas nações destituídas, a menos que consigam uma ajuda maciça.

Depois do ataque a Pearl Harbor, os Estados Unidos ficaram em estado de guerra com fantástica rapidez. A produção de automóveis foi rapidamente substituída pela produção de armamentos. No futuro, poderá haver um momento em que o público do Primeiro Mundo finalmente se dê conta do que está acontecendo e haja um impulso para enfrentar a situação tão poderoso quanto o impulso dos Estados Unidos pós-Pearl Harbor. Uma corrida para transformar as indústrias do petróleo, do carvão e do automóvel pode ser motivada por mudanças climáticas extremas e por furacões de Categoria 7 devastando a Flórida e seguindo para o norte, rigorosa falta de água e definhamento das colheitas. Haverá esforços sérios para prevenir uma nova doença pandêmica, para construir a segurança alimentar e para deter o bioterrorismo. Pode haver um esforço importante no sentido de construir respeito mútuo entre muçulmanos e cristãos e de implementar uma educação adequada ao caldeirão global de culturas.

17

UM MUNDO ANTITERRORISTA

Antes do século XX, as cidades eram vulneráveis ao fogo e incêndios terríveis as assolavam. No início do século XXI, as cidades eram vulneráveis aos ataques terroristas. Assim como a prevenção de incêndios se tornou um aspecto fundamental no projeto das cidades, a prevenção de terrorismo será uma prática padrão. Como no caso da prevenção de incêndios, nem todos os desastres serão evitados, mas as cidades serão mais difíceis de atacar. Haverá corredores de negócios e de turismo pelo mundo todo com segurança do século XXI, mas grande parte do mundo estará fora das zonas seguras.

É provável que o terrorismo de engenhosidade crescente seja rotina no futuro. Isso parece terrível mas é muito menos terrível do que as guerras mundiais do século XX. As tensões deste século aumentarão severamente à medida que a demanda pelos recursos do planeta crescer enquanto os recursos diminuem. Organizações terroristas alimentarão as chamas do ressentimento entre nações muito pobres e nações com estilo de vida moderno e abastado. Tecnologias muito violentas, em vez de estar nas mãos dos governos, estarão às vezes nas mãos de indivíduos. Essas pessoas podem ser terroristas organizados ou pessoas doentes como o Unabomber. Um gênio sozinho em seu porão pode estar criando patógenos de destruição em massa.

As civilizações futuras terão que viver com medidas antiterroristas, que se tornarão uma parte integrante das sociedades avançadas, tão presentes quanto o ar-condicionado. Essas medidas ainda não foram implementadas e levará muitos anos para criá-las. É bom que as medidas antiterroristas sejam abrangentes e poderosas, mas ocultas de modo a não interferir na nossa vida.

O mundo atual é um mundo onde é fácil o terrorismo ter sucesso. Quando nossas cidades foram construídas, não se pensava em homens-bomba, caminhões-bomba, sequestradores de aviões de passageiros ou *hackers* invadindo importantes sistemas computacionais. Os alvos de 11 de Setembro foram escolhidos porque eram relativamente fáceis de ser atacados. A segurança antiterrorismo do futuro deve garantir que não haja maneiras fáceis de uma ação dessas dar certo.

Muitas nações poderiam ser alvos de terroristas e muitas têm um incentivo para cooperar em ações para deter o terrorismo. É especialmente importante que haja um esforço internacional no sentido de dificultar o acesso às armas de destruição em massa.

DEFESA EM PROFUNDIDADE

A bôa defesa é a defesa em profundidade. Em outras palavras, é preciso haver múltiplas camadas de diferentes tipos para que a proteção seja completa. O antiterrorismo precisa das seguintes camadas:

Camada 1. Eliminar os motivos que levam alguém a ser terrorista.

Camada 2. Estabelecer internacionalmente uma cooperação entre agências nacionais de inteligência e seus sistemas computacionais para ajudar a identificar potenciais terroristas e seus possíveis ataques, impedir a lavagem de dinheiro e estabelecer cooperação global para desmontar as células terroristas e suas estruturas de apoio.

Camada 3. Impedir internacionalmente o acesso ao urânio altamente enriquecido, à varíola e a meios para construir armas perigosas. Tornar seguro o transporte de contêineres em todo o mundo.

Camada 4. Em escala nacional, tornar as fronteiras e os portos seguros. Prevenir o sequestro de aviões. Tornar difícil e perigoso para os terroristas o transporte de explosivos ou outros meios de ataque.

Camada 5. Deter o ataque antes que aconteça. Usar trabalho policial e vigilância eletrônica para detectar atividades suspeitas ou a preparação de um ataque.

Camada 6. Ter sangue e suprimentos médicos em estoque para o caso de um ataque. Em caso de ataque, ter condições para minimizar os danos e salvar o máximo possível de vidas.

Camada 7. Depois do ataque, rastrear os perpetradores e todos os seus associados. Compartilhar internacionalmente informações relevantes.

SAIR FORA DA LISTA DE ALVOS

Desses níveis de defesa em profundidade, o menos resolvido é o primeiro. Organizações terroristas sérias fazem propaganda de recrutamento usando a mídia moderna. O vídeo de recrutamento da Al Qaeda está na Internet: mostra imagens de crianças iraquianas morrendo de fome sob as sanções lideradas pelos Estados Unidos, Israel bombardeando mulheres e crianças na Palestina e prisioneiros de guerra muçulmanos sendo maltratados. A retórica de Osama Bin Laden é altamente persuasiva para muitos muçulmanos jovens, dizendo-lhes que Deus precisa deles para acabar com a humilhação do Islã. Neste momento, a maior parte do público-alvo dessa mensagem ainda não tem condições de assistir à televisão transmitida via Internet. À medida que a tecnologia se espalhar, o recrutamento atingirá um número muito maior de potenciais voluntários.

Temos que nos esforçar ao máximo para remover as *razões* pelas quais os jovens querem ser terroristas ou as razões pelas quais os extremistas muçulmanos querem atacar o Ocidente. É possível fazer com que os países pobres vejam os Estados Unidos como um país que os ajudará a melhorar a sua economia, a realizar operações de salvamento depois de uma catástrofe como o tsunami de 2004, ou a prevenir a escassez de alimento. Os jovens poderiam ver os Estados Unidos como um país que lhes dá oportunidades, que os ajuda a ser empreendedores, que fornece educação, microcrédito e capital de risco.

Os terroristas atacam muito mais o próprio país do que países estrangeiros. Alberto Abadie, da John F. Kennedy School of Government, descobriu que havia 1.536 relatos de terrorismo doméstico em 2003, comparados a 240 relatos de terrorismo internacional.[1] Pensa-se em geral que é a pobreza extrema que gera terroristas, mas Abadie descobriu que há poucas tentativas de terrorismo nas nações mais pobres — o terrorismo ocorre quando há um vislumbre *de que a mudança é possível.* Uma conclusão interessante do estudo de Abadie é que o terrorismo alcança seus níveis mais altos em Estados que estão fazendo a transição para governos democráticos. Nações com governos autocráticos e sem nenhuma liberdade costumam ter baixos níveis de terrorismo, como também acontece em nações com altos níveis de liberdade política. A transição de governo autocrático em liberdade democrática pode ser um momento perigoso.

TERRORISMO NUCLEAR

A pior coisa que uma organização terrorista pode fazer é explodir uma bomba atômica (não só uma "bomba suja") numa cidade importante. Em maio de

2003, Osama bin Laden obteve uma *fatwa* (um decreto islâmico) justificando em bases religiosas um ataque nuclear contra os Estados Unidos.[2]

A plausibilidade de uma tal catástrofe tem sido estudada com muita atenção. A conclusão desses estudos é que um acontecimento assim é altamente provável, a menos que as medidas globais para impedi-lo sejam reforçadas. É muito mais fácil para uma organização terrorista adquirir e usar uma arma nuclear do que o público imagina. Graham Allison, reitor fundador da Kennedy School of Government, escreve que o terrorismo nuclear será *inevitável* se continuarmos na rota atual, e que isso pode acontecer mais cedo do que pensamos.[3] Há medidas que podem ser tomadas — o que não vem acontecendo — para prevenir o terrorismo nuclear no futuro. Se a inação continuar, ficaremos vulneráveis.

Vários fatos sobre o terrorismo atômico precisam ser ventilados e considerados muito seriamente. Primeiro, se uma organização do tipo Al Qaeda tiver uma bomba atômica numa cidade norte-americana, parece que não hesitará em detoná-la. Segundo, construir uma bomba atômica grosseira não é tão difícil quando se tem urânio altamente enriquecido. É difícil fabricar uma bomba *eficiente*, mas dificilmente os terroristas ligariam para a eficiência ou para a elegância do projeto. Terceiro, com um escudo antirradiação, o urânio altamente enriquecido para uma bomba assim pode ser transportado para a maioria dos países-alvo com baixa probabilidade de ser detectado, assim como os carregamentos de drogas escapam à detecção. Quarto, se uma bomba atômica bruta com escudo antirradiação for escondida numa cidade norte-americana, provavelmente não será detectada, mesmo se houvesse uma busca intensa para encontrá-la.

Agora, as boas notícias. Uma bomba atômica não pode ser construída sem urânio altamente enriquecido. Uma indústria de energia nuclear, por mais próspera que seja, não precisa usar e nem criar urânio enriquecido. Converter o urânio natural ou o urânio pouco enriquecido, usado em usinas de energia nuclear, em urânio altamente enriquecido é muito caro, demorado e difícil. O custo da produção de urânio altamente enriquecido está muito além dos recursos das organizações terroristas atuais. Um ataque terrorista com uma bomba atômica é uma tragédia totalmente evitável. Para preveni-lo, a solução é guardar todo o urânio e todo o plutônio altamente enriquecidos com total segurança. Infelizmente, em muitos lugares eles não estão bem guardados.[4]

Caso uma *nação* resolvesse criar uma bomba atômica, essa bomba teria que ser segura, confiável, eficiente, pequena o suficiente para caber dentro de um míssil e robusta o suficiente para suportar o lançamento do míssil. Isso exige componentes especiais, alta engenharia e muito dinheiro. Na maioria dos países, isso violaria a adesão ao Tratado de Não Proliferação Nuclear. Para os terroristas, no entanto, a bomba não precisa ser confiável, nem pequena e nem robusta o suficiente para suportar um lançamento de míssil. Para eles, basta que a bomba seja mais barata do que uma bomba *nacional*, relativamente simples e transportável num caminhão ou num contêiner de navio. Esse tipo primitivo e ineficiente de bomba é relativamente fácil de criar, mas pode ter o poder de uma bomba de Hiroshima.

Uma bomba como a de Hiroshima usa uma pistola para disparar uma cunha de urânio altamente enriquecido num alvo do mesmo urânio. Quando se encontram, os dois pedaços de urânio excedem uma massa crítica de forma que ocorre uma reação de fissão em cadeia, produzindo uma explosão nuclear de cerca de 10 quilotons. O mecanismo é simples mas precisa ser construído com precisão. As duas peças de urânio têm que se encontrar com rapidez suficiente. Por mais louco que pareça, os detalhes de engenharia para construir uma tal bomba foram descritos publicamente em documentos que estiveram disponíveis na Internet. Seis bombas atômicas desse tipo foram feitas num galpão comum da África do Sul. Nem as bombas sul-africanas e nem a bomba de Hiroshima foram testadas porque eram tão simples que os cientistas partiram do pressuposto de que funcionariam. (A bomba de Nagasaki, que usava plutônio, *foi* testada no teste do Projeto Manhattan chamado Trinity.)

O urânio enriquecido para fabricar uma bomba desse tipo pode ser blindado para emitir pouca radiação. Hoje, se fosse transportado para os Estados Unidos num contêiner vindo de uma fonte aparentemente respeitável, é provável que não fosse detectado porque só uma pequena porcentagem desse tipo de contêiner é inspecionada com cuidado.

Uma bomba atômica simples pode ser montada nos Estados Unidos e escondida num apartamento de um andar alto, dentro de um armário com blindagem de tungstênio contra radiação. Se a polícia fosse informada da presença dessa bomba em Nova York, provavelmente não conseguiria encontrá-la. Usariam detectores de radiação muito sensíveis, mas estes captariam inúmeros sinais falsos porque há muitas fontes de radiação de nível baixo numa cidade. Essa bomba poderia ser detonada por controle remoto, possivelmente por meio de uma chamada de um telefone celular, como as bombas de 2003 no metrô de Madri. A chamada poderia vir de outro país, eliminando a necessidade de homens-bomba. O Islã prega a paciência prolongada. Pode haver bombas nucleares escondidas em cidades grandes à espera de serem detonadas.

Uma bomba dessas exige cerca de 50 quilos de urânio altamente enriquecido, cuja produção é extremamente difícil e cara. A bomba de Hiroshima usava urânio enriquecido em 80% (ou seja, 80% de urânio 235 e 20% de urânio 238, que ocorre naturalmente). As usinas nucleares de quarta geração, descritas no Capítulo 7, usam urânio enriquecido em 9% — que não pode ser usado em bombas. Para obter urânio enriquecido, os terroristas teriam provavelmente que roubá-lo, comprar no mercado negro ou adquiri-lo de um governo simpatizante. Infelizmente, há um florescente mercado negro nuclear. Depois do colapso da URSS, uma grande quantidade de urânio altamente enriquecido foi roubado e vendido. O dr. A. Q. Khan, do Paquistão, conhecido como "Pai da Bomba Islâmica", criou uma rede no mercado negro para negociar o material necessário para a produção da bomba atômica. Quando um capitão da Marinha Russa foi condenado por roubar urânio altamente enriquecido, o promotor russo comentou que "batatas são mais bem guardadas".[5]

Há relatos de bombas atômicas russas que foram roubadas. Em 1997, o conselheiro de segurança nacional de Boris Yeltsin, General Alexander Lebed, reconheceu que o governo russo não sabia do paradeiro de 84 bombas atômicas — todas no formato de uma mala de viagem e cada uma com um poder de explosão de cerca de 1 quiloton. Depois, em *60 Minutos*, disse que faltavam mais de 100. Relatou que era possível alguém andar pela rua levando uma dessas malas, com uma bomba atômica que pode ser detonada por uma só pessoa. Não foi surpresa quando o governo russo negou tempos depois que qualquer arma desse tipo estivesse faltando.

Isso pode não ser tão alarmante quanto parece porque tais armas são feitas com travas eletrônicas de alta segurança que impedem o uso não autorizado. As versões modernas dessas travas fazem parte da arma, de modo que não é possível evitá-las. Em outras palavras, não se pode fazer uma "ligação direta" na bomba. Se um código de autorização errado é usado várias vezes ou se é feita uma tentativa de evitar a trava, a bomba pode ficar permanentemente desabilitada. Um controle de segurança bem projetado impede que uma arma nuclear roubada seja usada por terroristas. Além disso, o material físsil costuma ser guardado separado da bomba. Uma bomba de plutônio sem o plutônio não tem utilidade para os terroristas.

Há uma solução óbvia para o problema do terrorismo nuclear. O urânio e o plutônio enriquecidos, que servem para fazer bombas, devem ficar guardados como o ouro do Forte Knox. Isso exige cooperação internacional, mas todas as nações têm interesse em impedir o terrorismo nuclear. O trabalho da Kennedy School of Government detalha as ações necessárias para impedir o terrorismo nuclear, incluindo um orçamento e um cronograma. Pouco está sendo feito para pôr em prática essas ações. Como em outros problemas que discutimos, o que preocupa é a possibilidade do padrão primeiro-a-catástrofe. Se uma bomba atômica terrorista explodir numa cidade, haverá uma reação extremada. As nações do mundo logo cooperarão para garantir que isso não aconteça novamente.

TERRORISMO BIOLÓGICO

O terrorismo da bomba atômica pode ser detido com a remoção ou a estocagem segura das bombas existentes e de fontes de combustível físsil, mas é quase impossível impedir que os terroristas consigam algum tipo de arma biológica, como os vírus. Fizemos uma entrevista com Sergei Popov, um dos principais cientistas do programa soviético de armas biológicas. Nesse programa, trabalharam de 50 a 60 mil pessoas muito bem treinadas, numa cidade científica secreta, com laboratórios enormes e bem equipados. Ninguém podia entrar ou sair da cidade sem ter um visto e seguir um rigoroso procedimento de segurança. Lá, os soviéticos podiam criar por ano de 20 a 60 toneladas de vírus de varíola utilizável na fabricação de armas. Com o rosto sem expressão como o de um jogador de pôquer, Popov contou que nunca houve qualquer discussão sobre a moralidade dessas ações.

D. A. Henderson, o herói da erradicação, que lutou passo a passo para eliminar a varíola, ignorando regras burocráticas, tem agora uma expressão resignada e filosófica, como Pierre no final do filme *Guerra e Paz*. Ele nos disse: "Cem milhões de pessoas morreram, direta ou indiretamente, como resultado dos conflitos armados no século XX; 300 milhões morreram de varíola". É uma morte terrível: o corpo se transforma numa massa de bolhas purulentas insuportavelmente dolorosas e tão densas que a pele se separa de suas camadas mais profundas.

As pessoas podem ser protegidas de quase todos os vírus terroristas se a presença do vírus for detectada a tempo. Um equipamento simples e razoavelmente barato pode detectar um vestígio minúsculo de varíola na atmosfera e enviar um sinal de alarme sem fio. Se for detectada varíola, isso significa que um grande crime foi cometido porque a varíola natural foi eliminada do planeta.

Isso exigiria uma investigação imediata em larga escala para encontrar a fonte e localizar as pessoas infectadas. Numa pessoa contaminada pela varíola, os sintomas podem levar umas duas semanas para aparecer. Se a infecção for tratada logo após o ataque, ela pode ser neutralizada no corpo antes de provocar um dano mais sério.

Uma medida importante para proteger o público do terrorismo biológico é criar máquinas sensíveis para detectar patógenos na atmosfera. Foram construídas máquinas que absorvem o ar em torno delas e o testam para detectar a presença de qualquer coisa biologicamente nociva ou suspeita. Quando alguma coisa suspeita é detectada, a máquina transmite detalhes pelo rádio para um centro de controle. Detectores experimentais de patógenos foram instalados em Nova York na época da convenção republicana de 2004. Eram do tamanho de uma geladeira pequena. Eles ficarão menores e mais poderosos — talvez do tamanho de uma pasta executiva. Ficarão muito mais baratos quando forem aperfeiçoados e produzidos em grande quantidade. Depois de um ataque biológico, a rapidez na detecção e na resposta pode salvar um grande número de vidas.

Os atuais sensores de patógenos são projetados para detectar muitos tipos possíveis de ataques biológicos. Essas mesmas máquinas podem proteger a sociedade de pragas naturais, como a SARS (síndrome respiratória aguda severa) ou gripe aviária asiática. Uma pandemia dessa doença parece ser inevitável, mais cedo ou mais tarde. Uma ampla instrumentação pode detectar a tempo a possível propagação de doenças infecciosas.

As máquinas detectoras de patógenos fazem operações complexas para analisar o que encontram na atmosfera. Podem usar biochips projetados para reconhecer rapidamente sequências de letras denunciadoras (nucleótidos) nas moléculas de DNA. Quando detectam alguma coisa, elas a transmitem para um computador regional ou nacional, que compara os resultados de muitos sensores ou máquinas de análise de patógenos. A proteção contra doenças infecciosas e a proteção contra o bioterrorismo será integrada.

Todos os governos atuais devem ser pressionados a assinar um tratado fortemente restritivo com o objetivo de eliminar as armas biológicas, mantendo ao mesmo tempo uma agência global para detectar e lidar com a emergência e limitar a difusão da doença. São possíveis muitas medidas protetoras, mas para implementá-las é necessário muito trabalho. Se um país estiver bem preparado para enfrentar um ataque bioterrorista, isso vai dissuadir os terroristas de levá-lo adiante.

Os contêineres de navios precisam se tornar altamente seguros. Serão selados de tal maneira que um sinal será transmitido se o selo for quebrado. Terão sensores que os identifiquem com precisão. O conteúdo do contêiner poderá ser escaneado sem que haja necessidade de abri-lo e o percurso exato seguido pelas embalagens de papelão poderá ser gravado com sensores por GPS (sistema global de localização). Provavelmente será obrigatório por lei que os navios, os caminhões, os contêineres e as embalagens de papelão embarcados tenham sensores e transmissores sem fio. Os que não tiverem não terão acesso a portos de alta segurança.

As fontes de financiamento para o terrorismo serão bloqueadas e os terroristas conhecidos não terão acesso ao sistema financeiro internacional. Haverá meios sofisticados para impedir o crescimento de redes financeiras alternativas que movimentem o dinheiro do terrorismo. Os recursos de organizações conhecidas por apoiar o terrorismo serão congelados. O uso de notas de dinheiro na sociedade poderá ser limitado a pequenas somas: fora isso, o dinheiro será eletrônico.

SENSORES UBÍQUOS

O futuro será um mundo de sensores ubíquos ligados a computadores extremamente complexos, ajudando as empresas a aumentar seus lucros, ajudando a polícia a capturar criminosos, ajudando a reduzir os congestionamentos nas cidades e ajudando pesquisadores médicos a reduzir doenças. Esse mundo de sensores baratos onipresentes ligados a sistemas computacionais altamente inteligentes será parte integrante de uma sociedade antiterrorista.

Os aeroportos serão cruzados por feixes eletromagnéticos e outros, que passarão através de passageiros e bagagens. Feixes de nêutrons que atravessam explosivos plásticos serão dispostos em padrões denunciadores, reconhecíveis por softwares inteligentes.

O passaporte é um documento espetacularmente inadequado. É muito fácil para um criminoso obter passaporte falso, embora alguns países tenham vinculado a detecção de impressões digitais à verificação de passaportes. As placas de carro numéricas também são inadequadas: um criminoso pode trocar uma placa numérica com facilidade. Todos os veículos poderiam ser obrigados por lei a ter um transponder sem fio que faça parte do veículo e transmita um número de registro autoverificável. Esse número pode ser usado para o pagamento automático de pedágios urbanos (como foi implementado em Londres, por meio do uso de câmeras).

O equivalente dos passaportes atuais pode ser um cartão inteligente, do tamanho de um cartão de crédito, que armazene uma grande quantidade de informações, incluindo partes significativas do código do DNA do proprietário, de modo que o cartão e seu proprietário se tornem indissociáveis. Outras alternativas podem ser uma pulseira, um anel no tornozelo ou no dedo, que raramente seja retirado. O cartão, o anel ou o bracelete seriam consultados por sinais sem fio sem o proprietário saber. O mesmo artefato pode servir como carta de motorista, cartão de saúde e cartão bancário. Hoje, o visto de entrada nos Estados Unidos é um carimbo num passaporte de papel, pelo qual se cobra US$100. Por US$100, cada pessoa poderia receber um artefato anexo ao passaporte com 500 milhões de bytes de dados.

Na Grã-Bretanha, o número de câmeras que vigiam a população não para de crescer nas cidades, havendo hoje uma câmera para cada 15 pessoas. Pensava-se antigamente que a população reclamaria desse tipo de vigilância, mas parece que gostam disso, em parte porque ajuda a protegê-las. Em 2005, usando os registros das câmeras, a polícia britânica conseguiu identificar rapidamente os homens-bomba dos ataques a trens e ônibus em Londres. Como existem numerosas câmeras, os criminosos sabem que serão filmados e talvez evitem cometer seus crimes.

Laboratórios de pesquisa têm apresentado protótipos de máquinas que identificam emoções humanas com 98% de acerto. O rosto humano tem cerca de 80 músculos e o computador detecta quais desses músculos estão ativos. Esses computadores que reconhecem emoções foram testados em interrogatórios policiais. Alguém entrevista um funcionário do governo, por exemplo, enquanto um computador examina o rosto do entrevistado. A entrevista se desenvolve num nível emocional calmo mas, de repente, o entrevistador pergunta: "Em alguma ocasião ou em alguma circunstância o senhor já aceitou suborno?" Se SIM, a curva de resposta emocional sai para fora do gráfico. Os homens-bomba de Londres, com bombas nas mochilas, foram filmados ao detonar suas bombas. Será que a tecnologia avançada teria detectado emoções que desencadeassem uma investigação? À medida que amadurece a computação antiterrorista, ficará muito arriscado para os terroristas se prepararem para um ataque.

UM ENORME PROBLEMA DE DETETIVE

Deter o terrorismo em todas as suas formas possíveis é um problema de detetive de imensa complexidade. Os equipamentos eletrônicos atuais podem gerar um oceano de dados. Nos tempos antigos, os *seres humanos* recolhiam dados. Hoje, a maior parte dos dados não são vistos pelos seres humanos: vão diretamente para armazéns de dados onde podem ser examinados por computadores que procuram tendências, padrões, correlações ou indícios de que algo de interesse precisa ser examinado com cuidado. Será desenvolvido um software que melhore automaticamente a própria capacidade de reconhecer padrões ou de descobrir indícios que os seres humanos não conseguem detectar.

A inteligência humana, o trabalho de campo e a intuição serão mais importantes do que nunca. Um grande número de operadores humanos dirão aos computadores antiterroristas o que procurar e lhes darão um *feedback* quando algo interessante for descoberto. Os detetives humanos precisarão de poderosas técnicas computadorizadas para descobrir padrões e testar hipóteses. A inteligência dos computadores e a inteligência dos seres humanos são radicalmente diferentes e uma precisa da outra. As duas formas de inteligência coexistirão em parcerias sinergísticas e serão vitais para extrair inteligência dos enormes e incompatíveis depósitos de dados.

Martha Crenshaw, uma autoridade em terroristas, descreve como os mais perigosos não agem sozinhos. Psicologicamente, precisam fazer parte de uma organização que os apoie, quase como um culto. Em geral, esses grupos usam a religião ou a política como razão para seu comportamento, mas as pessoas entram para tais organizações muito mais a partir de uma necessidade psicológica do que de um compromisso político.[6] A estrutura de comando cria um quadro psicológico completo para o indivíduo, usa um poderoso controle mental e às vezes cria o desejo de suicídio pela causa. Muitas vezes o grupo usa campos de treinamento no estilo militar. Pode haver muitos indícios da existência desses campos ou do comportamento fanático que induzem nos indivíduos. É possível programar computadores para agir automaticamente quando são detectados certos indícios. Quando a inteligência computadorizada é usada, os seres humanos não sabem necessariamente como os computadores chegam às conclusões. Os computadores aprendem a reconhecer padrões e relações que os seres humanos não conseguiriam reconhecer.

PRIVACIDADE NO SÉCULO XXI

Uma grande preocupação é que a vigilância viabilizada pela tecnologia do século XXI destrua a privacidade que tanto prezamos. É vital criar os controles de privacidade que queremos.

A lei ajudará a preservar a privacidade pessoal. Todos os dados coletados devem ser eletronicamente protegidos. Haverá leis dizendo que a informação coletada sobre alguém não poderá ser revelada nem usada, exceto para propósitos especificamente estabelecidos, em geral relacionados à preservação da segurança. Muitos aspectos da vida da pessoa não terão interesse para os computadores de segurança e, no caso desses aspectos, os computadores serão obrigados por lei a proteger a privacidade. Os computadores, com sua inflexível perfeição, podem ajudar a manter a privacidade. À medida que a computação se torna altamente complexa, os dados podem ser cifrados com códigos impossíveis de se quebrar. Em vez de uma senha de cinco caracteres, as máquinas poderão usar senhas de um milhão de caracteres. A batalha entre o codificador e o decodificador será vencida pelo codificador. Os aspectos da privacidade que são importantes para os bons cidadãos podem ser protegidos com muito mais eficácia do que no século XX.

Para proporcionar a proteção necessária aos cidadãos no futuro, certas informações têm que ser do conhecimento da polícia do século XXI e de autoridades médicas e seus computadores. Isso tem que ser feito sem que se abra mão da liberdade. Você perde a liberdade de ser terrorista, mas não as liberdades normais. Benjamin Franklin disse: "Quem pode abrir mão da liberdade essencial para obter um pouco de segurança não merece nem liberdade e nem segurança".

Nas aldeias do passado, todos sabiam tudo sobre todos. No mundo do futuro, os computadores saberão certas coisas sobre todos. Ninguém será invisível à vigilância eletrônica, mas as leis de privacidade eletronicamente implementadas protegerão a todos. O típico indivíduo não criminoso não se preocupará com câmeras em supermercados ou outros equipamentos de segurança — pode até mesmo gostar da sensação de segurança. Saberá que os dados coletados pelos computadores não podem ser revelados aos seus empregadores, bancos, agentes de seguro ou ex-esposas. A privacidade do século XX será substituída pela privacidade do século XXI.

O público poderá ser dividido em categorias de segurança. Hoje esse é um assunto muito controverso, mas poderá não ser mais no futuro. Isso está começando a acontecer com pessoas que visitam os Estados Unidos. Pode haver, por exemplo, quatro categorias de pessoas.

As pessoas da Categoria A são aprovadas pela segurança e recebem identificação automática. Um feixe de luz sem fio pode examinar sua carteira de identidade (talvez em forma de um anel, bracelete ou colar). Podem passar por postos de imigração ou entrar no restaurante Four Seasons em Nova York sem notar os computadores que as estão rastreando e validando. As pessoas da Categoria B são essencialmente pessoas boas que preferem não ter identificação automática; serão paradas frequentemente, a menos que evitem os lugares visados pela segurança. As pessoas da Categoria C não terão total aprovação da segurança e estarão sujeitas a verificações detalhadas. As pessoas da Categoria D serão automaticamente barradas.

A grande maioria das pessoas de um país, talvez mais de 95%, estarão na Categoria A. Essa categoria pode incluir criminosos conhecidos, já que muitos criminosos não são prováveis terroristas. A maioria das pessoas vão querer ser da Categoria A porque a verificação constante das outras categorias será um aborrecimento. As pessoas tomarão providências para obter e manter uma categorização "A". *Desejarão* ser identificadas pelos equipamentos eletrônicos de vigilância para não serem paradas pela polícia, guardas e funcionários de imigração. Partes do DNA das pessoas da Categoria A estarão em arquivos em poder das autoridades e seu cartão ou anel de segurança conterá detalhes desse DNA. Qualquer um que tentar usar um dispositivo de segurança falsificado ou roubado será rapidamente capturado. Os mesmos dispositivos terão muita utilidade em situações médicas.

À medida que o século XXI amadurece, os computadores e sensores nos cercarão constantemente. Monitorarão nossas atividades, mas também ajudarão a fazer cumprir as leis destinadas a *impedir a interferência desnecessária com a nossa privacidade.* O dilúvio de nanossensores e a mineração de dados serão usados para outras funções além do antiterrorismo. Poderão ajudar a deter o abuso de drogas. Ajudarão a trazer mudanças extraordinárias na medicina preventiva. A inteligência das máquinas, ubíqua como o papel de parede, fornecerá conhecimento e comunicação para auxiliar todas as atividades humanas.

Cabe à sociedade criar regras eletronicamente implementadas que protejam a nossa privacidade pessoal, impeçam a interferência indesejável na nossa liberdade e punam os funcionários que provoquem incômodos desnecessários.

18

CENÁRIOS MUNDIAIS

Algumas grandes organizações usam planejamento de cenários para refletir sobre as possibilidades do futuro. Pode haver um número infinito de futuros possíveis, mas o número de cenários é reduzido a três ou quatro para que as principais alternativas possam ser exploradas. O planejamento de cenário foi desenvolvido na Shell da Holanda e se revelou valioso, ajudando a administração da Shell a escolher a melhor entre as arriscadas e caríssimas alternativas para desenvolver novos campos de petróleo, como os do Mar do Norte. Desde então, tem sido usado em muitas situações empresariais e militares.

Para descrever nossos cenários, redefiniremos os termos *Primeiro, Segundo, Terceiro* e *Quarto Mundos*. Acredito que as quatro categorias que se seguem são úteis:

- **O Primeiro Mundo:** Nações industriais ricas — o Ocidente, o Japão, a Nova Zelândia e a Austrália. Tem cerca de um bilhão de pessoas e uma taxa de natalidade abaixo do índice de substituição.
- **O Segundo Mundo:** Nações vigorosas empenhadas em subir a escada, da pobreza ao status de Primeiro Mundo. Os maiores exemplos são a China e a Índia. À medida que ficam mais ricas, podem ter estilos de vida diferentes dos do Ocidente. O Segundo Mundo pode ter uns 3 bilhões de pessoas.
- **O Terceiro Mundo:** Países em desenvolvimento, por muito tempo chamados de Terceiro Mundo. Pode chegar a ter uns 3 bilhões de pessoas em meados do século.
- **O Quarto Mundo:** Países destituídos, incapazes de escapar das pressões que descrevemos no Capítulo 6. O Quarto Mundo deve chegar a 2 bilhões de pessoas em meados do século.

Um modelo do mundo que o divide em quatro categorias é uma simplificação excessiva. A maior parte dos modelos é assim — é por isso que os usamos. Os modelos nos permitem resumir situações complexas. A convenção põe na categoria de *Terceiro Mundo* tanto as nações em desenvolvimento quanto as destituídas. Para discutir o futuro, precisamos diferenciar entre nações em desenvolvimento saudável e nações destituídas: é por isso que usamos os termos *Terceiro Mundo* e *Quarto Mundo*. Há uma grande diferença entre nações em desenvolvimento, como o Chile, o Brasil, a Malásia ou a Tailândia, onde há uma indústria vigorosa e boas universidades e onde os jovens têm esperanças para o futuro — e nações destituídas como Angola, Haiti ou Costa do Marfim, onde os jovens em geral não têm esperanças. A maneira de pensar sobre o Quarto Mundo tem que ser muito diferente da maneira de pensar sobre o Terceiro Mundo. A necessidade de tal distinção vai ficar cada vez mais forte à medida que o século XXI for se desenrolando.

Dos muitos cenários possíveis de um mundo a caminho do cânion, vamos selecionar quatro para ilustrar os principais tipos de escolha. Chamaremos esses cenários de Fortaleza América, O Clube das Nações Fortes, Triagem e Mundo Compassivo.

CENÁRIO 1: FORTALEZA AMÉRICA

Uma política Fortaleza América diz essencialmente que os Estados Unidos cuidarão de si mesmos, seja o que for que a natureza tenha reservado para a humanidade. As tensões que descrevemos aumentarão e alguns tipos de acontecimentos podem torná-las ainda mais graves — por exemplo uma pandemia, uma guerra ou o terrorismo com armas nucleares ou biológicas. Não sabemos o quão grave se tornarão. Bill Joy, um cientista que tenta fazer com que se leve a sério potenciais perigos, afirmou na entrevista que tive com ele: "Se submetermos o sistema a um estresse terrível, ele cederá. É uma questão da espessura que supomos ter o verniz da civilização".

A história do século XX contém uma assustadora coleção de histórias em que o verniz da civilização é arrancado como telhados num furacão — sociedades elegantemente sofisticadas que passam a ser alvo da desconfiança dos vizinhos, a usar polícia secreta, *gulags*, tortura e terror. O charme francês de Phnom Penh deu lugar a campos de matança. Os intelectuais da China foram reduzidos a uma situação pouco melhor do que a de animais de fazenda. De 1935 a 1941, Stalin matou mais cidadãos inocentes do que Hitler no Holocausto. Temos que nos perguntar como impedir que o nosso estilo de vida se desintegre. A única política sensata para os Estados Unidos é se proteger do que o futuro reserva, seja o que for.

Em setembro de 2002, os Estados Unidos anunciaram a Estratégia de Segurança Nacional da administração Bush. Essa estratégia declarava que os Estados Unidos tinham se tornado de longe a nação mais poderosa do mundo e que assim pretendiam permanecer. Declarava que usariam a força se necessário para eliminar qualquer desafio à sua hegemonia global. "Nossas forças serão fortes o suficiente para que potenciais adversários desistam de ter uma estrutura militar com a esperança de ultrapassar, ou igualar, o poder dos Estados Unidos. Temos que construir e manter nossas defesas além dos desafios."[1]

A Estratégia de Segurança Nacional norte-americana expressa a crença de que os Estados Unidos estão na vanguarda da história, conduzindo o mundo em direção a governos democráticos, liberdade de expressão, livre comércio, dignidade humana e aperfeiçoamento econômico. Devido a essa liderança global, tem que manter indefinidamente a dominação global e uma segurança incontestável.

Em vários momentos da história, uma nação foi dominante e, devido à sua supremacia incontestável, houve um período de paz relativa. Durante a Pax Romana e a Pax Britannica, os florescentes impérios de Roma e Bretanha tentaram difundir o comércio e criar uma governança melhor nas regiões que dominavam. Uma Pax Americana faria o mesmo, agora com ênfase em direitos humanos e dignidade humana. A Estratégia de Segurança Nacional norte-americana expressa a intenção de melhorar o destino dos países mais pobres e "desencadear uma nova era de crescimento econômico global através do livre mercado e do livre comércio", acreditando que países com livre comércio e prosperidade tenham menos probabilidade de partir para a guerra.

O documento comenta que décadas de maciça assistência ao desenvolvimento falharam em incitar o crescimento econômico em países pobres. "Pior ainda, a ajuda ao desenvolvimento muitas vezes serviu para fortalecer políticas fracassadas, enfraquecendo a pressão por reformas e perpetuando a miséria." O documento afirma: "Crescimento sustentado e redução da pobreza são impossíveis sem políticas nacionais corretas. Os governos têm que combater a corrupção, respeitar os direitos humanos básicos, aceitar a supremacia da lei, investir em saúde pública e educação, seguir políticas econômicas responsáveis e possibilitar o empreendedorismo".

Um importante argumento da Fortaleza América é que os piores cenários que descrevemos podem demorar para chegar, mas chegarão inexoravelmente. As nações ricas e complexas do Ocidente vivem no mesmo planeta que as nações destituídas em condições indizíveis. O Paquistão já tem muitas armas nucleares. As tensões globais vão crescer e algumas das nações mais radicais vão adquirir armas de destruição em massa. Assim, os Estados Unidos precisam ter planos firmes mas necessários para se proteger, provavelmente em conjunto com seus aliados mais próximos.

Até o final do século XX, as armas nucleares eram consideradas como último recurso. Já hoje, uma organização terrorista pode considerar as armas de destruição em massa como sua primeira opção. A National Security Strategy [Estratégia de Segurança Nacional] comenta: "Somos menos ameaçados por frotas e exércitos do que pelas tecnologias catastróficas que estão em mãos de alguns poucos amargurados. Trata-se de uma nova condição de vida. Com o passar do tempo, indivíduos podem ganhar acesso a meios de destruição que até agora eram controlados apenas por exércitos, frotas e esquadrões". Além disso, com a difusão do globalismo, o que acontece além das fronteiras norte-americanas pode ter mais impacto do que acontece dentro dessas fronteiras.

Um aspecto do pensamento Fortaleza América que mostra que os Estados Unidos estão preparados para seguir sozinhos é o fato de o país ter se recusado a assinar muitos tratados internacionais, incluindo a Lei da Convenção do Mar, o Tratado das Minas Terrestres, o Protocolo de Quioto, a Convenção da Diversidade Biológica, o Tratado Compreensivo de Banimento de Testes, que proíbe todo tipo de teste nuclear, o protocolo de uma convenção da ONU para banir armas biológicas e vários tratados propostos para banir armas no espaço exterior. Os Estados Unidos também se recusaram a aceitar a jurisdição do Tribunal Penal Internacional.

CENÁRIO 2: O CLUBE DAS NAÇÕES FORTES

A Pax Americana, se existisse, teria vida mais curta do que a Pax Romana ou a Pax Britannica. A China está se desenvolvendo e se fortalecendo com vigor, expandindo sua esfera de influência. Daqui a vinte anos, é provável que a Índia tenha uma população maior do que a da China e um rápido crescimento do PIB. É inevitável que grandes nações ou blocos de nações confrontem a Fortaleza América. Podemos ter uma Fortaleza China, uma Fortaleza Europa, uma Fortaleza Índia e uma Fortaleza Japão. E elas serão vigorosos parceiros comerciais. As armas do futuro serão tão terríveis que as nações Fortaleza saberão que não devem guerrear entre si (por mais que exibam seu poder militar). Um cenário provável é haver um clube de nações fortes que se apoiem mutuamente, que compartilhem informações e que se defendam em conjunto das ameaças terroristas que tenham em comum. Como no cenário Fortaleza América, esse Clube das Nações Fortes pode estar determinado a se tornar bem defendido, autossuficiente e rico, de modo a poder se proteger de qualquer coisa que o futuro lhe reserve.

O Clube das Nações Fortes terá um comércio estreitamente interligado a cadeias de valor computadorizadas entre corporações, o que fará com que seus negócios cresçam rapidamente e sejam lucrativos. Essas nações podem caminhar para uma posição em que a guerra entre elas seja muito improvável. À medida que os políticos avaliam o quociente risco/recompensa, concluirão que, com armas nucleares/biológicas automatizadas, a guerra pode não ter *qualquer* objetivo político que valha a pena. A prevenção da guerra se transformará numa importante disciplina acadêmica.

Depois do 11 de Setembro, governos do mundo inteiro começaram de repente a cooperar de novas maneiras. Tinham a necessidade em comum de deter o terrorismo. Afastaram-se um pouco quando os Estados Unidos atacaram o Iraque. Cedo ou tarde, é provável que os terroristas realizem um ataque com uma arma de destruição em massa. A reação pós-trauma a um Hiroshima terrorista excederia incomparavelmente à de 11 de Setembro. As nações fortes do mundo uniriam intensivamente suas forças para impedir que um horror assim acontecesse novamente e para impedir a possibilidade de qualquer desvio em direção à guerra com armas nucleares/bioquímicas. Elas precisarão umas das outras para criar sistemas de informações globais com vigilância eletrônica intensa, grandes armazéns de dados compartilhados e uso autoevolutivo de supercomputadores. O Clube das Nações Fortes poderia ser o Primeiro e o Segundo Mundos interconectados através de redes de bandas ultralargas e sistemas de negócios computador-a-computador em tempo real. Muitas nações industriais do Terceiro Mundo — Brasil e México, por exemplo — procurarão se juntar ao Clube das Nações Fortes. Num cenário otimista, o número de membros do clube poderia estar sempre acima dos 4 bilhões, mesmo considerando que a taxa de natalidade em nações muito ricas está caindo. Espera-se que até lá o Clube das Nações Fortes tenha avançado vigorosamente na direção da industria ecoeficiente e de estilos de vida nos quais a alta qualidade de vida se realiza sem danos ao planeta.

O Clube das Nações Fortes daria pouca ajuda às nações mais pobres, como hoje. Neste momento, é difícil imaginar a China dando muita coisa à África ou à América do Sul — mas os tempos mudam. Os eleitores das nações fortes fazem apenas gestos simbólicos para o Quarto Mundo. Hoje, muitos dizem: "Não é problema nosso". Outros consideram a carência do Quarto Mundo um problema praticamente insolúvel. Alguns ficam indignados, achando que o crescimento excessivo da população em países pobres frustra todas as tentativas de tirá-los da pobreza. A televisão e as revistas populares deixam de mostrar os horrores da vida nas cidades-favela do Quarto Mundo, falando de países "em desenvolvimento" e não de países "destituídos".

CENÁRIO 3: TRIAGEM

Num hospital, triagem se refere a uma situação em que não há leitos para todo mundo — de modo que é preciso decidir quais os pacientes que serão admitidos. A palavra *triagem* não é usada em público com referência a nações mas, nos corredores do poder, acredita-se cada vez mais que haverá uma triagem. Até certo ponto, ela vem acontecendo silenciosamente há décadas. Talvez seja justo supor que a triagem não seja uma política deliberada. Se acontece, foi por inadvertência. É significativo que *Quarto Mundo* ou alguma expressão equivalente não esteja em nosso vocabulário político. Para a maioria, o Quarto Mundo não está na tela de radar.

Na primeira metade do século XXI, a economia mundial pode crescer mais de sete vezes. É possível que as Nações Fortes consigam comprar o alimento excedente de que precisam, mas a escassez e a demanda podem dobrar ou triplicar o preço dos alimentos. Em países onde as pessoas já estão gastando 70% do que ganham em alimentação, mesmo pequenos aumentos no preço dos alimentos seriam catastróficos.

Na maioria dos países pobres, as pessoas não vivem em aldeias rurais: estão amontoadas em cidades-favela sem qualquer condição para cultivar os próprios alimentos. Estão totalmente à mercê daquilo que seus governos disfuncionais podem propiciar. A capacidade para cultivar alimentos está declinando na maior parte das nações pobres. As mudanças climáticas e o aquecimento global reduzirão a produtividade das colheitas em grande parte do mundo. Antes, o mundo tinha reservas de alimentos que podiam ser usadas quando havia uma safra ruim, mas agora as reservas são muito menores. Será grande a tentação de vender as reservas de alimentos para a China ou para outras novas áreas de consumo maciço. Duas ou mais safras ruins seguidas podem causar uma fome devastadora.

Alguns agentes do governo, preocupados com a pobreza e a sustentabilidade, dizem que, na metáfora do cânion, vamos inevitavelmente sair do outro lado muito prejudicados. As organizações internacionais que podemos formar para suprir bens ao público global não aguentarão o peso que precisamos pôr sobre elas e a sustentabilidade não será alcançada.[2]

A nova classe consumidora da China está crescendo rapidamente em número, estilo de vida e agressividade. Centenas de milhões de pessoas querem comer carne em vez de sobreviver com uma dieta de arroz e isso exige grandes quantidades de grãos para alimentar os animais que fornecem a carne. Uma classe semelhante de novos consumidores está crescendo na Índia e em outros lugares. Diariamente, muitos navios transportarão cereais dos Estados Unidos e do Brasil para a China. Se depender só do mercado, os preços dos alimentos certamente subirão, mesmo que os países destituídos não possam pagar tais preços. A fome severa pode ser um subproduto das forças de mercado. Para impedir isso, o mundo (ou o Clube das Nações Fortes) terá de gastar um dinheiro substancial para criar reservas de alimentos. As grandes nações não farão isso se não puderem comprar o alimento que desejam para a própria população.

Cenários assim podem sair do controle a ponto da ajuda financeira não conseguir mais deter os danos. A China e a Índia, precisando alimentar sua enorme população, podem ignorar as partes mais pobres do mundo. Dados demográficos indicam que em duas décadas a população combinada da Índia e da China será de mais ou menos 2,6 bilhões de habitantes. A essas alturas, o Quarto Mundo poderá estar com pouco menos de 2 bilhões de habitantes. Com o aquecimento global cada vez pior, as altas temperaturas durante as estações de cultivo diminuirão a produção dos agricultores. A escassez de água tornará a situação ainda pior. É provável que as reservas mundiais de grãos sejam pequenas demais para enfrentar a fome repentina. A ajuda financeira não resolverá o problema porque não haverá grãos suficientes nos silos das nações fortes.

No ano 2000, a ONU criou uma Declaração do Milênio, que estabelece metas para ajudar as populações mais pobres. A intenção é reduzir pela metade, até 2015, a *proporção* de pessoas vivendo com menos de um dólar por dia. (Se a proporção se reduzir à metade, o número absoluto não diminuirá, já que a população do mundo será maior.) *Sir* John Vereker, do governo britânico, afirmou com otimismo que a meta de reduzir a proporção à metade será alcançada até 2015. É possível também atingi-la aumentando o ganho dos pobres da China e da Índia, de modo que todos tenham mais de US$1 por dia e sejam satisfatoriamente alimentados. No Quarto Mundo, a mudança seria pequena, mas a Meta do Milênio seria alcançada graças ao que acontece na Índia e na China.

Hoje, a riqueza e a tecnologia nos permitem acabar com a pobreza extrema no mundo todo. O custo de fazê-lo foi calculado em detalhe, mas não há suficiente assistência oficial ao desenvolvimento (AOD). Se o dinheiro hoje disponível fosse distribuído igualmente entre todos os países necessitados, não haveria o suficiente para pôr nenhum deles na escada do autodesenvolvimento. A maior parte continuaria sendo pobre demais para deter sua pobreza. Será que alguns devem receber uma parcela maior de AOD? Será que alguns países devem ser postos na escada do autodesenvolvimento e outros não? Uma questão de triagem.

Jeffrey Sachs explica como a assistência oficial ao desenvolvimento é um pacto de duas vias. Alguns governos pobres são tão corruptos que a ajuda pode nem ser usada para os propósitos pretendidos. Ele diz: que "a expansão da ajuda implica um plano de ação sério e a vontade demonstrada de realizá-lo de maneira honesta e transparente". Se tal plano estiver ausente, não é provável que o dinheiro chegue a um nível que possa tirar esses países da pobreza.

É moralmente inquestionável que o mundo rico deve ajudar o mundo pobre a evitar a fome. A meta é não haver mais Quarto Mundo no decorrer do século. Os países do Quarto Mundo devem ser levados com firmeza à escada do desenvolvimento, de modo a se tornarem Terceiro Mundo. Devem ter educação, agricultura decente, segurança alimentar, empreendedores, comércio internacional e nenhum capital morto. Os jovens de qualquer lugar devem ter esperanças para o futuro e oportunidades para progredir. Mas a menos que seja alocado mais dinheiro, a sombria situação de alguns países do Quarto Mundo ficará ainda mais sombria.

Modificar essa situação autodestruidora exige administração coordenada, técnicas sociais e dinheiro. No mundo pobre, a situação poderia ser invertida com uma quantia de dinheiro equivalente a 0,7% do PIB do Primeiro Mundo. Nos cálculos de Jeffrey Sachs, a pobreza extrema pode ser erradicada em 20 anos. No momento, nem o dinheiro e nem o esforço administrativo estão sendo disponibilizados e o problema está se agravando. Pode ficar muito pior com o aumento da população do Quarto Mundo, com o agravamento dos estresses ambientais, com a exaustão das fontes de água e com a diminuição das safras devido às mudanças climáticas.

Especialistas em doenças infecciosas acreditam que cedo ou tarde haverá uma gripe ou outra pandemia capaz de infectar grande parte da população mundial. A humanidade pode ser protegida se houver vacinas em quantidade suficiente, mas as vacinas não podem ser produzidas até que se conheça a mutação específica da doença. Hoje, uma vacina não estaria disponível antes de três ou quatro meses depois de iniciada a pandemia e é provável que a quantidade de vacinas fosse apenas uma pequena fração da necessária. A menos que haja uma preparação eficaz, o Primeiro Mundo não terá vacinas suficientes para a própria população. E muito menos para cedê-las para o Quarto Mundo.

Uma gripe mortal pode fugir ao controle em cidades superpopulosas com sistemas de saúde deficientes e más condições sanitárias — como um incêndio que se alastra furiosamente em áreas secas da floresta, densamente cobertas por pinheiros. Uma nação assim vitimada seria obrigada a tomar uma decisão cruel: pôr a cidade em quarentena para diminuir a difusão da doença, como quando os bombeiros isolam um foco de incêndio. Assim, a taxa de mortalidade nacional diminuiria, mas grande parte da população da cidade estaria condenada. Fora isso, a nação enfrentaria pressão internacional para pôr em quarentena as áreas mais afetadas pela doença. Poderia haver muitas áreas assim. Com a propagação mundial da gripe, os países do Primeiro Mundo imporiam quarentenas. Haveria restrições importantes de tráfego aéreo. Grande parte da economia global estagnaria. Os danos econômicos se somariam aos danos provocados pela doença.

No cenário Triagem, nem toda a humanidade conseguiria atravessar o cânion. Se o esforço para melhorar o Quarto Mundo continuar tão frágil quanto é hoje, as forças do cânion que se aproxima esmagarão as chances de sucesso das operações de salvamento. A humanidade tropeçará na Triagem, em vez de planejá-la.

Ironicamente, em nenhum outro momento da história tivemos tanta capacidade para ajudar o mundo pobre. Michael Porter lamentou quando eu o entrevistei na Harvard Business School: "Hoje, temos gigantescos fluxos de capital através das fronteiras. Temos multinacionais que podem gastar milhões para trazer tecnologia e criar empregos. Temos conhecimento e *know-how* para fazer melhor as coisas, para enfrentar problemas de saúde, para enfrentar a fome, para lidar com a água poluída. Em nenhum outro momento da história houve uma oportunidade tão grande de lidar com os pobres e acabar com a pobreza. Mas isso não está acontecendo".

CENÁRIO 4: MUNDO COMPASSIVO

O problema do Clube das Nações Fortes e dos vários cenários de fortaleza é que as partes mais pobres e menos educadas do mundo vão se tornar violentas. Se as nações fortes ficarem mais parecidas com fortalezas e ostensivamente mais ricas, serão objeto de inveja entre as hordas crescentes de jovens desesperados para mudar seu destino.

Os defensores da *jihad* encontrarão muitos recrutas no Quarto Mundo. O Islã está se espalhando em muitos países pobres — em geral nos lugares mais pobres — e algumas de suas versões mais extremistas estão sendo ensinadas. A pobreza e a fome levam os jovens às escolas islâmicas mais radicais, nas quais os pais sabem que os filhos receberão ao menos refeições gratuitas. Nessas escolas, os alunos não têm aulas de matemática, ciência, geografia ou história, já que acreditam que basta conhecer a vontade de Alá, registrada no Alcorão, para compreender o universo. Aprendem que há duas forças na Terra: muçulmanos e infiéis. Essas forças lutarão até a morte. Matar os infiéis é o que trará a glória sobre a Terra. No final, as forças de Deus vencerão e o mundo ficará em ordem.

Se o Clube das Nações Fortes abarcar uma população de 4 ou 5 bilhões de pessoas até 2045, 4 a 5 bilhões ficarão de fora. Uma população tão grande teria muitas facções cuja paixão na vida seria participar de ataques ao Ocidente ou tornar miserável a vida dos países fortaleza.

Um cenário muito melhor é levar os jovens de todos os lugares a uma condição em que a violência não seja a melhor opção. O Primeiro Mundo, ou o Clube das Nações Fortes, poderia se dispor a mudar o Quarto Mundo de modo que as crianças aprendam a ler, tenham alimentação adequada, remédios e água limpa, assim como perspectiva de trabalho. Fazer com que a taxa de natalidade fique abaixo da taxa de substituição seria uma conquista que beneficiaria o mundo todo. Além disso, poderia haver medidas para garantir a segurança alimentar. Uma meta desejável é que nenhuma nação seja destituída e que haja um mundo compassivo em vez de um mundo de antagonismos violentos. Tal meta exigiria um esforço realmente gigantesco.

O Plano Marshall no final da Segunda Guerra Mundial custou aos Estados Unidos mais de 2% do PIB e foi notavelmente eficaz. Hoje, o país destina menos de 0,2% do PIB a outras nações. Basta 0,7% do PIB do Primeiro Mundo para eliminar a pobreza extrema e pôr os países destituídos no caminho de uma vida digna. Uma simples transferência de dinheiro não seria suficiente: é preciso haver uma provisão de serviços controlada através de técnicas administrativas do Primeiro Mundo. É necessário um alto nível técnico administrativo para atingir a segurança alimentar, desenvolver o atendimento à saúde e o saneamento, e transformar os procedimentos burocráticos hoje estabelecidos. Os países ricos poderiam difundir práticas agrícolas eficazes, fomentar a alfabetização, a educação e a boa alimentação, além de ajudar no planejamento populacional. Poderiam ajudar a desenvolver as exportações e a remover barreiras comerciais. Como uma das partes-chave da transformação, as corporações do Primeiro e do Segundo Mundos poderiam instalar fábricas e fazendas no Terceiro e Quarto Mundos e ensinar as técnicas necessárias à população local.

A visão de que "todos os povos são um só povo" vem ganhando adeptos, assim como a visão de que é preciso avançar com firmeza para a unidade mundial. Será que isso vai acontecer? Nas nações mais ricas dificilmente será aprovado um imposto Quarto Mundo, mas a atual ajuda externa pode ser facilmente duplicada e atrelada às técnicas administrativas e educacionais apresentadas por Jeffrey Sachs. Pode ser que ONGs (organizações não governamentais) e fundações privadas deem o exemplo. Há esperança por causa do custo relativamente baixo de muitos fatores de alavancagem que podem mudar o destino das nações mais pobres. A Bill & Melinda Gates Foundation está fazendo um grande trabalho. Metas como as metas do milênio da ONU podem ser constantemente ampliadas.

O investimento corporativo num país representa em geral uma quantia muito maior do que a ajuda que vem dos governos e, em geral, muito mais eficaz. Suponhamos que o Japão faça um acordo com o presidente de Uganda, prevendo a instalação de fábricas de câmeras e produtos eletrônicos em Uganda, como hoje se faz na China, já que os custos trabalhistas seriam menores, e incluindo no acordo a construção de estradas, usinas de energia e escolas. Além disso, educaria as mulheres, diminuiria drasticamente a taxa de natalidade e poria Uganda numa escada para um futuro decente. Haveria uma parceria em grande escala entre Uganda e as indústrias japonesas de produtos eletrônicos. A meta seria levar o PIB *per capita* de Uganda dos US$230 atuais para US$1.000 em 15 anos. Como no caso da Irlanda nos anos 1990, diferentes corporações fariam seus próprios negócios com o governo de Uganda, mas esses negócios estariam inseridos num plano coordenado. Os governos de Uganda e do Japão desenvolveriam o plano, avaliariam seu progresso e fariam os ajustes necessários.

Suponhamos que o plano japonês para Uganda se revele eficaz e beneficie os dois lados. Muitos ugandenses vão ao Japão fazer treinamentos, com o entendimento de que não podem imigrar para lá. Há muitas comunidades japonesas em Uganda criando um ambiente que favorece o trabalho da indústria. Há uma ampla percepção de que o modelo de Uganda é a chave para pôr os países mais pobres na escada do desenvolvimento. A Alemanha se dispõe então a construir fábricas de automóveis em Namíbia, dentro de um plano semelhante. A África do Sul decide rejuvenescer o Zimbábue pós-Mugabe. A Inglaterra assume a Tanzânia. Outros países adotam relações semelhantes. Surge um sentimento de competição: cada país do Primeiro Mundo quer ganhar o campeonato com seu parceiro africano.

À medida que as nações fortes evoluem para a riqueza e para formas avançadas da civilização, deixar o Quarto Mundo apodrecer e morrer de inanição seria uma nódoa moral de proporções terríveis. Um motivo pelo qual isso pode acontecer é a apatia — pouca gente pensa sobre esse assunto, pouca gente liga. As pessoas pensam no Terceiro Mundo e fazem viagens de turismo à Tailândia ou à Argentina, mas o Quarto Mundo não está na sua tela de radar.

Quando pergunto: "O que é certo fazer?" e "O que é mais provável que aconteça?" quase todas as pessoas bem-informadas dizem que o Cenário 4, Mundo Compassivo, é o certo. Mas ninguém acha que acontecerá, embora eu ache que acontecerá mais para o fim do século, depois de a humanidade reagir com horror às grandes fomes e à triagem. Talvez isso faça parte das águas menos turbulentas do lado mais distante do cânion. No caso de qualquer cenário que seja o certo-a-fazer, temos que explorar os estágios de sua realização sem um padrão primeiro-a-catástrofe.

PARTE QUATRO

O PORTAL PARA O FUTURO

19

UMA GRANDE CIVILIZAÇÃO?

A perspectiva da humanidade nos anos do cânion parece trágica, exceto por um fato: há soluções para quase todos os problemas que discutimos. Na maioria das áreas, há muitos fatores de alavancagem. Há um conjunto diversificado de medidas que podem ser tomadas para deter o dano que está sendo feito e pôr a humanidade numa rota diferente. Quando há um perigo evidente, os executivos e engenheiros de hoje são altamente inovadores e pragmáticos para encontrar soluções. O problema é que podem ignorar totalmente o Quarto Mundo.

Os traumas dos anos do cânion deixarão claro que é preciso tornar nosso mundo menos frágil. À medida que emergir desse período, a humanidade terá regras diferentes de comportamento e uma tecnologia muito diferente. Perceberemos que, como vivemos num planeta pequeno, temos que tornar nossos códigos e instituições mais robustos e entrosados com os recursos finitos do planeta. Temos que fazer com que a ciência e as complexidades da natureza se acrescentem mutuamente. Não podemos mais lutar contra a natureza. Temos que aprender a nos proteger de terroristas e maníacos, e de cientistas com boas intenções que brincam com fogo. Temos que estar preparados para enfrentar os 17 desafios descritos no Capítulo 13.

Os tipos de proteção necessários para enfrentar esses desafios implicam diversas salvaguardas de engenharia. Exigem regras, protocolos, metodologias, códigos de comportamento, recursos culturais, meios de governança, tratados e instituições de muitos tipos que nos capacitarão a cooperar e prosperar no Planeta Terra. As nações fortes precisam ajudar as nações fracas para que todos os povos estejam na escada para o progresso. Na medida do possível, a probabilidade de qualquer grupo usar armas de destruição em massa precisa ser afastada. As causas da fome, do desespero e da pobreza extrema também devem ser afastadas. À medida que construímos um mundo suficientemente robusto para lidar com as questões do século XXI, ele proporcionará uma porta de entrada para os séculos futuros.

Se quisermos sobreviver, temos que aprender como fazer isso. É bem dentro das capacidades de gestão e de engenharia de hoje. Se não fizermos isso e nosso mundo se fragmentar, como quando os rebites de um avião se soltam sob uma pressão excessiva, a civilização retrocederá muitos séculos.

Vamos perceber que muitos dos problemas do cânion deveriam ter sido enfrentados antes que as severas tensões se acumulassem. Hoje, está claro que muitos dos grandes problemas que despontam são em grande medida ignorados — escassez de água, destruição da vida oceânica, aquecimento global e o destino dos 3 bilhões de pessoas mais pobres. Tais problemas passarão a ser cada vez mais difíceis de ignorar. Quando o público do mundo rico entender que resolver os problemas influenciará o seu bem-estar, a ação poderá acontecer. Estamos ignorando os fatores que conduzem à mudança climática. Isso fará com que a mudança climática se torne muito pior do que hoje e irreversível em grande parte.

Nunca será demais repetir que, quanto mais a solução for adiada, mais grave o problema se tornará. Hoje, há apatia e falta de consciência dos problemas. O público não associa o uso do ar-condicionado à ideia de que isso aumenta o aquecimento global, ou que esse aquecimento tornará os furacões mais fortes. As consequências plenas de uma pandemia global altamente infecciosa não são compreendidas. O público não tem consciência da tragédia que é a vida nas cidades-favela. A pobreza extrema no outro lado do planeta é considerada problema dos outros. Há um problema profundo permeando tudo aquilo do que falamos: embora haja uma grande inventividade na tecnologia, nos procedimentos e nas formas de governo, há também uma grande ignorância acerca do que é necessário. Velhos líderes usam velhos métodos; velhos políticos estão comprometidos com velhas ideologias. Muitos Chefes de Estado de países pobres estão destruindo seus países. Grandes quantidades de dinheiro que costumavam ir para bancos suíços conseguem agora evitar os novos controles de lavagem de dinheiro. Há grupos de interesse e homens poderosos do século XX com razões financeiras para resistir às mudanças. Há subsídios nocivos, ciência falsificada e algumas vezes grande corrupção na estrutura de poder.

DEPOIS DO CÂNION

O cenário que se segue é uma situação em que os anos do cânion podem dar certo:

Em 2045, a riqueza real do Primeiro Mundo quase triplicou e a da China aumentou por um fator de quase oito. A humanidade aprendeu a usar recursos com muito mais eficiência. Em muitos casos, a produtividade de recursos melhorou por um fator de 10. A nanotecnologia e a computação avançada permitiram que os produtos ficassem muito mais interessantes usando muito menos matérias-primas. Compreendida a questão do capital natural, foram estabelecidos incentivos para as corporações conservá-lo.

A questão da mudança climática, depois de ter sido tratada com apatia quase total, passou a ser considerada quase com pânico. A Corrente do Golfo começou a mostrar sinais alarmantes de mudanças irreversíveis. Grandes furacões e grandes prêmios de seguro inflamaram o pânico. Países ricos em zonas de furacão estabeleceram códigos para edificações capazes de resistir a furacões de Categoria 7. Os fabricantes de vidros desenvolveram novas tecnologias para fabricar janelas que resistem a ventos de mais de 300 quilômetros por hora. Diques ou barragens móveis (como a do Tâmisa) foram construídos para proteger as cidades dos vagalhões oceânicos. Parques de estacionamento foram totalmente cobertos. Enquanto os grandes países industriais puderam tomar tais medidas, as cidades-favela em zonas de clima violento sofreram danos extremos. As imagens de televisão de pessoas mortas em cidades-favela desencadearam grandes esforços caritativos e um aumento da assistência oficial ao desenvolvimento. Em geral, esse aumento foi motivado pelos acontecimentos, sem ligação com um plano para pôr a área em questão num esquema de desenvolvimento a longo prazo.

O público finalmente entendeu os problemas do cânion e a enorme capacidade da sociedade moderna entrou em ação. Os carros movidos a célula de combustível foram aperfeiçoados e vendidos em toda parte. O preço dos painéis solares caiu e eles começaram a ser produzidos em massa. A produção de grandes geradores eólicos (entre 1 e 10 megawatts) passou a ser uma indústria importante. A energia nuclear de quarta geração se tornou uma sólida indústria de exportação. O ar limpo se tornou uma política séria. Foram feitas tentativas de responsabilizar as corporações pelos custos dos danos ambientais que causam. Planos para a recuperação de viveiros de peixes oceânicos foram postos em prática. O equipamento para o cultivo hidropônico de alimentos está sendo comercializado em massa. Os principais produtos agrícolas foram geneticamente modificados para vingar em áreas com estresse hídrico. Multidões de especialistas percorreram o mundo ajudando os países pobres a instalar sistemas de irrigação por gotejamento controlados por computador e a restaurar os nutrientes do solo.

Sob certos aspectos, essas ações enérgicas chegaram tarde demais. As medidas para reduzir os gases de estufa vieram com umas duas décadas de atraso. O mundo entendeu que teria de viver com mudanças climáticas irreversíveis, tempestades intensas e temperaturas mais altas.

Algumas disrupções climáticas foram mudanças lentas que continuariam por séculos. A água quente perto da superfície dos oceanos percolou lentamente até níveis mais baixos causando a expansão dos oceanos. Com isso, o nível do mar subiria continuamente por 300 anos ou mais. Essa elevação se tornou previsível e muitas cidades costeiras desenvolveram planos a longo prazo para a construção de diques. A situação era controlável em grande parte do Primeiro Mundo, mas catastrófica em países baixos como Bangladesh. Um efeito mais alarmante foi um ciclo de *feedback* autoamplificante. As florestas tropicais e seu solo, que normalmente absorvem dióxido de carbono, foram transformadas pelas temperaturas crescentes em fontes de gases de estufa. Isso provocou um processo descontrolado que fez com que as temperaturas continuassem a se elevar. Em outras palavras, tínhamos mexido com Gaia, os mecanismos de controle em larga escala da Terra.

Em muitos países da zona temperada, os fazendeiros mudaram seus métodos de cultivo de modo a aproveitar as temperaturas mais altas para melhorar a produção. O Canadá aumentou muito sua produção de grãos e exportou enormes quantidades para a China. Uma grande área da Rússia, de longe o maior país do mundo, tem um nível populacional muito baixo. Ela se estende de São Petersburgo até a costa do Pacífico Norte. Essa área ao sul da Sibéria era verde e luxuriante antes do aquecimento global. À medida que sua temperatura subiu, adquiriu a capacidade de se tornar a maior produtora de grãos do mundo. Até certo ponto, o terrorismo desencorajou as viagens aéreas. As famílias passaram a manter um contato mais próximo por meio das telas de parede e videotelefones celulares. Os alimentos, que antes viajavam centenas de quilômetros, passaram a ser produzidos por fazendeiros orgânicos locais com ótimos resultados culinários. Os morangos mais saborosos vinham de unidades hidropônicas locais e as panificadoras entregavam produtos frescos nas casas. O mundo deixou para trás os sistemas que usavam a força bruta no uso dos recursos e adotou sistemas que usam o computador para economizar recursos.

Nas latitudes mais quentes, por outro lado, a produtividade agrícola caiu substancialmente. Em muitas áreas, houve secas. Uma grande parte da África central teve sua produtividade agrícola reduzida drasticamente. Em alguns locais, o desequilíbrio foi tão grave que inviabilizou qualquer sistema social possível. Houve migrações em massa, as maiores da história: algumas para cidades-favela impraticáveis, outras tentando passar pelos controles de imigração do Primeiro Mundo. A população não branca da Europa aumentou devagar e finalmente o espanhol se tornou uma língua mais falada do que o inglês nos Estados Unidos. Não faltavam recrutas para os grupos religiosos extremistas que defendiam a guerra santa.

Nos anos 2040, as primeiras usinas de energia de fusão começaram a funcionar (possivelmente a partir de núcleos de boro-11 em vez de núcleos de hidrogênio). O medo da falta de energia no mundo deu lugar à compreensão de que era possível ter em abundância uma energia limpa que não produz quase nenhum gás de estufa. O medo de que os seres humanos tivessem de viver só da água da chuva se transformou na compreensão de que, num mundo de energia abundante, a água potável pode ser produzida a partir da água do mar. A dessalinização da água do mar permitiu que áreas costeiras com escassez de água florescessem espetacularmente. Algumas cidades costeiras plantaram uma grande quantidade de árvores, arbustos e plantas perenes. Esse plantio foi aos poucos mudando os climas locais, algumas vezes baixando a temperatura em 2 a 4 graus Celsius. Algumas áreas do Golfo Pérsico deixaram de ser um deserto árido e improdutivo para ser um ambiente com folhagens viçosas, hidroponia ao ar livre, arquitetura brilhante e chuva artificial à noite.

Durante o período do cânion, os países mais atingidos foram os que já estavam em mau estado. Os países ricos com alta tecnologia sofreram comparativamente menos. Muitos países em desenvolvimento chegaram feridos ao outro lado do cânion, mas sobreviveram. Mas os países mais pobres, agarrando-se à vida com as unhas, tiveram altos índices de mortalidade. As cidades-favela se tornaram pesadelos de violência, doença, estupro, AIDS, falta de saneamento e escassez de alimentos. Pandemias globais de novas cepas de gripes e doenças infecciosas encontraram solo fértil nas cidades-favela, onde se tornaram incontroláveis. Houve enormes ondas migratórias, muitas vezes sem destino.

Os desafios e a tecnologia da era do cânion farão com que toda a indústria seja radicalmente reconstruída. Isso trará novos mercados de enorme magnitude.

- A indústria automobilística será reconstruída em torno das células de combustível, com automóveis totalmente redesenhados e muito agradáveis de dirigir.
- A indústria de energia elétrica substituirá aos poucos as usinas de petróleo e carvão por unidades não carbônicas menores de diversos tipos.
- A indústria de energia nuclear desmantelará aos poucos as usinas nucleares de segunda geração para construir unidades de quarta geração, garantindo a separação total entre energia nuclear e armas nucleares.
- A arquitetura "verde" evitará as enormes contas de aquecimento e ar-condicionado.
- As cidades serão projetadas para serem ambientalmente benignas, com grandes áreas sem tráfego, convidativas para os pedestres. Sistemas inteligentes de trânsito urbano irão diretamente aos centros de compras e de atividades.
- A indústria médica será transformada e seu foco será a medicina preventiva e regenerativa, permitindo que as pessoas vivam algumas décadas a mais do que hoje.
- A indústria das comunicações será reconstruída com fibras ópticas, banda larga sem fio e mecanismos de comutação para bandas ultralargas.
- A comunidade mundial de inteligência será reinventada para permitir a cooperação global computadorizada no combate ao uso de drogas, à lavagem de dinheiro e ao terrorismo avançado.
- A indústria farmacêutica levará em conta o genoma humano e oferecerá remédios diferentes para pessoas de genes diferentes.
- A indústria do entretenimento terá novas tecnologias, permitindo a máxima diversidade cultural e permitindo que as pessoas façam *download* dos produtos que mais lhes agradam.
- A educação será transformada no mundo todo, com enormes bibliotecas de produtos eletrônicos e produtos assistidos por computador.
- As indústrias alimentícia e agroquímica serão projetadas para um mundo pós-Revolução Verde, com algumas áreas onde há grave escassez de água.

- Os negócios de todos os tipos serão reinventados em função de redes comerciais globais em tempo real, da comunicação através de computadores superinteligentes e de pessoas com capacitações excepcionalmente novas.
- As aspirações de ecoafluência trarão novas e intermináveis oportunidades de lucro corporativo.

Durante o período do cânion, amadurecerão novas e extraordinárias tecnologias. Até certo ponto, elas ajudarão a resolver os problemas da era, mas algumas criarão uma divisão cada vez pior entre ricos e pobres. As pessoas se preocupam hoje com a exclusão digital, mas a exclusão trans-humanista poderá ser muito mais preocupante.

Na história da tecnologia, há certas invenções que foram fundamentais para mudar o futuro — por exemplo, no século XVIII, a máquina a vapor; no século XIX, o telefone; no século XX, o computador. Uma invenção do século XXI que mudará o futuro serão as conexões sem fio que ligarão nosso cérebro diretamente a equipamentos eletrônicos externos. Isso pode ser feito com nanotransmissores-receptores no fluido cerebral, talvez com um grande número desses *transponders*.

Já foram feitas as primeiras ligações diretas entre o nosso sistema nervoso e computadores minúsculos. O acoplamento cérebro/computador evoluirá dos testes experimentais para conexões robustas e depois para uma imensa diversidade de tipos de conexão cérebro/computador. Essa tecnologia amadurecerá durante muitos anos até que o cérebro fique subitamente conectado à Singularidade.

NOVAS CIVILIZAÇÕES

Pode ser que o século XXI assista à emergência de civilizações muito diferentes das do passado e, talvez, muito diferentes entre si. A pergunta: "Como seria uma grande civilização?" precisa ser feita agora e não dentro de 20 anos, já que pode nos ajudar a navegar as águas turbulentas que estão à nossa frente. Essa pergunta tem que ser feita constantemente porque senão os extraordinários avanços em tecnologia conduzirão a uma sociedade cheia de tensões, com estilos de vida muito distantes da qualidade de vida que temos potencial para atingir. Uma complexidade que se alastra rapidamente pode trazer uma civilização metaestável. Agora é um momento em que a criatividade e a sabedoria humanas devem examinar as novas possibilidades da civilização no século XXI.

Que características deve ter uma grande civilização? Não é possível responder a essa pergunta com detalhes. Mais para o fim do século, a humanidade alcançará um ponto muito além do que hoje podemos imaginar. Ainda assim, podemos perguntar que princípios devem nos guiar.

Quando olhamos os esforços que foram feitos ao longo da história para implementar projetos sociais em diferentes nações, percebemos que a maioria mais prejudicou do que favoreceu a qualidade de vida. Grande parte do século XX foi uma história de pessoas boas sendo prejudicadas por maus governos.

No século XXI, o ritmo das mudanças será mais rápido. Quanto mais rápida a mudança, menos provável será que o planejamento centralizado do comportamento funcione com e eficácia pretendida. Em vez disso, precisamos de mecanismos altamente adaptativos, afinados com as necessidades das pessoas. As organizações não evolutivas e não competitivas não terão sucesso. As instituições sociais precisam evoluir mais depressa do que tendem a evoluir. Quando a mudança é muito rápida, não se pode esperar que o controle centralizado a acompanhe. O melhor que podemos fazer é estabelecer princípios dentro dos quais possa ocorrer uma evolução rápida e livre.

Quais seriam os princípios apropriados para a civilização do século XXI?

CONVENÇÃO MORAL DA CIVILIZAÇÃO

Em qualquer tempo da história, a civilização tem uma convenção moral. Alguns comportamentos são aceitáveis e outros não. A convenção moral do mundo passou por mudanças importantes nos últimos três séculos. Seu aperfeiçoamento é um processo constante. A escravidão foi abolida, a condenação à fogueira e outras atrocidades foram eliminadas. Os cavalheiros não se enfrentam mais em duelos. As engenhosas e indizíveis torturas da Inquisição Espanhola foram sendo substituídas por uma total oposição à tortura na maior parte dos países. Houve um impulso em direção à democracia, à educação universal, ao fim do trabalho infantil, ao reconhecimento dos direitos das mulheres e à criação de uma rede de segurança social em muitas sociedades. O termo direitos humanos passou a ser de uso geral só depois do fim da Segunda Guerra Mundial; em 1948, a Assembleia Geral das Nações Unidas adotou a Declaração Universal dos Direitos Humanos, sem um único voto em contrário. As regras do Banco Mundial e do Fundo Monetário Internacional estão evoluindo constantemente e precisam evoluir mais ainda. Novas organizações são necessárias para apoiar melhor a comunidade global e o meio ambiente. Todas essas mudanças procedem de mudanças fundamentais em nossa compreensão de convenção moral da civilização.

Muitas agências da ONU e organizações internacionais têm suas regras e códigos de comportamento próprios — por exemplo, o Tribunal Mundial e a Organização Mundial de Saúde. Tais instituições ajudarão a construir uma vasta rede de tratados entre as nações. Podemos automatizar a implementação das regras, o que permitirá a implementação de mecanismos de controle global altamente complexos.

Esta é uma época em que estamos instrumentando nosso planeta. Uma quantidade espantosa de instrumentação canalizará dados para armazéns de dados que podem ser acionados por supercomputadores. A tecnologia ajudará os cientistas a modelar os oceanos e o clima e a compreender os processos que precisam ser controlados. Elaborados controles computarizados permitirão uma melhor administração do que precisa ser administrado.

A civilização futura tem que ser sustentável em termos dos recursos derivados da Terra. Não deve tomar mais da natureza do que a natureza pode repor; não podemos satisfazer nossas necessidades roubando das futuras gerações. Mais do que isso, essa civilização tem que reparar na medida do possível o dano que já foi feito, favorecendo a recuperação da vida oceânica, da camada de ozônio, das águas poluídas, do solo esgotado, das árvores e de outras formas de capital natural, e impedindo a perda de mais espécies. A civilização tem que viver com os meios que possui. Quanto mais rápido isso acontecer, menos danos irreversíveis haverá. Ambientalismo não é só abraçar as árvores: está relacionado ao câncer, às doenças pulmonares, aos defeitos congênitos, à morte por más condições sanitárias, à segurança alimentar, ao clima violento e à qualidade de vida. A ecoafluência precisa ser explorada tão amplamente quanto possível. Hoje, estamos prejudicando tragicamente o planeta sem qualquer bom motivo.

Tem que haver no mundo inteiro a compreensão de que a convenção moral da Terra melhorou, está melhorando e continuará a melhorar no século XXI. O Capítulo 13, "O incrível propósito deste século", discute aspectos da Transição do século XXI. As leis, tratados e códigos de prática que ajudam a realizar essas transformações são partes essenciais do nosso futuro. A educação sobre aspectos individuais das transformações é essencial. Muitas vezes, a educação da opinião pública precede a capacidade de aprovar as leis desejáveis.

Talvez o exemplo mais evidente da necessidade de mudança na convenção moral seja a pobreza extrema, a doença e a insegurança alimentar dos países mais pobres. As desigualdades brutais que acompanham a globalização são um dos desafios mais difíceis da nossa época, mas a abolição da pobreza extrema é realizável.

O PRINCÍPIO DO POTENCIAL HUMANO

Uma tragédia da humanidade atual é que a maior parte das pessoas fica escandalosamente abaixo do seu potencial. Uma grande civilização tem que se concentrar intensamente no desenvolvimento das capacidades latentes de todas as pessoas. Quanto mais isso acontece, mais nos beneficiamos mutuamente.

Hoje, a maior parte dos seres humanos está presa a empregos, estilos de vida e condições sociais em que desenvolvem apenas uma fração do seu potencial. A vida pode ser desperdiçada de várias maneiras — trabalho rotineiro, televisão de má qualidade durante muitas horas por dia, negar às mulheres um potencial igual ao dos homens, consumo desenfreado ou os ditames da alta moda. A maior parte das pessoas poderia ser muito mais criativa. O potencial da capacidade humana será muito maior devido à cornucópia de novas tecnologias e às mudanças fundamentais na administração dos empreendimentos. Os aspectos mais importantes da nova tecnologia são os que deixam as pessoas entusiasmadas com o que fazem. A capacidade humana que agora consideramos brilhante será corriqueira graças ao poder amplificador da tecnologia. Formas superiores de brilhantismo emergirão, e muitas delas se tornarão comuns.

O filósofo do século XIX, John Ruskin, dizia que as máquinas roubavam dos trabalhadores sua nobreza, liberdade e individualidade. As máquinas do século XXI serão o oposto. A incapacidade de usá-las roubará dos trabalhadores sua nobreza, liberdade e individualidade.

Nos países mais pobres, pode-se caminhar entre multidões de crianças mal nutridas, de olhos ávidos e sem esperança, que sabem que qualquer uma delas poderia ser um professor, um músico ou um cientista, se tivesse sido adotada quando bebê e criada num bom lar em Cingapura ou em Roma. O princípio do potencial humano precisa ser universal, das sociedades mais pobres e destituídas às sociedades mais ricas e *high-tech*.

O PRINCÍPIO DA ACEITAÇÃO MÚTUA

Numa era em que as armas de destruição em massa ficaram baratas, talvez o mais importante aspecto de qualquer grande civilização seja uma relação de respeito mútuo com outras civilizações. Temos que fortalecer o que há de comum entre as nações e aprender a apreciar o que não é. A civilização chinesa, indiana, ocidental, islâmica e outras serão orgulhosamente diferentes. Não é necessário conformismo cultural, mas a criação deliberada de um espírito ubíquo e profundo de respeito mútuo.

A era atual de civilizações interligadas é radicalmente diferente das eras anteriores. As civilizações da Terra estão no mesmo caldeirão. Só com base no respeito mútuo podem concordar sobre um núcleo comum de conhecimento e educação que possibilite a coexistência num planeta pequeno e sem muros. A construção de compreensão mútua é uma parte crítica da jornada do século XXI porque as armas se tornarão muito perigosas. Antagonismos descontrolados podem nos fazer cair estupidamente numa guerra de alta tecnologia.

As grandes civilizações do passado se concentravam na própria cultura. No futuro, estudarão cada vez mais a grandeza de outras civilizações. A primeira excursão numa cultura diferente pode ser reveladora e surpreendente e pode dar ao visitante um grande desejo de saber mais. O estudo difundido e a valorização das culturas de outras civilizações nos ajudarão a unir o mundo e a construir respeito mútuo.

O Japão, a Europa e os Estados Unidos têm culturas radicalmente diferentes e fortemente arraigadas. De 1938 a 1945, entraram numa guerra brutal com atrocidades indizíveis. Depois de Auschwitz, Hiroshima, Pearl Harbor e Nanquim, tinham os mais poderosos motivos para se odiar mutuamente, mas agora há respeito e entendimento mútuos. Suas corporações se interligaram para formar a maior máquina do mundo de geração de riqueza global.

CONVENÇÃO ACERCA DA NATUREZA

Do tempo em que eu era criança até agora, a Terra perdeu uma quantidade enorme de espécies de plantas e animais, e a velocidade da perda está aumentando. A menos que façamos alguma coisa, metade das espécies da Terra pode se perder. Que fator de alavancagem pode impedir a perda de um grande número de espécies insubstituíveis? Norman Myers (o catalogador de subsídios perversos) percebeu que certas áreas contêm um número excepcional de espécies raras e ameaçadas. Começou então a identificar essas áreas e as chamou de *hot spots* de biodiversidade. Trinta e quatro regiões do mundo, equivalentes a apenas 2,3% da superfície da Terra, contêm 75% dos mamíferos, pássaros e anfíbios mais ameaçados do planeta. Leis e financiamentos podem ser postos em prática para preservar os *hot spots*, ou a maior parte deles. Com isso, um número espantoso de espécies animais e vegetais sairá da lista de espécies ameaçadas.

A cordilheira tropical dos Andes tem 20 mil espécies de plantas que não são encontradas em nenhum outro lugar. Madagáscar é um dos principais *hot spots*. A Nova Caledônia, uma ilha pequena na costa da Austrália, tem um grande número de espécies únicas. A ponta da África do Sul, uma área menor do que Vermont, tem mais de 8 mil espécies de plantas, três quartos das quais não são encontradas em nenhum outro lugar. Myers pediu aos governos que ajudem a preservar esses *hot spots*, mas não teve resposta. Finalmente, as fundações MacArthur e Gordon Moore doaram cerca de US$850 milhões, a maior soma até hoje destinada a uma única política de conservação. Tem havido muito sucesso na preservação de *hot spots*.

Fiz uma entrevista em profundidade com Gordon Moore (da Lei de Moore). Ele não quis falar sobre o número de transistores que há num chip, mas refletiu sobre o papel especial do século XXI. As medidas que temos à disposição para evitar uma mudança climática ruim não serão postas em prática a tempo. Assim, precisamos de uma operação Arca de Noé para preservar o máximo possível de espécies. Como tirar o melhor proveito de um planeta prejudicado e como aprender as lições que ele nos ensina, de maneira a administrar bem a Terra no futuro? Ironicamente, o custo para preservar as áreas *hot spot* de vida insubstituível é muito pequeno comparado ao lucro das indústrias que causam sua destruição. Mais uma vez, salvar a Terra não custaria tanto assim.

AS TRANSFORMAÇÕES RADICAIS SÃO VITAIS

Algumas das mudanças que devem fazer parte da Transição do Século XXI envolvem um rompimento tão fundamental com o passado quanto as ideias de Nicolau Copérnico, que concluiu que a Terra não é o centro do Universo, mas orbita em torno do Sol. As transformações copernicanas encontraram uma grande hostilidade. René Descartes, o pai da filosofia moderna, queria que a ciência se baseasse na observação e na experimentação, e a Igreja Católica incluiu suas obras no Índice dos Livros Proibidos. A Igreja queimou na fogueira o cientista

Giordano Bruno por acreditar no que Copérnico descobriu e aprisionou Galileu Galilei por escrever sobre o que conseguia ver com seu telescópio.

O Barão von Clausewitz, filósofo do início do século XIX que refletiu sobre a guerra, é famoso por sua doutrina amplamente ensinada: "A guerra é a extensão da política por outros meios."[1] Uma das maiores mudanças copernicanas é que não pode haver uma guerra total entre Estados equipados com armas nucleares/biológicas. Seguindo a doutrina de Clausewitz, os líderes nacionais avaliavam se a guerra, ou a ameaça de guerra, poderia alcançar um objetivo político a um custo que valesse a pena. Como líderes de negócios, faziam cálculos de risco/recompensa. Quando os cálculos dizem Ataque, as regras não se aplicam mais: tem que haver brutalidade absoluta até que a guerra seja vencida. Mas, com as armas do século XXI, nenhum objetivo político compensaria o risco de uma guerra total. Imagine 10 mil Hiroshimas, cada uma delas seguida de varíola geneticamente modificada, para a qual as vacinas não funcionam. Se entrássemos numa guerra desse tipo, seria o fim da civilização, talvez por séculos. Os meios para evitar qualquer desvio em direção a uma tal guerra devem ser estudados e ensinados sem trégua, e devem ser implementados mecanismos para impedir esse desvio. Haverá inúmeras guerras menores na Terra, como tem acontecido desde a Segunda Guerra Mundial, mas sem armas de destruição em massa global. A lógica de von Clausewitz agora diz: "Fique a quilômetros de distância de qualquer ladeira escorregadia que possa levar à guerra".

É essencial para o futuro da humanidade que haja uma mudança copernicana no ensino religioso. Seria saudável se as pessoas religiosas vissem todas as grandes religiões como manifestações do Deus único, mas muitos religiosos não aceitarão esse ponto de vista por acreditarem que só a sua religião tem o Deus verdadeiro. Ainda assim, é vital para o futuro da humanidade que as religiões ensinem a tolerância em relação a outras religiões. Num mundo com armas que podem acabar com a civilização, se algumas religiões ensinam que outras religiões devem ser destruídas, não há esperança para o futuro da civilização.

No século XX, a economia era considerada central para as questões da humanidade e o meio ambiente era considerado periférico. No século XXI, os recursos da Terra serão considerados centrais, na medida em que precisam ser mantidos. Se deixarmos por muito tempo que o nível dos lençóis freáticos caia, que o solo seja degradado, que os pastos se tornem desérticos e assim por diante, criaremos uma situação irreversível, em que a fome será devastadora. Os economistas têm considerado o ambiente como um subconjunto da economia;

agora precisam considerar a economia como um subconjunto do ambiente da Terra — uma revolução copernicana.

Hoje, as empresas não pagam pelo capital natural. Como não incluímos o capital natural na contabilidade corporativa ou governamental, temos uma visão falsa do que está acontecendo. De uma forma ou de outra temos que levar em conta os custos do capital natural. A mudança para esse tipo de contabilidade encontrará provavelmente uma resistência intensa.

No século XX, a soberania nacional era em geral considerada como algo em que não se podia interferir. No século XXI, um Chefe de Estado não pode ter liberdade para vender bombas atômicas ou vírus para matar em larga escala. O Secretário-Geral da ONU, Kofi Annan, comentou que "assim como aprendemos que o mundo não pode se omitir quando ocorrem graves e sistemáticas violações dos direitos humanos, aprendemos também que a intervenção deve se basear em princípios legítimos e universais para ter o apoio sustentado dos povos do mundo". Ele queria estabelecer um corpo de lei formal que definisse quando as Nações Unidas podem autorizar a intervenção num Estado soberano, incluindo a capacidade de remover seu líder pela força, se necessário. Ele se referiu a isso como a responsabilidade de proteger e criou uma comissão internacional para estabelecer um conjunto de regras relacionadas a essa responsabilidade. A comissão estabeleceu os Princípios Centrais da responsabilidade de proteger, da responsabilidade de reagir — incluindo a intervenção militar em casos extremos — e a responsabilidade de reconstruir um Estado depois de uma intervenção militar.[2] A comissão formulou Princípios para a Intervenção Militar.

Mais uma vez, trata-se de uma inversão copernicana do comportamento tradicional, que parece ser necessária para uma nova era. Para lidar com uma situação como a do Iraque em 2003, a comunidade internacional deve definir regras e bases legais para a ação.

Em 1997, as Nações Unidas formaram a Comissão da Carta da Terra para redigir uma carta que estabelecesse os princípios do desenvolvimento sustentável. A versão final da carta foi aprovada em março de 2000. A Carta da Terra se define como uma "declaração de princípios fundamentais para construir uma sociedade global sustentável e pacífica no século XXI".[3] O texto da Carta da Terra está sendo usado em milhares de escolas e foi endossado por milhares de organizações não governamentais e municípios no mundo todo. Redigir a Carta da Terra envolveu "o processo de consulta mais aberto e participativo até hoje realizado com relação a um documento internacional".[4]

Além do que está na Carta da Terra, outras questões vitais precisam ser compreendidas. Diminuir o índice de crescimento populacional da Terra é viável e deve ter alta prioridade. Precisamos tomar medidas urgentes para deter a disrupção do clima e isso exige alternativas ao petróleo e ao carvão. As alternativas existem e podem ser implementadas muito mais rapidamente do que hoje. É desejável que se desenvolvam defesas em profundidade contra o terrorismo. Esse esforço vai da eliminação dos motivos para o terrorismo ao desenvolvimento da mais avançada tecnologia antiterrorista.

Algumas das soluções fundamentais para o nosso futuro são inerentemente controversas — por exemplo, uma nova geração de usinas nucleares (Capítulo 7) e culturas geneticamente modificadas para crescer em áreas com estresse hídrico (Capítulo 5). A clonagem de seres humanos, como se fez com a ovelha Dolly, deve ser inquestionavelmente ilegal, mas a produção de células-tronco pluripotentes levará a melhorias imensamente importantes na prática médica. Essas células não podem formar um ser humano completo, mas podem se desenvolver em muitos tipos diferentes de células no corpo humano. Por exemplo, podem substituir tecido cardíaco danificado ou ajudar a rejuvenescer os olhos de pessoas idosas. Trata-se de um importante desenvolvimento na medicina — o mais importante desde a descoberta dos antibióticos.

Para resolver esse tipo de controvérsia, tem que haver uma ciência de alta qualidade e comprometimento da pesquisa, além de uma ética baseada em filosofia profunda. É preciso cautela até que haja evidência suficiente de que podemos confiar na tecnologia. É preciso haver um levantamento de dados abrangente, provas de conceito e testes de campo a longo prazo. É preciso haver trabalhos científicos revisados por pares, que discutam as preocupações. Um "não" genérico à agricultura geneticamente modificada, à energia nuclear de quarta geração ou à medicina regenerativa descarta totalmente opções que podem ser vitais para nos levar através do cânion. Seria como dizer não às estradas de ferro nos primeiros dias da máquina a vapor (quando algumas caldeiras explodiam).

O século XXI traz a necessidade de mudanças copernicanas. Mudanças suaves que podem ser discutidas em reuniões municipais não nos salvarão. Temos que escapar de alguns dos pontos de vista mais arraigados do século XX. Grupos de interesse tentarão desacreditar as mudanças copernicanas, às vezes de maneira brutal. Os copernicanos precisam ter certeza de que compreendem a jornada que têm pela frente e precisam planejar muito bem a realização de inversões copernicanas.

20

VALORES DO FUTURO

Uma grande civilização tem dois aspectos: primeiro, sua estrutura proporciona democracia, religião e pacto moral avançado. Todo mundo tem uma vida limpa e decente, com boa educação e oportunidades iguais. Curamos o ambiente, em vez de prejudicá-lo. Esses são os fundamentos da sociedade, sobre os quais muito se tem escrito. Segundo, assentados tais fundamentos, como as pessoas se divertem? O que fazem da vida para gostarem dela? O mundo futuro será muito mais afluente do que o de hoje — como essa afluência pode ser aproveitada? O que constituirá no futuro uma vida rica e que valha a pena, da mais alta qualidade? Ao chegar o fim da vida, o que fará uma pessoa dizer que não quer ir embora — que sua vida foi maravilhosa?

Dentro de um século, com superinteligência computacional, capacidade de modificar genes, trans-humanismo e largura de banda quase infinita, será que aproveitaremos mais a vida? Se não, para que tudo isso?

Ironicamente, enquanto os Estados Unidos tentavam persuadir o mundo a abraçar a liberdade, o livre mercado e a democracia, o próprio país parecia ter desenvolvido uma doença social. Os índices de divórcio e de uso de drogas tinham alcançado novos picos. Sociólogos mediram a proporção de pessoas deprimidas, tensas, tomando antidepressivos ou insatisfeitas com a vida em geral e descobriram que o número dessas pessoas tinha aumentado consideravelmente. Embora a tecnologia e a administração profissional forneçam a capacidade para produzir riqueza e uma enorme proliferação de bens, as tentativas de medir a qualidade de vida sugerem que ela declinou, pelo menos para muita gente. Há um aumento de estresse, aborrecimento, violência, medo, depressão e sensação de desamparo. O nível de violência entre crianças de pré-escola aumentou alarmantemente. De acordo com um relatório, o National Vital Statistics Report, a causa mais comum de morte em pessoas entre os 15 e os 34 anos são os acidentes de carro, a segunda causa mais comum é o homicídio e a terceira é o suicídio.[1]

A incidência de depressão grave cresceu no mundo ocidental nas últimas poucas décadas. Essa descoberta tem sido questionada porque agora é mais provável que as pessoas deprimidas procurem ajuda profissional e porque os profissionais de saúde têm melhores condições para diagnosticar a depressão. Diante desses fatores, os estudos sobre depressão têm sido controlados com cuidado para evitar resultados anômalos. Apesar disso, tais estudos indicam que a depressão severa entre os norte-americanos aumentou, mesmo com a eficácia das novas drogas antidepressivas.[2] Hoje, ela afeta cerca de 15% da população dos Estados Unidos em algum momento da vida. Uma das piores doenças que alguém pode ter é a depressão severa, que pode incapacitar seus portadores durante anos, tornando-os quase incapazes de trabalhar, viver em sociedade, amar ou dormir. Em geral, a depressão maior está relacionada a características de uma sociedade que produz sentimentos de desamparo. Num mundo com tecnologias do século XXI, será que o sentimento de desamparo aumentará?

Seria uma ironia em grande escala se uma sociedade, ao se tornar significativamente rica, se tornasse também trivial, sem sentido e deprimida. Isso já aconteceu muitas vezes na história. Talvez a mais trágica de todas as ironias seja o Quarto Mundo submergir cada vez mais na miséria e em novas doenças infecciosas enquanto o Primeiro Mundo, imensamente rico, submerge num consumismo sem qualidade que faz poucas pessoas felizes. O horror das pessoas mais pobres lutando contra a inanição coexiste com a luta dos ricos contra o aborrecimento. O estilo de vida do Ocidente vem se tornando cada vez mais caro, enquanto piora sensivelmente em satisfação com a vida. Se 1% da riqueza desse consumismo sem qualidade fosse transferida do Primeiro Mundo para o Quarto Mundo e administrada como Jeffrey Sachs quer administrá-la, as nações destituídas poderiam ser postas numa escada para um padrão de vida decente. Além disso, voluntários viajando para diferentes países para ajudar em educação ou cuidados de saúde acabariam achando a vida mais interessante, excitante e valiosa.

Uma pergunta da maior importância é: "Como usar nossos avanços científicos e tecnológicos e nossa riqueza crescente para fazer com que as pessoas sintam que a vida vale a pena?"

Uma das dificuldades para discutir qualidade de vida é a ausência de uma medida adequada para ela. O PIB passa longe e como medida é altamente enganoso. Houve algumas tentativas de produzir um índice diferente. Em 1993, William Bennett, ex-Secretário de Educação dos Estados Unidos, realizou um estudo, publicado com o título *The Index of Leading Cultural Indicator* [Índice dos Principais Indicadores Culturais], para mapear o declínio social que ocorreu enquanto a economia crescia — divórcio, crime, dependência da mídia, câncer, doença mental. Outra medida padrão de bem-estar é o *Index of Social Health* [Índice de Saúde Social] publicado anualmente pelo centro de pós-graduação da Fordham University, em Tarrytown, Nova York. Desde 1985, esse centro tem estudado a saúde da nação através da avaliação de 16 indicadores que afetam crianças, adolescentes, adultos e idosos: mortalidade infantil, abuso infantil, pobreza, suicídio, uso de drogas, índice de evasão escolar, média salarial e cobertura de seguros de saúde. O Índice Fordham mostra declínios constantes nos Estados Unidos, de 73,8 em 1970 (de uma escala possível de 100) para 40,6 em 1993.

Mas nenhum índice consegue medir o grau em que a vida é valiosa e divertida. Para que a sociedade proporcione uma vida boa, são necessários vários alicerces, como um governo confiável, uma economia decente e garantia de bem-estar. Quando se pergunta o que constitui uma vida boa, as pessoas dizem coisas como "uma vida segura e saudável para as crianças", "proximidade com bons amigos e com a família" e "confiança no próprio valor". Depois das questões de família, vem a preocupação com economia e meio ambiente: "alimentação saudável", "meio ambiente seguro", "liberdade de expressão" e "satisfação no emprego".

Se itens como esses são considerados alicerces para uma vida decente, que características são desejáveis, acima e além deles? Tenho feito essa pergunta em palestras e em grupos de discussão e a lista que se segue traz as respostas mais comuns:

- Excelência em educação; educação para todos
- Televisão, cinema e teatro de boa qualidade
- Bons eventos esportivos
- Música de boa qualidade
- Atenção a valores espirituais
- Bastante tempo de lazer
- Medicina preventiva excelente
- Reuniões com muita conversa
- Belos parques e jardins; flores e árvores nas cidades
- Boas caminhadas ou tempo com a natureza
- Uma sociedade com mais diversão.

Há quatro aspectos interessantes nessa lista. Primeiro, o que está na lista pode ser alcançado sem prejudicar o planeta. Segundo, os itens da lista não são escandalosamente caros. Terceiro, apesar da atual noção de que a automação exclui as pessoas do trabalho, muitos aspectos da qualidade de vida exigem trabalho não automatizado — por exemplo, bom entretenimento e belos jardins nas cidades. Quarto, quase não há correlação entre os maiores avanços da tecnologia descritos na Parte Dois, "Tecnologias de Feiticeiro", e os itens dessa lista.

ALTA CIVILIZAÇÃO

A palavra civilização tem dois significados. Em geral, é usada para designar um grande corpo de pessoas com crenças, costumes e padrões de comportamento coerentes, acumulados ao longo dos séculos. Nossa história é uma história de civilizações. As civilizações eram antes baseadas na geografia. Falamos de civilização romana, grega ou chinesa. Agora pessoas com crenças, costumes e comportamentos comuns podem estar espalhadas pelo mundo, unidas pelas forças do globalismo.

Um outro significado de civilização implica um estado altamente avançado de cultura humana — a alta civilização. Concorda-se em geral que houve certos períodos da história em que a sociedade alcançou uma intensidade extraordinária de interação cultural. Os historiadores costumam mencionar três eras como modelos de civilização: a Renascença na Itália, Atenas no Século de Péricles e Paris na época de Voltaire. Esses períodos se caracterizaram por uma atenção intensa às artes, à literatura, ao teatro, ao debate, à razão e à arquitetura. Outros historiadores acrescentariam os dois primeiros séculos do Império Romano e alguns períodos das civilizações chinesa e persa.

Nas eras de alta civilização, conseguir alcançar e apreciar a excelência em cultura dava um nível muito mais alto e refinado de prazer do que a vida não cultural. Para conseguir apreciar plenamente a melhor literatura, poesia, música, teatro, e assim por diante, uma pessoa precisa de uma educação focalizada. Adquiri-la exige tempo e atenção. Numa época de alta civilização, inúmeras pessoas têm esse tipo de educação, participam de atividades culturais e se estimulam mutuamente, como aconteceu na Florença de Leonardo e na Londres de Shakespeare.

Haverá presumivelmente outros períodos de alta civilização. Como as máquinas farão a maior parte do trabalho, as futuras civilizações serão eras em que floresce a literatura, a arte, a música clássica, a filosofia, a ciência, os jogos de computador, as artes marciais e os esportes — eras com competência administrativa e política para fazer com que as coisas funcionem perfeitamente. O engenho do grande teatro seria representado em filme e em mídia eletrônica. Talvez haja dois níveis de indústria cinematográfica: uma dirigida às massas, com grandes orçamentos e ingressos a preços baixos e outra dirigida à alta civilização, com baixos orçamentos e ingressos com preço semelhante ao do teatro.

No passado, os períodos radiantes de alta civilização duraram um ou dois séculos. No futuro, esses períodos poderão ser mais longos ou até mesmo permanentes, já que o aprendizado sobre o qual se baseia a alta civilização será capturado e aperfeiçoado pela tecnologia. A civilização poderá ser global e mais profunda, já que poderá contar com o intelecto artificial e os recursos da Internet.

É importante diferenciar uma era de grandeza e uma era de alta civilização. O século XIX na Inglaterra e o século XX nos Estados Unidos estão entre as grandes eras da história humana, mas estiveram bem abaixo do nível da alta civilização. Uma questão interessante é se o século XXI será lembrado pela alta civilização, assim como por suas transformações críticas.

Há boas razões para o nível da alta civilização ser não apenas alcançado outra vez, mas superado de longe. No entanto, os participantes da alta civilização podem ser apenas uma pequena fração da população. Foi o que aconteceu no passado. No ponto mais alto da civilização ateniense, a Ática tinha uma população de mais ou menos meio milhão de pessoas, mas só 22 mil cidadãos tinham direito ao voto. Pelos padrões atuais, Atenas seria condenada por violação dos direitos civis.

NECESSIDADE DE TRABALHAR?

Em 1970, houve várias tentativas de prever o impacto do computador. Esperava-se que a capacidade do computador aumentasse conforme a Lei de Moore. Em 2000, um computador seria um milhão de vezes mais poderoso do que em 1970. Parecia que grande parte do trabalho de 1970 estaria automatizado por volta do ano 2000. A automação, pensava-se, nos proporcionaria mais lazer. Em 1970, pensava-se que a semana de trabalho teria futuramente três dias e meio (três dias numa semana e quatro dias na outra).[3] Assim, fábricas e conjuntos de escritórios dispendiosos ficariam em uso durante o tempo todo, enquanto as pessoas trabalhariam durante meio período. Havia uma pergunta que parecia ser muito importante: "E o que as pessoas farão com seu tempo de lazer aumentado?"

Na realidade, as previsões sobre o poder do computador estavam certas, mas as previsões sobre o tempo de lazer estavam totalmente erradas. As famílias em geral tinham menos tempo de lazer no ano 2000 do que em 1970. Muitos homens trabalhavam 10 horas por dia e as mulheres também estavam integradas à força de trabalho. As creches se tornaram necessárias. Muitas vezes, tanto o marido quanto a mulher viviam estressados. Perversamente, quanto maior a automação numa sociedade, mais sobrecarregadas de trabalho as pessoas pareciam ficar.

Elas podem ter mais lazer. A tecnologia faz com que a riqueza da sociedade cresça cada vez mais e podemos usar tal riqueza em mais lazer ou em mais bens. O público optou por mais bens. Em 1970, uma família típica ficava satisfeita com um carro, que custava normalmente US$3 mil (como custou o meu); em 2000, essa família queria ter dois carros, que custavam US$30 mil cada. Uma família que recebia uma carta por dia em 1970, pode hoje receber por dia 50 mensagens de correio eletrônico, muitas delas exigindo resposta imediata. A televisão se tornou muito eficaz em fazer com que as pessoas gastem dinheiro em coisas de que antes não necessitavam.

Nos próximos 30 anos, a capacidade dos computadores aumentará por um fator de um milhão. Os robôs terão uma inteligência cada vez maior, até que haja uma explosão da indústria de robôs, como aconteceu com a Internet na década de 1990. Talvez alguém proponha outra vez uma semana de trabalho de 3 dias e meio. Faz sentido, mas será que vai acontecer? Será que vamos manter a tendência dos últimos 30 anos e adquirir mais bens ou vamos deter essa tendência e ter mais lazer? A tendência para aumentar o consumo parece estar associada ao aumento de estresse. Mas há um limite. Estamos tão imersos em nossa ética de trabalho que não percebemos que ela é peculiar ao nosso tempo.

Talvez a maior dádiva da tecnologia seja fazer com que a necessidade de trabalhar diminua, tornando mais interessante o trabalho. Hoje, um operário ou um contador passa os anos mais ativos da vida trabalhando. Logo, fábricas amplamente automatizadas produzirão com rapidez a maior parte dos bens que desejamos, com relatórios e balanços totalmente computadorizados. No futuro, teremos vida mais longa e lazer grandemente expandido.

Para as gerações passadas, a qualidade de vida era fortemente afetada pelo trabalho. No futuro, a qualidade de vida de muita gente será afetada principalmente por aquilo que se faz no tempo de lazer. Pode ser que a sociedade ocidental tenha dificuldade para se ajustar ao aumento de lazer. Haverá pessoas que não trabalham e outras tão requisitadas que não param de trabalhar. Haverá um intenso debate político sobre a questão dos que trabalham sustentarem os que não trabalham.

A sociedade futura precisa de educação para o lazer. Como acontecia com os ricos ociosos do passado, algumas pessoas ficarão entediadas, drogadas ou loucas para se meter numa encrenca. Uma profunda sensação de enfado pode permear uma sociedade com lazer em excesso. Muitas vezes, os grandes aristocratas do passado ficavam loucos de tédio. Dá para imaginar uma classe desocupada de hedonistas embriagados em busca de sensações de êxtase sem sentido. Alguns imperadores chineses tinham dezenas de milhares de concubinas — podiam dormir com uma concubina diferente a cada noite de sua vida. No futuro pode haver drogas legais que provoquem incessantes sensações de arrebatamento. No passado, os ricos ociosos eram 1% da sociedade: no futuro poderão ser a maioria. Num cenário sinistro do futuro, as pessoas se desintegram mentalmente por tédio, lascívia e abuso de drogas.

O VALOR DO TEMPO

Cada vez mais, à medida que as oportunidades da vida se tornam mais ricas, uma das mercadorias mais valiosas será o tempo — tempo para o romance, tempo para a aventura, tempo de qualidade com os filhos, liberdade para desenvolver ocupações apaixonantes e talvez, o que é especialmente importante, tempo para adquirir a educação necessária para sermos civilizados. *O tempo se torna mais valioso do que o dinheiro*. Um aspecto crítico do futuro será aprender a usar melhor o tempo, maximizando o valor da vida.

Tecnologia mal projetada nos rouba tempo: podemos desperdiçar horas com softwares que não funcionam direito ou assistir um lixo interminável na televisão na esperança de nos divertir ou de nos informar. Somos levados a perder tempo de formas não civilizadas. No futuro, vamos querer nos comunicar instantaneamente, encontrar informações instantaneamente e escolher quando assistir à televisão, sem a imposição da programação dos canais.

As pessoas vão querer que a mídia as entretenha quando *elas* quiserem, vão querer encontrar as notícias que *as* interessam, com a opção de se aprofundarem nos detalhes. O público será cada vez mais impaciente com a mídia. Daqui a 10 anos, pode ser que os adolescentes sejam chamados de "geração *fast-forward*". Para eles, a televisão atual será um desperdício de tempo e penosamente entediante — todos aqueles *talk shows* cansativos, comerciais irrelevantes e repetitivos, reportagens que ninguém quer ver —, sem que o telespectador tenha a opção de apertar o botão *fast-forward*. Em vez de depender da programação que vai ao ar, as pessoas assistirão à televisão com um aparelho como as caixas TiVo, que pega só o que querem assistir, com o dedo pronto para apertar o botão *fast-forward*.

Nosso aparelho de televisão será um computador que nos ajudará a encontrar e guardar o que nos interessa. Poderemos assistir ao que nos interessa e deixar de lado o que não nos interessa. A radiodifusão não se limitará à televisão, mas transmitirá tudo o que é digital — texto, fotografias, música e um enorme corpo de software. Interagiremos com algumas transmissões como interagimos hoje com discos de DVD-ROM, e vamos querer o menor tempo de resposta. Os usuários das Páginas Amarelas poderão entrar, clique a clique, num gigantesco shopping global de vídeo *full-motion*. Visitaremos clínicas médicas on-line e usaremos recursos de administração de investimentos oferecidos por fundos *hedge*.

As caixas TiVo de hoje evoluirão para máquinas de mídia pessoal projetadas para aprender o máximo possível sobre os gostos e aversões de seus donos e gravar o que eles desejam. Uma máquina dessas armazenará milhares de horas de televisão para manter seu dono entretido e informado, selecionando o melhor material para ele. As máquinas de mídia pessoal permitirão que o público surfe na televisão assim como surfamos na Web, de um *hot-link* para o outro. Os novos canais serão muito diferentes quando os usuários puderem usar o botão *fast-forward* para passar de um item de TV ou texto para outro, em busca de explicações ou comentários. Os noticiários misturarão televisão, jornais, artigos e educação com a possibilidade de explorar arquivos mais profundos. Pode ser que os aparelhos de televisão produzidos em massa se tornem máquinas de mídia pessoal. Essas máquinas serão o alvo de campanhas de marketing altamente dirigidas, entre as quais escolherão o que o seu dono prefere.

Pode ser que muita gente queira escapar do frenesi do futuro e descubra um estilo de vida de qualidade superior em culturas de alta civilização. A educação eletrônica, acessível em qualquer lugar, poderá ajudar as pessoas a apreciar melhor a música ou a encontrar prazer no grande teatro. Com uma boa orientação, uma pessoa pode se divertir muito com a finura de Ben Jonson ou de Molière e com os personagens que diferentes atores criaram a partir de suas peças. Alguns discos de Shakespeare serão mais fascinantes do que os livros, os filmes ou o teatro porque permitem ao usuário explorar as nuances da linguagem usada ou ver como diferentes diretores interpretaram a obra. Grandes peças podem ser montadas com implicações sociais radicalmente diferentes. Há um espaço sem fim para a criatividade na exploração do teatro.

A educação eletrônica se aprofundará à medida que for auxiliada pela computação superinteligente. Imagine o History Channel se transformando num armazém eletrônico de conteúdo televisivo ligado a softwares especializados em diferentes explicações da história, com contribuições de filósofos e historiadores que veem as coisas de maneiras diferentes. A educação para o lazer fará mais para melhorar a qualidade de vida do que a educação para o trabalho.

VALORES ALTERADOS POR DROGAS

Na visão de civilização de Thomas Jefferson, a busca da felicidade é um direito inalienável, mas essa busca pode ocorrer de maneiras destrutivas. Como descrevemos no Capítulo 12 ("A Condição Trans-humana"), temos hoje muitas drogas que afetam a química cerebral e um bando de drogas ainda mais dirigidas vem por aí. Em pouco tempo, teremos pequenas cápsulas nos capilares do cérebro que poderão liberar uma droga específica num lugar específico do cérebro.

Pode ser que haja filmes feitos especialmente para a pessoa assistir ao tomar a cápsula. Um filme digital pode transmitir sinais sem fio à cápsula, fazendo-a liberar suas substâncias químicas no cérebro do espectador, provocando sentimentos intensos de alarme, sexualidade, tensão, excitação ou euforia em certos momentos do filme. Alguns comprimidos farão o espectador rir desmedidamente durante uma comédia.

Em parte do funcionamento do nosso cérebro, sentimentos e química cerebral andam de mãos dadas. Quando nos apaixonamos, por exemplo, uma certa substância química, talvez localizada no hipotálamo, aumenta em concentração.[4] Quando Romeu fala de Julieta: "O sol que tudo vê nunca viu nada igual a ela desde o começo do mundo", quem fala não é a lógica, é a química — uma substância química específica, que poderemos liberar diretamente no hipotálamo com uma microcápsula. Alguns comprimidos farão maravilhas no primeiro encontro de um casal. Alguns farão parte do arsenal de um Don Juan moderno. Outros serão usados por mulheres que não têm confiança em seu poder de sedução.

Sentimentos religiosos intensos, como os dos místicos, já foram produzidos pela estimulação do cérebro. Neurocientistas dizem saber que substâncias químicas agiam no cérebro de Joana d'Arc quando ela ouvia vozes. Cinco séculos depois de sua "comuna", a Igreja Católica Romana a transformou em santa. Numa noite de agosto de 1951, na aldeia de Pont-Saint-Esprit, no sul da França, umas 300 pessoas saíram às ruas gritando, tomadas por alucinações visuais e sensações religiosas. Todas tinham comido o pão do aflito padeiro da aldeia, que tinha usado farinha com um bolor que causou o problema, como se descobriu depois. Na história e no folclore, há muitas histórias de alucinações coletivas, sendo que algumas deram origem a lendas religiosas.

Um argumento a favor da alta civilização é que quando nos tornamos conhecedores de música ou arte, podemos atingir intensos sentimentos de prazer, mas também obtemos prazer usando drogas psicotrópicas. Há alguma diferença? Com certeza, se poderia dizer, o prazer intenso induzido por substâncias químicas não pode ser igual ao prazer intenso induzido pela música de Mozart. Suponha que, ao ir assistir a uma ópera de quatro horas de Wagner, você receba, com as entradas, comprimidos que podem mantê-lo em estado de euforia durante toda a apresentação.

Hegel acreditava que o processo histórico é impulsionado fundamentalmente pelo desejo de reconhecimento. Grande parte da competição por dominação corporativa deriva da luta de CEOs por autoestima. Hoje, uma pessoa pode elevar sua autoestima tomando Prozac. Logo haverá drogas muito mais eficientes do que o Prozac. Muitas das conquistas da vida são motivadas pela luta constante por certos estados mentais que serão alcançáveis com microcápsulas de liberação lenta. O bioeticista Leon Kass pergunta: "Se as satisfações mais intensas da vida, e até o amor, vêm da farmácia, será que somos realmente humanos?"

Na entrevista que fiz com Freeman Dyson, ele disse que está assustado com a neurologia do futuro. "A onda atual de biotecnologia se limita ao que é possível fazer com os genes, mas a neurologia nos capacitará a mexer com o cérebro. Acho isso assustador porque podemos fazer com que as pessoas se desliguem totalmente da realidade." Ele comentou que as experiências mentais artificiais podem ser perigosamente fáceis de induzir. "Uma sociedade viciada em sonhos e sombras perdeu sua sanidade."

Saber como melhorar a civilização mexendo com o cérebro é um tema profundo que merece muita filosofia, experimentação e conhecimento do estado do mundo.

O PROBLEMA DA QUALIDADE

As tecnologias eletrônicas estão fazendo com que a humanidade acumule uma enxurrada de material digital. A enxurrada aumentará em velocidade crescente. Essa enxurrada global será buscada com os Googles do futuro. À medida que ela cresce, uma pergunta se torna importante: "Como encontrar itens de boa qualidade no vasto oceano de lama?" Será preciso ter capacidade para separar as ovelhas dos bodes porque, com o progresso da enxurrada, poderá haver uma ovelha para um milhão de bodes.

Há pesquisas maravilhosas acessíveis a qualquer um na Internet, mas a maior parte do que está na Internet é lixo. As máquinas de busca vasculham o lixo. É como se vasculhassem instantaneamente cada caminhão de lixo de cada cidade do planeta. Como escolher um filme para assistir se o pessoal de Relações Públicas de Hollywood é mestre no engano e qualquer um escreve críticas de filmes?

Há duas boas respostas para essa pergunta: primeiro, o sistema de qualidade não precisa apenas avaliar os produtos, mas também avaliar os avaliadores. Os avaliadores que têm a confiança de uma clientela precisam ser submetidos, eles também, a uma classificação de qualidade e fazer de tudo para continuar merecendo essa classificação. Os Guias Michelin verde e vermelho são exemplos maravilhosos. Fornecem classificações imparciais de restaurantes e destinos turísticos, e conquistaram respeito ao longo de muitas décadas. Precisamos de Guias Michelin digitais para a mídia digital.

Segundo, a sugestão que você aceita pode não vir de um avaliador, mas da opinião conjunta de um grande número de fãs de cinema que pensam de maneira semelhante. Que filme você gostaria de ver é uma questão de gosto pessoal. Seria bom ter acesso à opinião de pessoas que compartilham seu gosto. Se você fizer uma lista dos seus filmes favoritos, o computador pode comparar essa lista com as listas de um grande número de pessoas. O computador identifica pessoas com gosto semelhante e sugere a você os filmes de que elas gostaram. Se, ao assistir a um filme, você preencher um gráfico simples, indicando do que gostou ou não gostou, o computador refinará continuamente um perfil do que você aprecia. E encontrará pessoas com perfil semelhante. Comparando um grande número desses perfis e refinando-os continuamente, poderá lhe dizer com precisão como você reagirá a filmes que ainda não viu. Esses dois tipos de avaliação de qualidade podem ser usados também com livros, música e outras coisas que buscamos na Web.

Como separar a ciência respeitável da ciência tendenciosa? *Nature* e *Science* são publicações que verificam a validade do material de pesquisa que publicam. Essa é essencialmente uma tarefa humana. Na ciência, o processo de revisão por pares funciona razoavelmente bem em trabalhos acadêmicos. Precisa haver alguma coisa desse tipo para a mídia digital em geral. Um enorme corpo de informações médicas está se tornando disponível para o público. Cada vez mais, as pessoas monitoram o próprio coração e a própria pressão sanguínea, e testam o próprio sangue em microlaboratórios ("laboratórios-num-chip") ligados sem fio ao computador. O seu carro, o seu banheiro ou o seu pijama podem monitorar vários aspectos de sua "saúde" e transmitir os resultados para o seu computador, mas, se o computador lhe der orientações médicas, quem vai verificar a respeitabilidade dessas orientações?

Uma característica constante do cinema e da televisão é a baixa diversidade cultural. No passado, a televisão tinha poucos canais e os filmes, muito caros para produzir, eram um investimento arriscado. Para conseguir um retorno decente sobre o investimento, eram muitas vezes dirigidos a um público de baixo nível — próximo do mais baixo denominador comum. Mas a nova tecnologia possibilitará a máxima diversidade cultural — DVDs, Internet com largura de banda de vídeo e redes ponto-a-ponto para troca de material livre de direitos autorais. O futuro trará baixos custos de produção, de modo que grupos com baixos orçamentos poderão produzir filmes e televisão. Grupos musicais que não têm a oportunidade de encontrar uma gravadora e cineastas que não têm chance na distribuição tradicional lançarão seus trabalhos eletronicamente.

A civilização digital será global e terá uma quantidade de dados e produtos que pode se tornar esmagadora. Isso só faz sentido se houver meios eficazes de controle de qualidade. Os processos de refinamento e melhoria precisam ser contínuos, destilando o melhor e o aperfeiçoando, e escondendo o pior. Sem tais processos, vamos todos nos afogar no oceano da mediocridade.

No mundo da alta civilização haverá guias indicando os melhores desempenhos.

BELEZA

Beleza, alta civilização, diversidade cultural e a sedução de uma sociedade de lazer podem acrescentar muito à riqueza da vida sem causar poluição, aquecimento global e uma sociedade estressada. Não se pode medir diretamente a beleza, mas casas e cidades bonitas aumentam o sentimento de felicidade. Uma grande civilização precisa de um grande senso de beleza — um aspecto da sociedade espantosamente ausente na maior parte dos tratados acadêmicos, talvez porque a beleza não tem medida objetiva. Gostamos de passear em Paris ou Veneza — e no entanto construímos cidades como as que ficam a oeste de Chicago, onde não há calçadas.

Espero que nossa civilização, à medida que a reconstruirmos, considere a beleza como algo de importância primordial — beleza nas cidades, jardins como os da Pérsia no século XVI, esculturas mais como as da Itália do que como as da Suíça e trabalhos em pedra como o Taj Mahal, mesmo que executados por robôs. As cidades do futuro serão projetadas para pessoas, não para automóveis, com áreas livres de trânsito, cafés ao ar livre, jardins de rosas, pontes elegantes como as de Paris, bosques e alamedas à margem de lagos. As cidades do futuro poderão competir pela mais bela arquitetura, com esculturas e pássaros, mosaicos e tapeçarias e longas pérgulas cobertas com trepadeiras floridas.

Freeman Dyson me descreveu, com um sorriso travesso, sua visão da Mostra de Flores da Filadélfia: "Há dezenas de milhares de pessoas que dedicam a vida ao cultivo de flores e arbustos e à criação de lindos jardins, e fico imaginando como esses jardins serão mais belos daqui a 10 ou 20 anos. Quando a biotecnologia estiver ao alcance dessas pessoas, elas terão kits faça-você-mesmo para manipular os genes e criar rosas exclusivas e outras espécies novas — uma enorme explosão de biodiversidade". Isso, diz ele, é o oposto do que as pessoas temem — que a biotecnologia resulte em monoculturas porque grandes empresas, em busca da espécie ótima, transformariam tudo na mesma coisa por meio da bioengenharia. E comentou também: "Quando o apaixonado por rosas e o criador de orquídeas pegarem o jeito, essa será uma nova forma de arte do século XXI. Haverá muitos desses artistas, bons e ruins, produzindo obras de arte". A criação de orquídeas geneticamente modificadas pode se tornar um passatempo que rivalize com a mania de colecionar orquídeas do século XIX.

Pesquisadores genéticos descobriram que um hormônio gasoso chamado etileno desencadeia o processo de envelhecimento das flores. Aprenderam a minimizar os efeitos do etileno para que belos botões durem muito mais tempo do que o normal.

Eu achava que as Cataratas do Iguaçu na América do Sul fossem as cachoeiras mais belas do mundo, mas um homem em Iguaçu me disse que conhecia uma cachoeira "secreta" ainda mais bonita — o maior volume de água caindo do mundo. Disse que era o lugar mais bonito da Terra mas que, se quisesse conhecê-lo, era melhor ir depressa porque ia ser destruído — com dinheiro de bancos norte-americanos.

Achei essa cachoeira no mapa. Chamava-se Sete Quedas e aparecia mesmo no Guinness, o Livro do Recordes, como a maior queda d'água da Terra. Parecia não haver qualquer estrada nem pista de pouso que levasse até lá. O rio Paraná, que cruza a América do Sul, tem um trecho que atravessa a mata virgem entre o Brasil e o Paraguai, onde tem quase 5 quilômetros de largura, e era lá que ficava Sete Quedas — mais ou menos da altura de Niágara, com três vezes mais água do que Niágara. O homem me levou lá. As ilhas escarpadas através das quais as cascatas trovejavam tinham inúmeras flores e trepadeiras exóticas que vicejavam na névoa quente e constante das quedas.

Havia engenheiros trabalhando, mudando o curso do Rio Paraná e construindo uma barragem de 7 quilômetros para gerar energia elétrica. A barragem consumiria 15 vezes mais concreto do que o túnel ferroviário sob o Canal da Mancha. O aço usado daria para construir 380 Torres Eiffel. A maior queda d'água do mundo hoje não existe mais. Ninguém protestou porque os que poderiam protestar não sabiam que ela existia.

Desde então houve vários estudos sobre o impacto da barragem. O nível de água do rio subiu quase 183 metros e criou uma enorme área inundada de 200 quilômetros rio acima. Quase 85% da floresta ao longo da parte paraguaia do rio Paraná foi destruída. Um grande número de espécies, incluindo orquídeas raras, foram extintas. O Paraguai tem apenas 3 milhões de habitantes e uma indústria pequena: usa menos de 2% da eletricidade gerada. Ironicamente, essa instalação gigantesca começou a gerar eletricidade quando a indústria da eletricidade estava entrando numa era de redução de tamanho. Usinas pequenas e mais distribuídas estavam se mostrando mais econômicas, especialmente em áreas com populações dispersas, como essa parte da América do Sul. A Barragem de Itaipu não precisava ser construída.

Um aspecto da história que os estudos acadêmicos não mencionam é que essa era a cachoeira mais bonita do planeta. Quanto valia essa beleza? Não podemos atribuir a ela um valor numérico. Deveria ter sido transformada em Patrimônio Mundial e preservada incondicionalmente. Tragicamente, o folclore local diz que um dia, quando a sociedade desenvolver melhores maneiras de gerar eletricidade, as cataratas de Sete Quedas serão trazidas novamente à vida.

Nas pinturas do século XIX que mostram universidades medievais, vemos locais espantosamente belos nas ruas onde os estudiosos se encontravam para debater ideias. O trânsito destruiu essa beleza. No futuro, uma civilização sem senso de beleza nem deveria ser considerada civilizada.

21

CATEDRAIS DO CIBERESPAÇO

As fantásticas catedrais do princípio da era gótica levaram por vezes mais de cem anos para serem construídas. A construção da catedral de Notre-Dame começou em 1160. O coro, a fachada ocidental e a nave foram terminados em 1250. Pórticos, capelas e outros itens foram acrescentados ao longo dos cem anos seguintes. As grandes janelas do clerestório da abside foram construídas de 1235 a 1270. Reims, a terceira das catedrais góticas, foi iniciada em 1210 e o grosso da obra foi concluído em 1311. Os homens que as projetaram e que trabalharam nelas no início sabiam que jamais as veriam prontas.

A escultura, os vidros tingidos e a capacidade de transmitir a elevação espiritual da religião nunca foi igualada desde então. Para ver a sofisticação dos detalhes dos vidros tingidos e das esculturas nas partes altas da catedral é preciso um telescópio. O senso de valores nada tinha a ver com lucro. A perícia profissional não era só para os seres humanos (que não tinham telescópio): era para Deus.

Uma grande civilização do século XXI precisa de pessoas equivalentes aos projetistas das catedrais — pessoas capazes de iniciar projetos que se estendam muito além de seu tempo de vida — e que se perguntem: "Que metas, hoje em dia, seriam importantes a ponto do trabalho continuar com paixão por muito tempo depois da morte daqueles que o começaram? O que seriam as catedrais do século XXI?"

As catedrais do século XXI poderão ser catedrais da mente, muito mais complexas do que as catedrais de pedra. Quando morremos, as memórias e a inteligência acumuladas em nossos neurônios e sinapses se tornam carne morta, mas os computadores funcionam como acumuladores crescentes de inteligência e de lembranças. Fornecem uma nova forma de imortalidade para o conhecimento e a criatividade humana.

Contribuiremos para softwares que depois de um certo ponto evoluirão numa velocidade inacreditável. A maior parte da informação da Internet é codificada de modo que os seres humanos possam usá-la: no futuro, será codificada de modo que os computadores possam usá-la com sua lógica inexorável. Os livros didáticos do mundo todo precisam ser recodificados para os computadores, de modo que seu conhecimento possa ser usado automaticamente. Haverá um corpo crescente de conhecimento projetado para uso das máquinas.

BENS COMUNS GLOBAIS

Alguns bens são públicos, como as terras comuns de uma aldeia são públicas. Se forem globais, são chamados de "bens comuns globais". A expressão pode designar os oceanos, a atmosfera, a camada de ozônio, a segurança alimentar, as forças internacionais que prestam ajuda em casos de terremoto, e assim por diante. Podemos criar inúmeros tipos de bens comuns globais que não existiam antes.

Bens comuns são interessantes quando seus benefícios agregados são muito maiores do que o custo. O conhecimento médico pode ter uma forma que permita seu uso imediato pelo computador. A Internet e os softwares podem proporcionar muitas oportunidades para tais bens. O espectro do rádio foi realocado para que aparelhos portáteis baratos possam ser usados em qualquer lugar. A "grade" se refere a aplicações possibilitadas pela Internet mas implementadas com inteligência computadorizada, muito além daquela da Internet. À medida que os sistemas computacionais se multiplicam e o custo cai, os serviços compartilhados se tornarão cada vez mais valiosos.

Muitos tipos de software e bancos de dados se transformarão em bens globalmente compartilhados. Consórcios "abertos" poderão compartilhar e manter tais recursos. Já foram padronizados mapas coloridos tridimensionais que permitem o uso de informações complexas — por exemplo, informações mostrando tipos de solo ou safras sendo cultivadas. A Terra está se tornando instrumentada de inúmeras maneiras que ajudarão a gerenciar seus problemas complexos. Muitos bancos de dados em expansão estão se tornando públicos e gratuitos.

O Lawrence Livermore National Laboratory, que sequenciou (mapeou) o genoma humano, está sequenciando agora os genomas de tudo em que consegue pôr as mãos — outros animais, plantas e micróbios — e criando "manuais de instruções" da vida no planeta. Essa extraordinária quantidade de novos conhecimentos é postada na Internet tão logo é obtida, de modo que qualquer pessoa no mundo pode ter acesso a ela gratuitamente. À medida que os pesquisadores aprendem a usá-la, ela se tornará uma "terra comunitária" de conhecimento muito valioso.

Talvez a mais valiosa "terra comunitária" do futuro seja os recursos de educação na mídia digital que podem ser consultados em quase qualquer lugar. Ao contrário dos livros, os produtos digitais podem ser copiados e distribuídos globalmente a quase nenhum custo. Não há nada físico para ser manufaturado ou distribuído. O imenso corpo de educação acessível na Web irá da educação elementar aos cursos de mais alto nível para profissionais. A quantidade de material educativo crescerá inexoravelmente e sua qualidade será cada vez melhor.

A maior parte dos grandes livros do mundo cujos direitos autorais expiraram estão gratuitamente disponíveis na Web. Há uma grande quantidade de material educativo na Web, livre de direitos autorais. Talvez possa haver tratados que permitam que os direitos autorais da educação digital globalmente distribuída expirem mais depressa do que permite a lei convencional de direitos autorais. As redes computacionais de uma civilização avançada teriam os melhores módulos de ensino, com uma computação superinteligente.

O grande total da inteligência humana se transformará numa "terra comunitária" de valor incrível se puder ser compartilhado. À medida que o planeta encolher, haverá quantidades enormes de recursos compartilhados. Uma grande oportunidade do século XXI será a criação de "catedrais" de bens comuns globais.

INTELECTO ARTIFICIAL

O termo *artilecto* tem sido usado para designar um "intelecto artificial". Os artilectos serão projetados para fins específicos, como ser um especialista em horticultura ou ganhar dinheiro em tipos altamente especializados de fundos *hedge*. Serão projetados para melhorar o próprio conhecimento em sua área e a capacidade de raciocinar sobre ele, acrescentando fatos e regras às suas bases de conhecimento e aprendendo automaticamente, de modo a alcançar resultados melhores.

Haverá inúmeros tipos de artilectos, especializados em diferentes áreas. Cada artilecto pode ter um propósito definido e deverá ser usada uma segurança rigorosa para garantir que ele não se desvie desse propósito. A capacidade do artilecto será usada conjuntamente com armazéns de dados. Áreas disciplinares antes imprecisas serão convertidas em disciplinas fundamentadas numa enorme quantidade de dados precisos, com capacidade computadorizada para reconhecer padrões nesses dados. A medicina homeopática, por exemplo, hoje considerada magia negra, pode ser transformada numa prática precisa e computadorizada. A inteligência das máquinas imporá uma disciplina em áreas antes indisciplinadas.

Há infinitas situações em que os artilectos ajudarão a melhorar a sociedade. Considere por exemplo os cuidados com a saúde pessoal. Será projetado um artilecto, disponível a todos por meio da Internet, com um conhecimento completo de medicina, que aumentará constantemente. Esse conhecimento abrangerá também um número enorme de pacientes, sua história e seu DNA (mas obedecendo a estritas leis de privacidade). Ele compreenderá o efeito de novas drogas, sensores e nanocápsulas para serem engolidas ou injetadas. Recomendará exames, buscará sintomas e reconhecerá padrões que os médicos não conseguem reconhecer. O conhecimento médico será codificado de forma a permitir aos computadores fazer deduções sobre um paciente e chegar a conclusões lógicas. O artilecto será projetado para aprender a partir de experiências com muitos milhões de pacientes do mundo todo, adquirindo dessa maneira uma capacidade muito superior à de qualquer médico humano.

As máquinas permitirão que o público inteligente assuma grande parte do cuidado com a própria saúde. Equipamentos eletrônicos monitorarão o coração, a pressão sanguínea e os exames de sangue. Se você ficar doente, pode consultar o computador que ele lhe dirá se a intervenção de um médico humano é necessária.

A criação de artilectos altamente capazes exigirá uma quantidade de trabalho enorme. Serão algumas das chamadas catedrais do ciberespaço — um trabalho que pode ser útil às futuras gerações ou admirado por elas. O trabalho de criar artilectos capazes pode ser dividido entre um grande número de usuários de computadores pessoais em todo o planeta. Haverá todos os tipos de projetos que usarão o poder coletivo de muitos milhões de computadores domésticos e a inteligência coletiva de seus donos.

Já existem os precursores primitivos dos artilectos. As pessoas já se acostumaram à ideia de que as máquinas jogam xadrez melhor do que elas. As máquinas são excelentes para otimizar o desenho dos circuitos de um chip ultracomplexo. Os artilectos têm aplicações na pesquisa sobre genoma, segurança nacional e investimento financeiro, sendo usados também de forma intensamente competitiva no comércio eletrônico. Um artilecto pode ser especialista em terrorismo, medicina chinesa, vidro tingido do século XII, câncer de pele ou na dinâmica que conduz à guerra. Pode conhecer todos os gerentes financeiros especializados em câmbio internacional. Pode fazer as melhores prescrições em medicina homeopática. Haverá inevitavelmente artilectos muito diferentes do intelecto humano.

Em breve, os artilectos serão projetados para se intercomunicar. Isso será importante em certas aplicações — administração de dinheiro, por exemplo. Pode ser que o aspecto mais importante da administração do dinheiro seja saber quando mudar de uma categoria de investimento para outra — quando mudar de ações de empresas de alta tecnologia para o comércio de mercadorias, por exemplo — e como diversificar uma carteira de aplicações entre várias categorias de investimentos. Muitos analistas financeiros brilhantes não são bons para tomar esse tipo de decisão: são especialistas numa única categoria de investimento. Um sistema integrado de artilecto para investimento estimaria o retorno esperado e o risco de muitas categorias de investimento e poderia selecionar cestas de investimentos fundamentalmente diferentes, com diferentes estimativas de desempenho. À medida que sua capacidade aumentar, os artilectos se conectarão em redes globais. Daqui a 20 ou 30 anos a economia do mundo dependerá mais dos artilectos do que depende hoje do petróleo.

Os artilectos são meramente uma coleção de bits. Assim, são imortais em certo sentido. Podem ser transmitidos, atualizados e replicados, de modo que na ocorrência de falhas ou danos físicos, os bits não se perderão. Não envelhecerão, como envelhecemos, mas ficarão cada vez mais espertos em ritmo exponencial. Com sua capacidade crescendo rapidamente, os artilectos se tornarão integrados. Uma vez que amadureçam, evoluirão como uma reação em cadeia. Parte da jornada do século XXI é aprender a viver com intelectos artificiais incomparavelmente superiores ao nosso intelecto.

JEEVES

No início do século XX, os ingleses abastados chegaram quase à perfeição na arte de ter um mordomo pessoal, como o legendário Jeeves das histórias de P. G. Wodehouse. Jeeves conhecia os desejos e problemas do seu empregador e era infinitamente discreto. No futuro, pode ser que cada um de nós tenha um Jeeves computadorizado.

Quando muitas das tecnologias do século XXI forem "infinitas em todas as direções", nosso mundo será de uma complexidade esmagadora. Precisaremos de um guia. O guia terá que ser um assistente altamente pessoal que conheça intimamente seu dono ou dona e compreenda suas exigências, já que as necessidades de cada um são diferentes.

Hoje, as pessoas se preocupam com privacidade — com computadores que sabem demais sobre nós. Amanhã, a preocupação será oposta: vamos querer uma máquina pessoal que saiba tudo sobre nós de modo a fornecer a melhor assistência possível. É claro que ela será tão discreta quanto Jeeves. A regra de ouro para uma tal máquina ou serviço será manter as informações sobre seu dono em total privacidade e usar uma segurança estrita quase impossível de ser quebrada. De certa maneira, será como um médico de família confiável, que conhece detalhes íntimos da família mas não os transmite a outras pessoas. O seu dono aprenderá a confiar nela, como confiaria num médico de família.

O Jeeves automatizado estará numa categoria totalmente diferente dos computadores pessoais de hoje. Será projetado para ser um acompanhante mais perfeito sob certos aspectos do que acompanhantes humanos porque não terá as fraquezas humanas. Será dedicado, com a inflexibilidade de um computador, à alegria e ao bem-estar do seu dono, mas poderá contatar milhões de outros Jeeves do mesmo tipo na Internet.

Um Jeeves eletrônico não ficará andando à sua volta, como um mordomo inglês: ficará embutido nas suas roupas, no papel de parede, no automóvel e nas joias. Estará em contato sem fio com você em qualquer lugar que você precisar, sempre sabendo se você está feliz ou frustrado e percebendo quando precisa de alguma coisa. Sensores nas paredes detectarão sua presença e anteciparão seus desejos. Os computadores podem ser projetados para mostrar emoções humanas controladas, como um mordomo inglês.

Tendemos a pensar sobre máquinas inteligentes em termos de nos derrotar no xadrez ou de resolver problemas complexos, mas elas podem ter mais impacto em nossa vida por meio da capacidade de entender nossas emoções. Como a razão da existência de um computador é servir a um mestre humano, a psicologia e a psicoterapia estarão entre seus conhecimentos básicos.

Máquinas que falam conosco com voz sintetizada são terrivelmente entediantes. Um Jeeves automatizado será projetado para ser um conversador sensível. Como muita gente vive só e sente solidão, haverá um mercado para "conversadores" que, ao longo dos anos, ficarão mais espertos e terão um vocabulário mais rico, mais capacidade de aprendizagem, mais memória, e assim por diante. Esses computadores conversadores inteligentes poderão se adaptar ao dono, acumulando compreensão de seus interesses e nível de conhecimento, e terão um comportamento confortável e familiar, como um homem ou uma mulher depois de anos de casamento.

Hoje dizemos: "Como podíamos viver sem telefone?" Amanhã diremos: "Como podíamos viver sem o computador que nos serve e conhece nossos gostos, habilidades, fobias, necessidades, paladar, problemas médicos, jardim, filhos e tudo mais?" O software Jeeves compreenderá as maneiras fundamentalmente diferentes pelas quais podemos alcançar uma alta qualidade de vida e nos ajudarão nesse sentido. Saberá de que tipo de música ou filme seu dono mais gosta e o que o faz rir. Pode ajudar seu dono na criação de poesia ou a compor música. Se você for conhecer um novo lugar no campo, ele saberá quais as plantas silvestres que estão florindo.

Você quer encontrar o seu par (humano) perfeito? A sua máquina Jeeves pode encontrar candidatos à velocidade das máquinas de busca da Internet e conseguir se aproximar das máquinas Jeeves deles. A máquina Jeeves pode nos ajudar a formar e manter relações sociais saudáveis com outras pessoas. Pode dar conselhos sábios e ajudar na resolução de conflitos. Pode agir como um superterapeuta para quem precisa, detectar preconceitos, explicar injustiças e ter *insights* importantes para compartilhar com psiquiatras humanos. Essa capacidade de unir pessoas pode vir a ser um dos efeitos mais importantes de tal tecnologia. E mudará fundamentalmente a sociedade.

GRANDE AVENTURA

Com exceção das profundezas oceânicas, não há mais novas fronteiras físicas na Terra. Há muitas no espaço. Mas, para o espaço propiciar aventura para um número substancial de pessoas, precisaremos de grandes colônias humanas além da Terra. Uma possível catedral do século XXI, que levará um século para ser criada, é um assentamento humano civilizado em nosso planeta vizinho, Marte.

Freeman Dyson falou comigo sobre expedições a Marte: "Hoje, uma expedição a Marte não faz sentido porque se pensa sempre em termos de 10 anos ou algo parecido. Em 10 anos, isso não faz sentido, mas faz sentido numa escala de cem anos. É provável que passemos 50 anos construindo as instalações e depois outros 50 anos desenvolvendo uma ecologia e descobrindo como plantar, para então conseguir sobreviver. É esse tipo de projeto". Marte é um pouco menor do que a Terra e tem um dia de 24 horas e 37 minutos. Seu eixo de rotação é inclinado, quase como o da Terra — assim, tem dia e noite semelhantes aos nossos. Como seu ano tem 669 dias marcianos, as estações duram quase duas vezes mais do que as da Terra. Essa duração do dia, da noite e das estações permitirá aos animais e às plantas viver como na Terra. Talvez seja preciso criar espécies vegetais que sobrevivam no longo inverno. Há a perspectiva de colônias e agricultura em grande escala em Marte.

A solução para pôr pessoas em Marte a um custo razoável é deixar os computadores prepararem o caminho. Muito antes dos seres humanos descerem em Marte, equipamentos robóticos terão explorado o lugar e criado parte da infraestrutura. Há dois fatores críticos para manter os custos baixos: primeiro, *evitar o uso de pessoas para atividades que possam ser automatizadas* porque a engenharia de segurança e os sistemas de suporte à vida necessários para seres humanos são muito caros. Segundo, viver do solo. Produzir o combustível lá mesmo para a viagem de volta,[1] cultivar o alimento em Marte e explorar as riquezas minerais de Marte para construir as bases necessárias.

Ir a Marte não é tão improdutivo quanto uma viagem à Lua. É mais como os britânicos estabelecendo a primeira base na América, no início do século XVII. O objetivo é desenvolver uma civilização em Marte. Levará menos tempo do que levou o desenvolvimento dos Estados Unidos. De Jamestown a Jefferson passaram-se 160 anos. Da primeira base habitada em Marte até termos um novo lar para a humanidade podem se passar 40 anos.

A colonização de Marte propiciará lições extraordinárias de sustentabilidade. No começo haverá cargueiros levando bocados da biosfera da Terra. A qualidade de vida dos colonos será deliberadamente projetada para proteger o meio ambiente. É impossível imaginar um laboratório mais interessante para aprender lições sobre maturidade planetária.

Grande parte do público pensa que Marte é um tédio por causa das fotografias que mostram as primeiras máquinas nas planícies com rochas esparsas. No entanto, Marte tem montanhas três vezes mais altas do que o Monte Everest, enormes vulcões antigos e cânions três vezes mais profundos do que o Grand Canyon. O comprimento de um de seus cânions escarpados, o Valles Marineris, equivale à largura dos Estados Unidos. O Monte Olympus é a maior montanha do sistema solar — com quase 28 quilômetros de altura. Agora, há um desafio para os alpinistas.

Um dia, teremos magníficas fotografias de Marte. Lá, um fotógrafo pioneiro como Ansel Adams pode usar câmeras voadoras impulsionadas por jatos minúsculos, com servomecanismos que fornecem tripés virtuais e posições de câmera ajustadas sem fio. Na Terra, as pessoas lotarão as salas de projeção IMAX para assistir ao espetacular progresso da exploração do sistema solar.

Muito antes dos exploradores seguirem para lá, serão examinados trilhões de bits de dados de exploração. Implacáveis, as máquinas buscarão os melhores solos para a agricultura e os minerais necessários para a manufatura. Uma das maiores preocupações será descobrir lugares onde a água seja acessível.[2] Os prováveis aquíferos subterrâneos de Marte serão os locais escolhidos para as bases habitadas. Será útil localizar áreas em que haja atividade geotérmica subterrânea.

Em Marte, a economia da automação será tão diferente das economias terrestres que terá as próprias disciplinas de engenharia. Os computadores serão baratos, a telecomunicação ubíqua e as pessoas poucas e caras. A gravidade em Marte é 38% da terrestre e a maior parte das fontes de corrosão da Terra estão ausentes; assim, será possível construir estruturas espetaculares. Marte tem tempestades terríveis, mas o vento exerce pouca força porque a pressão atmosférica corresponde a 1% da pressão na Terra — lá, um furacão de 1.500 quilômetros por hora parece uma brisa de 1,5 quilômetro por hora. Poderá haver gigantescas pontes suspensas construídas com cabos de nanotubos carbônicos, cobrindo distâncias muito maiores do que seria possível na Terra.

Especialmente importantes serão as áreas reservadas para a agricultura. A pressão atmosférica em Marte é muito rarefeita para os seres humanos, mas adequada para o cultivo; assim, será prático construir grandes estufas e deixar os cuidados com as plantas a cargo das máquinas. Refletores que se movem com o sol podem ser posicionados fora das estufas para refletir mais luz solar sobre elas.

Curiosamente, acredita-se que o melhor solo de Marte seja bem melhor do que grande parte do solo da Terra.[3] Lá, o solo tem carbono, oxigênio, nitrogênio e hidrogênio em abundância e é rico nos minerais necessários para a agricultura. A qualidade do solo de Marte varia tanto de um lugar para o outro que será preciso muita exploração para localizar as melhores áreas de cultura. É provável que existam leitos de nitrato natural em Marte e que o solo tenha mais fosfatos do que o solo da Terra. Serão necessários muitos experimentos para determinar o conteúdo dos fertilizantes de Marte e como produzi-los.

Marte tem longos períodos de luz solar porque não há nuvens. Ocasionalmente, há longas tempestades de areia que, no entanto, não reduzem muito a luz; é como um dia nublado na Terra. Em Marte, será importante a produção em massa de painéis solares e células de combustível. Para povoar Marte, será essencial ter uma vegetação abundante em torno das colônias. Grande parte dessa vegetação será geneticamente criada, assim como bactérias e insetos que formarão uma ecologia que lá possa florescer.

A vida na Terra está se tornando mais artificial, dependente das invenções do homem. A vida em Marte será quase que totalmente artificial. Na Terra, precisamos preservar e respeitar a complexidade da natureza; em Marte, quase nada há para preservar. Marte é um laboratório vazio em que criaríamos o biossistema quase do nada. Haverá erros, mas o tamanho de Marte nos dá espaço para tentativas e erros. A ciência marciana se desenvolverá continuamente.

Em termos práticos, não poderíamos receber um presente maior do que ter outro planeta habitável, mesmo que lá só seja confortável em hábitats especialmente projetados. Um dia, a civilização em Marte será muito diferente da civilização na Terra. Desenvolver a melhor vegetação para Marte pode ser uma "catedral" que leve cem anos para ficar pronta; será preciso primeiro criar as plantas, depois desenvolver os diversos componentes de uma ecologia e depois descobrir como implantar uma agricultura automatizada. A hidroponia e a engenharia genética evoluirão em conjunto. A tecnologia marciana pode ser uma das áreas mais inventivas nas universidades terrestres, atraindo acadêmicos que nunca sonhariam em deixar a Terra.

ACOPLAMENTO CÉREBRO/COMPUTADOR

Muito mais valiosa do que ir a Marte será a intensificação de nossa própria capacidade. A transformação humana pode ser a mais importante das catedrais do século XXI. Como já comentamos, uma das invenções fundamentais deste século será a capacidade de acoplar o cérebro diretamente ao poder do computador. Como a máquina a vapor, essa invenção mudará o mundo.

Hoje, os acoplamentos entre o cérebro e o poder da computação são em geral *offline* — usamos um monitor, o mouse e o teclado para nos comunicar com um sortimento sem-fim de programas e informações. Uma inovação-chave será tornar relativamente fáceis as conexões *on-line*, de modo que o cérebro se acople diretamente a aparelhos eletrônicos. Isso já é feito com implantes cocleares, que ligam computadores minúsculos ao sistema nervoso de pessoas totalmente surdas para que consigam ouvir. Hoje, muitos milhares de pessoas usam implantes cocleares bem-sucedidos. Já houve outros esforços de pesquisa que conectaram o sistema nervoso humano a chips.

Podemos fazer uma conexão direta com o cérebro usando um fio finíssimo que atravesse o crânio. Isso exige cirurgia e não é provável que atraia muita gente. A alternativa mais atraente é uma conexão sem fio a dispositivos minúsculos nos capilares sanguíneos do cérebro. Vários tipos de sistemas já foram usados na corrente sanguínea e no sistema digestório. São maiores que os nanodispositivos, que hoje já podem ser usados em alguns experimentos. Daqui a vinte anos, *transponders* nanotecnológicos, que transmitem e recebem sinais, serão usados em nossa corrente sanguínea. Os *nanotransponders* no cérebro serão uma extensão natural do uso de *nanotransponders* na corrente sanguínea — por exemplo, para uma quimioterapia precisamente localizada. Cada *transponder* pode ser mais ou menos do tamanho de uma célula sanguínea — muito menor do que um neurônio. Os *transponders* podem transmitir para uma estação de retransmissão do lado de fora do crânio. Esta pode enviar seus sinais por meio de redes para todo o mundo da tecnologia computacional. Essas redes poderão ser especificamente projetadas para a comunicação cerebral e ter um tempo de resposta adequadamente rápido.

É provável que seja possível ter tais *transponders* em nosso fluido cerebral, ou presos a neurônios ou sinapses individuais — sem qualquer necessidade de cirurgia. Ainda não foi feito com seres humanos, mas muitos experimentos nesse sentido estão sendo feitos com chimpanzés. A U.S. DARPA (Agência de Pesquisa em Projetos Avançados de Defesa dos Estados Unidos) tem um chimpanzé que consegue usar o *pensamento* para operar um equipamento remoto por meio de um minúsculo implante no cérebro.

Conectado a equipamentos eletrônicos, o cérebro poderá fazer coisas que um cérebro não assistido não consegue fazer. Para usar tais equipamentos, uma pessoa terá que fazer um treinamento repetitivo, como aprender a andar de bicicleta. Esse treinamento estabelecerá conexões entre os neurônios da pessoa, capacitando-a a realizar novas tarefas. Ocorrido o aprendizado, a pessoa ficará totalmente confortável com os novos recursos. Transformar-se num bom trans-humano exigirá muito treinamento.

Quando as conexões cérebro-computador estiverem padronizadas e funcionando bem, sem que o cérebro as rejeite — e quando o treinamento se tornar fácil — serão abertas as comportas para um número enorme de aplicações. Pode haver várias gerações delas em rápida sucessão. Os *transponders* serão produzidos em massa e haverá um grande número deles num só cérebro.

Pessoas diferentes construirão diferentes aplicações, como aconteceu na Internet. Jovens do mundo todo ficarão trocando as últimas otimizações.

Ray Kurzweil, o inventor da máquina de leitura para cegos, descreveu o futuro como o vê: "Teremos milhões de nanobits que entram no cérebro através da corrente sanguínea. Estarão se comunicando entre si através de uma rede local sem fio. Estarão se comunicando na Internet, fazendo *downloads* de novos softwares; estarão interagindo intermitentemente com nossos neurônios biológicos". Em 1950, havia pouquíssimos computadores e as pessoas em geral os consideravam irrelevantes para sua vida. Cinquenta anos depois, os microprocessadores e a Internet tinham mudado sua vida. Será semelhante no caso da intensificação do cérebro. No começo, muita gente vai pensar no filme *Sob o Domínio do Mal*, depois haverá aplicações médicas, como a cura da depressão, e depois uma inundação de diferentes usos. Assim como no caso dos computadores, a diversidade de aplicações crescerá indefinidamente. É provável que, ainda durante a vida dos leitores jovens deste livro, seja impensável haver uma sociedade avançada sem intensificação cerebral. A função da intensificação cerebral começará com crianças pequenas. Pode ser que um dia não seja considerado ético criar uma criança sem ela.

A divisão digital ocorreu originalmente porque os computadores eram caros. Os ricos tinham computador e os pobres não. Então o custo dos computadores caiu e a divisão digital passou a ser entre pessoas que tinham aprendido a fazer bom uso da Internet e as que não tinham. Algumas pessoas inteligentes resistiram ao uso dos computadores e à Internet; nesse caso, a divisão digital foi autoinflingida. Acontecerá a mesma coisa com a divisão trans-humana. No começo, uma intensificação cerebral será cara e haverá problemas. Só os entusiastas sérios ou excêntricos persistirão. Quando ficarem claros alguns benefícios dessa tecnologia, mais gente aprenderá a usá-la, seu custo cairá e ela ficará mais fácil de usar. As primeiras aplicações (as fáceis de implementar) serão uma fração minúscula das aplicações que acabarão sendo possíveis. As primeiras aplicações podem estar relacionadas a cuidados de saúde.

Houve um momento no final da década de 1990 em que o número de usuários da Internet cresceu explosivamente, duplicando a cada mês. É provável que aconteça a mesma coisa no caso da intensificação cerebral. Não só o número de usuários duplicará a cada ano, mas o número de *transponders* por cérebro duplicará também, e haverá um número sempre crescente de aplicações. Haverá kits de *transponders* cerebrais para diferentes fins — para artistas, para administradores de fundos *hedge*, para as Forças Especiais, para físicos matemáticos e para músicos. Os *transponders* cerebrais serão integrados a outras tecnologias do trans-humanismo. Quando os *transponders* cerebrais começarem a funcionar bem, teremos novos e extraordinários mundos para explorar.

TRANS-HUMANISMO DE ALTA CULTURA

As intensificações cerebrais podem se tornar parte integrante da alta civilização. Hoje, as pessoas com muita técnica musical usam poucas áreas do cérebro. Seus processos de aprendizado estabeleceram desde a infância conexões entre os neurônios nessas áreas, tornando a pessoa capaz de entender ou tocar música. A apreciação da música usa um nódulo de cerca de um milímetro de largura que se estende sobre os 3 milímetros de espessura do córtex cerebral. Usa mais ou menos o mesmo número de neurônios que há no transistor de um chip Intel grande (embora as interconexões sejam muito mais complexas). Algumas das outras atividades especializadas do cérebro usam apenas uma porção minúscula do córtex. Quando o cérebro puder ser escaneado com uma boa resolução, os neurocientistas aprenderão a replicá-las eletronicamente.

Haverá conferências internacionais sobre a reação do cérebro à música e sobre o aprendizado de níveis superiores de técnica musical. Saberemos o que acontece no cérebro quando temos prazer intenso ouvindo Mozart ou Miles Davis — ou com poesia, arte e teatro. Um amante da música refinará constantemente suas instalações cerebrais, aumentando a capacidade de apreciar a música ou de dominar a difícil tarefa de tocar um violino.

Mesmo hoje, com escaneamentos cerebrais de baixa resolução, os cientistas observam que pequenas áreas do cérebro se iluminam quando a pessoa tem uma reação intensa à música clássica (como foi o caso de um experimento com o Concerto nº 3 para piano de Rachmaninoff). Tais reações podem estar associadas a sintomas físicos, como arrepios ao longo da coluna. Isso é notável, já que a música complexa não era necessária para a sobrevivência de nossos ancestrais na floresta; é uma forma moderna e artificial de cultura. Mas a reação pode ser intensa e está relacionada à profundidade do treino cultural da pessoa.

A tecnologia das máquinas de escaneamento cerebral está melhorando rapidamente. Dentro de uns 20 anos, criaremos imagens mostrando os neurônios individualmente, com suas sinapses enviando sinais a outros neurônios. Nanodispositivos no cérebro gravarão o que está se passando. Passo a passo, os neurocientistas poderão gravar o cérebro realizando suas tarefas e combinar essas gravações para criar um modelo integrado do cérebro. Poderão então comparar o comportamento desse modelo com o comportamento do próprio cérebro, refinando continuamente sua compreensão. Quando for possível mapear detalhadamente as interconexões cerebrais, começaremos a replicá-las eletronicamente. Construindo versões eletrônicas dessas ligações, poderemos conectá-las ao córtex cerebral. É uma ideia intrigante, já que as réplicas eletrônicas do nódulo operarão milhões de vezes mais rápido do que o nódulo biológico. A neurociência será uma das áreas de pesquisa mais excitantes da humanidade.

O cérebro humano tem quase o mesmo tamanho que tinha há 10 mil anos e quase o mesmo número de neurônios, mas nós o usamos de maneira espantosamente diferente. É quase como se tivéssemos um computador que só recentemente aprendemos a programar. A programação está ainda longe de ser perfeita; percorremos apenas uma pequena fração do caminho em direção à real capacidade do cérebro, mas logo teremos expansões eletrônicas do cérebro. Quando os seres humanos não tiverem que passar a vida administrando fábricas e fazendo contas, poderão usar o tempo nas novas e maravilhosas formas de criatividade que estão acenando para nós.

Um bebê humano religa seus neurônios o tempo todo; é esse o processo de aprender e desenvolver capacidades humanas. É o que faz em velocidade menor (porque está envelhecendo) um regente de orquestra — continuamos a religar nossos neurônios quando somos mais velhos. Como a capacidade de apreciar música e arte usa um número relativamente pequeno de neurônios, é provável que possamos mapear esses neurônios e replicá-los com a tecnologia. Uma questão intrigante: "À medida que fizermos operar em velocidade eletrônica algumas das funções altamente especializadas do cérebro, será que poderemos aprender música clássica mais depressa?" Pode ser que tenhamos capacidade para aprender música muito mais complexa. Pode até haver uma música radicalmente nova para pessoas com cérebro intensificado. Que níveis de cultura ou de prazer estético serão alcançados com a intensificação do cérebro? Como será uma alta civilização de cérebros intensificados? No começo, ela pode envolver um número relativamente pequeno de pessoas, que no entanto estariam em contato através de redes mundiais. As civilizações trans-humanas podem *começar* globalmente, com pessoas do planeta todo compartilhando o que é criado. As pessoas com cérebro intensificado viverão nas mesmas cidades em que vivem as pessoas sem cérebro intensificado. Será que serão aceitas, assim como administradores de fundos *hedge* ou criadores de desenhos animados são aceitos?

Com o cérebro ligado a aparelhos eletrônicos, as pessoas poderão realizar tarefas muito mais complexas. O processo de aprendizado será difícil no caso de algumas capacidades novas e só uma parte da sociedade fará esse esforço (como hoje). As diferenças entre pessoas altamente intensificadas e pessoas não intensificadas serão imensas. Não sabemos como os potenciais mais extremos serão usados. Talvez uma em mil pessoas tenha uma capacidade cerebral como a de Stephen Hawking.

Algumas autoridades acreditam que, quando pudermos mapear *todos* os neurônios do cérebro e suas interconexões, poderemos criar uma réplica eletrônica do cérebro inteiro. Ray Kurzweil, uma dessas autoridades, acredita que faremos uma engenharia reversa do cérebro humano e o instalaremos no computador. Acredita também que criaremos seres humanos de silicone. Muitos neurocientistas não acreditam em tais cenários, afirmando que eles subestimam ingenuamente a complexidade da mente e os efeitos sutis da química cerebral. Eles dizem que não encontraremos a imortalidade instalando a mente no computador ou na Internet. Isso cruza a fronteira entre e o que é prático e o que é ficção científica.

Eis o cenário conservador: a *essência* da mente não é instalada num computador. A mente continua sendo biológica e feliz, mas vários *transponders* ligam o cérebro a uma rede externa. Algumas das funções cerebrais são replicadas eletronicamente e rodam a uma velocidade um milhão de vezes maior do que a velocidade biológica. Alguns desses componentes são presos ao crânio e alguns ficam muito distantes. Assim como um sistema computacional pode ter inúmeros componentes distantes, o cérebro humano também poderá. Alguns desses componentes serão artilectos — intelectos artificiais — projetados para se acoplarem ao cérebro. Outros serão inteligências NHL (*non-human-lite* — não semelhante à humana), que terão muito poder dentro de poucas décadas. A mente intensificada por *transponders* ficará ligada a uma grande coleção de recursos e também a outras mentes humanas.

TRANSFORMANDO A NÓS MESMOS

É provável que o acoplamento cérebro/computador seja uma das invenções mais transformadoras do século XXI. O cérebro será acoplado a múltiplos tipos de dispositivos eletrônicos. Primeiro, pode ser conectado a uma unidade eletrônica que seja uma réplica de uma pequena parte do cérebro, cujo modo de operar nosso cérebro aprenderá com relativa facilidade já que lhe é familiar, embora essa operação seja milhões de vezes mais rápida do que a do original biológico. Segundo, acabaremos por mapear *todo* o cérebro pensante (o córtex cerebral) e a conectá-lo a uma réplica ultrarrápida de si mesmo. Terceiro, o cérebro poderá ter uma conexão com a computação convencional e seus enormes recursos de armazenamento. Quarto, na época em que os acoplamentos cérebro/computador forem corriqueiros, terão se desenvolvido muitas formas de inteligência NHL fundamentalmente diferentes da inteligência humana, algumas capazes de incrementar automaticamente a própria "inteligência". Algumas inteligências NHL estarão muito à frente da inteligência humana. Da mesma forma, haverá inúmeros tipos de artilectos.

Uma vez que os acoplamentos cérebro/computador estiverem estabelecidos, é provável que usem todos esses tipos de computação. Isso representa uma ruptura com o presente, tão grande que não podemos prever os detalhes ou as consequências. Uma vida humana típica dura cerca de 40 milhões de minutos. Os circuitos de silicone operam numa velocidade um milhão de vezes maior do que a velocidade humana. Assim, será que a vida humana com toda a sua complexidade acontecerá em 40 minutos? Com o tempo sim, à medida que o cérebro se tornar conectado a muitos tipos diferentes de supercomputadores.

A capacidade humana atingiu um estado metaestável em que pode passar da operação biológica à operação semieletrônica, cuja capacidade crescerá em ritmo elevado.

Um músico poderia dizer que a inteligência humana é importante porque tornou possível um Mozart. Outros diriam que tornou possível Shakespeare, Einstein, Picasso ou Sócrates. As combinações de inteligências do tipo humano e do tipo não humano tornarão possíveis seres humanos com capacidades muito mais extraordinárias. A essência de sua grandeza pode vir da sua humanidade ou pode vir mais da computação do que da capacidade humana. Mesmo que a essência básica seja não humana, ela precisará de seres humanos para reconhecer sua grandeza.

Os mestres dessa tecnologia ganharão muito dinheiro. Os indivíduos mais ricos dessa era serão ainda mais ricos do que os de hoje porque poderão adicionar valor real em velocidade muito maior — e para cada um deles haverá um exército de pessoas que se beneficiarão de sua atividade.

É provável que o acoplamento cérebro/eletrônica já tenha amadurecido e se tornado altamente complexo antes de acontecer a Singularidade. A combinação de intensificação cerebral e Singularidade é formidável de se imaginar.

Até o final do século XXI, saberemos o que é prático e o que não é prático no trans-humanismo. Uma forte tecnologia trans-humana nos levará a problemas éticos que exigirão um raciocínio filosófico rigoroso. Os problemas éticos serão discutidos interminavelmente, mas provavelmente sem concordância global, já que os benefícios econômicos do trans-humanismo serão enormes. Um dos padrões que estão emergindo é que os filósofos profissionais, ao aplicar a lógica rigorosa à ética, estão chegando a conclusões que contradizem a doutrina religiosa em certas áreas importantes. Na verdade, as próprias religiões mais importantes têm diferentes pontos de vista sobre questões em que a ação é vital. Parece que a Índia consegue adaptar o Hinduísmo àquilo que os cientistas querem fazer. A China provavelmente desconsiderará os argumentos religiosos e fará o que ela quiser fazer. O Ocidente dificilmente conseguirá bloquear o trans-humanismo se a China e a Índia pularem de cabeça numa economia baseada em capacidades trans-humanas.

A palavra *paradigma* se refere a um amplo padrão de comportamento ou de abordagens para lidar com situações. Durante bilhões de anos, as mudanças de paradigmas (mudanças fundamentais em abordagem) ocorreram na Terra muito raramente mas, à medida que a evolução avançou, as mudanças de paradigma ficaram mais comuns.

PERÍODO	**TEMPO NECESSÁRIO PARA MUDANÇAS DE PARADIGMA IMPORTANTES**
Quando a vida na Terra eram os seres unicelulares	Centenas de milhões de anos
Quando ocorreu a explosão cambriana	Dezenas de milhões de anos
Quando se desenvolveram os animais pré-humanos	Centenas de milhares de anos
Quando o *homo sapiens* já tinha o machado e o fogo	Dezenas de milhares de anos
Quando a humanidade inventou a escrita	Séculos
Quando a humanidade inventou as máquinas motorizadas...	Décadas
... com tecnologias computadorizadas	Anos
Quando a evolução automatizada estiver madura	Meses
A Singularidade	Semanas, talvez dias

Será que a tecnologia pode continuar acelerando indefinidamente? Se dependesse da compreensão humana desassistida, a resposta seria não, mas a inteligência de alguns seres humanos será maciçamente aumentada. O advento de uma inteligência imensamente mais eficaz do que a humana tornará o futuro fundamentalmente diferente do passado.

22

RICOS E POBRES

Se uma nova e grande civilização evoluir, será só no Primeiro Mundo?

Certamente não. É possível que evolua uma grande civilização com um PIB *per capita* muito menor do que o atual PIB do Primeiro Mundo e com muito menos dano ambiental. Atenas, em seu apogeu, era tão diferente das sociedades modernas que é difícil estimar seu PIB *per capita* em termos atuais, mas é provável que estivesse na metade inferior do PIB *per capita* do Terceiro Mundo de hoje.

As diferentes civilizações da Terra chegarão à própria forma de maturidade global em épocas diferentes e por diferentes caminhos. Uma civilização budista ou muçulmana pode ser muito diferente da civilização ocidental. O mundo terá uma tapeçaria de civilizações, com índices radicalmente diferentes de mudança. Algumas serão globais, ligadas por redes de banda ultralarga, outras serão locais e orgulhosamente insulares, algumas terão uma riqueza imensa e em outras a riqueza não terá importância porque a cultura dominará. Algumas civilizações do futuro serão livres para abrir suas asas porque evitaram as pressões por um consumismo extremo. É desejável que as civilizações futuras aceitem suas diferenças mútuas e desfrutem da diversidade.

Embora pareça lógico que uma grande civilização se desenvolva nos países mais ricos, tirando vantagem da mais avançada tecnologia, isso não é necessariamente verdade. Uma civilização de alta cultura é baseada principalmente em coisas da mente e em coisas que podem ser representadas digitalmente, como pintura, filmes, música, educação e raciocínio (que pode estar representado em linguagens de computador). A fabricação e a distribuição de bens físicos exigem tempo e dinheiro, mas as coisas digitais podem ser reproduzidas e distribuídas quase instantaneamente. Uma civilização de alta cultura do futuro pode se difundir rapidamente a um custo razoável. A civilização de alta cultura valoriza também a mágica das performances ao vivo, que não exigem um PIB elevado.

Numa sociedade de consumo dominada pelo marketing intenso de bens materiais, é improvável que as pessoas em geral desenvolvam a educação para a civilização de alta cultura que associamos a períodos clássicos de civilização. Isso não ocorre apenas devido à distração propiciada pelos bens materiais. Ocorre também porque as pessoas são pressionadas a trabalhar muito para alcançar os estilos de vida anunciados em vez de se adequar aos padrões de aprendizado que a civilização de alta cultura exige. O consumismo intenso, que poderia ter trazido uma alta qualidade de vida, tende a gerar uma sociedade tensa, sobrecarregada de trabalho e saturada de mídia, dominada por uma propaganda inteligente e pela pressão para ficar à altura dos vizinhos. Isso não é culpa da tecnologia; a mesma tecnologia poderia ser a facilitadora de uma civilização altamente avançada.

Alguns países do Terceiro Mundo têm uma energia criativa muito diferente daquela das sociedades intensamente consumistas. O Brasil tem energias alegres para a música e a dança. Séculos atrás, a China foi uma civilização fantástica. É muito cedo para adivinhar o que a China será daqui a duas décadas, mas talvez considere o consumismo do Ocidente como algo sem sentido, decadente, excessivamente caro, esbanjador e psicologicamente destrutivo. Uma característica interessante da China atual é seu nível notavelmente baixo de propaganda. Em 2004, a população dos Estados Unidos correspondia a 22% da população da China, mas gastava 65 vezes mais com propaganda no rádio, 41 vezes mais com propaganda em revistas e 14,4 vezes mais com propaganda na televisão.[1] A energia da China pode torná-la uma usina de novas formas de criatividade, com maneiras interessantes de ser civilizada a uma fração dos custos por pessoa do Ocidente.

Hoje, a Índia está tendo um sucesso espetacular em algumas formas de indústria com ênfase intelectual, como programação, produção de filmes e desenvolvimento de educação eletrônica. À medida que se tornarem prósperas, as sociedades de Bangalore e Mumbai poderão se desenvolver de forma bastante diferente da sociedade dos Estados Unidos. No Ocidente, os escritos da Bloomsbury School e suas expressões inovadoras relativas à civilização estão esgotados e fora de impressão, mas na Índia ainda são debatidos por indianos brilhantes que se perguntam no que a Índia pode se transformar.[2]

As escolas e as universidades têm um papel vital a desempenhar. Pode haver uma ênfase deliberada na educação para a qualidade de vida e na educação sobre outras culturas, que favorece a compreensão entre civilizações. Durante os anos na universidade, muita gente vê mais apresentações ao vivo e tem mais contato com o mundo da literatura e das artes do que no resto da sua vida.

CAPITAL DE RISCO

Converso às vezes com estudantes de graduação das universidades do Terceiro Mundo. Como qualquer estudante, estão cheios de ideias brilhantes. Perguntam como levantar fundos para suas ideias ou se o melhor seria abrir o capital na NASDAQ. É trágico ouvir seus planos entusiasmados e saber que encontrarão uma parede de tijolos pela frente.

Como parte vital da mudança nos países mais pobres, deveria ser dada a esses garotos brilhantes a oportunidade de realizar o sonho de serem empreendedores. Hernando de Soto, o imaculadamente adequado economista do Peru, balançou o dedo e me disse: "O futuro da Terra não é um proletariado oprimido — é uma classe empreendedora oprimida". Há um empreendedorismo enorme no Terceiro Mundo, disse ele — é uma força "milhares de vezes maior do que as Nações Unidas, o Banco Mundial ou o FMI [Fundo Monetário Internacional]". Se lhes for dada a oportunidade, os jovens rebeldes serão empreendedores, não homens-bomba. Diz ele que representantes norte-americanos que vão a países em desenvolvimento se concentram na elite. "Em outras palavras, ocupam-se dos Georges Terceiros e não dos Daniel Boones." Jovens ressentidos com potencial para se tornar jihadistas poderiam ser os melhores aliados do Ocidente se o Ocidente os capacitasse como empreendedores. Eles têm interesse em destruir o *status quo*. De Soto afirmou: "É fundamental entender que os pobres do século XXI no Terceiro Mundo não são diferentes dos pobres do século XIX nos Estados Unidos. Querem uma oportunidade de entrar no sistema e, se ficarem do lado de fora, farão o que vocês fizeram no Oeste norte-americano — abrirão caminho a bala para entrar no sistema".

O acesso ao capital é essencial para quem é capaz de criar novos empreendimentos. A expansão do microempréstimo — empréstimos pequenos que permitem a um empreendedor iniciar um negócio — tem sido de grande valor em grande parte do Terceiro Mundo. O capital de risco, principalmente nos Estados Unidos, aumentou muito na década de 1990. Entre as corporações financiadas, muitas fracassaram (como sempre), mas o crescimento das melhores contribuiu para a expansão da economia naquele período. Uma das diferenças extraordinárias entre os países altamente desenvolvidos e os outros é o volume de capital de risco. Grande parte do mundo fora do Primeiro

Mundo não tem capital de risco. No ano 2000, os Estados Unidos (população de 273 milhões) tinha US$103.170 milhões em novo capital de risco, enquanto a África do Sul (população de 42 milhões) tinha US$3 milhões. Hong Kong (população de 7 milhões) tinha US$769 milhões de novo capital de risco, enquanto o resto da China (população de 1.250 milhões) tinha apenas US$ 84 milhões.

Acredito que uma medida a ser adotada em todos os países é a do novo capital de risco anual por pessoa. Em 2000, em Cingapura, essa medida era de US$ 217, enquanto na África do Sul era de 7 centavos de dólar.

A tabela a seguir mostra essa razão em vários países no ano 2000:

PAÍS	NOVO CAPITAL DE RISCO ANUAL POR PESSOA (EM DÓLARES NORTE-AMERICANOS)
Cingapura	217,00
Hong Kong	110,00
Coreia do Sul	1,38
Índia	0,34
Filipinas	0,12
China	0,07
África do Sul	0,07

Mais de 150 países têm capital de risco anual zero por pessoa (arredondando para o centavo mais próximo).

As nações em desenvolvimento, especialmente as que têm um PIB *per capita*, digamos, acima de US$3.000, têm muitas *start-ups* (corporações em início das atividades) fazendo muito dinheiro, de vinícolas a software. Em geral, suas empresas mais bem-sucedidas são as planejadas para exportar produtos para países ricos. Ao contrário do que se supõe, exportadoras de produtos *high-tech* — por exemplo, fábricas de software e manufaturas de produtos eletrônicos — costumam dar mais certo do que as que se baseiam na agricultura e na mineração.

Jovens agressivos ficam muito menos propensos a criar problemas quando são desafiados a participar de uma *economia de ideias*. Quando conversam sobre "as ideias que podem ter" ou sobre "maneiras de participar", suas energias serão canalizadas para áreas empolgantes. Não faz sentido que não tenham acesso ao capital. Se forem excluídos de qualquer participação, seus instintos agressivos podem levá-los a procurar confusão. Um fator de alavancagem fundamental em países pobres é garantir que os jovens sejam treinados para o empreendedorismo e que os obstáculos burocráticos sejam removidos.

Nem todos os capitalistas de risco se comportam muito bem. Antes da quebra de 2000, os capitalistas de risco norte-americanos imaginavam esquemas engenhosos para enriquecer à custa dos outros. Muitas vezes, os fundadores de novas e incitantes companhias acabaram sendo "enfraquecidos". Muitas empresas pequenas fracassaram quando poderiam ter sido alimentadas para o sucesso. Em países pobres, o capital de risco deve ser do tipo "provedor". Pode vir de agências governamentais ou fundações beneficentes, assim como de investidores em busca de lucro. As universidades devem estimular e ensinar o empreendedorismo, ter um braço de capital de risco para incentivar a inventividade dos estudantes e investir em corporações estudantis que possam ajudar a formar o capital inicial da universidade.

Nos dois últimos séculos, os países que agora chamamos de Primeiro Mundo fizeram uma jornada tortuosa, da contabilidade feita com pena de ave aos computadores, dos navios a vela aos aviões a jato e dos bancos simplistas às complexas instituições do capitalismo. É difícil inventar tais coisas mas, depois que existem, podem ser postas em uso em qualquer lugar. Os países pobres de hoje não precisam repetir a jornada dos dois últimos séculos: podem saltar diretamente para a idade da Web, da medicina moderna, das corporações eficientes e das oportunidades de comércio global. Hoje, um país pode fazer a jornada da pobreza à afluência muito mais depressa do que no passado porque a tecnologia existe e porque processos eficientes podem ser ensinados. Alguns países fizeram isso. Cingapura e Coreia do Sul foram dos andrajos à riqueza em menos de duas décadas. O "milagre econômico" japonês, depois do país se recuperar da Segunda Guerra Mundial, foi espantoso e a transformação da China será mais espantosa ainda.

É importante perguntar: por que é tão excepcional a decolagem de Cingapura e da Coreia do Sul? Por que os países mais subdesenvolvidos são tão desanimadoramente diferentes? Por que, partindo do mesmo ponto, a Coreia do Sul se expandiu enquanto a Coreia do Norte caiu numa pobreza paralisante? Alguns dos países mais pobres têm tido chefes de Estado opressores, preparados para assassinar, torturar e usar quaisquer outros meios para enriquecer. Eles oprimem o público e impedem a realização de eleições genuínas. Esse é um problema que não foi resolvido porque as nações do mundo quiseram respeitar a soberania de outras nações e não se envolver em guerras caras que não as beneficiam diretamente.

Só depois de derrubar o regime corrupto é que medidas como as de Jeffrey Sachs podem ser adotadas para acabar com a pobreza extrema.

EDUCAÇÃO MUNDIAL

Logo haverá bem mais de um bilhão de adolescentes no planeta. Adolescentes informados do mundo todo parecem estar muito preocupados com o planeta e seus problemas. Reagem fortemente aos tópicos deste livro e deveria haver muita educação gratuita para essa Geração da Transição. À medida que amadurecem, um bilhão de adolescentes usando as salas de bate-papo da Internet, preocupados com o planeta, serão uma grande força para a mudança.

Crianças de todas as nações adoram a Internet quando têm acesso a ela. Numa das cidades-favela mais pobres, levamos uma versão simulada da Internet para uma sala cheia de jovens que nunca tinham visto nada igual. A reação foi incrível. As crianças subiam umas nas outras para tocar no teclado e não queriam parar de brincar com aquilo. Em muitos países pobres, a Internet não está disponível nos lares, mas pode estar presente nas escolas, fazendas, escritórios e cafés.

A Declaração Universal dos Direitos Humanos da ONU diz que a educação primária deve ser *obrigatória* e gratuita. A tecnologia dá uma nova praticidade a esse objetivo profundo. Pelo menos parte do material educativo não elementar deveria também ser *gratuito* para os países em desenvolvimento. Um uso de alta alavancagem da Internet seria a criação de um sistema de educação gratuito, amplamente disponível e divulgado entre professores.

Em países menos desenvolvidos, há uma grande necessidade de voluntários de fora para ensinar os professores. Em 2004, Tom Benson e eu criamos uma organização sem fins lucrativos chamada World Education Corps (WEC) para fazer exatamente isso. Hoje sediada na Oxford University e ligada à 21st-Century School, ela recruta voluntários de qualquer país para ir a outros países com produtos de mídia digital e usá-los para ajudar os professores, mostrando-lhes como explorar a grande quantidade de material educativo disponível. Atualmente, a WEC opera em conjunto com a iEARN (International Education and Resource Network), que opera em 110 países. Os voluntários da WEC prestam um ano de serviço. Os que se revelam excepcionais podem fazer um curso de mestrado em Oxford depois da experiência em campo; a meta é criar futuros líderes. No nível básico, além de aprender a ler, escrever e fazer contas, os alunos aprendem noções de métodos agrícolas adequados, saneamento, alimentação e cuidados com a saúde. No nível mais elevado, a ênfase é na capacitação profissional. Quando publicamos um anúncio pedindo voluntários, apareceram tantos candidatos que tivemos que dispensar muita gente boa.

Existem recursos educacionais digitais maravilhosos, mas a maioria não sabe disso. Para que essa tecnologia funcione no mundo em desenvolvimento, são necessários guias humanos para mostrar os recursos disponíveis e como usá-los. Os voluntários ajudam a conectar a escolinha da aldeia à World Wide Web. Ninguém precisa necessariamente de um computador para acessar a educação pela Internet; ela pode ser disponibilizada através de aparelhos de televisão e unidades portáteis. O Massachusetts Institute of Technology (MIT) está desenvolvendo um computador pessoal de US$100. Quando um jovem de qualquer país se torna voluntário em outros países e ajuda a usar os fatores de alavancagem que podem mudar o mundo, sua vida se torna excitante e realizada. O melhor auxílio que as nações ricas podem dar às nações pobres é ajudá-las a pôr em funcionamento formas mais eficazes de educação.

Sir Edmund Hillary, que foi a primeira pessoa a escalar o Everest, começou a voltar todos os anos ao vale isolado nas altitudes do Nepal para ajudar os xerpas a construir escolas. Daquela população de aldeões descalços, que antes não eram ensinados a ler, um se tornou piloto comercial de Boeing, outro um executivo do ramo hoteleiro e outro um dos diretores dos programas de conservação da Ásia para a World Wildlife Fund [WWF] em Washington. A iEARN está tendo experiências semelhantes.

Um dos objetivos dos países bem-sucedidos deveria ser ajudar os países falidos a sair de seu pesadelo. Se os países prósperos sabem cultivar alimentos, curar doenças e criar empregos, é trágico que esse *know-how* não seja transferido mais prontamente para os bilhões de pessoas que precisam dele. A longo prazo, essa transferência beneficiaria todos os países — porque a população mundial cresceria a uma taxa menor, diminuindo os problemas futuros.

Este não será um planeta saudável se parte dele continuar destituída, superpovoada e desprezando o meio ambiente, como é o caso hoje. O mundo rico não ficará isolado se, em duas ou três décadas, houver bilhões de pessoas vivendo num estado assustador de pobreza e doença, sem saber como alimentar seus filhos.

DUAS IMAGENS DO MUNDO

Duas imagens do mundo de hoje deveriam ser postas lado a lado — uma de pessoas vivendo em países ricos com casas luxuosas, gramados excessivamente fertilizados, estresse, tédio, depressão, drogas e garagens para três carros, e outra de pessoas vivendo no indizível horror das cidades-favela do Quarto Mundo, com menos de um dólar por dia, água contaminada, miséria, estupro, ratos, violência e doenças incontroláveis. Se 1% da renda dos primeiros fosse desviada para os últimos, nem faria diferença para os primeiros, mas poderia eliminar a pobreza extrema dos últimos.

Agora, aperte o botão *fast-forward* até que as imagens estejam a 30 anos no futuro. Há mais nações ricas, muito mais ricas do que hoje, mas o mundo está no cânion. A diferença entre os maiores ganhadores de dinheiro e a média das pessoas é muito mais exagerada devido às tecnologias que descrevemos. Hordas incontroláveis se mudam para as cidades mais pobres do mundo e o estado das cidades-favela do Quarto Mundo é ainda pior. A polícia é recebida a tiros quando tenta entrar. O saneamento precário nas cidades-favela é uma incubadora de doenças infecciosas e o mundo tem planos de quarentena, esperando impedir uma pandemia global. A população combinada da China e da Índia está em torno de 2,8 bilhões e sua demanda consumista por comida melhor e mais na moda fez com que os preços mundiais dos alimentos subissem a níveis inacessíveis aos países mais pobres. A água está acabando e a mudança climática diminuiu a produtividade agrícola de muitos países pobres. Radicais muçulmanos defendem o *jihad* como única resposta e encontram incontáveis seguidores. Há migrações humanas em massa para os países ricos e recrutamento em massa por parte de organizações terroristas. Muitos migrantes do Quarto Mundo estão descobrindo formas de entrar em países do Primeiro Mundo.

Os países ricos de hoje deveriam enxergar como é sábio impedir que tais imagens se tornem realidade. Para tanto, precisam agir agora, no mundo inteiro. Como no caso de outros problemas importantes descritos neste livro, sabemos quais são as soluções, só que elas estão sendo aplicadas numa escala muito pequena. Em algum momento do futuro, a maior parte da pobreza extremada será reduzida mas, quanto mais se adia esse momento, maior será a população na pobreza e mais difícil a transformação.

CIDADES DE REAÇÃO

Em certos momentos, certos lugares desenvolveram uma intensidade de atividade inteligente, onde pessoas brilhantes se estimulam mutuamente. Assim como os nêutrons num reator nuclear provocam a liberação de outros nêutrons, algumas cidades especiais se transformaram em cidades de reação, onde novas ideias conduzem a outras ideias. Londres nos dias de Shakespeare foi um lugar assim. Os teatros eram novidade; até então, havia apenas bandos ambulantes de atores mambembes. Por volta de 1560, muitas peças foram escritas e muita gente adotou essa atividade, tornando-se atores, figurinistas e pretensos dramaturgos. Nem a peste os deteve. Novas ideias desencadearam outras novas ideias, como numa reação em cadeia. Quatrocentos anos depois, algo semelhante aconteceu no Vale do Silício, com a nova tecnologia. Quando uma área começa a desenvolver fama de área de reação, pessoas brilhantes de todo o mundo rumam para lá, como no caso de Paris antes da Primeira Guerra Mundial ou de Praga na década de 1990. O século XX viu o crescimento de novas áreas que estimularam a criatividade, como a produção de filmes e de propaganda em Mumbai e do *design* elegante em torno de Milão. As cidades de reação podem se concentrar em tipos específicos de atividade, como Viena se concentrou na música e Paris na interação social da Belle Époque.

No Terceiro Mundo, há exemplos espetaculares de reações econômicas em cadeia — por exemplo, o crescimento fenomenal de Cingapura, Hong Kong, Taipei e Mumbai, ou de Bangalore com sua indústria de software. Shangai tem sido a cidade de crescimento mais rápido de todos os tempos, fazendo ferver a imaginação dos arquitetos. Algumas dessas cidades têm sido governadas de modo a eliminar a pobreza, como aconteceu com Cingapura, enquanto outras permitem que uma grande riqueza coexista com uma pobreza devastadora, como Mumbai.

Os governos do Terceiro Mundo deveriam criar cidades de reação deliberadamente, como a Malásia fez com Kuala Lumpur. Com ênfase na educação e na alfabetização, atrairiam corporações avançadas. Cada área deve se especializar em algum tipo de nova tecnologia. Uma cidade assim pode ter um corredor de alta tecnologia entre a cidade e seu aeroporto e infraestrutura para crescimento digital com comunicações em banda ultralarga.

Muitos fatores se combinam quando uma área de reação decola. Um ritmo de inovação crescente se correlaciona positivamente com uma taxa de natalidade decrescente. São essenciais os gastos com educação. Há maneiras de atrair pesquisadores e corporações avançadas do exterior. O padrão do desenvolvimento intelectual, a redução da taxa de natalidade e as exportações digitais serão a chave para um futuro melhor em muitas partes pobres do mundo. Uma cidade de reação pode crescer mais depressa com indústrias de *conhecimento* do que com indústrias *físicas*, como foi o caso da indústria de software da Índia ou das indústrias de alta tecnologia que levaram Cingapura dos farrapos à opulência. Uma área que tenha determinadas indústrias de conhecimento como alvo pode oferecer altos incentivos a pesquisadores e corporações nesses campos. Hoje, a biotecnologia oferece inúmeras oportunidades, especialmente no novo mundo da medicina rejuvenescedora.

Os países que hoje estão estagnados deveriam ser estimulados a planejar a criação de cidades de reação. Essas cidades podem dar certo se forem construídas em torno de universidades.

SINGULARITY CITY [CIDADE DA SINGULARIDADE]

Embora algumas partes do Terceiro Mundo tenham dado passos promissores em direção à eliminação da pobreza extrema, a perspectiva de tais programas é desanimadora no Quarto Mundo. Nos países mais pobres, a população está crescendo enquanto os ganhos por pessoa caem, e o triste estado das cidades-favela está se propagando.

Alguns países da Ásia saltaram da sociedade agrária para a sociedade da informação, sem atravessar os estágios intermediários da industrialização. Em cada país, é preciso perguntar como saltar das comunidades sem esperança de hoje para comunidades cheias de esperança.

Consideremos o seguinte projeto: num país do Quarto Mundo, um local é escolhido para uma cidade do futuro. Ela começa com um plano de 40 anos e um orçamento baixo, mas sabendo de onde virão os fundos à medida que se desenvolve. É oferecida às mulheres ou aos casais com filhos de cidades-favela a oportunidade de mudar para essa nova área, num conjunto habitacional simples. Os pais são alfabetizados e empregados na construção da infraestrutura da cidade. Ela deve ser uma cidade limpa, saneada e ambientalmente correta, sem carros mas com um serviço de transporte urbano excelente, talvez como o de Curitiba, no Brasil. Nos arredores haverá áreas de estacionamento para carros e, eventualmente, pequenas florestas de geradores eólicos de 5 megawatt. Dentro da cidade haverá grandes painéis de energia solar e capacidade de gerar combustível para células de combustível. Todas as casas e prédios terão provimento de Internet de banda larga. Uma arquitetura dramática será planejada mas, como não foi o caso de Brasília, a maior parte da cidade não será construída até que possa gerar dinheiro suficiente para se financiar — talvez em 10 ou 20 anos.

As crianças irão para pré-escolas do tipo *Head Start* (pré-escolas de excelência oferecidas pelo governo) desde a mais tenra idade. Para ajudá-las a aprender inglês (como primeira ou como segunda língua), assistem a clipes de filmes divertidos e ouvem música em inglês no iPod. Crescem com BlackBerrys, salas de bate-papo na Internet, jogos de computador e realidade virtual. Bons cuidados de saúde acompanham o crescimento da população e garantem que os bebês e as crianças de todas as idades sejam bem-alimentados. Inicialmente, portadores de HIV não serão admitidos na cidade. Será exigido um comportamento adequado à prevenção da AIDS, juntamente com todas as possíveis precauções antiAIDS. No começo, as escolas estarão preocupadas com as crianças muito pequenas. Presume-se que quando essas crianças tiverem 40 anos, já terá ocorrido a Singularidade e elas serão educadas em matérias relevantes. Depois da Singularidade, as pessoas serão empregadas de maneira muito diferente da atual, e a educação leva isso em conta. A cidade será chamada de Singularity City [Cidade da Singularidade].

Singularity City terá um tecido social totalmente diferente do tecido fracassado das cidades-favela. As crianças crescerão com amor da família e disciplina adequada, mas sem as repressões tribais do velho mundo e dos difundidos costumes sociais que penalizam os que são exceções. À medida que o volume das grandes migrações urbanas for crescendo, pessoas selecionadas serão enviadas para Singularity City. A cidade será projetada para atrair a atenção global e terá um quadro de consultores de alta qualidade, incluindo cientistas do mundo todo.

Além da educação básica, os jovens serão treinados em biotecnologia, Web design de qualidade, hidroponia, técnicas de alta produtividade de recursos, medicina regenerativa, nanotecnologia, trans-humanismo e métodos de administração para uma era de ultracriatividade. Será uma educação de intensa criatividade, descobrindo aplicações das novas tecnologias. Os jovens aprenderão também sobre os problemas descritos neste livro, sobre as soluções para esses problemas e sobre a possibilidade de viver até os 120 anos. Os mais jovens aprenderão que o comportamento não ético não é uma opção. Haverá muita ênfase na criação de uma vida que tenha valor e significado.

Singularity City terá uma universidade virtual, com um campus físico na cidade e conexões com salas de aula e atividades de pesquisa em algumas das melhores universidades do mundo. À medida que a fama da cidade se espalhar, haverá inúmeros candidatos querendo ir para lá e os mais promissores entre eles serão selecionados.

Os jovens de Singularity City aprenderão a ser empreendedores e interagirão em websites com empreendedores do mundo todo. Aprenderão tudo sobre as infindáveis oportunidades que esperam por eles, oportunidades que podem estar em qualquer lugar porque dizem respeito a conhecimento, ideias, inteligência computacional e design nanotecnológico. A cidade terá fábricas nanotecnológicas tão pequenas que poderão ficar sobre a mesa. Singularity City será projetada para ser um dos centros de excelência do "Mundo Plano", incrivelmente diferente das terríveis cidades-favela, onde seus filhos fundadores nasceram.

Como aconteceu na Irlanda nos anos 1990, a cidade atrairá investidores estrangeiros e corporações de alta tecnologia que lá possam instalar laboratórios, indústrias de software e de produção de equipamentos. A cidade atenderá às necessidades de tais corporações melhor do que outros lugares porque terá impostos mais baixos e um suprimento de jovens treinados nas novas formas de criatividade.

Pode haver muitas variações da ideia de Singularity City. No mundo todo, haverá muitos estudos sobre o que deve ser a cidade depois da Singularidade. As cidades existentes estão muito abaixo desse ideal. Singularity City focalizará o futuro desde o começo, evitando os grupos de interesse do passado. Sediará conferências sobre a vida pós-Singularidade. E atrairá inevitavelmente capitalistas de risco, empreendedores avançados e corporações com visão de futuro.

O planeta pós-Singularidade terá muitos superastros, muito mais do que hoje. Alguns dos melhores poderão vir de um ambiente como Singularity City — filhos de pai desconhecido, com a sorte de não terem nascido HIV positivos, pinçados da destituição e recrutados para participar de um novo e espantoso jogo humano. O objetivo é demonstrar que podemos pegar crianças sem qualquer esperança e colocá-las num mundo de grande esperança. Podemos pegar jovens cujo futuro parece ser trágico e lhes dar um futuro imensamente excitante.

23

ROLETA-RUSSA COM O *HOMO SAPIENS*

A magnificência do que as civilizações humanas realizarão se continuarem a existir por séculos sem fim supera tudo o que se possa imaginar — tão magnificente que seria trágico demais se a humanidade terminasse. Correr o mais leve risco de deletar o *Homo sapiens* é o mais indizível mal — a pior atrocidade de que somos capazes. Difundiu-se entre os biocosmologistas a ideia de que é um acontecimento extremamente raro um planeta desenvolver vida com inteligência avançada como a da Terra. Portanto, exterminar a humanidade seria um crime espiritual de magnitude sem paralelo. O público tem que tomar consciência disso e reagir com a mais completa indignação se um cientista ou político aceitar um caminho em que haja uma probabilidade, por pequena que seja, de apagar o futuro da humanidade.

Uma guerra no final do século XX traria um inverno nuclear, que causaria fome em todo o planeta, mas uma guerra mundial no século XXI poderia usar armas biológicas, à base de vírus ou de bactérias, para exterminar os sobreviventes do inverno nuclear. Este é o primeiro século que traz uma variedade de maneiras de acabar com o *Homo sapiens*.

Esse perigo estará presente nos séculos futuros. Temos poder para destruir a civilização e acabar com a humanidade. Esse poder continuará a crescer; por isso, a humanidade precisa instalar salvaguardas.

O INSTINTO DO CIENTISTA

Bill Joy, antigo cientista-chefe da Sun Microsystems, fez um estudo das atividades humanas capazes de ameaçar nossa existência. Quando eu o entrevistei, ele comentou: "Não há provas — nenhuma evidência *a priori* — de que nossas descobertas venham a contribuir para a continuação da nossa existência. Podemos descobrir coisas tão poderosas que nos destruam".

Quando se fala de aceleradores de partículas que podem ser perigosos, de nanotecnologia autorreplicadora desgovernada, de patógenos artificiais contra os quais a natureza não tem proteção ou de modificações genéticas fora de controle, a maioria reage dizendo: "Isso é loucura!" É como se vissem lemingues se precipitando para um despenhadeiro. Aconteça o que acontecer, parem com isso! Quando estava terminando este livro, participei de uma conferência de sete dias com físicos de alto nível da Rússia, todos eles preocupados com fusão e com o "próximo" colisor de átomos. Houve discussões sobre meios alternativos para construir esse colisor, mas absolutamente nenhuma discussão sobre o que ele pode fazer. Quando falamos em "lemingues", vale incluir pessoas brilhantemente inteligentes, precipitando-se para a frente com um foco intenso.

O instinto do cientista é aprofundar ao máximo o conhecimento da humanidade. O grande astrofísico Subrahmanyan Chandrasekhar prestou tributo ao espírito de seu mentor, *Sir* Arthur Eddington, referindo-se a Ícaro, que chegou perto demais do Sol com asas feitas de penas e cera. Chandrasekhar disse: "Vejamos até onde podemos voar antes que o sol derreta a cera de nossas asas".

Alguns experimentos com aceleradores de partículas atômicas são muito excitantes para os físicos. Os átomos são compostos de partículas subatômicas, como elétrons, prótons e nêutrons. Estes são compostos de partículas menores — e estas por partículas menores ainda. Os físicos pensavam orgulhosamente que sabiam tudo sobre a matéria quando conheciam apenas os elétrons, prótons e nêutrons; agora há mais de 200 partículas, algumas das quais duram só um bilionésimo ou um trilionésimo de segundo — um mundo bizarro. As partículas físicas parecem um jardim tropical subitamente infestado por todos os tipos de entidades exóticas.

Um trilionésimo de segundo depois do Big Bang, o universo era uma sopa minúscula dessas partículas, imensamente densa e quente. Os físicos esperam reproduzir essas condições por um breve momento. Isso os ajudaria a compreender melhor a natureza básica da matéria, que parece ser cada vez mais misteriosa.

Para isso, precisam de um colisor de átomos muito mais poderoso do que o colisor em forma de anel do CERN (European Laboratory for Particle

Physics),* que circunda a fronteira entre a França e a Suíça perto de Genebra. Pretendem acelerar dois feixes de átomos pesados em direções opostas num caminho absolutamente reto — e quando a velocidade dos átomos for suficiente, pôr os dois feixes em rota de colisão frontal.

Um átomo de ouro é muito pesado. Cada átomo de ouro consiste em 79 prótons, 79 elétrons e 118 nêutrons. Os físicos planejam acelerar átomos de ouro a velocidades próximas da velocidade da luz e então fazê-los colidir. Essa colisão espetacular produziria todos os tipos de detritos. Os átomos de ouro se estilhaçariam em prótons e nêutrons, que implodiriam e se quebrariam em partículas ainda menores. A colisão produziria mil quarks — partículas subatômicas que constituem os prótons e nêutrons — que também se estilhaçariam. Os cientistas esperam reproduzir, por um instante, uma sopa denominada "plasma de quarks e glúons", aquilo de que o universo foi constituído durante um instante, logo depois de ter sido criado pelo Big Bang.

Foi identificado um local na Alemanha que é absolutamente reto por 30 quilômetros, onde poderia ser construído um acelerador linear. Os feixes de partículas não podem se desviar mais do que uma fração da espessura de um fio de cabelo da linha reta. O projeto avançou, mas cálculos mais detalhados mostraram que 30 quilômetros podem não ser suficientes para produzir uma colisão com a força desejada. Então, o governo alemão elaborou um plano para adquirir terras e demolir edifícios, viabilizando a construção de um acelerador de 40 quilômetros de comprimento.

Esse colisor de átomos é conhecido como "Next". Ele criará condições que reproduzem o que o universo era um *bilionésimo* de segundo depois do Big Bang. O Next será muito caro para construir, mas os cientistas já estão planejando a criação de um colisor de átomos ainda maior, que chamam de "Next Next". Este reproduziria as condições de um *trilionésimo* de segundo depois do Big Bang. À medida que o século avançar, os físicos pensarão em colisores cada vez mais poderosos e já fazem piadas com o nome "Next Next Next" e "Next Next Next Next". Ninguém sabe onde encontrarão um caminho totalmente plano com centenas de quilômetros de comprimento — talvez em algum país destituído (e talvez construam lá uma Cidade da Singularidade).

Alguns físicos acham que o Next pode ser perigoso. Quando se cria condições que não existem na natureza, há um leve risco de que algo possa correr errado. É possível que os quarks se rearranjem num objeto muito comprimido

---

* Laboratório Europeu de Física de Partículas.

denominado "*strangelet*", que nunca foi observado. Com carga negativa, o *strangelet* atrairia o núcleo atômico, que é carregado positivamente. Poderia engolir todos os núcleos positivamente carregados que encontrasse. Teoricamente, uma sopa de *strangelets* atrairia núcleos atômicos num processo desgovernado que consumiria nosso planeta inteiro.

Um grupo de físicos reviu os perigos possíveis do colisor no Brookhaven National Laboratory e concluiu que os *strangelets* só seriam produzidos sob condições de pressão anormalmente elevada e de temperatura anormalmente baixa. Disseram que é impossível produzi-los na máquina atual, onde está sendo feita a aceleração atômica.[1] Um grupo de cientistas do CERN, o maior colisor atômico europeu, concluiu que se os experimentos continuarem por 10 anos, a probabilidade de catástrofe será inferior a 1 em 50 milhões.[2] Parece seguro, mas é mais ou menos como alguém ganhar na loteria nacional britânica com um único bilhete.

Se forem produzidas condições muito parecidas com o Big Bang, podemos ter outro Big Bang. Há situações em que um buraco negro minúsculo pode se formar e sugar tudo à sua volta. A possibilidade de tais experimentos produzirem uma reação que devore toda a matéria é algo que só os melhores físicos matemáticos podem avaliar. Talvez haja só uma meia dúzia de pessoas em todo o planeta capazes de fazer esse cálculo. Se a probabilidade for *quase* zero, os físicos podem deixar de mencionar o fato, determinados que estão a fazer o experimento.

A fronteira da compreensão científica parece se afastar cada vez mais, à medida que obtemos novos conhecimentos. Os cientistas estarão sempre no seu encalço. Ainda não há planos para o Next Next Next, mas a mente dos cientistas é tal que desejará chegar cada vez mais perto do Big Bang na esperança de aprender tudo o que puder sobre a natureza fundamental da matéria.

Este é o primeiro século em que a humanidade pode dar fim à própria existência com uma tecnologia que dê errado — talvez com patógenos geneticamente modificados, com nanotecnologia autoevolutiva ou com um colisor de partículas que reproduza condições parecidas com as do Big Bang — se não for o colisor "next" ou o "next next" será um outro, mais cedo ou mais tarde. Talvez o "next next next next" desencadeie um evento subatômico que consuma a atmosfera.

Lorde Rees, o Astrônomo Real Britânico, descreve experimentos científicos em diversas áreas que podem levar a resultados interessantes mas que apresentam uma pequena probabilidade de perigo extremo — em física do plasma, nanotecnologia, pesquisa de armas biológicas ou experimentação genética. Ele acredita que é preciso evitar qualquer risco de tais experimentos resultarem em erros catastróficos, deixando-os de lado se as incertezas forem muito grandes. Mas não podemos garantir que outros cientistas o imitarão. Discuti esse assunto com Freeman Dyson, o legendário físico e amigo do Astrônomo Real, e ele citou Shakespeare: "Pensas por acaso, porque és virtuoso, que não deva haver mais bolos e cerveja?"

PATÓGENOS ARTIFICIAIS

A natureza tem uma quantidade enorme de patógenos. Eles penetram em nosso corpo o tempo todo e em geral não provocam muitos danos. Alguns causam doenças sérias, mas normalmente não matam suas vítimas. Isso se explica porque a natureza, durante milhões de anos de tentativa e erro, desenvolveu proteção contra eles. Os sistemas imunológicos da natureza são de uma complexidade fantástica.

Infelizmente, modificando o DNA de um patógeno, podemos produzir alguma coisa que a natureza nunca viu e contra a qual não tem proteção. Podemos hoje modificar o DNA com um kit de ferramentas parecido com um processador de textos. Podemos de repente introduzir um vírus modificado — um patógeno contra o qual não há proteção. O kit de ferramentas para modificar o DNA está ficando cada vez mais difundido e mais fácil de usar. Em alguns cursos de ciência, os alunos já modificam DNA.

Em 24 semanas, a gripe de 1918 matou muito mais gente do que a AIDS matou nos últimos 24 anos. Um total de 50 a 100 milhões de pessoas morreram de AIDS — embora apenas uma pequena parcela das pessoas infectadas ter morrido. Um vírus produzido pelo homem, contra o qual a natureza não tenha qualquer defesa, pode matar 100% das pessoas que infectar. Como a Austrália é assolada por ratos, em 2000 dois pesquisadores tentaram criar um novo anticoncepcional para camundongos. Descobriram um vírus de varíola de rato e adicionaram um gene a ele. Para sua surpresa, ele matou *todos* os ratos do experimento. Não houve sobreviventes. Um trabalho semelhante foi feito depois nos Estados Unidos: todos os ratos morreram, incluindo os que tinham sido vacinados e os que tinham tomado drogas antivirais.

A nossa varíola é mais ou menos o equivalente humano da varíola do rato, que não pode ser transferida para seres humanos. A natureza nos deu alguma proteção para a varíola, de modo que nem todo ser humano que contraiu a doença morreu, sendo substancial o índice de sobrevivência. Mas a varíola pode ser modificada, como a varíola de rato na Austrália, de modo a se transformar num patógeno que a natureza nunca viu. Nesse caso, a natureza não ofereceria proteção. Se uma doença altamente infecciosa mas comum for artificialmente modificada de maneira a conter uma toxina mortal, podemos ter um assassino perigoso à solta.

Alguns tipos de vírus, como o da gripe comum, são transmitidos entre as pessoas muito facilmente. Não vá trabalhar se estiver com gripe, ou a transmitirá para uma porção de gente. Se as pessoas estiverem tossindo ou espirrando num avião, faça gargarejos com Listerine ou algum outro antisséptico.

Alguns vírus — como o HIV — podem se esconder por tanto tempo que as pessoas não percebem que o contraíram até que surja uma doença oportunista. Felizmente, o HIV não é transmitido com tanta facilidade, como o resfriado ou a gripe. Suponha que a gripe de 1918 tivesse sido causada por um patógeno com um tempo longo de invisibilidade, como o HIV. Ele poderia ter se espalhado por quase todo o planeta antes que sua presença fosse notada. Se, além disso, ele fosse letal como o HIV, muita gente do mundo todo teria recebido uma sentença de morte antes que se soubesse que algo estava errado.

A natureza pode se proteger de patógenos naturais porque teve centenas de anos de mutações de tentativa e erro, mas não pode se proteger de um patógeno artificial que nunca viu antes.

Uma combinação realmente mortal seria um vírus ou germe com as seguintes características:

- O vírus é altamente infeccioso, como o da gripe de 1918, de modo a se espalhar pelo mundo todo.
- Transporta a variante de uma doença artificialmente criada por engenharia genética, de modo que não exista qualquer proteção contra ele na natureza.
- Tem um longo período de incubação, como o HIV, de modo que pode se espalhar pelo planeta inteiro antes que alguém fique doente.
- É 100% letal, como a varíola de rato australiana.

Essa combinação pode aniquilar quase toda a humanidade. Ela só se tornou possível nos tempos de hoje, já que só recentemente a humanidade aprendeu a criar patógenos artificiais contra os quais a natureza não tem proteção. Agora está ficando fácil. Ron Jackson, um dos pesquisadores que criou a varíola de rato letal, disse que não é tão difícil criar um vírus assim. Uma pessoa capacitada, com o equipamento certo e com o treino adequado, pode fazê-lo no porão de casa.

No mundo atual, o conhecimento sobre a produção de uma arma de destruição em massa é quase tão perigoso quanto a arma em si mesma. Se as pessoas sabem como fazer a arma ou como adquirir seus componentes, o mundo não é seguro. Como a tecnologia atual permite que extremistas provoquem eventos catastróficos, qualquer informação perigosa deve ser trancada a sete chaves e não ficar disponível na Internet. *O conhecimento deve ser trancado a sete chaves, tanto quanto a arma.*

Uma descrição detalhada da criação da varíola de rato australiana foi apresentada para publicação no *Journal of Virology*. Bill Joy e outros protestaram, dizendo que tal publicação era uma loucura. Então o genoma completo do vírus da gripe de 1918 foi postada na Web, tornando-se mundialmente disponível.

Como no caso das armas de destruição em massa, o acesso a informações que permitam criar um vírus letal é quase tão perigoso quanto o vírus. Nunca mais deve haver na Internet instruções para se fazer uma bomba atômica. A sociedade deveria impor as penalidades mais severas para qualquer organização que permita que isso aconteça.

MEDIDAS DE SEGURANÇA

Riscos que possam acabar com o *Homo sapiens* são chamados de "riscos existenciais" (riscos à nossa existência). Os patógenos geneticamente modificados são um desses riscos. Daqui a algumas décadas no futuro, poderemos ter problemas com dispositivos nanotecnológicos pequenos demais para serem vistos. Vários aspectos da tecnologia futura podem pôr em risco a humanidade. Marvin Minsky comentou comigo: "Se continuarmos no caminho que estamos seguindo, podemos não chegar ao fim do próximo século. Quando os faróis mostram um perigo óbvio, o bom senso diz para pisar no freio, mas muitas vezes os cientistas querem pisar fundo no pedal do acelerador".

Ao tomar conhecimento do Holocausto, todo mundo reconhece o mal indizível que foi feito; trememos só de pensar nisso. No entanto, ao discutir um cenário do futuro, em que a humanidade é "aniquilada" por um patógeno artificial, a compreensão do que isso significa não é assimilada. Isso *tem que* mudar se quisermos desenvolver discernimento a respeito das escolhas que temos pela frente.

O acelerador "Next Next" talvez permita um grande passo à frente na compreensão do universo, mas a relação risco/recompensa é absolutamente inaceitável se o risco for uma possibilidade ínfima do fim do *Homo sapiens*.

Há tecnologias defensivas para combater riscos existenciais. Por exemplo, serão desenvolvidas tecnologias antivirais muito melhores. Será preciso contar com um bom conjunto de medidas antiterroristas. As soluções para os perigos têm que ser pensadas com suficiente antecedência para que estejam disponíveis a tempo. Precisamos de um nível apropriado de pesquisa e investimento em medidas defensivas, coisa que não temos neste momento. Por exemplo, no caso de um patógeno que se alastra rapidamente, teríamos hoje uma quantidade totalmente inadequada de vacinas.

Você pode viver feliz em sua casa sem nunca imaginar que ela pode pegar fogo mas, mesmo assim, tem um seguro contra incêndio. É vital ter um seguro para garantir que o *Homo sapiens* sobreviva. Que tipo de seguro funcionaria?

O melhor seguro é estudar os riscos à nossa existência e evitá-los. No caso de quase todos os riscos, podemos construir os meios para que alguns seres humanos sobrevivam. É provável que, até o final do século, tais riscos e salvaguardas estejam bem compreendidos — assim, é este o século que apresenta a ameaça ao *Homo sapiens*.

No final do século XXI, haverá assentamentos humanos independentes em Marte ou em grandes estações espaciais longe da Terra. Se acontecer alguma coisa que não deixe nenhum sobrevivente humano na Terra, poderá haver seres humanos em algum outro lugar para impedir a total extinção da nossa espécie. Na Terra, poderíamos ter laboratórios de contenção biológica, como os que existem nos Centros de Controle de Doenças, suficientes para a sobrevivência humana a longo prazo. Já existem hábitats em minas profundas, isoláveis do que possa acontecer na superfície. Se houver uma catástrofe global, é bom que alguns seres humanos sobrevivam em esconderijos assim. Nesse caso, nossa cultura pode não se perder completamente, já que os sobreviventes teriam acesso a grandes bibliotecas digitais anteriores ao evento.

Este é o primeiro século em que podemos modificar geneticamente patógenos ou criar uma reação subatômica capaz de incendiar a atmosfera. Uma parte vital do propósito do século XXI é compreender os riscos possíveis à existência humana e criar controles e uma tecnologia defensiva que garanta a sobrevivência do *Homo sapiens*. Se sobrevivermos ao século XXI, conheceremos provavelmente os procedimentos para sobreviver a longo prazo.

ALÉM DO DR. STRANGELOVE

Entre as possíveis ameaças à civilização, o armamento nuclear pode ser a mais perigosa. Se houver uma guerra nuclear mundial, ela será combinada à guerra biológica. Uma parte vital do propósito do século XXI deve ser nos proteger de guerras que possam exterminar a civilização.

Assim, o século XXI enfrenta uma das maiores mudanças de paradigma da história — *ou não haverá guerra entre as nações nucleares ou não haverá civilização*. As armas biológicas acabarão se tornando tão letais quanto as armas nucleares. Cabe perguntar: "Será que os políticos atuais conseguem lidar com uma mudança de paradigma de tal magnitude?" Caso consigam, os jovens atuais nunca passarão por nada semelhante às guerras mundiais do século XX.

Henry Kissinger observou que o maior perigo da guerra nuclear não está nas ações deliberadas de homens perversos, mas na incapacidade de homens atormentados para lidar com eventos fora do seu controle. Isso certamente descreve o futuro. Há muitas formas de tropeçar num desastre que nenhum dos lados planeja. Os caminhos possíveis para o desastre têm que ser meticulosamente pesquisados para que possamos tomar providências que eliminem a possibilidade de homens atormentados cometerem erros que levem a uma catástrofe indizível.

Na época da produção dos filmes *Dr. Strangelove* e *Fail-Safe*,* um bombardeiro levava 12 horas para ir dos Estados Unidos à URSS ou vice-versa. Os Estados Unidos criaram o sistema de defesa SAGE (Ambiente Semiautomático em Terra) para avisar ao Presidente Kennedy caso houvesse um bombardeiro soviético a caminho.

Dez anos depois, os ICBMs (Mísseis Balísticos Intercontinentais) faziam a mesma viagem em 25 minutos. Então, a OTAN (Organização do Tratado do Atlântico Norte) criou o BMEWS (Sistema de Alerta contra Mísseis Balísticos), que tinha radares no topo de várias montanhas. Foi projetado para detectar ICBMs soviéticos e canalizar essa informação para um centro de computadores escavado no granito da Cheyenne Mountain, no Colorado. O sistema

* Exibidos no Brasil com os respectivos títulos: *Dr. Fantástico* e *Limite de Segurança*.

levava metade dos 25 minutos para confirmar se os Soviéticos tinham realmente atacado (e não era uma falha do computador) e então alguns minutos frenéticos em que os bombardeiros nucleares decolavam, os ICBMs eram ativados e o Presidente Nixon decidia se lançaria um contra-ataque.

Depois vieram submarinos como o *Outubro Vermelho*. Esse tipo de "*boomer*" soviético transportava 20 mísseis, cada um com 10 ogivas apontadas para alvos separados; assim, podia aniquilar 200 cidades num tempo de voo muito menor do que o dos ICBMs fazendo a longa viagem em torno do planeta. Mal daria tempo para acordar o Presidente Reagan.

Na década de 1980, o jogo acelerou ainda mais. Foram construídos mísseis de cruzeiro, como os que passaram pelos radares de defesa de Bagdá na Guerra do Golfo de 1991. Esses mísseis foram projetados para transportar uma ogiva nuclear imensamente mais poderosa do que a bomba de Hiroshima. Podiam ficar indetectáveis num navio de aparência inócua se aproximando da costa perto de Washington D.C. Houve muita publicidade em torno da SDI (Strategic Defense Initiative), a chamada Guerra nas Estrelas, mas nada se disse sobre os sistemas nucleares de comando-e-controle, projetados de tal maneira que, no nível de alerta mais alto, a retaliação nuclear aconteceria *automaticamente* com mísseis pré-programados. Tanto os Estados Unidos quanto a União Soviética adotaram a estratégia "Launch On Warning", de lançamento automático, porque em caso de ataque não haveria tempo para o líder nacional decidir apertar "o botão". Assim, os computadores foram configurados para fazer *automaticamente* o lançamento caso detectassem sinais de um ataque.

A situação é como a dos pistoleiros nos filmes clássicos de faroeste. Todos querem ser "o gatilho mais rápido do Oeste", instantaneamente pronto para atirar. O passo vagaroso de *Dr. Fantástico* se transforma na rapidez no gatilho do Launch On Warning.

Os dois lados construíram um sistema nuclear computadorizado imensamente complexo — atrelado a uma segurança de primeira qualidade. Contava com muitos dispositivos de segurança que podiam ser sucessivamente liberados à medida que a crise progredisse (DEFense CONdition), por exemplo, DEFCON 5, DEFCON 4, DEFCON 3.

O mundo chegou horrivelmente perto da guerra nuclear em 1962, com a Crise dos Mísseis Cubanos. Esses acontecimentos foram descritos com alguma precisão no filme *Treze Dias que Abalaram o Mundo*, mas a realidade foi ainda mais alarmante porque, sem conhecimento dos produtores do filme ou do "Excom" (comitê executivo) norte-americano que estava no comando, quatro submarinos soviéticos tinham armas nucleares. No momento decisivo da crise, os Estados Unidos bloquearam a frota soviética para impedi-la de ir para Cuba. Às 17h00 do dia 27 de outubro de 1962, um navio norte-americano lançou uma carga de profundidade num submarino soviético, sem saber que ele transportava uma arma nuclear. A carga de profundidade explodiu perto do casco do submarino e o capitão russo se sentiu obrigado a retaliar, ordenando que uma arma nuclear fosse lançada contra os norte-americanos. Para tanto, dois outros oficiais tinham que concordar com o ataque e girar simultaneamente suas chaves. No último momento, o segundo capitão, Vasili Alexandrovich Arkhipov, se recusou. Se não fosse isso, teria havido uma guerra nuclear devastadora.

Felizmente não houve uma Crise dos Mísseis Cubanos nos anos 1980. Nenhuma crise levou qualquer um dos lados a pôr suas forças num alerta tão alto quanto o de 1962.

O confronto nuclear da Guerra Fria ilustra a lógica inexorável da era do computador. Os computadores ficaram cada vez mais poderosos e acoplados a um sistema nervoso. O sistema tem sentidos constantemente em alerta. Computadores adquirem uma inteligência cada vez mais profunda. Na guerra ou nos negócios, é inevitável que a complexidade aumente e o tempo de reação diminua, até que tenhamos sistemas com inteligência eletrônica se enfrentando em tempo real.

O sistema de controle da guerra nuclear pode ser comparado a uma criatura gigante. Os radares e sensores são seus terminais nervosos. As telecomunicações são seus impulsos nervosos. A criatura tem dois tipos de cérebro: um cérebro automático e um cérebro pensante. O cérebro automático usa computadores para dizer à criatura se ela está sendo atacada e deixá-la pronta para reagir. O cérebro pensante avalia a situação como um leopardo ao alvorecer na África, examinando as ameaças e as oportunidades. As garras nucleares da criatura ficam encolhidas quando ela não está em alerta. Se for atacada, reage com extrema velocidade.

No entanto, um problema importante desse controle é que os cérebros serão a primeira coisa a ser atacada. O que aconteceria se Washington e o Presidente dos Estados Unidos fossem destruídos? O que aconteceria se os computadores de comando-e-controle fossem destruídos? Quando os níveis superiores são destruídos, os comandantes de nível inferior têm que assumir, mas como prevenir ataques não autorizados? Os mísseis norte-americanos e russos eram projetados sem qualquer mecanismo de autodestruição; não podiam ser destruídos depois de lançados. Se ocorresse um erro, os mísseis não podiam ser detidos.

No folclore popular, só o Presidente Norte-americano pode "apertar o botão" para iniciar o uso das armas nucleares. A realidade tem que ser muito diferente porque o Presidente dos Estados Unidos pode ser o alvo número um.

A OTAN e as criaturas nucleares da URSS foram construídas para se monitorar mutuamente com uma sofisticada escuta eletrônica. Em certo sentido, isso pode facilitar a escalada. Por exemplo, se o Lado A passa a um estado de alerta mais alto, o Lado B fica sabendo e toma as precauções. Então o Lado A reage a essas precauções e o Lado B observa a reação. Essas ações e reações podem funcionar como engrenagens, reforçando-se mutuamente. Num alto nível de alerta, essas ações e reações ficam difíceis de controlar.

MAD

De 1965 até 1985 mais ou menos, havia um equilíbrio entre as criaturas nucleares dos Estados Unidos e da URSS, representado numa filosofia chamada MAD, um acrônimo memorável para "mutually assured destruction" (destruição mutuamente assegurada). Cada um dos lados era impedido de atacar porque sabia que seria totalmente destruído em consequência. Argumenta-se que a destruição mutuamente assegurada ajudou a evitar a Terceira Guerra Mundial, mas resultou na construção de sistemas computadorizados de pesadelo.

As criaturas nucleares se vigiavam mutuamente a cada segundo de cada dia, sempre desconfiadas e prontas a liberar uma destruição impensável. Cada lado queria ter a certeza de que poderia destruir o outro lado apesar das defesas que se aperfeiçoavam continuamente. Cada lado construía mais armas nucleares na tentativa de tornar o próprio arsenal mais poderoso e o outro lado mais vulnerável. Isso levou ao inacreditável número de 75 mil armas nucleares em meados da década de 1980. Sempre que vou à Rússia, me ocorre que russos e norte-americanos são povos propensos a gostar um do outro. Eles combinam. São parceiros naturais. Há uma insanidade nas questões humanas. No século XXI, a insanidade precisa ser domada.

Nos primeiros anos da MAD, as criaturas nucleares eram relativamente estáveis, mas a tecnologia mudou, como sempre acontece. O tempo entre a detecção de um ataque e o momento da retaliação foi encolhendo. Os submarinos nucleares, silenciosos e indetectáveis, chegavam cada vez mais perto do litoral do oponente, transportando até 200 ogivas nucleares apontadas para alvos separados.

Uma lógica perigosa se aplica a sistemas nucleares. Nenhum dos lados quer a guerra nuclear, mas nenhum dos lados confia no outro. Assim, cada lado usa sua capacidade de retaliação para dissuadir qualquer ataque do outro lado, mas essa capacidade de retaliação é vista pelo outro lado como capacidade de ataque.

Os sistemas nucleares, que eram relativamente simples e estáveis na década de 1960, nos anos 1980 já eram incrivelmente complexos e difíceis de controlar. Foram estritamente protegidos e tinham diversas camadas de elaborados dispositivos de segurança. No caso de uma crise, os dispositivos de segurança seriam removidos camada por camada. O dispositivo de segurança mais secreto era um gatilho muito sensível, com o qual um simples comando podia lançar muitos milhares de mísseis nucleares em direção a alvos pré-programados.

Robert McNamara instituiu a doutrina MAD como a política declarada dos Estados Unidos. Duas décadas depois, defendeu "o retorno das cinco potências nucleares para um mundo não nuclear, na medida do possível".[3] Ele comenta: "As pessoas não compreendem o risco de ficarmos involuntariamente numa posição em que essas coisas sejam usadas. Não compreendem como é confusa a guerra. Cometemos erros na guerra. Essa é a lição da Crise dos Mísseis Cubanos. Só quem já esteve na guerra numa posição de alta responsabilidade sabe quão frequentemente cometemos erros e quão sérios eles podem ser. A combinação incerta da falibilidade humana (da qual jamais conseguiremos nos livrar) com as armas nucleares carrega uma probabilidade muito alta de destruição das nações."[4]

SOCIEDADE EM COLAPSO

Uma ogiva nuclear explodindo sobre uma cidade causaria uma tempestade de fogo maior do que qualquer outra já ocorrida na Terra. Se explodisse a uns dois quilômetros acima de Manhattan, o calor causticante da bola de fogo duraria uns 30 segundos. A explosão inicial destruiria todas as construções num diâmetro de uns 15 quilômetros. A onda de choque cercaria e esmagaria prédios inteiros. As ruas de Nova York se encheriam de detritos dos prédios caindo. A uns 3 quilômetros do chão, os ventos chegariam a 640 quilômetros por hora. A 6 quilômetros, chegariam a mais de 280 quilômetros por hora. O calor intenso derreteria o asfalto das ruas e as estruturas de aço dos edifícios.

Uns 15 quilômetros mais adiante, no Brooklyn e em Nova Jersey, incêndios maciços irromperiam. Nessa distância, muitas pessoas estariam numa agonia apavorante — exauridas, esmagadas, queimadas e expostas à radioatividade, sem qualquer esperança de encontrar enfermeiras ou camas hospitalares. O fogo intenso consumiria o ar em volta, fazendo o vento soprar na direção da cidade. Uma enorme coluna crepitante de fogo se ergueria sobre Manhattan. Os incêndios numa área de 160 quilômetros quadrados convergiriam num único incêndio. Quantidades imensas de detritos radioativos seriam engolfados pela coluna de calor. Materiais radioativos letais choveriam sobre uma área de mais de 20 quilômetros de largura por uns 240 quilômetros de comprimento, dependendo da velocidade do vento. Grande parte da população exposta morreria.

Os mísseis SS-18 da União Soviética tinham, cada um, *10* ogivas apontadas para alvos separados. Os soviéticos planejavam que, depois de um ataque com milhares de ogivas nucleares, usariam bombas biológicas transportadas por mísseis semelhantes. Testaram uma variante do SS-18 que podia transportar 10 ogivas refrigeradas, protegidas do calor da reentrada, sendo que cada uma delas liberaria uma grande quantidade de bombas menores borrifando varíola, antrax e outras pragas mortais em alta escala, para eliminar quaisquer sobreviventes da devastação nuclear.[5]

A maior parte dos alimentos dos Estados Unidos percorrem centenas de quilômetros, mas os sistemas de distribuição não existiriam mais. As técnicas *just-in-time* dos anos 1990, destinadas a diminuir os custos de estocagem, agravariam a falta de alimentos, gasolina e outros produtos essenciais. As pessoas, desesperadas por comida e suprimentos médicos, estariam sem dinheiro para comprar tais coisas.

Daqui a 20 anos, a infraestrutura de uma sociedade avançada será muito mais complexa do que hoje. A inteligência de supercomputadores, diferentemente da inteligência humana, terá aplicações em todos os aspectos da administração da sociedade, mas os programas serão complexos demais para serem escritos à mão; serão gerados por computador — sistemas altamente interdependentes de inteligência artificial NHL (não semelhante à humana). Em 2003, um pequeno incidente provocou a queda de grande parte da rede de energia do leste dos Estados Unidos por mais de um dia. Na sociedade, a excessiva complexidade de sistemas interdependentes cria uma situação metaestável. Uma tal sociedade interdependente funciona bem desde que não seja perturbada demais, mas se seus centros computacionais, redes, estações de telecomunicação, aeroportos, linhas férreas, portos, sistemas de distribuição e bancos forem destruídos, a infraestrutura entrará em colapso, como um castelo de cartas.

Quando pensadores escrevem sobre as coisas mais perversas do século XX, descrevem a despropositada Primeira Guerra Mundial, o Holocausto, os expurgos de Stalin, e assim por diante, mas os Estados Unidos e a União Soviética construíram um sistema de alta tecnologia para matar (com um único comando) muito mais pessoas do que os piores déspotas mataram. Se um confronto internacional tivesse fugido ao controle, a guerra nuclear poderia ter sido deflagrada por um presidente dos Estados Unidos ou um Boris Yeltsin estressado até os limites da insanidade.

Alguns poucos homens tinham construído uma coisa que era incrivelmente imoral além da crença. Ainda assim as grandes forças da moralidade nada disseram. A Igreja Católica falou muito sobre o uso de preservativos. O Dalai-Lama escreveu livros sobre como ser feliz. A Igreja Anglicana debateu o casamento gay. Seria de se esperar uma total indignação das grandes religiões com a viabilização de uma atrocidade nunca igualada na história humana, mas elas ficaram em silêncio.

Quando pensamos sobre o século XXI, temos que perguntar como a humanidade chegou a uma situação em que havia 75 mil ogivas nucleares e sistemas de comando-e-controle jogando roleta-russa com a civilização. Como essa situação ridícula pôde acontecer? Talvez tenhamos a desculpa de que nada assim tinha acontecido antes. Era algo que estava além da imaginação mais desenfreada. Foi o resultado de milhares de decisões, a maioria envolta em segredo; o público em geral não via para onde aquilo estava levando e nem podia enfrentar o problema.

Depois de Hiroshima e Bikíni, sabíamos o que as ogivas nucleares podiam fazer, mas permitimos que 75 mil delas fossem instaladas — o suficiente para destruir todas as cidades do planeta mais de uma centena de vezes. Se houvesse uma justificativa para construir 75 bombas atômicas, não havia sentido algum em construir 75 mil — na melhor das hipóteses tratava-se de uma "lógica" circular desgovernada.

Ao estudar os sistemas nucleares dos anos 1970 e 1980, os historiadores dirão: "A humanidade teve sorte". Os mecanismos nucleares de comando-e-controle desse período foram um acidente a ponto de acontecer. Felizmente, nada desencadeou o acidente. Então a URSS desmoronou e a humanidade ganhou um tempo para repensar sua direção.

Agora que vemos a história toda em retrospecto, temos que abordar a questão vital: "Como impedir que algo desse tipo aconteça de novo?"

O CONFRONTO DE 2040

Imaginemos um cenário: é 2040 e os Estados Unidos e a China têm mais ou menos o mesmo número de armas nucleares. A China agora é próspera, mas muito inflada. Sua densidade populacional é 20 vezes a da Rússia e 50 vezes a do Canadá. Num mundo pressionado pela falta de recursos, a China tem pouco petróleo, urânio, cobre e água e não consegue cultivar alimento suficiente para seu povo. Suponhamos que ela anexe pacificamente a Mongólia e que depois seu exército invada Mianmar, como fez com o Tibete. Há muitas palavras duras, mas ninguém parte para a ação militar porque os aspectos negativos de uma guerra nuclear superam de longe os aspectos positivos. E o que mais poderia salvar Mianmar? A China decide criar uma moderna cidade costeira perto de Yangon, com os arquitetos que recriaram Xangai. Fortalecida, a China parece estar pronta para invadir o Casaquistão e os estados predominantemente muçulmanos do Tajiquistão, do Uzbequistão e do espantosamente belo Quirguistão, que podem todos ser derrotados numa guerra relâmpago curta e violenta. Os Estados Unidos fazem uma advertência — se a China invadir esses países, partirá para a ação militar. A China diz aos Estados Unidos para cuidar dos próprios negócios.

Em 2040, o tempo de reação dos sistemas nucleares ficou muito mais curto e os meios de distribuição das armas muito mais variados. As armas ficaram pequenas e fáceis de esconder. Há muitos sistemas de armas pós-Hiroshima "clandestinas", que conseguem escapar à detecção dos radares. Pequenos barcos de carga podem esconder pequenas aeronaves sem piloto num voo de dois minutos para cidades costeiras como Xangai ou Nova York, e as armas nucleares têm uma precisão infinitesimal. Seus primeiros alvos são a liderança nacional e os sistemas de comando-e-controle. As grandes potências projetaram sua criatura nuclear com o pressuposto de que a guerra começa com uma "decapitação" (destruindo a cabeça do Estado, o Pentágono, o centro de comando-e-controle nuclear, etc.). A criatura computadorizada tem que reagir depressa; não pode esperar até que o presidente dos Estados Unidos aperte o "botão". Uma nação nuclear do futuro tem que projetar sua defesa para sobreviver à decapitação. Numa guerra nucelar do futuro, a única estratégia de ataque segura é um ataque totalmente surpresa, que destrua a liderança do inimigo.

Há algo ainda mais desestabilizante. Quando um ataque está prestes a ocorrer, a atividade pode ser detectada; então a lógica defensiva diz "arremeter antes do ataque" em vez de "arremeter sob ataque". Em outras palavras, é feito um ataque preventivo que impeça o ataque inimigo — um ataque planejado de maneira tal que a capacidade de reação do inimigo fique totalmente imobilizada. Se um Estado muçulmano estivesse prestes a bombardear Israel, Israel provavelmente atacaria antes e vice-versa. Os sistemas nucleares de comando-e-controle do futuro serão planejados para ataques preventivos. Cada lado tentará se precaver tendo muitas armas escondidas e amplamente distribuídas, de modo que algumas sobrevivam ao ataque preventivo.

Como o outro lado pode abrir fogo a qualquer instante, cada país projeta suas armas nucleares de modo a poder dispará-las sob ataque — em outras palavras, enquanto as armas inimigas estiverem voando em sua direção. "Use-as ou perca-as." Os dois lados podem atacar sob ataque. Se uma arma fosse disparada por causa de um mal-entendido, haveria um súbito espasmo de destruição mútua. Depois que começa, não tem como parar.

Computadores com inteligência NHL explorarão todas as opções militares. Seu tempo de reação muito curto reduz a probabilidade de prevalecer a sabedoria humana. No mais alto nível de alerta, os computadores podem dizer ao Chefe de Estado que um ataque nuclear preventivo é essencial. Imagine os membros de um comitê de comando, como o Excom da Crise dos Mísseis Cubanos, tão tensos que mal conseguem pensar com clareza, diante de um computador ultrainteligente que lhes diz: "Ataquem com armas nucleares imediatamente ou serão aniquilados".

As armas e os combates da guerra computadorizada ficarão cada vez mais complexos ao longo do século XXI. O tempo de reação antes do ataque será drasticamente reduzido. Os confrontos nucleares não terão a natureza bem definida que tinham no século XX. Haverá políticos fanáticos em algumas partes do mundo. Os sistemas de comando-e-controle da Guerra Fria foram projetados com o conhecimento de quem era o inimigo. No futuro, uma grande potência não poderá se dar a esse luxo. Pode ser que precise se proteger de grandes organizações terroristas desassociadas de qualquer país.

COMO PARAR COM ISSO?

Uma das mais urgentes perguntas do século XXI é: "Como deter essa loucura?"

Trata-se de uma pergunta complexa, mas a resposta tem alguns componentes óbvios. Primeiro, qualquer tecnologia futura que possa aniquilar a civilização tem que ser absolutamente eliminada. Segundo, é necessária uma discussão inteligente e aberta sobre qualquer coisa que possa exterminar o *Homo sapiens*. Todas as pessoas pensantes da espécie humana têm que saber o que está acontecendo. Terceiro, é preciso fazer uma simulação de todas as situações que possam levar ao desastre muito antes que qualquer coisa ruim aconteça, explorando implacavelmente as alternaiivas. Quarto, o estudo abrangente de técnicas que possam dissipar situações de guerra de alta tecnologia antes que se tornem perigosas demais tem que se tornar uma disciplina acadêmica bem pesquisada.

A eliminação de armas nucleares não é um sonho impraticável, mas não pode acontecer rapidamente. Tem que ser uma jornada muito bem planejada em direção à eliminação, com salvaguardas a cada passo. A jornada demandaria tempo e encontraria muitas dificuldades, mas qualquer outro caminho é insanidade.

Os argumentos pró e contra a eliminação foram estudados por Jonathan Schell para seu livro de 1998, *The Gift of Time: The Case for Abolishing Nuclear Weapons Now.*[6] Ele entrevistou pessoas responsáveis pelos sistemas nucleares da Guerra Fria e descobriu a firme convicção de que tais armas podem e devem ser eliminadas. Seria de se esperar essa convicção entre civis e não entre militares, mas os argumentos mais intensos pela eliminação vieram de generais e estrategistas nucleares. Robert McNamara resume a questão: "Simplificando, o risco que há em *não* eliminar as armas nucleares é totalmente inaceitável".

É necessário um empenho total para nos proteger contra as armas de fim de civilização. Como isso ainda não está acontecendo, resta um pensamento perturbador: "Será que temos de passar por uma guerra nuclear antes de levar esse assunto a sério?" Será esta uma situação de primeiro-a-catástrofe?

24
REVOLUÇÃO

A história do que está acontecendo à humanidade e ao seu planeta natal já pode ser montada — não os detalhes, mas as tendências gerais. A tapeçaria das grandes questões de hoje é visível. Estamos prejudicando nosso futuro de várias maneiras, mas há soluções para esses problemas. As novas oportunidades são formidáveis — oportunidades diferentes em diferentes disciplinas. Uma transição maciça é inevitável, e pode ser criada uma agenda para a geração que vai efetuar essa transição. Genericamente, sabemos o que precisa ser feito. Envolve todas as nações. As questões são globais. Não há onde se esconder.

No entanto, muito do que precisa ser feito não está acontecendo. A transição em grande escala do século XXI poderia ocorrer suavemente. Poderia haver uma substituição gradativa dos combustíveis de base carbônica, uma melhora contínua na capacidade de cultivar alimentos, medidas para conservar a água, isolamento das fontes de urânio físsil, incremento de medidas antiterroristas, motivação para estilos de vida ecoafluentes, e assim por diante — a lista é longa. Mas os modelos computacionais de hoje deixam claro que não estamos mudando com rapidez suficiente. Por exemplo, estamos nos aproximando de uma mudança climática irreversível mais depressa do que tomamos medidas para impedir que isso aconteça.

A água é essencial para a produção de alimentos, mas estamos tirando água dos aquíferos numa velocidade que fará com que muitos deles sequem. Além da falta de água e da degradação do solo, a produção de alimentos diminuirá seriamente em alguns países por causa da seca e das ondas de calor causadas pela quantidade crescente de gases de estufa. Se isso já não fosse ruim, estamos desviando uma grande quantidade de água das fazendas para as cidades e essa tendência crescerá porque há maciças migrações de pessoas do campo para as cidades. Especialmente alarmante, podemos fazer com que Gaia, o sistema de controle do planeta, oscile e caia em um novo estado.

Há muitas soluções para os nossos problemas, mas é comum encontrar corporações que resistem a elas e governos que parecem incapazes de tomar as medidas necessárias. Se continuar a haver obstáculos que nos impeçam de corrigir nosso comportamento, os eventos negativos nos alcançarão. O dano planetário causado pelos países bem-sucedidos provocará raiva entre os não tão bem-sucedidos. Favorecerá a capacidade de recrutamento da Al Qaeda e de outras redes terroristas. Isso ocorrerá numa época em que a tecnologia de armas nucleares/biológicas será mais perigosa, mais fora de controle e mais barata.

Não há como evitar a transição do século XXI. A humanidade não pode continuar usando para sempre mais água do que é possível repor ou fazendo coisas que provocarão uma mudança descontrolada em Gaia. Se a mudança suave para um comportamento sensato não ocorrer, o mundo tenderá a situações em que só a mudança revolucionária resolve. Se os governos continuarem a não fazer quase nada, a transição, quando finalmente acontecer, será traumática, cara e muitas vezes violenta. Catástrofes em grande escala provocarão a mudança.

O problema da síndrome primeiro-a-catástrofe é que o potencial de catástrofes é cada vez maior. As piores fomes e pandemias da história humana ainda estão por vir. Uma guerra com a fúria da Segunda Guerra Mundial e a tecnologia moderna pode atrasar a civilização em séculos. Para tornar a transição do século XXI o menos dolorosa possível, suas várias mudanças deveriam ser feitas o mais cedo possível, antes que os problemas piorem demais. Mas, em quase todas as áreas, isso não está acontecendo. Onde é possível uma transição gradual — a mudança para combustíveis não carbônicos, por exemplo — quase nada está sendo feito. Nos Estados Unidos, a Agência de Proteção ao Meio Ambiente tenta corrigir os danos ambientais depois que ocorrem, mas parece não ter capacidade para modificar as práticas econômicas que são a causa do dano. As conferências mundiais sobre desenvolvimento sustentável têm tido agendas de imensa importância, mas não tomam quase nenhuma medida. O que se segue a elas pode ser descrito como evitação estudada de quaisquer mudanças controversas. As Conferências das Nações Unidas sobre Comércio e Desenvolvimento tem em inglês o acrônimo UNCTAD (United Nations Conference on Trade and Development) que, segundo dizem, quer dizer Under No Circumstances Take Any Decision (Sob Nenhuma Circunstância Tome Alguma Decisão).

Em muitas áreas, a situação é pior do que não fazer nada. Há enormes subsídios para a pesca predatória nos oceanos. Os subsídios que danificam o ambiente são maciços e os subsídios que poderiam favorecer o ambiente são pequenos. Como comentamos, o ambientalista inglês Norman Myers catalogou 2 trilhões de dólares anuais de subsídios "perversos" que fazem mais mal do que bem. Se os contribuintes recebessem uma lista dos subsídios que pagam, seguida do prejuízo decorrente, ficariam revoltados. Não é surpresa que os governos escondam essa informação. Myers estima que, no mundo todo, os subsídios para transporte rodoviário, que inclui o petróleo, são da ordem dos U$400 bilhões por ano e para a indústria automobilística são de uns U$600 bilhões — cerca de um trilhão de dólares para as indústrias petrolífera e automobilística. Quanto mais a transição é protelada, mas difícil ela será. A Geração da Transição ficará cada vez mais frustrada e zangada com os obstáculos à transição. Essa raiva levará à mudança descontínua — revolução, não evolução. Como muitas vezes na história, a revolução será consequência da complacência. Craig Venter, o lendário mapeador do genoma, comentou em nossa entrevista com ele: "Não tenho medo de computadores. Não tenho medo da tecnologia. Tenho medo da ignorância coletiva de todos nós".

Os historiadores do futuro distante descreverão duas transições extraordinárias: a Revolução Industrial, que acionou a mudança que se transformou na avalanche formidável de hoje, e a Revolução do Século XXI, que impediu que a avalanche acabasse com o mundo. A Revolução Industrial e a Revolução do Século XXI se complementam uma à outra. A nova revolução não detém o progresso. Pelo contrário, é o começo de formas fundamentalmente novas de progresso, que aumentam a afluência e a cultura favorecendo ao mesmo tempo o ambiente, em vez de prejudicá-lo. Os historiadores verão o começo do século XXI como um mundo bárbaro — já que não havia necessidade de tanto dano ambiental, de tantas armas nucleares e de destruir a vida oceânica. A Revolução do Século XXI trará um novo mundo de trans-humanismo, nanotecnologia, biotecnologia, computação pós-Singularidade, ciência baseada no genoma e *transponders* que ligarão nosso cérebro diretamente às redes.

DESVIO DE ÁGUA

O rápido crescimento da nova classe de consumidores na China e em outros lugares está redesenhando o mapa da economia mundial. O Primeiro Mundo tem uma população de 1 bilhão. A China e a Índia terão, juntas, uma população de 2,5 bilhões, possivelmente 3 bilhões. Os jovens das novas classes de consumidores estão sendo tomados por uma onda de empolgação pelo novo estilo de vida.

As cidades precisam de muita água para higiene e para a nova indústria. Mil toneladas de água podem produzir uma tonelada de trigo, que vale U$200 ou menos. Há muitas situações nas cidades do mundo todo em que se paga milhares de dólares por tonelada de água. Por isso, a água está sendo cada vez mais desviada para as cidades, o que deixa as áreas agrícolas com menos água ainda. As cidades estão preparadas para pagar muito mais pela água do que os agricultores. Na China, novas cidades brotam como cogumelos. A maior migração humana da história é a migração das áreas rurais para as cidades da China, de modo que o desvio de água para essas cidades será maciço. Um padrão semelhante está se formando na Índia e em outros países. As forças econômicas por trás disso são imensas. Muitas prefeituras assinaram contratos para comprar água pelos próximos 50 anos ou mais. San Diego comprou o direito de usar 247 milhões de toneladas de água por ano pelos próximos 75 anos.

À medida que os aquíferos da China declinam e a água dos rios é desviada para as cidades, menos grãos poderão ser plantados. Mas a China precisa de mais grãos porque as hordas de jovens da nova sociedade de consumo querem comer carne em vez de arroz, e querem carne de alta qualidade, proveniente de animais bem alimentados. A produção de carne é muito cara em termos de grãos e portanto em termos de água. A quantidade de água aumenta à medida que a qualidade da carne sobe. Quando a China e a Índia não tiverem mais água suficiente para cultivar os grãos necessários, comprarão grãos nos mercados do mundo. Comprar uma tonelada de grãos equivale a comprar mil toneladas de água e comprar 10 quilos de carne equivale a comprar mais ou menos uma tonelada de grãos. A China terá que comprar uma enorme quantidade de grãos, fazendo subir seu preço. É provável que a Índia siga um padrão semelhante, mais ou menos uma década depois, à medida que sua população for ficando maior do que a da China. O preço dos grãos subirá a níveis que os países mais pobres não poderão pagar. Não poderão plantar o alimento de que precisam e não poderão comprá-lo. O aquecimento global tornará essa situação pior ainda ao diminuir a produtividade agrícola em países com estresse hídrico. Muitas fazendas vão acabar.

A menos que fortes medidas sejam tomadas pelos países ricos no sentido de pôr os países destituídos nos primeiros degraus da escada do desenvolvimento econômico, a taxa de mortalidade crescerá em tais países, flagelados que são pela AIDS, pela malária e por doenças causadas pela falta de saneamento. São alvos fáceis para a gripe aviária. As novas classes recentemente enriquecidas que compram grãos não se preocuparão com os 3 bilhões de pessoas que não podem pagar o preço de mercado do grão.

Como no Egito quase não chove, o país depende do Rio Nilo há uns 5 mil anos. Os atuais 73 milhões de egípcios usam quase toda a água do Nilo. Então, durante parte do ano, o grande rio é apenas um fiapo de água quando atinge o mar. Mas agora a população da Etiópia e do Sudão, países que ficam à beira do Nilo acima do Egito, está crescendo rapidamente e depende do Nilo para cultivar alimentos. Esses países querem desviar a água no Nilo para suas cidades e a Etiópia está planejando construir uma barragem no Nilo Azul, o que diminuirá o fluxo de água para o Egito. A população desses dois países deve crescer dos atuais 106 milhões para 231 milhões até 2050. Daqui a duas décadas, o Nilo estará seco antes de chegar ao Egito. O Egito não terá água. Essa é uma situação impossível, mas parece que não há planos no Egito para lidar com ela. Se a população do Egito crescer no ritmo atual, será enorme quando a água acabar. O que acontecerá com o Egito? Será que o país que foi o maior do mundo durante 3 mil anos ficará como a Somália?

QUANTAS PESSOAS?

Algumas autoridades tentaram calcular quantas pessoas a Terra poderá suportar na segunda metade deste século. O número diminui à medida que cresce a pegada ecológica por causa dos crescentes padrões de consumo. Declina também à medida que o aquecimento global encolhe a produção agrícola em muitas áreas e aumenta a extensão dos desertos. A produção agrícola diminui também à medida que os aquíferos secam e uma enorme quantidade de água é desviada para as cidades em rápido crescimento. Os criadores de modelos tentam calcular os aumentos futuros no preço dos grãos. Hoje, temos uma boa compreensão dos mecanismos de controle da Terra e modelos altamente intrincados da mudança climática. A conclusão é que a Terra não suportaria a população de hoje se todo mundo vivesse decentemente. O esforço para eliminar a pobreza tem que ser combinado a um esforço para diminuir a população.

James Lovelock afirmou enfaticamente, quando nós o filmávamos, que a população de hoje é totalmente insustentável no presente estado de Gaia:

"Temos que encarar o fato de que, quando a Terra estabilizar no novo estado aquecido, a terra arável será suficiente para alimentar uns 500 milhões no máximo". Ao estudar uma espécie ameaçada, os zoólogos calculam o número de casais capazes de procriar que sobrou. James Lovelock adverte que, no final do século, pode haver um número relativamente pequeno de casais humanos capazes de procriar, a maioria nas regiões árticas, onde o clima continuará tolerável.[1]

A população de hoje está crescendo rapidamente e deve alcançar os 8,9 bilhões em 2050, ou antes. Como ela passa de 8,9 bilhões para os 500 milhões de Lovelock? Lovelock diz que Gaia fará a seleção e eliminará os que quebram suas regras — como sempre fez. James Lovelock é um homem cerebral e muito gentil que vive numa cabana isolada na linda região rural de Devon, casado com uma norte-americana. Sua mulher garante que, mesmo no inverno, eles têm muitas flores em casa. Ele evita a linguagem sensacionalista e fala com um sorriso, mas o que diz significa que teremos as fomes mais terríveis que a humanidade já conheceu. Nas cidades-favela, as pandemias podem diminuir drasticamente a população. Podemos escolher, diz ele, entre esses pesadelos indizíveis e ganhar de algum jeito o controle sobre o nosso destino.

Diferentes autoridades têm diferentes estimativas da população que a Terra pode sustentar. Esse número depende do grau dos danos climáticos e do tipo de alimentos consumidos no Primeiro Mundo e no Segundo Mundo. *Sir* Crispin Tickell tem uma estimativa moderada, afirmando que 2,5 bilhões é um alvo razoável.

Lovelock pode vir a ser considerado o Malthus de nossa época. Se seguirmos em direção ao estado sombrio que ele descreve, os avisos serão muitos e provavelmente faremos alguma coisa. Ao acordar para essa situação, a humanidade tomará medidas extremas para corrigi-la. Novas cidades serão construídas perto do Ártico e novas áreas agrícolas serão viabilizadas; nesse momento, a imensa região subártica da Rússia será o maior celeiro do mundo.

A taxa de fertilidade está bem abaixo da taxa de substituição em quase todas as partes avançadas do mundo, incluindo a China. Uma taxa de fertilidade baixa levará a uma população decrescente. À medida que a população da Terra ficar menor e sua atividade se tornar ecoamigável, nossa tarefa será garantir que vivamos no futuro dentro do que Gaia pode suportar. Isso poderá ser avaliado com precisão à medida que a Terra se tornar bem-instrumentada e a ciência do sistema Terra se tornar uma disciplina intensamente computadorizada.

Não temos muito tempo. No atual ritmo de aumento de carbono na atmosfera, os mecanismos de controle da Terra entrarão num processo descontrolado de *feedback* positivo muito antes que a população atinja um número aceitável. É quase certo que a população humana chegue a números maiores do que Gaia pode suportar. Haverá carbono e metano demais na atmosfera, florestas insuficientes, poucas áreas agrícolas produtivas e desertificação demais, e o gelo ártico derreterá muito depressa.

DETERMINAÇÃO

As catástrofes podem despertar governos emaranhados em burocracia. Um mês depois do ataque de Pearl Harbor, o presidente Roosevelt fez um comunicado extraordinário à nação. Anunciou objetivos ambiciosos para a produção de armas. "Nossa tarefa é dura. Nossa tarefa é sem precedentes. E o tempo é pouco. Temos que forçar ao máximo a produção de cada fábrica de armas. Temos que confiscar cada fábrica e cada ferramenta para a produção bélica. Isso vai das maiores fábricas às menores — da gigantesca indústria automobilística às oficinas de cidades pequenas." A produção de carros parou quase que imediatamente. Durante três anos, quase nenhum carro foi produzido nos Estados Unidos.

Imagine uma campanha semelhante motivada por extremas mudanças climáticas e furacões categoria 7 varrendo a Flórida e rumando para o norte, grave escassez de água, declínio acentuado da produção agrícola e uma pandemia global. O governo norte-americano aumentaria os impostos que incidem sobre os carros movidos a petróleo para que fossem substituídos por avançados carros híbridos e depois por carros com célula de combustível. Ao mesmo tempo, as usinas a carvão ficariam obrigadas a sequestrar seu carbono, sob pena de serem fechadas. As emissões de carbono seriam pesadamente taxadas. Haveria uma campanha maciça para fazer o público reduzir o uso de energia. O preço das passagens aéreas aumentaria drasticamente e, na medida do possível, as viagens físicas seriam substituídas por videoconferências. Quando a poluição na China finalmente extrapolasse, seu todo-poderoso governo poria a China numa espécie de estado de guerra, mudaria toda a produção de carros para carros sem petróleo, baniria os sistemas de ar-condicionado que consomem muita energia, reduziria drasticamente a emissão de carbono das usinas a carvão e anunciaria a produção em massa, no estilo Henry Ford, de reatores *pebble-bed*. Haverá uma indústria nuclear não poluente usando um combustível que não pode ser usado em bombas atômicas.

Haverá novos critérios para obrigar os prédios a usar menos energia e a ter um bom isolamento, formas benignas de refrigeração, lâmpadas econômicas e geração solar em grande escala. Haverá projetos de "cidades verdes" com bicicletas e patinetes, grandes áreas sem trânsito de automóveis e transporte público que chegue aos shoppings e aos campus universitários. Essa espécie de estado de guerra pode racionar a venda de carne e estabelecer altas quotas de produção de peixe em tanques de água doce. Haverá um grande aumento na exportação de ecocarros chineses, que se tornarão agradáveis de dirigir, e de produtos ecologicamente corretos em geral. As células de combustível serão usadas nas casas e nos carros e os dispositivos recarregáveis de armazenamento de hidrogênio terão vendas maciças. Os geradores eólicos e os reatores nucleares resfriados a gás gerarão o hidrogênio. Os agricultores venderão hidrogênio, além do alimento. Haverá um mercado mundial para a tecnologia de casas verdes. A produção em massa de grandes painéis solares tornará seu custo competitivo.

Um assunto terá grande importância: a agricultura Gaia-amigável. O gado exige muito mais terra do que as criações de porcos e galinhas. Ecologicamente, é muito melhor comer — como os chineses — porcos, galinhas, patos e peixes de tanques de água doce. Será essencial no futuro ter áreas reflorestadas para as necessidades de Gaia. Para a agricultura alimentar 9 bilhões de pessoas, uma extensão grande demais da superfície do planeta seria usada e não sobraria o suficiente para as necessidades de Gaia. A cultura hidropônica poderia produzir alimento na cidade, em altos prédios de vidro, perto dos consumidores.

Um assunto importante será a produção de alimento sintético. Isso exigiria carbono, nitrogênio e enxofre, talvez aproveitados das emanações das usinas, microelementos e água. A humanidade comeria alimentos cultivados e alimentos sintéticos, que liberariam terra suficiente para Gaia, para a regulagem do clima e da química da Terra.

SOLUÇÕES DE GRANDE ESCALA

Um aspecto vitalmente importante do futuro Gaia-amigável é deter a emissão de carbono na atmosfera a tempo de impedir o *feedback* positivo de processos que aquecem o planeta. Quando uma lagoa está ficando estagnada, temos que agir a tempo porque senão é impossível lhe restituir a saúde. Hoje, Gaia está com febre e precisamos agir rapidamente para lhe restituir a saúde, esperando que já não seja tarde demais.

Há várias maneiras de diminuir a luz do Sol que atinge a Terra. Uma delas é gerar nuvens artificiais. Nossa indústria liberou uma quantidade maciça de partículas de aerossol na atmosfera e essas partículas refletem a luz do Sol para o espaço. Com isso, causou inadvertidamente um resfriamento global de 2 a 3 graus Celsius. Esse resfriamento pode ser obtido deliberadamente. John Latham, do Centro Nacional de Pesquisa Atmosférica em Boulder, Colorado, propôs a instalação de um grande número de aparelhos de aerossol que usem a água do mar para gerar bruma logo acima da superfície do mar. Parassóis espaciais foram projetados por dois engenheiros no Lawrence Livermore National Laboratory, Loweel Wood e Ken Caldeira. Entre o Sol e a Terra há locais denominados pontos de Lagrange, onde a força gravitacional do Sol e a força gravitacional da Terra são iguais e opostas. Nesses locais, pouco esforço é necessário para manter um objeto em posição. Um disco de uns 10 quilômetros de diâmetro bloquearia uma certa porcentagem da luz solar que atinge a Terra e seria quase invisível daqui. Para posicionar o disco de 10 quilômetros, bastaria fazê-lo girar no espaço. Pesaria cerca de 100 toneladas e sua construção não seria cara demais. Se funcionar, pode haver muitos discos. Os mesmos engenheiros propuseram o uso de muitos balões na estratosfera terrestre, que bloqueariam uma certa quantidade de luz solar. Ken Caldeira propôs também bombear o dióxido de carbono das usinas numa suspensão de giz. Isso produziria uma solução de bicarbonato de cálcio, que pode ser descartada com relativa facilidade. Klaus Lackner, um cientista norte-americano, propôs fazer um pó de rocha alcalina reagir com o dióxido de carbono do ar. Isso cria um produto chamado carbonato de magnésio, que pode ser usado como material de construção.

Em 1991, o vulcão Pinatubo, perto de Manila, nas Filipinas, entrou em erupção e injetou uma quantidade maciça de dióxido de enxofre na estratosfera. Por um processo de oxidação, formou-se um aerossol de gotículas de ácido sulfúrico, que diminuiu o aquecimento global por vários anos. Muitos aviões a jato voam a essa altitude e poderiam queimar combustível com uma pequena quantidade de enxofre, como já foi proposto. Atualmente, os fornecedores de combustível removem compostos que contêm enxofre do combustível para aviação. Poderiam fazer o oposto.

Dado os problemas de grande escala que nos aguardam, os engenheiros imaginarão soluções de grande escala. Há diversas maneiras de produzir resfriamento global, em oposição ao aquecimento global. Estas podem ser usadas para prevenir o aquecimento descontrolado da Terra por algumas décadas, enquanto implementamos soluções Gaia-corretas de longo prazo: fusão, redução da população, carros não carbônicos, fontes benignas de energia, reatores *pebble-bed* e uma civilização baseada na ecoafluência.

A REVOLUÇÃO DO SÉCULO XXI

Como comentamos, a Revolução Industrial começou a avalanche que levou à presente situação. A avalanche continuará no futuro, provavelmente por séculos. Para fazer com que a civilização humana funcione bem com tais tecnologias e coexista em paz com Gaia, precisamos de outra revolução que implemente a administração, as leis, os controles, os protocolos, as metodologias e os meios de governança desejáveis. Essa é uma transição complexa e absolutamente necessária — a Revolução do Século XXI.

A Revolução Industrial não foi violenta. Os ludditas que destruíram as máquinas das fábricas não tiveram grande peso. Da mesma forma, a Revolução do Século XXI não precisa ser violenta. Mas pode ser. Pode ser muito violenta. Pode haver uma total destruição se Gaia fugir ao controle. A educação que será implementada e o grau em que será posta em prática é o que determinará se a Revolução transcorrerá suavemente ou não. É provável que grande parte da Geração da Transição seja educada a respeito das questões deste livro. Conhecerá os resultados de modelos computacionais, relacionados ao seu futuro, que mostram o declínio das fontes de água, a disponibilidade de alimentos e o crescimento da população em diversos países. Seu *know-how* de vida tem que ser mergulhado numa compreensão de Gaia.

Assim como há medidas do PIB *per capita* para diferentes países, haverá medidas de boa cidadania, como índice de fertilidade, emissões carbônicas, vegetação Gaia-amigável, esgotamento de aquíferos, não proliferação de urânio físsil, tráfico de drogas, comportamento indutor de guerra e tarifas que prejudicam o comércio. Uma das tendências trem-de-carga do século XXI será o crescimento da riqueza. No Primeiro Mundo, como observamos, é provável que a riqueza real aumente em pelo menos uma ordem de magnitude (dez vezes) no decorrer do século por causa do aumento de produtividade e de uma melhor administração, e também porque a riqueza se relaciona cada vez mais com o intelecto e o conhecimento digitalizado e não com bens físicos.

É provável que a China (partindo de uma base mais baixa) esteja pelo menos 20 vezes mais rica em termos reais lá pelo final do século.

Comentamos que o aumento mundial da riqueza será muito maior do que o aumento da população. Isso nos dá esperança de que o mundo venha a ser um lugar mais decente para a maior parte da humanidade. Haverá dinheiro para que uma engenharia de grande escala torne o planeta habitável, reduza o aquecimento global e proteja da violência climática pelo menos as áreas mais ricas. Essa nova opulência levanta questões sobre a maneira da sociedade gastar seu dinheiro. A grande interrogação é: será que as nações fortes gastarão parte do seu dinheiro para tirar as nações mais pobres de sua armadilha? Ou será que deixarão que as nações pobres apodreçam? No último caso, parece provável que muitos não sobrevivam ao declínio da capacidade agrícola, à elevação do preço dos alimentos e às pandemias nas cidades-favela.

O século XXI trará uma dicotomia gigante. De um lado, a invenção de civilizações com potencial para serem magníficas e, de outro, o inferno na Terra. Quantas pessoas do Primeiro Mundo viverão até os 120 anos? Enquanto leem alegremente *The No. 1 Ladies' Detective Agency* [*Agência Nº1 de Mulheres Detetives*] será que se dão conta de que a expectativa de vida em Botsuana beira os 27 anos? A água necessária para a sobrevivência dos pobres será escassa porque o resto do mundo terá uma enorme quantidade de produtos inúteis vendidos em shoppings de vidro com ar-condicionado. O Clube das Nações Fortes incluirá 4 bilhões de pessoas. Terá uma taxa de fertilidade que pode se reduzir à metade em 50 anos. Deveria fazer o possível para que o resto da humanidade desenvolvesse estilos de vida decentes e bem-educados.

O principal fator para se chegar a um mundo Gaia-amigável será a ecoafluência em suas diversas formas. Máquinas administrarão as fábricas e haverá menos necessidade de gente para trabalhar, mas as ocupações serão complexas e extremamente desafiadoras. Os telefones celulares já incluem câmeras e incluirão vídeos de alta definição e a mais eclética variedade de ambientes de realidade virtual. A tecnologia está evoluindo de maneira tal que conviveremos a maior parte do tempo com aparelhos de baixo consumo de energia. Serão criados jogos de complexidade diabólica, que serão jogados durante semanas por pessoas do mundo inteiro. Velejar, planar, explorar as florestas luxuriantes de Gaia, teatro e música, análise por computador de jogadas de golfe e infindáveis novas formas de criatividade — uma infindável ecoafluência — não prejudicarão os sistemas de controle da Terra. Os atuais sistemas de aquecimento e refrigeração das casas e dos carros particulares estão muito além do que Gaia pode aguentar, levando em conta a população da Terra. Casas verdes, cidades verdes, comunicações com banda ultralarga e mundos de realidade virtual farão parte das civilizações globais com que a Terra pode voltar a ser saudável. As futuras civilizações do século XXI serão profundamente complexas e ecoafluentes. A Revolução do Século XXI, seja como for que se desenrole, enfrentará essas questões e estabelecerá uma governança que nos leve ao próximo estágio do destino da humanidade.

UM MUNDO CADA VEZ MELHOR

Hoje, muitos jovens estão desanimados diante do estado do mundo. É importante entender que está ao nosso alcance tornar o mundo um lugar muito melhor, com a maioria das pessoas vivendo uma boa vida. Isso não acontecerá a menos que a humanidade compreenda os controles da Nave Espacial Terra e puxe as alavancas certas. Levará décadas para fazer a nave virar.

Para muita gente, o século XXI será uma ótima época para se viver por causa do contínuo aumento de riqueza da sociedade. A automação e a melhor tecnologia permitirão que algumas nações do Terceiro Mundo tenham um índice de crescimento maior que o do Primeiro Mundo (porque estão partindo de uma base muito mais baixa). A China e a Índia criarão uma nova riqueza em grande escala, beneficiando as nações com que negociam. Um fator-chave para endireitar o mundo é diminuir a população o suficiente para manter uma boa vida sustentável para todos.

Isso vai acontecer através de uma combinação de duas razões. Primeiro, o efeito Lovelock, em que Gaia reduzirá a população a um número sustentável à medida que o aquecimento global aumenta. Segundo, o efeito Taiwan, em que as mulheres estão tendo uma vida agradável e querem continuar trabalhando. Elas casam tarde ou ficam solteiras. Algumas escolhem não ter filhos ou ter apenas um filho. Em geral, as mulheres têm o controle da própria vida. O índice de fertilidade em Taiwan, como comentamos, é 0,7 filho por mulher. Se o mundo tivesse um índice de fertilidade como esse, a população da Terra cairia para menos de 1 bilhão até o final do século. Muitos países terão um índice de fertilidade inferior a 1,5 filho por mulher. Uma combinação do efeito Lovelock em países pobres, superpovoados e estressados pelo calor, com o efeito Taiwan em cidades afluentes pode trazer a população da Terra ao número de Tickell — uma população global de 2,5 bilhões. Nesse nível, até uma Terra danificada poderá aguentar um estilo de vida afluente sustentável. Isso pode acontecer lá pelo final do século.

Em 1950, a população da Terra era de 2,5 bilhões. Em 2100, pode voltar a esse nível. Os anos de alta população podem ser vistos no futuro como uma aventura desafortunada, que não vai acontecer de novo. Depois da aventura, a Terra estará instrumentada e seus mecanismos de controle serão bem compreendidos. Administrar Gaia será tão rotineiro quanto administrar uma cidade.

CADA VEZ MELHOR

A porcentagem de pessoas que vivem em extrema pobreza caiu e continuará a cair. No século XIX, 80% das pessoas da Terra viviam em extrema pobreza. Em 1970, cerca de 20% da humanidade vivia com um dólar ou menos por dia; cerca de 40% viviam com U$2 ou menos por dia. Agora, essas porcentagens são cerca de 6% e 20%. No ano 2000, as Nações Unidas criaram a Declaração do Milênio, estabelecendo a meta de diminuir pela metade, até 2015, a porcentagem de pessoas que vivem com menos de um dólar por dia. A meta não será atingida, mas há avanços em direção a ela. A China reduzirá bastante sua porcentagem de pessoas muito pobres. Em 2100, viver em extrema pobreza será uma exceção patológica. Jeffrey Sachs está demonstrando como eliminar a pobreza em partes muito pobres do mundo. Muita coisa pode ser feita. Mas é provável que a pobreza extrema continue a existir em países com governos muito corruptos. Para limpar as piores partes do planeta, é preciso acabar com os Chefes de Estado corruptos, e essa é uma questão que ainda não foi abordada seriamente.

A expectativa de vida tem aumentado continuamente. Na Inglaterra, aumentou de 22 anos, há muito tempo, para 70 em 1950. Agora é 78. Pode chegar a 90 nos próximos 30 anos e ser substancialmente mais alta em 2100. Para trazer Gaia de volta a uma condição estável, temos que eliminar a maior parte dos gases estufa e aumentar a quantidade de florestas da Terra. Quando a população do mundo cair, isso será relativamente fácil, mas não podemos esperar tanto tempo. Precisamos com urgência de ecocarros, iluminação com baixo gasto de energia, prédios que não precisem de tanto aquecimento e ar-condicionado, e assim por diante. Uma grande diversidade de estilos de vida e atividades ecoafluentes tem que ser difundida. Na maior parte do mundo, haverá prósperos shoppings com muitos serviços e produtos ecoafluentes.

Novas indústrias altamente lucrativas — em nanotecnologia, biotecnologia e tecnologia da informação — usarão relativamente pouca energia comparadas às indústrias do passado com suas chaminés. Precisamos já de combustíveis não carbônicos, mas haverá muita resistência a eles por parte de países e corporações que detêm coletivamente muitos trilhões de dólares em petróleo e carvão. Poderíamos evitar muitos danos futuros ao planeta, mas provavelmente não o faremos. Assim, na metade do século, quando a energia limpa for universal, o dano climático já será muito grande. As nações ricas vão se adaptar a esse dano, mas as nações pobres sofrerão. As nações ricas construirão cidades charmosas onde a mudança climática é agradável. A Rússia e o Canadá serão grandes produtores de alimentos. Com a população menor e mais Gaia-amigável, a Terra poderá ser um lugar muito bonito, mesmo que o aquecimento global tenha ocorrido.

PIOR DO QUE A MUDANÇA CLIMÁTICA

Muito mais perigosa do que a mudança climática é a possibilidade de guerra no século XXI. Temos que fazer todo o possível para evitar uma guerra em grande escala com armas de destruição em massa. Uma importante disciplina acadêmica deveria ser o estudo dos caminhos que levam à guerra e das maneiras de deter seu avanço aos primeiros indícios, antes que atinja uma ladeira escorregadia. Os esforços para deter a proliferação nuclear não têm tido sucesso. Esperamos que isso não seja um exemplo do padrão primeiro-a-catástrofe — uma pequena guerra biológica ou nuclear que devolva o bom senso ao mundo.

Não acho que seja provável que haja guerras como a Primeira ou a Segunda Guerras Mundiais no século XXI. É mais provável que as principais nações mercantis tenham o bom senso de evitar a guerra com as armas devastadoras do futuro, já que isso seria o fim de tudo. A Geração da Transição pode não conhecer uma guerra mundial.

Viver será melhor graças à capacidade para evitar o trabalho cansativo. A educação será mais rica, os empregos mais empolgantes e o tempo livre mais abundante. Esse pode ser um mundo de civilização de alta-cultura para quem assim o desejar. As pessoas poderão viver num mundo de jogos de computador intensamente complexos. Pode haver uma ampla participação na criação de música, entretenimento e filmes de alta definição que dispensem uma equipe de produção com centenas de pessoas. O século XXI será uma era de intensa criatividade.

O VERDADEIRO PROPÓSITO DO QUE SOMOS

Um prédio grande tem que ter um alicerce sólido. O que o torna interessante é aquilo que é construído sobre o alicerce. O alicerce do nosso mundo deveria ser um planeta com clima estável, correção ambiental, segurança alimentar e o cenário do Mundo Compassivo. Criar esse alicerce é uma tarefa árdua, mas não além da nossa capacidade.

Mas mais importante é o que é construído sobre o alicerce. Isso desperta questões profundas. Certamente nosso destino é construir alguma coisa melhor do que uma sociedade com inúmeros bens de consumo sem importância. Criamos sociedades de consumo em grande escala. Nessas sociedades, um número cada vez maior de pessoas vão a psicoterapeutas, e a maioria se queixa de sentimentos de vazio e inutilidade. As sociedades de consumo extremo podem ficar vazias de valores profundos. Václav Havel, o profundamente filosófico ex-presidente da República Checa, se refere a esse domínio do consumismo persuasivo eficiente como "um novo totalitarismo". Ele escreveu: "É necessário mudar nossa compreensão do verdadeiro propósito de quem somos e do que fazemos no mundo. Só essa nova compreensão nos permitirá desenvolver novos modelos de comportamento, novas escalas de valor e novas metas, investindo os regulamentos, tratados e instituições globais de um novo espírito e de um novo propósito."[2]

Quantas pessoas desejarão fazer parte de um mundo de alta civilização? Será que podemos devolver à nossa vida e às nossas cidades um senso de grande beleza? Será que o que importa é construir uma civilização com música, literatura, jardins e cidades maravilhosas? Será que uma civilização de alta-cultura é uma meta importante ou será que existe alguma coisa muito mais importante e fundamental?

Qualquer coisa que se possa descrever hoje é apenas a aparência superficial, como cosmético no rosto de uma mulher. Há alguma coisa muito mais profunda. Não podemos conhecer as profundezas olhando o rosto. Só conheceremos as profundezas à medida que fizermos a jornada. Tendo chegado a este ponto, a jornada do *Homo sapiens* será extraordinária apesar dos reveses, como nas jornadas das antigas epopeias. Estamos semeando as sementes de uma enorme mudança que levará séculos para amadurecer.

Quando inventou a imprensa, Gutenberg não podia ter ideia da cultura que ela tornaria possível. Ele não poderia imaginar Rupert Murdoch ou a universidade moderna. Da mesma forma, não podemos ter ideia da cultura que emergirá do intelecto artificial, da genética artificial e da banda ultralarga transformando o planeta num só caldeirão. A futura cultura do artilecto é estranha para nós, como o mundo de Shakespeare teria sido para Gutenberg. Entre a invenção de Gutenberg e a primeira peça de Shakespeare passaram-se 139 anos. No mundo do artilecto, uma jornada semelhante levaria 20 anos. As consequências de tal atividade serão incomparavelmente mais profundas do que qualquer coisa descrita hoje. O que vamos nos tornar quando a tecnologia permitir que a humanidade se reinvente?

Parece que, pela primeira vez, podemos mudar a natureza humana, mas no que vamos transformá-la? As autoridades em trans-humanismo falam sobre metodologias, mas não sobre metas. Mais uma vez estamos falando sobre como aumentar a rapidez e a eficiência do trem, mas não sobre o seu destino. Como usaremos a computação quase infinita? Será que podemos transformar a Singularidade num recurso para a humanidade? A ciência deste século, cada vez mais estranha, levará a uma criatividade extraordinária. Hoje glacialmente lenta, a evolução ganhará a velocidade de aplicativos ultraparalelos de milhões de supercomputadores conectados por todo o planeta. A evolução automatizada se tornará "infinita em todas as direções". Hugo de Garis diz que produziremos máquinas semelhantes a deuses. Nesse caso, o que elas farão? Quando tivermos mapeado o genoma de todas as coisas vivas, para onde essa compreensão nos levará? Estamos nos dias iniciais da biologia sintética, que nos permite inventar coisas biológicas. Será que acabaremos vendo a vida como um barro para a criatividade humana? Será que a evolução extrema é o propósito da nossa existência?

Quando Roma caiu, os bárbaros assolaram a Europa queimando bibliotecas e eliminando mosteiros. A Idade das Trevas durou seis séculos e os livros foram banidos. Se a vigilância da Idade das Trevas tivesse continuado, não teríamos catedrais como Chartres, nem Michelangelo, nem ciência e nem o que ela viabiliza. Da perspectiva de hoje, isso seria uma tragédia de imensas proporções. Apertando o botão *fast-forward*, podemos acusar os ludditas intelectuais de quererem uma Idade das Trevas do século XXI — de quererem impedir aquilo de que a humanidade será capaz com a evolução da inteligência mecânica ligada a seres humanos modificados. Assim, a humanidade nunca desenvolveria a cultura que tais mudanças possibilitam, uma cultura que pode estar tão distante da cultura de hoje quanto a Nona Sinfonia de Beethoven está dos tambores na selva.

Há razões avassaladoras para deter a tecnologia do mal — para banir o material físsil com que as bombas atômicas podem ser feitas, por exemplo. Haverá áreas em que a tecnologia terá que ser posta de lado até que haja uma severa engenharia de segurança e as leis associadas a ela. Até que tenhamos uma compreensão melhor, a otimização de genes humanos deve ficar restrita a mudanças que não sejam automaticamente transmitidas porque isso traria inevitavelmente surpresas ruins. Mas esse é um mundo que é infinito em todas as direções.

Os cursos universitários estão se tornando cada vez mais complexos. Um aluno que de repente se apaixona por Tolstoi ou Bach é arrancado dessa paixão para se dedicar ao cálculo ou à física quântica. A educação tranquila para ser civilizado foi substituída pela educação intensa para as profissões. Precisamos das duas coisas. É preciso que se enfatize diferentes tipos de educação — currículos desenvolvidos para uma civilização de alta-cultura e currículos com a síntese de tópicos necessários para entender o que está acontecendo à humanidade e quais são suas opções. Temos que alimentar nos jovens a paixão pela excelência multidisciplinar. A Geração da Transição do mundo todo precisa aprender o propósito do século XXI. Esse assunto tem que ser ensinado hoje para as crianças em idade escolar. Quando tentei ensinar essas coisas para jovens, eles reagiram com muito entusiasmo. Em certo sentido, a educação para a sustentabilidade é o assunto mais importante que podemos ensinar. Deveria haver cursos de graduação e de pós-graduação em estudos do século XXI. O assunto deste livro pode ser um curso independente e pode também permear muitos outros, sendo inserido em cursos de negócios, engenharia, manufatura, contabilidade, ciência ambiental, geopolítica, arquitetura e planejamento urbano.

Um professor alienígena pode nos observar de um planeta muito distante e dizer: "Isso é muito interessante. As pessoas da Terra atingiram um ponto em que podem se destruir. Incrivelmente, elas têm muitas escolas de negócios, mas nenhuma escola de sobrevivência". Uma escola de negócios estuda fatores que afetam o andamento dos negócios. Uma escola de civilização estudaria fatores que afetam a civilização. A escola de negócios se concentra principalmente em horizontes próximos — questões que dizem respeito aos investidores de hoje. A escola de civilização focalizaria horizontes mais distantes. A James Martin 21st Century School, na Universidade de Oxford, fundada em 2005, focaliza os problemas tratados neste livro. Pesquisa diversos assuntos que são importantes para o futuro e, quando é o caso, sintetiza os resultados.

FIM

Nossa riqueza futura vai estar cada vez mais relacionada ao conhecimento no sentido mais amplo da palavra. Podemos usar a expressão *capacidade cognoscitiva* para nos referir à quantidade de conhecimento disponível multiplicada pelo poder da tecnologia para processar esse conhecimento. A quantidade de conhecimento usável está aumentando rapidamente (por exemplo, mapear com precisão o genoma de tudo o que é biológico) e o poder da tecnologia para processar essa capacidade cognoscitiva está aumentando mais ao menos no ritmo da Lei de Moore. Assim, a capacidade cognoscitiva está dobrando a cada ano e parece provável que continue assim ao longo do século (se não houver uma disrupção catastrófica). Isso significa que, durante o século XXI, essa capacidade aumentará em 2 elevado à centésima potência. Esse é um número inimaginavelmente grande — mil bilhões de bilhões de bilhões. O indivíduo está imerso nesse oceano em expansão de capacidade de processar conhecimento.

Isso torna o século XXI radicalmente diferente de qualquer outro século até agora. Pensando na sociedade futura, conseguimos visualizar as fontes de energia, a arquitetura e os trens de levitação magnética, mas não conseguimos imaginar as interações intelectuais pós-Singularidade. Somos como um bando de babuínos na floresta espiando um campo de golfe e nos perguntando o que aquelas criaturas humanas estão fazendo lá.

Comentamos que o magnífico "reino floral" da África do Sul, o *fynbos*, levou 5 milhões de anos para se desenvolver. Quando a evolução automatizada estiver a pleno vapor, com supercomputadores altamente paralelos, a evolução acontecerá 1 bilhão de vezes mais depressa. Isso implica que em software, nanotecnologia ou biotecnologia, uma complexidade tipo *fynbos* evoluiria em dois dias.

Comentei no Capítulo 1 que, se tivesse que escolher um momento da história humana para viver, escolheria o presente — se fosse jovem e pudesse aprender a aprender. Mesmo vivendo num planeta danificado e aprendendo com o método primeiro-a-catástrofe, a transição do século XXI será provavelmente a mais extraordinária da história. Os jovens de hoje estabelecerão coletivamente os processos pelos quais a humanidade pode atingir níveis de criatividade nunca sonhados antes. Com tecnologias que sejam infinitas em todas as direções, o que a humanidade poderá vir a ser?

AGRADECIMENTOS

Tom Benson tem o dom de inspirar os jovens (inclusive eu). Irradia entusiasmo, faz acontecer eventos criativos e é cofundador do World Education Corps (atual World Leadership Corps). Foi Tom quem sugeriu que eu escrevesse este livro e fizesse um filme sobre o seu conteúdo. Rodeado de gente no Harvard Club ou em Oxford, ele influencia o pensamento das pessoas sobre o século XXI.

Para fazer o filme, busquei as pessoas mais brilhantes que consegui encontrar e tentei gravar uma enxurrada de informações. Foram especialmente influentes e muito contribuíram para a minha compreensão: Lorde Martin Rees, Lorde Christopher Patten, Baronesa Susan Greenfield, *Sir* Crispin Tickell, *Sir* Nicholas Stern, Senador John McCain, Rudolph Giuliani, Gordon Moore, Lester Brown, Ray Kurzweil, Freeman Dyson, James Lovelock, Norman Myers, Craig Venter, Marvin Minski, Rodney Brooks, Irwin Winkler, Michael Porter, Jane Goodall, Amory Lovins, Mamphela Ramphele, Robert Gagosian, John DeGioia, Nick Bostrum, Hernando de Soto, Leonard Duhl, Donald A. Henderson, o falecido Anton Rupert, Leonard Schlaine, Esther Dyson, Michael West, Clara Yu, Brent Jenkin, Bill Parker, Ralph Richardson, Sim van der Ryn, Hugo de Garis, Paul Parker, Serguei Popov, Steve Rayner, Pat Fitch, Francis Finlay, Angela McClain, William Potter, Randy Kritkausky, Jonathan Rose, Eddy Rubin, Pablo Rubinstein, Shane Tadjerati, Peter Kostmayer e Ed Moses.

Os diretores e as equipes dos dez Institutos da James Martin 21st Century School [Escola James Martin do Século XXI], da Universidade de Oxford, foram de grande ajuda — especialmente o diretor da escola, Ian Goldin.

APÊNDICES

APÊNDICE 1

O Tabuleiro de Xadrez do Crescente Poder dos Computadores

A Lei de Moore diz respeito ao número de transistores num chip. Mas a velocidade do computador também dobrou a mais ou menos cada ano e meio. Os primeiros grandes computadores com tubo de vácuo do final da Segunda Guerra Mundial (um na Grã-Bretanha e outro nos Estados Unidos) gerenciavam cerca de cem operações de ponto flutuante por segundo (chamadas de FLOPS).

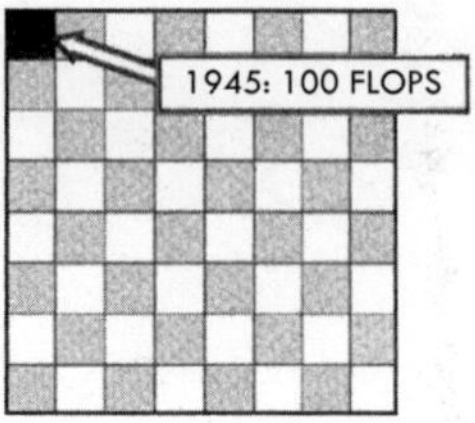

Os computadores eram tão caros e incertos que não tiveram muito uso prático até uns 10 anos mais tarde. Por volta de 1960, a IBM tinha um computador transistorizado muito vendido para operações comerciais, com um poder mil vezes maior do que os primeiros e monstruosos computadores.

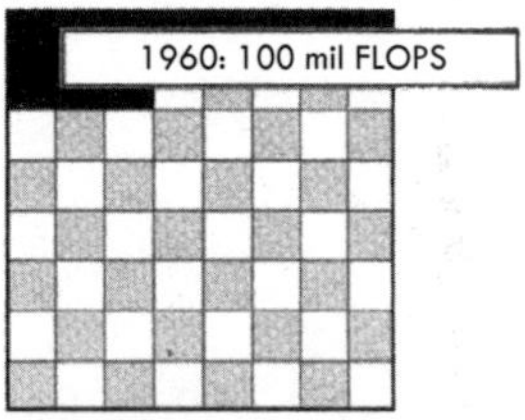

Com o índice de crescimento da Lei de Moore — a duplicação do poder a cada ano e meio (um quadrado do tabuleiro de xadrez) — o poder dos computadores aumenta por um fator de mil a cada 15 anos. Em 1975 ele era de 100 milhões de FLOPS.

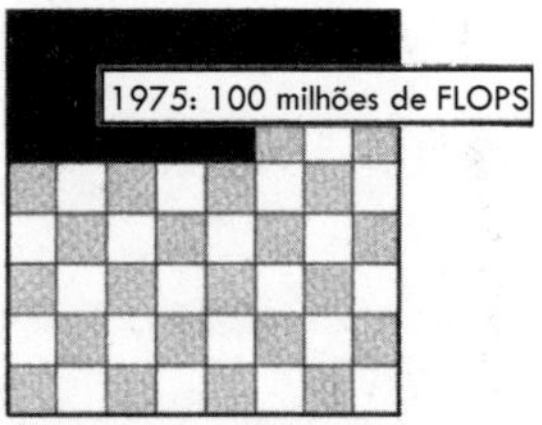

À medida que aumentavam as vendas, os preços dos computadores caíram. O custo baixou o suficiente para permitir a fabricação de computadores pessoais. O mercado maciço para PCs e a intensa concorrência fizeram cair o custo da tecnologia. Na extremidade oposta da escala havia uma tendência à fabricação de supercomputadores mais poderosos, que chegaram a 100 bilhões de FLOPS por volta de 1990.

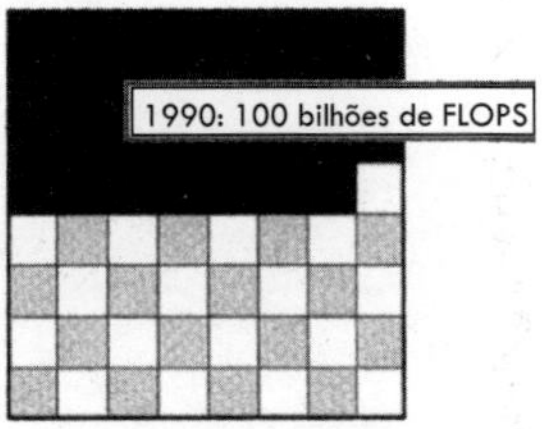

A velocidade dos computadores paralelos é representada pelo número de processadores multiplicado pelo poder de cada processador. Um computador paralelo com 10 mil processadores, cada um com poder de 10 bilhões de FLOPS, seria classificado como um computador de 100 mil bilhões de FLOPS (embora quase nunca os 10 mil processadores operem simultaneamente).

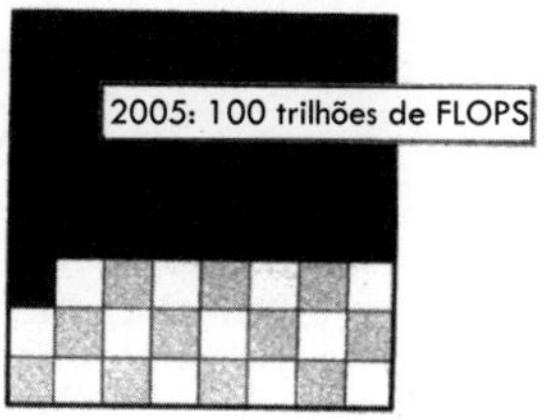

As curvas da tecnologia que avança exponencialmente nos levarão em duas direções ao mesmo tempo: aos supercomputadores ultrapoderosos e a pequenos microssistemas ubíquos. O custo unitário dos microssistemas cairá à medida que forem fabricados em grande quantidade. Os supercomputadores poderosos podem ser máquinas paralelas construídas a partir desses chips de baixo custo.

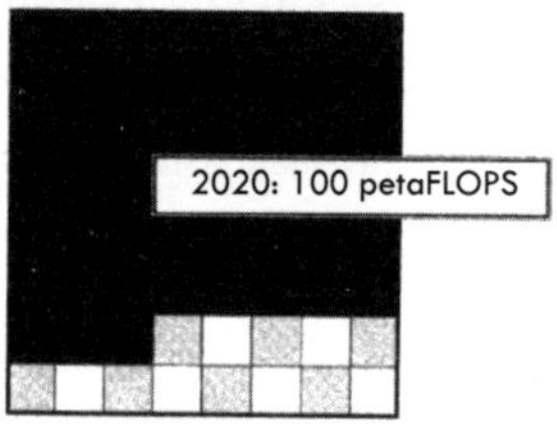

O ritmo do avanço da tecnologia do chip de silicone pode diminuir bastante antes de 2020 e abrir caminho para a nanotecnologia com técnicas que incluem nanotubos de carbono e pontos quânticos. A supercomputação paralela será viável através da conexão de computadores petaFLOPS em redes de velocidade óptica.

A nanotecnologia tridimensional é possível porque a nanotecnologia terá uma baixa dissipação de calor. Depois de 2035, os avanços continuarão em ritmo acelerado e lucrativo, com o aumento do poder da nanotecnologia tridimensional e a diminuição do seu custo. Como será o mundo quando as nações avançadas tiverem máquinas com um poder um milhão de vezes maior do que o do cérebro humano? Quando isso acontecer o mundo poderá ter uma população de quase 9 bilhões e 2 bilhões talvez ainda vivam em assustadora carência, com o terrorismo alcançando proporções epidêmicas.

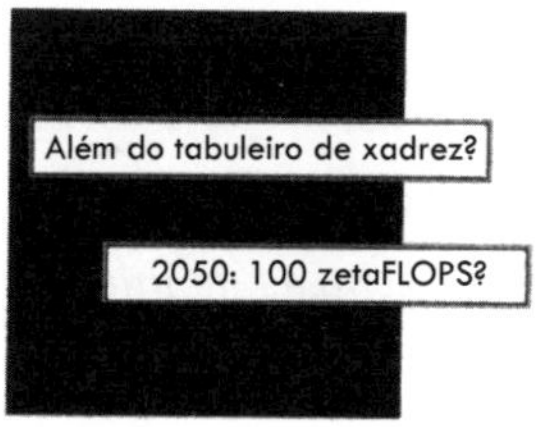

APÊNDICE 2

Técnicas de Inteligência NHL (Não Semelhante à Humana)

A seguir, técnicas comuns de inteligência NHL:

- *Software que experimenta um grande número de combinações* na tentativa de encontrar uma solução ótima.
- *Técnicas evolutivas* em que o software é projetado para evoluir com base em resultados. A evolução pode continuar por um longo tempo e ocorrer em alta velocidade.
- *Técnicas de breeding*, em que a criação em software, semelhante à genética, visa um objetivo mensurável e o software progride em direção a ele, muitas vezes passando por milhares de "gerações" antes de alcançar o objetivo. Podemos "criar" software que não conseguiríamos escrever.
- *Técnicas de aprendizado* — uma grande variedade de técnicas com que o software consegue aprender, em geral coisas que os seres humanos não aprenderiam, e melhorando continuamente sua capacidade.
- *Neurocomputação*, em que "redes neurais" em software emulam em princípio, mas não em detalhes, as redes neurais do nosso cérebro. Podem ser configuradas de maneira que possamos "treiná-las", por exemplo, para reconhecer padrões em dados, ou para adaptar constantemente seu comportamento com base em *feedback*. As redes neurais podem ser configuradas para aprender e aperfeiçoar a própria capacidade.
- *Técnicas de reconhecimento de padrões* além da neurocomputação, em que o software pode ser treinado para reconhecer padrões.
- Técnicas em que um grande número de pequenos objetos em software executam independentemente regras de comportamento. Esse processo é usado para estudar sistemas complexos que adaptam constantemente seu comportamento, gerando muitas vezes resultados imprevisíveis.
- *Técnicas de inferência*, em que o software encadeia muitas regras independentes para derivar inferências. O software pode produzir uma lógica complexa a partir de uma coleção estabelecida de regras.
- *Mineração de dados*, aludindo a uma variedade de técnicas como as acima relacionadas, para derivar *insights* úteis dos dados de um armazém de dados.

Os processos de pensamento NHL têm várias características que não podem ser emuladas no pensamento humano. Primeiro, podem empregar *uma grande quantidade de dados*, às vezes trilhões de bytes, o que seria avassalador para seres humanos. Segundo, podem executar procedimentos *altamente paralelos*. Muitos procedimentos, que isoladamente são simples, podem ser ligados de modo a tornar complexo o resultado geral. Os resultados do processamento paralelo podem ser surpreendentes e totalmente imprevisíveis. Terceiro, os processos podem ter um *feedback* que modifica o próprio processo. Pode examinar os próprios resultados e ajustar o comportamento de modo a funcionar cada vez melhor. Quarto, o comportamento dos diferentes componentes pode ser *competitivo*, cada um competindo para ter mais influência do que os outros. Quinto, as formulações são complexas e podem se *expandir*. Podem incorporar muitos milhares de regras em vez do pequeno número que aparece nos diagramas e equações para uso humano. Sexto, o comportamento é continuamente ajustado com base nos resultados, de modo que um processo pode efetivamente *aprender* em velocidade eletrônica.

NOTAS

1. A Geração da Transição

1. www.crispintickell.org.
2. Michael Porter entrevistado por James Martin, Harvard Business School, maio de 2004.
3. Martin Rees, *Our Final Century: Will the Human Race Survive the 21st Century?*, Heineman, Londres, 2003.

2. Como Viemos Parar Nesta Situação?

1. Em www.worldwatch.org.

3. Crianças Ricas e seus Fundos Fiduciários

1. Costanza, R., R. D'Arge, R. de Groot, S. Farber, M. Grasso, B. Hannon, K. Limburg, S. Naeem, R. V. O'Neill e J. Paruelo, "The Value of the World's Ecosystem Services and Natural Capital." *Nature 387* (15 de maio de 1997): 253-60.
2. Daly, Herman, *Beyond Growth: Avoiding Uneconomic Growth.* International Society of Ecology Economics, 5th Bien Conference, Santiago, Chile, 1998.
3. Worldwide Fund for Nature, *A Third of the World's Natural Resources Consumed Since 1970.* Agence France-Presse, Paris, outubro de 1998.
4. Daily, G. C., org., *Nature's Services: Social Dependence on Natural Ecosystems.* Island Press, Washington, D.C., 1997.
5. Roodman, D. M. *Paying the Piper.* Worldwatch Institute, Washington, D.C., maio de 1996.
6. Myers, Norman e Jennifer Kent, *Perverse Subsidies: How Tax Dollars Undercut the Environment and the Economy.* Island Press, Washington, D.C., 2001.
7. Roodman, D. M., *Getting the Signals Right: Tax Reform to Protect the Environment and the Economy.* Worldwatch Institute, Washington, D.C., maio de 1998.
8. Myers, *Perverse Subsidies.*
9. Hillel, D., *Out of the Earth: Civilization and the Life of the Soil*, Free Press, Nova York, 1991.
10. Wackernagel, M. e W. Rees, *Our Ecological Footprint: Reducing Human Impact on the Earth.* New Society Publishers, Gabriola Island, British Columbia, Canadá, 1995.
11. Em www.earthday.net/goals/footprintnations.stm.
12. *Ibid.*

4. Gente Demais

1. "World in Figures: Men and Women, Most Male Populations." *The Economist*, Londres, 2005.
2. Franke, Richard W. e Barbara H. Chasin, *Kerala: Radical Reform as Development in an Indian State.* Food First, Oakland, Califórnia, 1994.
3. Freire, Paulo, *Pedagogy of the Oppressed.* Traduzido para o inglês por Myra Bergman Ramos. Seabury Press, Nova York, 1973.

4. Franke, Richard W. e Barbara H. Chasin, "Is the Kerala Model Sustainable? Lessons from the Past — Prospects for the Future", 1999. *In* Parayil, Govindan, org., *The Kerala Model of Development: Perspectives on Development and Sustainability.* Zed Books, Londres, 2001.
5. Para uma bibliografia mais extensa e sites sobre Kerala: http://chss.montclair.edu/anthro/kerala.html.
6. "World in Figures." *The Economist,* Londres, 2005.
7. Em www.populationmedia.org/popnews/popnews.html. A história das novelas de televisão mexicanas está em Brown, Lester R., *Eco-Economy: Building an Economy for the Earth,* Norton, Nova York, 2001.
8. Henderson, Kathy, "Telling Stories, Saving Lives: Hope from Soaps." *Ford Foundation Report,* outono de 2000.

5. O Gigante na Cozinha

1. Sen, Amartya, *Poverty and Famines: An Essay on Entitlement and Deprivation.* Oxford University Press, Oxford, Reino Unido, 1982.
2. Gleick, Peter, *The World's Water, 2002-2003.* Island Press, Washington, D.C., 1998. Gleick produz bienalmente um relatório sobre os recursos de água potável.
3. Eisenberg, E., *The Ecology of Eden.* Knopf, Nova York, 1998.
4. Stuart, K. e H. Jenny, "My Friend the Soil." *Whole Earth 96* (Primavera, 1999): 6-9.
5. E. Eisenberg, citado em Hawken, Paul, Amory Lovins e L. Hunter Lovins, *Natural Capitalism: Creating the Next Industrial Revolution.* Little, Brown, Nova York, 1999. [*Capitalismo Natural: Criando a Próxima Revolução Industrial,* publicado pela Editora Cultrix, São Paulo, 2000.]
6. *Ibid.*
7. Lal, R., J. L. Kimble, R. F. Follet e V. C. Cole, *The Potential of U.S. Cropland to Sequester Carbon and Mitigate the Greenhouse Effect.* Sleeping Bear Press, Chelsea, Mich., 1998.
8. Eisenberg, em *Natural Capitalism.*
9. Hawken e outros, *Natural Capitalism,* citando David Pimentel da Cornell University.
10. FAO, *Yearbook of Fishery Statistics: Aquaculture Production 1988.* Vol. 86, nº 2, Roma, 2000.
11. Goldberg, Rebecca e Tracy Triplett, orgs., *Murky Waters: Environmental Effects of Aquaculture in the U. S.* Environmental Defense Fund, Nova York, 1997.
12. Benyus, J. M., *Biomimicry: Innovations Inspired by Nature.* Morrow, Nova York, 1997.

6. Nações destituídas

1. Homer-Dixon, Thomas Fraser, "On the Threshold: Environmental Changes as Causes of Acute Conflict", *International Security,* 16 (2) Outono de 1991, pp. 76-116.
2. "Angola. Measuring Corruption", *The Economist,* 26 de outubro de 2001.
3. De Soto, Hernando, *The Mistery of Capital, Why Capitalism Triumphs in the West and Fails Everywhere Else* (Londres: Bantam Press, 2000).
4. De Soto, Figura 6.3, p. 203.
5. De Soto, Figura 2.1, p. 19.
6. Reuters, publicado em *Financial Review,* 11 de maio de 1992, p. 45.

7. Catástrofe Climática

1. Entrevista gravada em vídeo com o Senador McCain, 2004, para a série de TV sobre o tema deste livro.
2. McElroy, Michael B., citados em "The Great Global Experiment", de Jonathan Shaw, *Harvard Magazine,* novembro-dezembro de 2002.

3. Byrnes, Michael, "Scientists See Antarctic Vortex as Drought Maker", Reuters News Service, 23 de setembro de 2003.
4. Site em inglês — www.cnn.com, 12 de dezembro de 2003.
5. Gelbspan, Ross, *Boiling Point: How Politicians, Big Oil and Coal, Journalists, and Activists Have Fueled the Climate Crisis — And What We Can Do Avert Danger*, Basic Books, Nova York, 2004, p. 112.
6. Por exemplo, um que foi produzido no Hadley Centre, na Inglaterra.
7. Shaw, Jonathan, "The Great Global Experiment", *Harvard Magazine*, novembro-dezembro de 2002.
8. McElroy, Michael B., *The Atmospheric Environment: The Effects of Human Activity.* Princeton University Press, 2002.
9. Site em inglês — www.whoi.edu.
10. Gagosian, Robert G., "Abrupt Climate Change: Should We Be Worried?" Preparado para um painel sobre mudança climática no Fórum Econômico Mundial, Davos, janeiro de 2003. www.whoi.edu/institutes/occi/hotopics_climatechange.html.
11. Gelbspan, Ross, *The Heat Is On*, Basic Books, Nova York, 1997.
12. Gelbspan, Ross, *Boiling Point: How Politicians, Big Oil and Coal, Journalists, and Activist Have Fueled the Climate Crisis — and What We Can Do to Avert Disaster*, Basic Books, Nova York, 2005. *Também:* "Skepticism, Disinformation e Obstruction in U.S. Climate Circles", palestra feita por Ross Gelbspan em 4 de setembro de 2006, na Tipping Point Conference, Environmental Change Institute, Oxford University.
13. Uma frase usada por Ernst von Weizsäcker, Amory B. Lovins e L. Hunter Lovins, Factor Four. Doubling Wealth, Halving Resource Use. Earthscan Publications Ltd. Londres, 1999.
14. *Solar Living Source Book*, 11ª Edição, 2001, Chelsea Green Publishing Company, Whyte River Junction, VT, 2001.
15. Entrevista em vídeo com Lester Brown, maio de 2004.
16. Números extraídos de *Solar Living Source Book,* que vende esses produtos.
17. Afirmação de Lewis Strauss, *Chairman* da Comissão de Energia Atômica dos Estados Unidos à National Association of Science Writers, Nova York, 16 de setembro de 1954.
18. "UK Electricity Privatization: A Cabinet Document Leaks", *Power in Europe,* Londres, 31 de outubro de 1989.
19. "Cost of Closing Reactors Crucial to Privatization", *The Independent*, Londres, 5 de julho de 1988.
20. Hansard, Londres: HMSO, 24 de julho de 1989.
21. "Nuclear Site Clean-up Costs More Than Double to £8,2 billion", *Financial Times,* Londres, 18 de junho de 1994.
22. "Russia: Forgotten Victims of Chernobyl Taking Their Own Lives", IPS/*Moscow Times,* 12 de janeiro de 1993.
23. "Chernobyl Cost $55 Billion in Medical Aid", East European Energy Report, fevereiro de 1993.
24. Um reator *pebble-bed* de 10 megawatts, HTR-10, que se tornou operacional em 2004, construído pelo INET (Institute for Nuclear and New Energy Technology), da Universidade Tsinghua, em Pequim.
25. Rajendra Pachauri, presidente do Painel Intergovernamental de 191 nações da ONU sobre o Clima (IPCC), numa entrevista para *Worldwatch*, março/abril de 2003.
26. Lovelock, James, *Gaia's Revenge*, Allen Lane, Penguin Group, Londres, 2006.

8. Mutilação Invisível

1. Sharpe, Richard M. e Niels E. Skakkerbaek, "Is Oestrogens Involved in Falling Sperm Counts and Disorders of the Male Reproductive Tract?", *The Lancet* 341 (29 de maio de 1993): 1392-95.
2. Auger, Jacques, e outros, "Decline in Semen Quality Among Fertile Men in Paris During the Past 20 Years." *New England Journal of Medicine* 332, nº 5 (2 de fevereiro de 1995): 281-85.
3. Carlsen, Elisabeth, e outros, "Evidence for Decreasing Quality of Semen During Past 50 Years." *British Medical Journal* 305 (1992): 609-13.
4. Sharpe, "Is Oestrogens Involved?"
5. Kaiser, Jocelyn, "Scientists Angle for Answers". *Science* 274 (13 de dezembro de 1996): 1837-38.
6. COMPREHEND — COMmunity Programme of Research on Environmental Hormones and ENdocrine Disrupters. Em http://www.ife.ac.uk/comprehend.
7. Sumpter, John P., "Feminized Responses in Fish to Environmental Estrogens". *Toxicology Letters* 82-3 (dezembro de 1995): 737-42. Ver também Purdom, C. e outros, "Estrogenic Effects of Effluents from Sewage Treatment Works." *Chemistry and Ecology 8* (1994); 275-85. Também Jobling S., e J. Sumpter, "Detergent Components in Sewage Effluent Are Weakly Oestrogenic to Fish: An In-Vitro Study Using Rainbow Trout (*Oncorhynchus Mykiss)* Hepatocytes." *Aquatic Toxicology* 27 (1993): 361-72.
8. Hines, M., "Surrounded by Estrogens? Considerations for Neurobehavioral Development in Human Beings." *In* Colborn, T. e C. Clement, orgs. *Chemically Induced Alterations in Sexual and Functional Development: The Wildlife Human Connection.* Princeton Scientific Publishing, Princeton, N. J., 1992.
9. Muir, D., R. Nordstrom e M. Simon, "Organochlorine Contaminants in Arctic Marine Food Chains: Accumulation of Specific Polychlorinated Biphenyls and Chlordane-Related Compounds." *Environmental Science and Technology* 22, nº 9, 1998.
10. Colborn, Theo, Dianne Dumanoski e John Peterson Myers, *Our Stolen Future.* Plume, Nova York, 1997. Algumas vítimas de acidentes industriais podem ter concentrações mais densas.
11. Dezoito cientistas, "Statement from the Work Session on Environmental Endocrine-Disrupting Chemicals: Neural, Endocrine, and Behavioural Effects." Escola Internacional de Etologia do Centro Ettore Majorana de Cultura Científica em Erice, Sicília, 5-10 de novembro de 1995.

9. Seres Humanos Geneticamente Modificados?

1. Ridley, Matt, *Genome: The Autobiography of a Species in 23 Chapters.* HarperCollins, Nova York, 1999.
2. Campbell, John e Gregory Stock, *Engineering the Human Germline,* Parte I: "A Vision for Practical Human Germline Engineering". Oxford University Press, Nova York, 1999.

10. Nanodilúvio

1. A IBM desenvolveu uma pesquisa de US$ 100 milhões para construir um supercomputador de 1petaFLOPS, chamado "Blue Gene", por volta de 2005. O poder de computação do Blue Gene será usado inicialmente para modelar o enovelamento das proteínas humanas.
2. Estimativas do falecido Richard Smalley, que ganhou o Prêmio Nobel em 1996 pelo seu trabalho em nanociência.

11. Evolução Automatizada

1. Cowling, Richard e Dave Richardson, *Fynbos*. Fernwood Press, Vlaeberg, África do Sul, 1995. (Um livro espetacular.)
2. Dawkins, Richard, *The Blind Watchmaker.* Norton, Nova York, 1987. Neste livro maravilhosamente bem escrito, mostrando que os pontos de vista de Darwin são corretos e que os pontos de vista antiDarwin estão errados, Dawkins descreve seu universo em software que ele chama de "Biomorph Land" ["Terra Biomorfa"].
3. Dennett, Daniel C., "How Has Darwin's Theory of Natural Selection Transformed Our View of Humanity"s Place in the Universe?" Em Purves, W. K., e outros, orgs., *Life, The Science of Biology.* 7ª edição, Sinauer Associates, 2003.
4. Termo usado por de Garis.
5. Kurzweil, Raymond, *The Singularity Is Near.* Penguin, Nova York, 2005.
6. *Ibid.*

12. A Condição Trans-humana

1. Raymond Kurzweil entrevistado por James Martin, Boston, maio de 2004.
2. McKibben, Bill, *Enough: Staying Human in an Engineered Age.* Holt, Nova York, 2003.
3. Ridley, Matt, *Genome: The Autobiography of a Species in 23 Chapters.* HarperCollins, Nova York, 1999.
4. West, Michael D., *The Immortal Cell.* Doubleday, Nova York, 2003.
5. "Telomerase: Role in Cellular Aging and Cancer". Em www.geron.com.
6. Kramer, Peter D., *Listening to Prozac.* Penguin, Nova York, 1993.
7. Reus, Victor, Owen Wolkovitz e Brian Knutson, "Antidepressant Can Change Personality Traits in Healthy People." *American Journal of Psychiatry*, março de 1998.
8. "Transcendental Medicine." *The Economist,* 21 de setembro de 2002.
9. Raymond Kurzweil entrevistado por James Martin, junho de 2004.
10. Dennett, Daniel C., *Consciousness Explained.* Little, Brown, Nova York, 1992.

13. O Incrível Propósito Deste Século

1. James Lovelock. *The Independent*, Londres, maio de 2004.
2. Julian Filochowski, diretor da Catholic Agency for Overseas Development, *in Time*, 7 de outubro de 2002.
3. Sachs, Jeffrey, *The End of Poverty: Economic Possibilities for Our Time.* Penguin. Nova York, 2005.

14. Uma Tempestade Perfeita

1. Friedman, Thomas L., *The World Is Flat: A Brief History of the 21st Century.* Farrar, Straus & Giroux, Nova York, 2005.
2. Hayeck, Friedrich, "The Use of Knowledge in Society", *The American Economic Review,* setembro de 1945.
3. von Weizsäcker, Amory B. Lovins e L. Hunter Lovins, *Factor Four: Doubling Wealth, Halving Resource Use.* Earthscan Publications, Londres, 1999.

15. O Papel Vital das Corporações

1. Rugman, Alan, *The End of Globalism: A New and Radical Analysis of Globalism and What It Means for Business.* Random House, Londres, 2000.
2. Stiglitz, Joseph, *Globalism and Its Discontents.* W. W. Norton, Nova York, 2002.
3. Em http://www.ifsia.com.

16. O Caldeirão da Cultura

1. McLuhan, Marshall, *Understanding Media: The Extensions of Man.* Harper & Row, Nova York, 1964.

2. Huntington, Samuel P., *The Clash of Civilizations and the Remaking of World Order.* Touchstone, Nova York, 1997.
3. Huntington, Samuel P., "Conflicts and Convergences", Keynote Address. 125th Anniversary Symposium: Cultures in the 21st Century, Colorado College, Colorado Springs, Colorado, 4 de fevereiro de 1999.

17. Um Mundo Antiterrorista

1. Abadie, Alberto, "Freedom Squelches Terrorist Violence". *Harvard Gazette,* Cambridge, Mass., agosto de 2004.
2. Michael Scheuer, ex-analista de inteligência que criou e assessorou uma unidade secreta da CIA para a localização e a eliminação de Osama Bin Laden, entrevistado em *60 Minutes,* 14 de novembro de 2004.
3. Allison, Graham, *Nuclear Terrorism: The Ultimate Preventable Catastrophe.* Times Books, Nova York, 2004.
4. Bunn, Matthew, Anthony Wier e John P. Holdren, "Securing Nuclear Weapons and Materials: Seven Steps for Immediate Action". Managing the Atom Project and Nuclear Threat Initiative, Harvard University, Cambridge, Mass., maio de 2002.
5. Bukharin, Oleg e William Potter. "Potatoes Were Guarded Better". *Bulletin of Atomic Scientists,* maio-junho de 1995.
6. Crenshaw, Martha, *Terrorism in Context*, Pennsylvania State University Press, University Park, Pennsylvania, 1995.

18. Cenários Mundiais

1. *The National Security Strategy of the United States of America.* The White House, Washington, D.C., setembro de 2002.
2. *Sir* John Vereker, correspondência pessoal, 2005.

19. Uma Grande Civilização?

1. von Clausewitz, Karl, *On War.* Viking, Nova York, 1983.
2. Comissão Internacional da ONU sobre a Intervenção e Soberania de Estado, *The Responsibility to Protect,* International Development Research Center, Ottawa, Ontário, Canadá, 2001.
3. The Earth Charter, "Values and Principles for a Sustainable Future". Brochura aos cuidados da University for Peace, P.O. Box 319-6100, San José, Costa Rica, 2000. Em www.earthcharter.org.
4. *Ibid.*

20. Valores do Futuro

1. *National Vital Statistics Report.* Washington, D.C., 2001.
2. Sapolsky, Robert M., "Will We Sitll Be Sad 50 Years from Now?" em Brockman, John, org., *The Next Fifty Years: Science in the First Half of the Twenty-first Century.* Vintage, Nova York, 2002.
3. Martin, James e Adrian Norman, *The Computerized Society.* Prentice-Hall, Englewood Cliffs, N.J., 1970.
4. Sugerido pelo dr. Leon R. Kass, In *Life, Liberty and the Defense of Dignity: The Challenge for Bioethics.* Encounter Books, San Francisco, Califórnia, 2002.

21. Catedrais do Ciberespaço

1. Zubrin, R., S. Price, L. Mason e L. Clark, "An End to End Demonstration of Mars In-Situ Propellant Production." 31º AIAA / ASME Joint Propulsion Conference, San Diego, Califórnia, 10-12 de julho de 1995.
2. *Ibid.*

3. Stoker, C. e outros, "The Physical and Chemical Properties and Resource Potential of Martian Surface Soils." *In* Lewis, J., M. Mathews e M. Guerreri, orgs. *Resources of Near-Earth Space.* University of Arizona Press, Tucson, Arizona, 1993. Inclui um quadro comparando nutrientes vegetais nos solos de Marte e da Terra.

22. Ricos e Pobres

1. "Please Adjust Your Set". *The Economist*, 20 de novembro de 2004.
2. Bell, Clive, *Civilization.* Rupa, Nova Délhi, Índia, 2002. Publicado pela primeira vez por Random House, Londres, 1928.

23. Roleta-Russa com o *Homo sapiens*

1. Alpert, Mark, "Apocalypse Deferred: A New Accelerator at Brookhaven Won't Destroy the World After All". *Scientific American,* dezembro de 1999.
2. Dar, A., A. de Rujula e U. Heinz, "Will Relativistic Heavy Ion Colliders Destroy Our Planet?" *Applied Physics Letters*, 1999, pp. 142-48.
3. McNamara, Robert com Brian VanDeMark, *In Retrospect: The Tragedy and Lessons of Vietnam.* Times Books, Nova York, 1995.
4. Schell, Jonathan, *The Gift of Time: The Case for Abolishing Nuclear Weapons Now,* Capítulo 2. Owl Books, Londres, 1998.
5. Alibek, Ken, com Stephen Handelman, *Biohazard: A Description of the Massive Soviet Program to Create Secret Biological Weapons, by the Man Who Ran It.* Hutchinson, Londres, 1999.
6. Schell, *The Gift of Time.*
7. *Ibid.*

24. Revolução

1. Lovelock, James, *The Revenge of Gaia,* Penguin, Londres, 2006.
2. Havel, Václav, *The Art of the Impossible, Politics as Morality in Action*, Fromm International, Nova York, 1998.